U0959052

目 录

法律修辞的哲学基础

说理、论证及其他 …………………………………………………… 陈嘉映 / 3
法官的理性与说理的判决 ………………………………………… 王 申 / 32
用体系思维改进结合论、统一论
——完善法治思维的战略措施 ………………………………… 陈金钊 / 49
基于“正反合”定律的良法重述 ………………………………… 刘风景 / 65

法律修辞的前沿论说

从言语到语言：本土法律修辞研究范式之展望 ………………… 刘方圆 / 79
“法律修辞”概念的反思与重构
——兼论“把法律作为修辞”的理论集成效应 ………… 吴冬兴 / 101
论法治话语体系的宏观结构及其适用……………………………… 邹 鹏 / 123
论小额财产执行案件的修辞方式………………………………… 范 跃 / 140
行政裁判中的法律修辞分析……………………………………… 张军德 / 151

法律解释与部门法解释

法官释法中的情理考量及其限度……………………………… 闫 敏 / 165

论司法过程中法律解释规则的构建………………………… 刘婷婷 / 176

破坏生产经营罪的解释规则检视

——从“反向刷单案”展开 ……………………………… 徐长江 / 187

金钱债务所附保证人违约金的司法酌减

——以典型案型分析为基础的解释论…………………… 徐 展 / 198

法定代表人越权担保效力认定的路径分析

——以《民法总则》第六十一条为指引 ………………… 高小刚 / 216

债权二重让与中的优先规则

——对《合同法》第八十条第一款的解释 ……………… 余瑞翔 / 225

农村集体土地征收中的土地权利主体界定

——基于《物权法》的解释 ……………………… 贲杨程 吴学敏 / 236

法律思想与法律文化

法治中国背景下的法学图景建设及方法论规制

——以《法律史解释》为视角 …………………………… 栾绍兴 / 247

法律逻辑教学的本土化探索………………………………… 宋保振 / 260

法典编纂导致法律滞后的韦伯式解读

——兼论“形式理性”与“实质理性”的新理解 ……… 毛皓强 / 268

论法律滞后的司法补正路径……………………… 高争志 王 圣 / 281

域外法苑

法律现实主义和法律原则 …………………… 布莱恩·莱特　朱莹 译 / 297
法律拟制的实用价值 ……………………… 道格拉斯·林德　朱瑞 译 / 306
首要的法律拟制：正义须满足其
表象 ……………………… 雷蒙德·约翰·麦考斯基　裘飒飒 译 / 337

法律修辞的哲学基础

说理、论证及其他

陈嘉映*

摘　要　本着我们是先有主张然后展开论证这一基本点，说理—论证的一般性质得以澄清。说理—论证的主要目标是通过对事物之所以然的探究使各种知识和道理得以贯通。在澄清过程中，平常对于说理—论证之性质的错误看法得以揭示。说理—论证不等同于没有先见的推论，它不只是让他人转变看法，也不一定要达成共识。

关键词　说理—论证　看法、信念　推论　理解

不论是学术讨论，还是日常谈话，都不太缺说理—论证，但说理—论证的性质以及说理—论证与其他相关概念之间的关系尚有不少有待澄清之处。本文从我们先有主张然后展开论证这一基本实情出发，澄清说理—论证的一般性质，并尝试纠正一些常见的错误看法。

1. *meta logou alethe doxan epistemen einai*

柏拉图的《泰阿泰德篇》中，泰阿泰德对 *episteme* 先后提出三种定义，它们大致是：（1）*episteme* 是感知；（2）是真的 *doxa*；（3）*meta logou alethe doxan epistemen einai*（*Plato*，201d），大意是：*episteme* 是带有 *logos* 的真 *doxa*，*episteme* 是由 *logos* 展示为真的 *doxa*。对这三个定义，苏格拉底一一加以质疑。这篇对话的结尾处，乃至在柏拉图的全部对话中，柏拉图到底也没有提供关

---

* 陈嘉映，首都师范大学哲学系教授。本文原刊于《哲学分析》2011 年第 1 期。

于 *episteme* 的适当定义。

尽管第三个定义同样受到柏拉图的质疑，但亚里士多德和中世纪乃至近代知识论还是大致采纳了这一定义。在当代英语知识论里，这通常叫作知识的 JTB 定义，即把知识定义为 justified true beliefs，“经过辩护的真看法、真信念”。

这个定义中原来的三个关键词，*episteme*、*doxa*、*logos*，都是关键的希腊论理词，不管怎么翻译都不可能准确。*logos*，在这个上下文，英文翻译成 account、reasoning、justification 等，大意是提供说明、理据、论证，带有推论，辩护，说出理由、道理的意思；本文兼用说理和论证称之。*episteme* 通常译作知识、科学等，它的特点，如泰阿泰德尝试的第二个定义以及所谓知识的 JTB 定义所表明的，在于带有说理—论证，在于是由说理、论证、辩护所展示的，这个特点，造就了西方源远流长的哲学—科学传统。*doxa*，英语多对应以 belief，中文通常译作意见、看法、主张、信念。这些词，以及英文词 belief，point of view，idea，opinion，claim，等等，当然不是同义词，不过，就本文的论旨言，我们不必详做区分，下文间用作看法、主张、信念。不过，*doxa* 不尽等同于我们一般说到的看法等等，而主要是指我们深深依赖的看法、信念，我们深信的东西。那么，*meta logou alethe doxan epistemen einai* 大致可以视作：哲学—科学是由说理—论证展示为真的深厚信念。*Alethe doxan* 颇近于我们所说的真知，真知之为真通常不等于符合论意义上的正确，我们更多在明理的意义上说到真知——真正的、深入的理解。

2. 说理—论证，证实，证明

与多数现代汉语论理词不同，说理和论证都不是移植词，并不对应某个特定的西语词。查各种汉英辞典对论证的翻译，我们可以查到一大堆相应的语词，它们错综联系，有日常用法也有专门用法，如 reason，reasoning，justification，argument，argumentation，demonstration，proof，verification，explanation，exposition，evaluation，等等。单从汉语说，论证可以视作较为正式的说理，基本意思在于为看法给出理由，提供理据。提供理据，与争论有关，论证总是针对或显或隐的反对意见，反对意见可以来自他人，也可以来自内心的怀疑。

理由、理据可以是事实方面的，也可以是比较纯粹的道理方面的。事实当然是重要的理据，不过，铁证如山，“事实俱在更有何话可说”，反倒不叫论证了。论证总包含“按道理说”的方面——摆事实讲道理，即使拿出了事实，还需要说理。科学家正在讨论火星上有没有水，如果哪年宇航员到了火星上，在一个洼地舀起一碗水来，谁都不用再论证了。拿出事实就结束了争论的情况，最好说“证实”而非“论证”。

从道理这方面讲，论证可以是比较宽泛的说理，也可以是严密的数理证明。数理证明的确也称作论证，并且可以视为最优越的论证。原则上，数理论证可以消除看法上的分歧，达到公认的结论，“无论是谁，只要他有充分的经验并且依理思考（reason）他的经验，他就将达到那唯一的真结论”。〔1〕这种触目的优越性吸引了人们的眼光，不能自已地把数理证明视作一般论证的目标，似乎非数理的论证都是证明的残缺形式，都是未完成的证明。然而，在伦理、政治的广大领域，牵涉到“价值”的广大领域，从没谁“达到那唯一的真结论”，在那里，在伟大哲学家的著作中，几乎碰不上演算和证明；但这既不表明在这些领域并没有真正的论证，也不表明这些论证只是尚待完成的证明。它们与证明不是同类。虽然我在讨论说理这个题目的时候不能不怀着对帕斯卡尔的特殊敬意，但我还是不能苟同他的这个结论：“说服的艺术，真正来说，无非是方法上的、完备的证明过程。”〔2〕

作为比较正式的说理，论证跟学术有更密切的联系。在一个有限的意义上，不妨认为科学是论证的典范。实际上，近世关于论证的讨论多半落在科学方法论上。不过，古人所说的真知或 *episteme* 不是近代意义上的科学。不仅其他学科也同样依赖于论证，而且日常生活中也充斥着说理—论证。皮尔士谈到确立 belief 的四种途径中，独独把 reasoning 归在科学方法这一途径中，〔3〕这是一种常见的错误观念。罗素批评维特根斯坦说，他不应该只是说出他的想法，而应该为之提供论证，维特根斯坦回答说，论证会玷污思想的美丽。〔4〕我相信，在这段对话中，罗素和维特根斯坦两人都把论证理解得过于狭窄了。论证并不一定都采用“因为所以”的模式。我们用多种多样的方式来论证，例

〔1〕 Charles Peirce, “The Fixation of Belief”, *Philosophical Writings of Peirce*, selected and edited with an introduction by Justus Buchler, New York: Open Library, 1955, p. 18.

〔2〕 Blaise Pascal, *Thoughts of Pascal*, Robert Carter & Brothers, 1850, p. 71.

〔3〕 Blaise Pascal, *Thoughts of Pascal*, pp. 11 – 20.

〔4〕 Ray Monk, *L. Wittgenstein*, *The Duty of Genius*, *Penguin*, 1991, *p*. 54.

如，我们常用举例、类比等来论证。后面会说到，即使介绍自己产生某种看法的来由也可以视作某种论证。

综上所述，在本文中我们区分说理—论证、证实（摆出了充分的事实）、证明（通过数理演算）。这种区分与普通用语不尽相同，在普通会话中，论证包括狭义的证明，而广义的证明包括证实。

演算与证明是由数学和狭义的逻辑学进行研究的，我们关心的是一般说理、争论、辩护，以及通常称为哲学的穷理活动。

3. 为什么要带有说理—论证？

为什么要带有论证，看法才能成为真知呢？知识论里的通常回答是，这个定义可以排除碰巧猜对。在扑克牌戏法中，我把赌注押在黑桃皇后上，一翻开果然是黑桃皇后，但我们显然不认为这是真知。[1]罗素设想过一个例子：张三的手表12点停了，但他并不知道，一整天后他想知道时间，看表刚好得到一个正确的时间，他有个“真看法”，但不该说他真正知道正确的时间。[2]这个例子设想情况概率很小，有些情况下猜对的概率则极高。月亮上有没有水？你说有，我说没有，咱们两个准有一个是对的；虽然你我一个对，一个错，但你我可能同样是胡蒙乱猜，没有谁真知道。真知异于是——我若了解那个戏法，能够说明为什么这张牌是黑桃皇后，我就是真知道那会是黑桃皇后。科学家若主张月球上有水，那他是根据某些理据推论而知。

论证、提供理据，简单说，就是讲出所以然。理性认知不仅知其然，而且知其所以然。只有知其所以然，才叫理解。一个正确的答案，如果我们不知道它为什么正确，不知它的由来之路，那对于我们来说，它和错误的答案有什么区别呢？用恩披里克的说法：即使真理来临，我们又怎么认得它？论证的观念就是探索和指明道路的观念。当然，如果你把恩披里克的话理解为彻底的怀疑主义，你还要追问：你怎么能分辨正确的道路和错误的道路？这也是讨论论证时必须面对的问题。

---

〔1〕 齐硕姆：《知识论》，邹惟远、邹小蕾译，生活·读书·新知三联书店1988年版，第1页。

〔2〕 B. Russell, *Human Knowledge*, *it's Scope and Limits*, Taylor&Francis, 2009, p. 91. 笔者稍稍改动了罗素的故事版本。

4. 抬杠

我们平常总是先有看法、主张，然后再加以论证。自己没有看法和主张而与别人争论，俗话叫作抬杠，比较正式的形式是大学生辩论赛。柏拉图所称的诡辩，大致指的是这个；哲人是有主张的，并努力讲出这种主张道理何在，诡辩家没有自己的主张，谁给钱就为谁辩护。宽和一点儿，可以认为“为辩论而辩论”是一种“思维训练”，辩论技巧训练。即使在限定条件下可以采用这种训练方式，我觉得反正不宜大肆采用。最好的训练方式是为你真实持有的主张提供论证。我觉得这已经足够困难因此已经足够提供训练了。

5. 论证只是装饰？

我们有看法才去论证，却也带来一个明显的问题：无论做不做论证，看法反正已经有了，那么，论证岂不只是装饰，甚至只是乔装？

有一种流行的看法，认为我们的看法和主张原不过是一些偏好和趣味，趣味无争论，用西方人的说法，taste has no dispute，萝卜白菜各有所爱。为看法提供论证，不过是为无理可言的趣味、偏好编造一些理由而已。这个说法本来多用在审美领域，后来也流行在文化、道德、政治领域，在这些领域，相当明显，人们各有偏好，而谁都没有为自己的偏好提供出充足的理由，让所有人都信服。晚近，更有些知识社会学家甚至把科学理论也说成是偏好。（关于这种看法，后文再做讨论。）

有些论者，不走这样的极端，在他们看来，世上毕竟还有不偏不倚的科学，而采纳科学态度，就意味着自己不取任何立场，事先并无看法，唯此，才可能从事严肃的论证。于是，严肃的论证就被设想为只有前提尚无结论的推论活动。

6. 没有事先看法的推论

推论和论证的确是两个密切相关的概念。论证多半是以推论的形式提供的。上引柏拉图那段话里的 logos，我们译作论证，不少英译本译作 reasoning，这个英文词我们通常译作推论。然而，论证跟不知结论为何的纯粹推论其实有根本的区别。

只有在数理活动中才有从已知的前提推出未知结论这回事。这是因为，只有在数理活动中才有从某个确定的前提只能推出确定后承这回事。经验推论、举例、类比，它们能导出何种后承是不确定的。康德根据这一区别区分理性推理和经验推理，经验推理不像理性推理那样提供必然性，而只是"逻辑上的推测"，最多达到一般性而不能达到普遍性。在我看来，只有数理推论提供必然性，哲学家的推理不是这种推理，它们不提供必然性，因此也达不到康德所冀望的那种普遍性。这包括康德本人在内；实际上，在讨论康德的相关看法后，邓晓芒似不经意地说道："但康德自己运用更多的是类比推理。"〔1〕

当然，即使在数理活动中，一般说来，我们也是先有看法，或先有模糊的直觉，然后回过头来推论。有时候，例如在解一道方程题的时候，我们事先当真不知道会得到什么结果，只有一步步推理直到获得结果，但这在数理活动中也是边缘情况。至于我们这里所说的论证，无论从"论证"这个词的词义来看，还是从人们实际进行论证的情况来看，都是有了看法、主张，然后来论证。理据本身并不能提供确定的方向，是我们事先的看法提供了论证的方向。

其实，把论证理解为事先并无主张的推论，"真知是带有论证的看法"就成为一个很奇怪的想法了——真结论须从真前提推出，在何种意义上，真结论是真知而它所基于的真前提倒反而不是真知？考诸实际，哲学家从来不是从自明之事推论出原不知晓的结论，他从来都是有所主张，并为他的主张提供论证。唯此，哲学家才是哲学家，而不是电脑。

论说文的标准样式是论点、论据、结论，但第一部分，论点，常常会被省去。于是，仿佛在推论结束之前，我们还不知道会达到何种结论。这样做有时有道理，例如，论者认为他所要论证的看法必须相当严格地依存于特定论据才不被误解。但另一方面，这种形式不仅可能误导读者以为论者最初并无自己的论点，进一步以为其结论是给定了前提就不得不得出来，而且可能

---

〔1〕 邓晓芒：《论"好像"在康德哲学中的用法》，载《中国社会科学辑刊》2010年6月。所讨论的康德思想见康德的《逻辑学》，《康德著作全集》（第9卷），中国人民大学出版社2010年版，第132~133页。

误导论者本人。

我们须先把有看法才去论证的实情承认下来，至于理解实情产生的困惑之点，则需要通过澄清论证概念来加以消除。

7. 从自明者开始推论

先有看法后来论证，这在古人认为当然。然而，近代以来关于真知的界说却倾向于反其道行之，采用推论模式：从自明之事开始，经过推理，达到真知。

关于这个模式，近世多有批判。周遭世界中有很多明显真实的东西，如果不知道要推论出什么，我们该选择从哪些东西开始呢？无论对话还是争论，无论在物理学中还是关于善恶美丑，我们都是在广大的共识背景下理解一点点新东西，争论一个极为有限的问题。

不过，自明起点论者所要求的，不是这类常识所认的自明者，因为——这早就是老生常谈——平常看来明显为真的东西有时竟发现其实是假的，你明明看见张三开枪射杀了李四，结果那只是人们在拍摄电影。自明论者要的是经过反思仍保持其自明性的东西。我们必须想方设法排除一切可能的怀疑，才能确保真正的自明。Evident 这个词于是获得了一种超级意义：不是平常所说的自明，而是绝对自明。

不仅如此。自明者的观念通常与建筑模式连在一起——自明者必须能作为建设整座知识大厦的基础。于是，我们不仅要找到自明的东西，它们足够可靠，我们还须证明它们具有建构知识大厦的必然性。

经过这番严格的筛选，自明起点论也许有望把自明的东西限制在极少几样东西甚至限制在某一样东西上。然而，关于这一样或几样东西究竟是什么，自明起点论者从来没有达成过一致的意见。仅此就令人对绝对自明产生疑虑。

我这里要指出的则是下面两点。第一，既然绝对自明者不是平常所说的自明者，其为绝对自明这一点本身就须通过论证才能确立。实际上，自明起点论者也无不先就何为绝对自明者做一番论证。然而，如阿奎那所言，只有不自明的东西才需要论证。第二，就算我们达到了公认的自明之事，从它们能推论出什么，仍然悬而未决——除非你能表明你的推论具有数理推论的必然性和唯一性。

8. 树上十只麻雀

在经验世界里，仅仅给出自明的前提，我们仍然无从推论。推论需要对背景环境有所了解。有时候人家让你评理，你说“我不熟悉这件事情的背景”。

有一道人所周知的少儿测验题：树上有十只麻雀，你开枪打死一只，树上还剩几只？一个孩子答九只，另一个孩子答说一只也不剩；后者被设想为正确答案。第一个孩子只做了数理部分：10 - 1 = 9。第二个孩子则首先设想环境，当然，他也做了算术：10 - 10 = 0。但出题人显然不是要考核孩子的计算能力，而是要考察对环境的设想。给你一道算式，你只需要会演算就行了；给你一道应用题，你得出结论来说，他有两个半弟弟，你没算错，但这道应用题做错了。算术部分是普遍的、“永恒的”，即脱离环境的。日常推理和解释则是在一定的背景上或一定框架里进行的，而关于环境的设想依赖于经验。

给出正确答案的孩子想到的是，一只麻雀死了掉下来了，另外九只吓飞了。然而第三个孩子可能设想：这十只麻雀都绑在树枝上，于是他给出的答案是：树上还有十只。第四个孩子也回答说还剩九只，但他设想那些麻雀又聋又瞎，不管你怎么开枪，它们还是站在树枝上。你还可以设想其他更为特异的情况，并且由此给出形形色色的答案。

这些形形色色的答案并不等值，因为有些环境是自然环境。在现实生活中，现实感引导我们确定什么是自然的环境，什么设想离谱。我们把第二个孩子的答案当作正确答案，是因为他所设想的情形是我们地球上的自然情形。有一个正常、自然的情境，这是这道小测验能够成立的一个条件。

自然不是必然，通常情况和不通常的情况会改变。月球人所经验的“通常情况”也许近乎那些麻雀又聋又瞎。从隔壁屋子里传出说话的声音，五百年前，你可以很有把握地推断那屋子里有人，今天你想到也许隔壁开着电视，或者那是录音电话机。辰适越而午至，在春秋时候显然悖理，现在有了飞机，这成了平常事。他不在现场，所以人不是他杀的，这是因为那时的人们一方面已经不相信用魇魔法杀人，另一方面还没发展出用遥控装置杀人。如怀特海所说：“一个情境只在它所处之处才是这个情境，这一点属于每一个情境的

本质。”〔1〕

逻辑学家研究纯粹形式的推论。罗素说：“在一切推论中，唯有形式是具有本质重要性的，推论的特殊对象除了可以保证前提的真实性之外，是无关紧要的。”〔2〕关于苏格拉底有死的推论，“前提和结论的联系绝不依赖于所说的是苏格拉底，是人，是有死性”，只依赖于推论的一般形式。罗素在这里只说到形式和对象，没提到环境，因为数学和逻辑不是在环境中推论，而是在形式框架中推理。这个形式框架屏隔开我们平常所说的环境。我们平常所说的环境其实已经包括在罗素的所谓“对象”之内；如果推理仍然需要顾及某些环境因素，这些因素就须作为前提呈现出来。“如果说推论不仅在前提的真实性上依赖于推论的对象，那是因为前提没有全都被明白陈述出来。在逻辑上，讨论有关特殊情形的推论是浪费时间。”“全都明白陈述出来”谈何容易，一般说来，环境无穷多样。夫妻争吵，会做出在我们听来匪夷所思的“推论”，但它们并不一定“不合逻辑”，而只是推论所依赖的背景太琐碎太个别，即使你弄明白了这一桩的来龙去脉，到下一桩你还是不知所云，难怪人说清官难断家务事。

9. 形式推论与框架

像日常推想在特定环境中进行一样，演算有其形式框架。欧几里德几何的演绎在欧几里德公理系统中成立，10－1＝9是在十进位制的框架中进行的。本文说到框架或形式框架，是就形式系统来说的。经验推论的环境，其自然/不自然，正常/特异之间没有明确界线，随时改变；而形式推论的框架，第一，稳定而自明，不需要我们每一次加以考虑。第二，各种框架之间有明确区分。第三，框架是事先一次性给出的，在该框架内的推理和演算不反过来影响框架。第三点很少得到重视，但本文也不深论。

只有在一个明确而固定的框架中，我们才能制定严格的推理程序。严格的推理程序可以导致推论的唯一性。这种唯一性造就有效的长程推理。一个

〔1〕 Alfred North Whitehead, *Modes of Thought*, Fireside, 1968, p. 165；另参见该书中译本《思维方式》，刘放桐译，商务印书馆2004年版，第145页。

〔2〕 罗素：《我们关于外间世界的知识》，陈启伟译，上海译文出版社1990年版，第33页。下面两句引文出处相同。

数学证明可以长达几页、几十页，而一个自然推论最多走上两三步。在哲学中，几乎不存在纯粹的形式推理，像日常情况下一样，哲学推论依赖于环境。这一点，仅从哲学探讨中从无长程推论即可想知。

形式推理当然还涉及这种推理所使用的符号系统，或曰，所使用的“语言”。逻辑的形式化必定要求它所使用的符号是人为规定的形式符号。弗雷格开创新逻辑，第一步是制定“概念文字”。论理词是自然语词的一种形式化，但它们从来不是人为规定的符号。[1]仅此一点，就使得哲学中的推论无法具有唯一性。

在数学和逻辑中，我们已习惯于在确定的形式框架中推论，习惯于从给定的前提做出一致的推理，这几乎会让我们忘记日常情况下从给定的前提可能推出多种结论。你和苏格拉底约好在公园门口见面，已经过点四十分钟了，他还没来，怎么回事？你可以设想无限多样的可能性：他可能把约会忘掉了，他可能遇上了严重的塞车，可能被车撞了，他可能忽然病倒，他可能忽然决定当和尚，正离开北京往五台山走去，他也可能在对面小饭馆里吃饺子，看你东张西望那副着急样儿发笑。经验人人不同，情势时时变化，推测的结果也就千差万别。这些推论中的“特殊对象”远不是“无关紧要的”，它们与苏格拉底是个什么样的人密切相关。苏格拉底是你朋友，你知道他从不忘掉约会，你知道他不会忽然出家。你还知道其他好多事情。如果你们这座小城一共只有几辆汽车，你就不会想到塞车。

读者也许注意到，在等人的例子里，我有时说推论，有时说推测。推理、推论、判断、推测、猜测等当然不是同义词，研究这个词族本身会带来很多收益。我们可以相当自由地在推理或推论中选一个词专门用来命名纯粹形式的演绎。这些都不妨碍我在这里所要说的：推论需要一个环境或一个框架。在形式推理中，推论的确定走向是由明确稳定的框架及符号使用的单一性保证的，给定严格的推理程序，给定充分、必要的条件，我们可以从前提达到唯一的结论。哲学家的推论却通常并不具有逻辑教科书所要求的那种高度的形式性，不能指望他们从同样的前提一定会推出同样的结论。前面说，就算我们达到了公认的自明之事，从它们能推论出什么仍然悬而未决，就是这个意思。如果我们一开始没有看法、主张，推论就会盲无方向。

---

〔1〕 陈嘉映：《论理词与论理》，载《哲学分析》2010 年第 1 期。

10. 直觉

柏格森推崇直觉，贬低理智。依柏格森，我们认识事物首先靠的是“直觉”。直觉最根本的特点，在于它直达事物本身，融会于绵延之中，而理智则是外向的，只能把握分离的事物。

推论是一种典型的理智活动，实际上，柏格森与直觉相对照时，常常说的就是推论。我们的深厚看法并不来自推论，相反，推论一般受到直觉指引，这一点，我颇同意柏格森。不过，他关于直觉的不少说法还待商榷。柏格森所说的直觉是一种达于事物本身的心智活动，达乎事物本身，当然不可能错。我们平常所说的直觉却并非如此，直觉经常会出错，而在不少事情上，例如在著名的三门问题那里，直觉倾向于出错。而在有些事情上，人们有相反的直觉——有人直觉死刑不该废除，有人有相反的直觉。因此我们才会去证成或否证直觉。论证和推论当然也会出错，前提可能是错的，推论的过程也可能出错。但这些“理智”的、形式化的认知分成一步一步，每一步都是可重复的，可单独检验的。如果你推论错了，我能指出你错在哪里。虽然结论的真假不能一望便知，但论证中的每一步却相对比较容易判别真伪。即使你的直觉正确，也不意味着论证就是多余。你一看就知道球面面积等于该球体大圆面积的 4 倍，但为此提供证明不是没事找事。这不仅是证明的训练。有些论证简单，它们的结论一望便知，有些复杂，一眼看不到结论，但它们都依赖于同样的原理和定理进行。通过原理和定理，形形色色的几何图形互相联系，从而产生了几何学的理解。

而且，有些事情，直觉帮不上什么忙——曹雪芹生于壬午还是癸未？我们只有求助于推理——论证来寻求答案。也许有位红学家会说，他一向的直觉就是曹雪芹生于癸未，但他的良好直觉显然跟他多年的考证功夫分不开。初级反思往往只注意到感觉——直觉是开端，忘了感觉、直觉都需要培养。应该在哪里落子？常昊跟我会有很不一样的直觉。同样，只有数学家才有良好的数学直觉。

不过，柏格森所说的直觉，是一个极端意义上的“经验”。他把自己的哲学称作“真经验主义”，直觉所把握的实在是“经验到的实在”，而在《形而上学导论》篇终，他明确把直觉定义为“真实完整的经验”。[1]在一个意义上，经验当然是不能错的，如果经验只是说，某人如此这般地经验了一件事情。然而，“经验”有一个绵长的指称，一端是与“实在”的直接接触，另一端则是依于经验做出的判断。在这点上，直觉、经验、感觉、看、洞见、判断这些词纠缠在一起，例如，“我有一种直觉”也可以说成“我有一种感觉”。论证所可能否认的“直觉”，不是柏格森所谓的“真实完整的经验”（integral experience），而是依经验做出的判断。

一方面，我们说到看法，意味着它们多多少少有点儿根据；另一方面，这些根据并不是看法的充分根据。我们的看法依赖于经验提供的线索，这些线索提示结论而非确立结论，从线索到结论需要判断。判断与猜测内容接近，但强调的方面不同，猜测突出没有充分理据这方面，判断突出结论方面。

我们只在包含判断的情况中说到看法，如果已知情况足以确立结论，我们就不再说判断、看法。远远看到他的步态，我判断他是张二；他走到我面前，我不再判断他是张二。买了2斤苹果、3斤鸭梨，共买了5斤水果，最后这个结论不是一个判断或看法。从前提到结论，需要或小或大的一跳，我们说判断；两者一步一步连上了，我们就不再说判断。

有人直觉敏锐，或者说，判断力出色，有人善于调查，推论能力和论证能力强，无论在日常生活中还是在科学研究中，我们都见到这种差异。判断力与演算能力更是两种明显有别的能力。[2]演算所要求的是掌握规则之间的逻辑关系，判断力更多依赖于经验，要求在纷繁事物中发现并分辨哪些是最有意义的线索，用帕斯卡尔的话说，这里的原理“精微而庞杂，我们必须依靠精微而清明的感觉才能感知它们，并在感知它们的时候做出正当的判断，同时却一般无法像在数学中那样一步一步给予证明。……我们必须一眼看到事情的全部，而不是借助推理程序——至少在一定程度上是这样的。”[3]如果谁在傍晚6点看到表针指在12点就认为“现在是12点”，这个人就完全缺乏判断力。

---

〔1〕 Bergson, *Introduction to Metaphysics*, The Bobbs – Merrill Company, Inc, 1955, p. 36, p. 42, p. 62.

〔2〕 帕斯卡尔：《思想录》，何兆武译，商务印书馆1985年版，开篇关于敏感性精神与几何学精神的著名论述。l'espritdefinesse（敏感性精神）也译作直觉，英文则译作intuition，几何学精神也译作数学精神。

〔3〕 Blaise Pascal, *Pascal's* Pensees，中国社会科学出版社1999年影印本，第2页。

在实践活动中，循规蹈矩的办事员无法担当领导，领导人物必须具备出色的判断力和洞察力；推论能力和演算能力在论理活动和科学活动中则显得更重要，但即使在这里，也唯那些富有洞见的人物才能起到引领作用。

11. 灵感

卢梭在《法兰西信使报》上偶然读到有奖征文的启事，题目是“科学、艺术、道德的联系”。他突然间激动莫名，甚至流下泪来，无数思想刹那间涌上心头，他的那篇名文《论科学与艺术》就由这些灵感所催生。在他的《忏悔录》里，卢梭出色地描述了灵感袭来的情形。灵感袭来的迷狂，我们还可以从很多哲学家以及科学家传记那里读到，其迷狂初不亚于灵感降临诗人之际。所谓有思想，是想别人未想到的。尼采说：“谁从不中止去经验，去看、去听、去怀疑、去希望和梦想异乎寻常之事，这个人就是哲学家。”〔1〕唯不同寻常的洞见才叫思想。

不过，没谁停留在灵感上，每一次授精，无数灵感精子一点儿机会没得到就被多走半步的思考淘汰掉了。那些瞬间涌上心头的思想，杂乱无章，有些也许并不相干，有些初时显得自相矛盾，要让这些思想按部就班，条分缕析，还须下很大工夫。

从灵感涌现走到条分缕析，有很多步骤。哲学家并不个个都走到条分缕析的尽头，就说卢梭吧，或者同样著名的还有尼采，比起大多数哲学家，离原初的灵感状态更近些。柏格森也是一个，用桑塔亚那评他的话说，柏格森“不做论证，但富有说服力”。这样的哲学家，我们读来，很多阐论衔接松散，甚至自相矛盾。深受卢梭影响的康德却正相反，长于分析辩证，要把一切思想都安排得井井有条。他们不仅代表两种各有千秋的风格，更代表着从灵感到论证途上的两大站。卢梭有点儿混乱，康德有点儿呆板，能从卢梭的乱里读出他的内在理论，能从康德的板里读出他的内在激情，读者之幸欤？作者之幸欤？

哲学洞见不是靠推理获得的。当然，灵感会在推理过程中袭来，就像诗人的灵感会在推敲语词的过程中来临，不一定都在做梦时出现，但灵感本质

〔1〕 Nietzsche, *Jenseits von Gut und Bose*, Directmedia Publishing Gmbh, p292.

上是某种新异的东西，我们可以在艰苦工作中召唤灵感，却不能从常理推论出灵感。单就此点而论，“莫不因其已知之理而益穷之，以求至乎其极”这种表述，有把论证视作推理之嫌，实际情况毋宁相反：我们先有洞见，然后尝试把洞见连回到常理。

诚如尼采所言，哲学家的思想是新闪的电光，我们不知它从何而来，有时，它直接击中我们，无须解说，甚至无可解说。“不是风动，不是幡动，仁者心动”点出了一个道理，它可能醍醐灌顶，使沉迷者顿然醒悟。但我偏没有慧根，怎么都不明白：明明是旗在动，风在吹，怎么成了我心动？“是尔心动”这种话语方式，点拨，却不展开，你不明白，就先糊涂着，等你自己去悟。你驳斥他，他笑而不答。

但有时，一个奇异的思想需要也可能解说、解释、论证。我们尽可以抱怨学者们过度强调了解说、论证，忽视了感觉、直觉、顿悟，抱怨学究们在无须论证的地方进行烦琐的论证，在无可论证的地方编造虚假的论证，不过我仍要说，哲学，或曰西方哲学——科学，本来主要指带有论证的思想。整个哲学—科学都是从论证发展出来的。哲学帝国主义是不对的〔不过哲学早丧失了帝国的地位，反倒在为自己的生存申辩〕，科学主义是不对的，但这当然并不意味着在需要也可能给予论证的地方，我们也要拒斥论证。而且，洞察力固然是一种卓异的能力，论证却也同样充满创造性，要求一种与洞察力不尽相同的卓异能力。

说理里或有禅机，但不尽同于禅机。你要讲给我听的道理，固然是新鲜的道理，甚至是异乎寻常之理，但你用以说服我的道理，你所依据的道理，则是我已经接受的道理。有多种多样的论证，但大致说来，所谓论证，就是把异乎寻常之理与常理连接起来，把我不理解的东西连到我已有的理解上，我们是以辨明洞见是真是幻，甚至以此辨明那究竟是个什么洞见。出乎常情之外复入乎常理之中，不仅这些洞见得到了解释，这些常理本身也获得了新的光照，焕发出新鲜的力量。

12.《静静的顿河》的作者

灵感、直觉，都是就其奇异言之，我们的大多数看法，来历普通，由我们的经验慢慢培养起来。

我一直有一个看法：《静静的顿河》的作者不是肖洛霍夫。我第一次读这部长篇小说，就为它着迷，于是把肖洛霍夫的其他小说找来读，《被开垦的处女地》《他们为祖国而战》《一个人的遭遇》，结果颇为失望，它们与《静静的顿河》相比，不啻土丘之比太岳，于是我怀疑《静静的顿河》并非肖洛霍夫所著。细想，的确，《静静的顿河》开始写作时，肖洛霍夫不到20岁，第一部发表时也只有23岁，此前并没有丰富的阅历，而这部史诗一开篇就气象万千，人情世态在广阔的视野中次第展开，处处蕴含深厚的历史感。后来又读到肖洛霍夫剽窃白卫军官克留科夫的故事，原来的看法就变得更坚定了。

也有很多人持相反的看法。尤其是1999年发现了《静静的顿河》的手稿，经专家鉴定确为肖洛霍夫手迹。这份手稿的发现确实对我的看法提出重大的挑战，但不足以改变我的看法，因为它并没有抹去我原来的怀疑，例如它没有解释他后来的作品怎么会差那么多。发现手稿还到不了“事实俱在更有何话可说”的程度，事情也可以是，肖洛霍夫根据克留科夫的原稿改写后留下了改写的稿子。我介绍了我实际上持有的一个看法：《静静的顿河》的作者不是肖洛霍夫。这番介绍是否本身已经构成论证?

这番介绍的主要内容是：哪些事情让我产生了这个看法。这些事情合情合理地导致我持有这种看法，就此而言，我已经开始论证了。阐明与论证没有明确的界线。不过，这并不意味着复述经验等同于论证。

首先，经验并不一定带来明确的看法，也许我读肖洛霍夫的其他小说觉得不对劲，却并没有形成《静静的顿河》是另一个人写的这种看法。在这里，我实际上有一个明确的看法，而唯当有了明确的看法，才可能展开论证。

其次，由于我有明确的看法，我的复述就带有强烈的选择性质。我已经开始瞄向论证来组织我的经验、讲述我的经验了。在形成这个看法的时候，还有很多其他因素在影响我。产生这个看法的时候，我也许正处在凡事都爱起疑的心境里；我也许在为某个成名作家剽窃了默默无闻的我的一个故事构想愤愤不平；我也许痛恨一个作家在专制制度下名声显赫。我今天介绍这个看法是怎样产生的，略去了这些内容。我选取的内容，是那些跟我的特殊状况没多大关系的事情。论证必须具有某种公共性。斯塔克在研究传教时发现，尽管归信的首要因素是传教人与归信者之间的感情纽带，但归信者回顾其归信过程时很少谈起这一点，他大谈特谈的是教义。[1]

通常，我们并非通过介绍哪些事情让我产生了相关看法来进行论证。我的看法通常来自无数微不足道的细节，无论挑选出哪些，都显得不够有力。我和李四相交三十年，我知道他绝不会肇事逃逸，但我拿不出足够强有力的事实来支持自己。

逻各斯是公共的（赫拉克里特语），论证依据于公认的东西，依据事实以及公认的道理。我认为肖洛霍夫不可能是《静静的顿河》的作者，这个看法来自我的多种特殊经验提供的线索，我的看法相当牢固，但离定论还远，还需要多方面的更具普遍性的论证，尤其是需要对相反看法做出回应，以让别人确信此点，也使自己更加确信无疑。

为了强有力地论证《静静的顿河》的作者不是肖洛霍夫，我钻进档案馆搜索一年，这里所发现的证据多半都不是一开始导致我产生那个看法的东西。"'你根据什么这么认为？'这一问题可能意味着：'你是根据什么推导出这种看法的（你推导过吗）?'但也可能意味着：'你事后能为这种看法向我提供什么根据?'"[2]论证是一门艺术。从事这种艺术的能力，有时在于把感觉到的东西明确表述为论证，更多的时候在于寻找和建构论证。

我不知走了多少弯路和绝路，花了两天时间，终于证出一道题；我给人讲解这道题的证明，清清楚楚，只用了十分钟。我在乱岩上攀爬，拨开野蒿前行，好多次来到断崖只好折返，终于到了山顶。站在高处俯视，山林形势看得比较清楚了，联系刚才攀爬所经，看出该怎么上山才对。今后别人问我怎么上山，我并不教他把我东闯西闯的都重走一遍，实际上，我可能根本弄不清我当时是怎么上到山顶的。

前面说到，我们有看法才去论证带来了论证是否只是装饰的疑问。然而，大多数论证是事后追加的，并不意味着它们是多余的，或甚至是虚伪的。反过来，只要具有公共可通达性，我介绍自己产生看法的缘由抑或重新建构论证，并无区别。"给出理由有时是说'我实际上是这么来的'，有时是说'我可以这么来'。"[3]从特殊经验转向论证的转变即是从"实际上是怎样"转变

[1] 斯塔克：《基督教的兴起》，黄剑波、高民贵译，上海古籍出版社2005年版，第21页。

[2] 维特根斯坦：《哲学研究》，陈嘉映译，上海人民出版社2001年版，第479页。

[3] Ludwig Wittgenstein, *Lectures and Conversations on Aesthetics, Psychology and Religious Belief*, University of Califonia Press, 2007, III, p15.

为“应当是怎样”，从实然转向应然；“我可以这么来”，由于有了“可以”，“我”变得不重要了，“我可以这么来”这话在很大程度上是说：谁都可以这么来。

你我有不同的立场，怀抱不同的希望。立场和希望会影响论证吗？当然。双方发生争论，自然各有自己的偏向、立场。双方各自把事情描述成支持自己心爱的观点。然而，争论若意在求得结果，双方就需转向事实和逻辑。事实和逻辑不仅对他人有效，对自己同样有效。我认为《静静的顿河》不是肖洛霍夫所著，现在，发现了肖洛霍夫的手稿，这是个恼人的事实，但它是个事实，我得接受下来。

我们先有看法才去论证，但论证并非虚设。我搜集理据，原本是要加强自己原有的看法，但理据也会挑战甚至改变我原来的看法。我有理由认为肖洛霍夫不是《静静的顿河》的作者，但当然，我的看法最后可能并不成立。何况，我们不仅通过论证说服他人，我们经常需要向自己提供论证。我昨天先见到张三后见到李四，也许不是别人不相信，而是我自己记不确切了。

13. 看法与偏好

把论证统统视作伪饰，与把看法统统视作偏好和趣味是连在一起的。然而，我们平常的“看法”一词，也不等于浮游的偏好，为看法提供理据，并不意味着看法本身没有根据，实际上，唯已经有一定根据，才能说是“看法”。我认为《静静的顿河》的作者不是肖洛霍夫，这虽非定见，但并非偏好而已。我们依据经验提供的线索获得看法，做出判断，形成主张，而论证者，则是把这些线索转变为理据，或发现这些线索之外的进一步的理据。

如果我只是瞎猜，就不可以说是我的“看法”。前面说到我猜那张牌是黑桃皇后，把这叫作“看法”，只是因袭知识论中的常见说法。“这张牌是黑桃皇后”这个猜测漂浮在那里，与我对其他任何事情的看法都不连着，没有任何经验厚度。月球上有水吗？我胡乱选个答案说有或没有，也不是看法。若说我对月亮上有没有水有个看法，那么，无论我多么外行是根据些什么，例如，我读过一些科普文章和报导，我根据我的可怜的知识做过些考虑。当然，这些根据不足以为我的看法提供充分的支持，但即使科学专家也还没有搜集到充分的理据。在确证和胡猜之间有着广阔的领域，这就是看法的领域；我们通常要区分的是，哪些根据更可靠，更合理，哪一方的根据更加充分，等等，而不是把没有得到确证的东西统统视作瞎猜、偏好、个人口味。

罗素那个手表停了的故事不同于瞎猜黑桃皇后。我们不说张三在瞎猜，而会说张三认为现在是 12 点。手表指针与“现在几点钟”有常规的联系，乃至于我们只要看一眼手表就敢说现在是几点钟。不过，这种联系还需要周边情况的支持，如果张三是在傍晚 6 点看表，他恐怕不会看看表针就称“现在是 12 点”。这里发生的类似于受骗：通常可以持为根据的，在特定情况下却不能持为根据。论争通常涉及的都是这种情况；争论时我们会大声说“你毫无道理”，但若对方真的什么道理都没有，你简直无法跟他争起来；论争多半是指出他持有的根据在这个特定情况其实并不提供支持。

把看法等同于个人口味意义上的偏好，是为害极广的错误看法。最严重的危害在于导致否认在政治、伦理、文化、艺术领域的严肃论证。遑论政治分歧和道德观分歧，即使在“纯粹审美领域”，我们也不仅有偏好，而且有看法。到电影院门口站站，到诗人圈子里转转，你到处听得到人们就艺术作品进行严肃的争论。固然，在这些领域中存在很多偏好，但并非只有偏好；固然，这些领域中很少有固定的论证程序，发现有效论证的方法更加困难，致使很多争论最后流于瞎争，但这与其说表明这里并没有实质的争点，不如说表明这里要求更高的论证艺术，而争论者尚未找到适当论证的方法。

14. 看法的厚度

唯已经多多少少有些根据，才是“看法”。看法的根据，可多可少，可薄可厚。我一直认为我的一个远房堂兄当过兵，我有点儿根据——这事是他自己告诉我的。后来我知道他没当过兵，他在新疆那些年，不是当兵，是在兵营旁边开小卖部。

关于我堂兄的看法，不妨说，是个孤立的看法，很容易被证伪，证伪了，这个世界没什么改变，我关于世界的千千万万的其他看法都不受影响；证伪关于斯大林的看法却困难得多，它跟太多太多的事情编织在一起；改变这个看法，我原来的很多别的看法也跟着变了。

你可以改变我关于周初有过个姜太公的看法，但你不能改变我关于苏俄曾经有个斯大林的看法，虽然这两个人我都从未见过。乃至于，即使最后证明统治苏联的那个人不叫斯大林，而叫作朱加什维利，我也可以说，我的看法并没有什么错。“苏俄曾经有个斯大林”不妨说是我的一个巨大的看法星团的名称。

看法有深有浅，有厚有薄。我用“看法”等来翻译doxa，不过，如本文开始处所说明的，希腊人所说的doxa，并非可以轻易打发的轻薄之见，而是那些我们虽不曾或不能提供理据却是深厚坐落在我们生活之中的看法。

我们可以用一句话来陈说一个看法，也会用一篇论文甚至一本书来表达一个看法。我用“《静静的顿河》不是肖洛霍夫所著”表达我的看法，这句话陈说浮在面上的、相当于结论的东西，但这个看法还连带着很多其他内容，例如，肖洛霍夫其他作品都比《静静的顿河》差得很远，《静静的顿河》的真正作者是克留科夫，或与之相似的人。赫塔·米勒的一段话也许把我要说的表达得更加清楚，虽然她并不在说我要说的。

在许多沉默的句子中，写下的句子是一个具有证明能力的句子。只有它的可证明性能将它与沉默的句子区别开来。因为它具有证明性，人们可以认为，它比沉默的句子来得重要。然而它并不更重要。它能够证明，只是因为它通过承前启后包含了沉默的句子。〔1〕

15. 论证的结构不是看法的结构

肖洛霍夫其他作品都比《静静的顿河》差得很远和《静静的顿河》不是肖洛霍夫所著是一个看法还是两个看法？在一个明显的意义上，它们是两个看法，有人同意前者而不同意后者。《静静的顿河》不是肖洛霍夫所著和《静静的顿河》是克留科夫所著是一个看法还是两个看法？同样，在一个明显的意义上，它们是两个看法，我可以相信前者而不相信后者。

在宽泛的意义上，“《静静的顿河》是克留科夫所著”和“肖洛霍夫其他作品都比《静静的顿河》差得很远”都是理据；但这两类“理据”的逻辑地位不同。从逻辑上说，我可以相信《静静的顿河》不是肖洛霍夫所著但并不认为肖洛霍夫其他作品都比《静静的顿河》差得很远，但我不能相信《静静的顿河》是克留科夫所著而不相信《静静的顿河》不是肖洛霍夫所著。前者

〔1〕 赫塔·米勒：《镜中恶魔》，丁娜等译，江苏人民出版社2010年版，第207页。

“逻辑地导致”后者，而肖洛霍夫其他作品都比《静静的顿河》差得很远则是为这个结论提供了一种支持。这时候，我们最好不把前者称为理据，因为两者构成了逻辑—演算关系，而非平常所说的理据—结论关系。

论证具有理据—结论的结构。这却不是看法的结构；毋宁说，看法中的诸多内容交织在一起，互相支持，肖洛霍夫其他作品都比《静静的顿河》差得很远、18 岁的少年不可能有这样的壮阔感受等是一些互相联系的看法，它们是《静静的顿河》不是肖洛霍夫所著这个总看法的不同内容。《静静的顿河》是克留科夫所著也是这个总看法的一部分，它与《静静的顿河》不是肖洛霍夫所著互相支持。如果前者不是一个看法而是一个事实，那么，后者也就不是看法而是事实了。

16. 假如《静静的顿河》是外星人所著

我认为“《静静的顿河》不是肖洛霍夫所著”，按说，我该欢迎所有支持这个看法的证据。然而，若有人提出证据说《静静的顿河》是某个神童或某个名叫哥德尔的外星人所著呢？我的看法并不因此得到支持，倒是我的看法完全被否定了。

“《静静的顿河》是某个名叫哥德尔的外星人所著”逻辑地支持“《静静的顿河》不是肖洛霍夫所著”，然而，我的看法，“《静静的顿河》不是肖洛霍夫所著”，与我的其他相关看法连在一起，与这个整体看法分离开来，它就不是我的看法了。外星人理据虽然支持了“《静静的顿河》不是肖洛霍夫所著”这个命题，但现在这个命题并不是我原有的那个看法。

看法既可以指表达看法的那个句子的命题内容，又可以指这个看法与其他看法的勾连。我们可能只是在形式上把这些盘根错节的勾连分成论据和结论。你提供的理据可以是你的主张的一部分，这时候，我们并不能明确区分你是在论证一个看法抑或在对看法做更完备的阐述。

有时候，要看你怎么论证，才能知道你确切主张什么。我们都碰到过这样的情况：过于草率地听到对方与自己的观点相同，接下来却发现不是那么回事——他反对依 GDP 指标提拔干部，你说对啊，他说：“应该以思想政治考核为标准提拔干部。”你们两个反对依 GDP 指标提拔干部的理据不同，当然，也就是你们两个的真正看法并不相同。

我们可以从很多方面说到一个看法，例如，真与假、厚与薄、深与浅。在那篇提出真之冗余论的著名论文里，兰姆赛提到了这一点。这篇论文讨论真与假，分析哲学多半限于讨论命题层面上的真与假。随着看法薄到命题，真也就薄到冗余。兰姆赛本人在这样做的时候，清醒地意识到这种做法的局限性，他小心翼翼地指出，这样做难以避免“没有价值的形式主义”之嫌，“回避了问题的最难和最有趣的部分”。[1]可惜，后来的分析哲学家往往忘记了这些。在我看来，这种做法是在为逻辑学做准备，对讨论我们的实际看法以及论证看法不仅无何益处，而且常常造成阻碍。因为，在我们的看法中，“理据”和“结论”的关系是直接可感的，或曰，理据对结论的支持是直接可感的；说理—论证一般并不在于通过推论的逻辑强制性让我们接受一个结论，而在于创造使结论得到理解结论的途径。整个论证形成了一个 Gestalt（格式塔）或曰整体形态。看法以及论证首先与意义相连，因而，用斯宾格勒的话说，在这里，“关键词不是‘正确’与‘错误’，而是‘深刻’与‘肤浅’”。[2]更加要紧之处在于，深刻/肤浅与正确/错误联系在一起。我们不了解一个看法的深度，就无法判断它是对的还是错的。

斯密特认为琼斯会得到那个职位，他认为（或知道）琼斯兜里有十个硬币。[3]这两个看法之间没有联系，或者说，这两件事之间没有联系。这里，明明确确，斯密特有“两个”看法。我们可以设想在某种语境下，他不说“琼斯兜里有十个硬币”而说“会得到那个职位的人兜里有十个硬币”，但他并未因此把两个看法联系到一起形成一个总的看法，这句话表达的仍然是一个看法，只不过他的表述方式中预设了另一个看法，即琼斯会得到那个职位。

结果，不是琼斯而是斯密特自己得到了那个职位，而且斯密特兜里也有十个硬币，事情虽然跟斯密特一开始想的不一样，但据说，“会得到那个职位的人兜里有十个硬币”这个命题仍然为真。我不知道命题为真是什么意思，但我知道，现在，无论你说还是斯密特本人说“得到那个职位的人兜里有十个硬币”表达的不是斯密特原来用“会得到那个职位的人兜里有十个硬币”

〔1〕 F. P. 兰姆赛：《真之本性》，胡泽洪、彭娟娟译，载《世界哲学》2010 年第 3 期。
〔2〕 斯宾格勒：《西方的没落》（第一卷），吴琼译，黑龙江教育出版社 1988 年版，第 94 页。
〔3〕 Edmund L. Gettier, “Is Justified True Belief Knowledge?” in *Knowing*, edited by Michael D. Roth and Leon Gails, Random House, 1970.

所表达的看法。

17. 不被说服与终极理据

发现《静静的顿河》的手稿，的确为肖洛霍夫是《静静的顿河》作者提供了强有力的证据，但我未被说服，一个突出原因是我还有很多疑点未被这一事实消除，例如，这个事实不能解释为什么肖洛霍夫后来其他作品都比《静静的顿河》差得很远。

我们常见争辩双方各自滔滔雄辩，却少见谁当真说服了谁。我们的重大立场，更不容易被一番论证说服。演化论已经积攒了一个半世纪的证据，并且对特创论的方方面面加以批驳，特创论还是有很多人信。以色列人和巴勒斯坦人何时能说服对方改变立场?

于是我们设想，基本立场归根到底是非理性的，任意的，所以不为说理所动。论证归根到底依赖于无可论证的东西。按照这种设想，说理与任意性，理性与非理性，截然相反。说理过程依赖于事实与逻辑，一步一步，大家一致举手同意；但论证总有个尽头，忽然，我们来到一个点上，这里是我们的真正分歧，这里，两造立场不同，基本价值观不同，或诸如此类，它们是终极理据，而终极理据是任意的，没什么道理。

这个设想其实只是逻辑主义的想当然耳，完全误会了说理的实际困难所在，而这又在于误会了说理的实际情况。这种设想把论证视作一个线性过程，每一个理据依赖进一步的理据，最后落到一个单独的理据头上。实则，我们的立场并不是一个单独的理据，一个单独的终极理据；深厚的看法由多种多样的“理据”组成。我认为《静静的顿河》不是肖洛霍夫写的，我的终极理据是什么？在基本看法的论争中，两造的争执之点形形色色，各自提供多种多样的理据，有些相互重合，有些有待澄清。随着论争的展开，新的理据被提出来，旧的理据被重新阐述。论证混同于不断地重新阐述，随着争论的发展，争点似乎在时时转移。

18. 改变他人主张的诸多途径

我们有时能够说服别人，有时会被他人说服并纠正自己。在科学与学术领域中，我们通过论证改变他人看法的机会更多一些。但是，对说服勿抱不切实际的期待，甚至在学术和理论领域。

稍有常识的人都知道，我们很难指望通过说理—论证改变他人的深厚看法。实际上，要使人转变看法，我们有多种多样的更加有效的途径，训练、实地考察、恳求、纠缠，说理不成，我可以动之以情吧。关于归信的社会学研究表明，归信的首要因素是感情纽带，对陌生人传教导致归信的概率极低。还有，引征权威或大多数人的看法。还有，小说、电影。一篇《汤姆叔叔的小屋》，一部《猜猜谁来吃晚餐》，改变了很多人的种族歧视态度，被说理说服的人恐怕不多。还有“不言而教”呢，榜样往往比用道理来说服更具“说服力”。最后，还有宣传、欺骗甚至武力威胁、金钱利诱。安陵君的使臣唐雎跟秦王说理：“安陵君受地于先王而守之，虽千里不敢易也，岂直五百里哉?”理是这个理，可惜秦王不听。唐雎最后也不是靠说理说服了秦王，而是靠挺剑而起暂时让秦王改变了吞并安陵的打算。皮尔士在上引论文中提到不断重复一个看法颇可收确立信念之效，戈培尔更有“谎言重复千遍就成为真理”的妙论。这些手段也许不够美好，但很难否认它们改变人们看法的效力。我们本来准备推举张三来当我们艺术研究院的主任，但有人愿出 1000 万资助，条件是让李四做主任，我们不会改变主张吗？我们一定是见利忘义吗？利益不也可以是一种重要的理据吗？

我们很难通过说理—论证改变他人的看法，只有过于天真的理性主义者才看不到这一点。他们未免把人想得过于理性了。过于理性？实地考察和看电影不理性吗？被利益“说服”的人不理性吗？哲学家按说很理性吧，谁说服过谁？即使在最讲究理性与论证的科学争论中，谁也说服不了对方的例子也不鲜见。

19. 口服与心服

说理—论证与小说、宣传、利诱等的区别何在？我们会想，说理—论证依赖于事实与逻辑的力量。是的，你手握事实和逻辑。事实和逻辑有一种强制力，铅比铝重，$3 \times 7 = 21$，是每个人都不得不接受下来的事情。清清楚楚的事实和逻辑，如果是对照欺骗、残缺的逻辑等而言，当然是说理所要努力达到的。然而，我尝试说服某人，从来不是因为他不承认铅比铝重或不承认 3

$\times 7 = 21$。我们通常所谓论证，不是严丝合缝地由铁定的事实与无瑕的逻辑组成的。哪个深厚的看法能够充分还原为事实和逻辑？上帝存在的证明，不存在上帝的证明，外部世界存在或不存在的证明，共产主义必将到来或不可能到来的证明，都不是用铅比铝重或 $3 \times 7 = 21$ 这样的方式构成的。

理据是争论双方都能够承认和接受的东西。但承认你的理据又怎么样呢？论证不是线性推论，而是多方面的印证。你的理据之外，还有千千万万理据。你我怀着不同的立场和希望，会选择不同的理据。你选了一批来支持你的主张，但还有好多可以支持我的主张。我们根深蒂固的看法，依赖于众多细微的、难以标明的线索，我们并不因为某一根据失效就必须改变看法。事实不是那样简单，逻辑不是那样高度形式化，所谓事实和逻辑的力量，很难与能言善辩区分开来。你滔滔雄辩，说得我哑口无言，可我仍然不愿接受你的看法——这一定是我不理性不讲理吗？你用"逻辑"证明了外部世界不存在，如果我连"外部世界存在着"都不相信了，我为什么要相信你的"逻辑"具有不可抗拒的力量呢？笃信上帝的人可以问：为什么相信逻辑比上帝存在具有更强的强制力呢？

对人情事理懵懂无知，只是把自己捡来的学院命题祭作一切思考的法则，便以为自己掌握着逻辑的强制力，谁要在逻辑面前仍然有所保留，便是非理性的、不可理喻的生物。庄子最早讲到"服人之口"，说的不是通过威胁利诱让人口不敢言非，倒是"鸣而当律，言而当法"。与暴力、利诱、欺骗相对照，逻辑的力量是内在的，但与心悦诚服相对照，逻辑的力量是外在的。

你向我论证，是把我不接受的结论连回到我接受的道理上来，你的论证通常采用推论的形式，通过我知道的、理解的前提和步骤，推出我本来不接受的结论。不要以为你的推论的强制性会迫使我接受它。这个结论我可能接受，也可能不接受。我接受它，并不是你的推论具有强制性，而是，我虽然不曾想到这个结论，但它是可理解的，亦即，它合于我已经具有的对世界的理解，或者说，合于我所理解的世界。你的论证充当了重新组织我的理解的干线。我借助你的论证理解了这个结论，而不是被你的逻辑逼着接受它。在严格证明中可以出现这样的情况：我不理解推论达到的结论，但我必须接受它。长程推理更多地依赖于推理的连续的逻辑强制性，而不是前提与结论的直接的、可理解的联系。我承认前提正确，承认每一步推论都是正确的，我就得承认结论，哪怕我仍然不理解结论。但不要把一般说理混同于证明。说理不是要我们即使不理解也接受结论，而就是要我们理解。我如果不明白外部世界怎么会不存在，你让我接受这个结论有什么意义呢?

与其说论证的目的在于从智性上使对方臣服，不如说论证旨在创造新的理解途径。我为了论证《静静的顿河》的作者不是肖洛霍夫去做大量的研究，即使研究的结果否定了我最初的看法，我并不因此徒劳一场。

20. 求取所以然

关于论证的浅俗理解，核心在于从浅俗的手段——目的来看待说理—论证，我手里有真理，我的目的是要让他人同意我，亦即接受真理，说理—论证是达到此一目的的手段。如果说理—论证只是使他人改变主张的种种途径中的一种，那它实在是较少成功的一种，挺可怜的一种。

说理—论证之际，我们不是的确相信自己正确吗?说理难道不是为了说服他人吗?是的。然而，我们需要对“为了某某目的”做更深入的探讨。如果把目的理解为一个现成的终点，那么，我要说，生活，以及生活中的种种活动，主要不是从它所服务的目的获得意义，而是它因自己这种活动的特点获得意义。说理不是与感化、宣传、欺骗相并列的一种手段，仿佛无论通过何种手段，它们达到的都是同一个目的，区别只在于说理—论证这种手段是提供理据的手段。不是的。固然，有时候，说服他人同意自己是当务之急。这时候，说理接近于宣传。但在更多的情况下，提供理据主要不是一种手段;我们把看法分辨为理据和结论，我们营建理据，是为了探索事物之所以然。而探究事物之所以然，构成了一种新的理解世界的方式。诗、音乐、训练改变我们，内在地改变我们，但它们不是通过理解事物之所以然来改变我们。

论证并非只是为某种洞见披上外衣，从根本上说，论证是一种自成一统的理解方式——通过对所以然的探究把东一处西一处的道理联系起来，使我们获得整体的眼光，或曰 übersicht，综观。维特根斯坦说:“我们对某些事情不理解的一个主要根源是我们不能综观语词用法的全貌。”[1]若不拘泥于“语词的用法”，我会更宽泛地说:“我们对某些事情不理解的一个主要根源是我们没有获得综观。”我们的经验不同，所愿援引的论证也不同，但不管何

[1] 维特根斯坦:《哲学研究》，陈嘉映译，上海人民出版社 2001 年版，第 122 页。

种论证，都不妨说是把各种道理联系起来。这种联系给予我们的看法一种深度，真知即深知。

维特根斯坦接着说：“综观式的表现方式居间促成理解，而理解恰恰在于：我们‘看到联系’。从而，发现或发明中间环节是极为重要的。综观式的表现这个概念对我们有根本性的意义。它标示着我们的表现形式，标示着我们看待事物的方式。(这是一种‘世界观’吗?)〔1〕”通过论证，原本不相连属的东西联系起来，我们的零星所知、零星理解和洞见连成一片。Episteme，真知，哲学，科学，这些概念都强烈地要求这种明确的整体性。尽管我们在着手论证之前，已经有为之进行论证的看法，但获得了论证的看法，在整体性的光照之下，也不妨说是新的看法。开普勒为阿里斯塔克提供了论证，这是次要之点，在根本意义上，他参与开启了近代科学，开启了看待世界的崭新眼界。这是不是一种“世界观”呢？是不是一种新的理解—生存方式呢？

就这种广泛意义的、在我看来也是更适当意义的论证来说，维特根斯坦当然像其他哲学家一样提供论证，我甚至认为他是论证的高手，尤其在他后半期的工作中，在那里，他运用着多种不玷污思想美丽的论证方式。

21. 威胁、欺骗、利益之争

若把说理—论证只视作改变他人看法的一种手段，它就该和小说、宣传、利诱等并列，而说理的效果，恐怕是这些手段中最差的。而明于说理—论证的理解性质，我们就能清楚地把它与改变他人看法的其他“手段”区别开来。

你本来想投张三一票，因我施加威胁结果你投了李四的票。在极浮面的意义上，可以说你“改变了主张”，但显然在另一个意义，一个更基本的意义上，你并没有改变主张。

你本来因为张三加强网络管制打算投他的票，我编造了张三反对网络管制的消息，诱使你投了李四的票，比起用暴力威胁你，这在稍深的意义上让你改变了你的主张。这里，我们把投张三一票视作一个单独的主张，而没有联系更广阔的背景。我诱使你改变了投张三一票的主张，却没有改变你赞成网络管制的主张。

〔1〕 维特根斯坦：《哲学研究》，陈嘉映译，上海人民出版社 2001 年版，第 122 页。

所谓改变看法，可以是不同深度上的改变。我本来同意方案A而后来转而同意方案B，这可以是一个局部的改变，也可能是由于我改变了我的整体观念的一个结果。在前一种情况，我们有时会这样说：我现在同意采用你对这件事的处理，但我仍然保留我对这件事情的看法。

我本来准备推举张三来当我们艺术研究院的主任，但后来主张推举带来1000万资助的李四。这个例子牵涉到利益作为理据的一般问题，我另找机会讨论。这里只简短说明，单纯的利益之争，看上去最适合通过“说理”来解决。不过，这里所谓“说理”，意思是谈判、讨价还价。虽然我们的利益不同乃至相反，但我们却用公认的、一致的方式来谈判。相反的利益之间常能达成“一致”。买卖是个典型，对卖方来说，价格越高越好，对买方来说，价格越低越好，高低之间若无重叠，买卖做不成，但只要高低之间有重叠之处，就能做成买卖。买卖做成做不成，并不改变我们的一般看法。当然，利益是个极复杂的概念，我捍卫某种理想，我渴望某位佳人的芳心，这些都可以是我的利益。所以上面我加了限制说“单纯的利益”，所谓单纯利益，差不多在定义里包括“与我们的一般观念没有联系”这层意思，因此是可以清楚计算的利益，利益争端可以通过演算求解，或者，通过演算证明无解。当然，在现实生活中，真正碰上“纯粹利益”的时候并不似想象的那么经常，利益通常是跟“按道理说”纠缠在一起（例如艺术研究院主任一例），跟爱恨、观念、意气纠缠在一起。

22. 不愤不启

理当然不能只是一个人的理，但它也不能与人无关。理通过理解与人相连。我们不要只看逻辑的强制力，我们还要看理的渗透力或穿透力。说理并非只是展示逻辑的强制力了事，说理需要与向之说者的自我连起来。深刻的道理要透达人心。

说理不仅不局限于一造说服另一造，甚至也不局限于相互说服。我们须更广泛地把说理理解为一个共同努力获得理解的过程。在这个基本意义上，你尝试加以说服的一方，他自己希求理解，希求真理。不愤不启，不悱不发。朱熹解曰：“愤者，心求通而未得之意。悱者，口欲言而未能之貌。启，谓开其意。发，谓达其辞。”庄子视说服的至境为心服，心悦诚服，这不是虚悬过高的标准，而是发说服的真义。

“举一隅不以三隅反，则不复也”这句话就连在“不愤不启，不悱不发”之后。在一事上说服别人，尚不是说理的目的；说理的目标要更高些：通过在此一事上的说服，让对方获得理解，让对方自己获得理解的能力。说理的目标，若从根本上说，与其说是在此事上让对方接受自己的看法，不如说是一种心智培育。

说理并不是演算的一种残缺样式，仿佛说理一旦完善，所有的分歧都会消失。正由于论者过于狭隘地限定说理—论证的目的，从而把科学领域中的论证设为论证的标准，他们才会无视事实，断定在审美—道德—政治不存在论证，或不存在“真正的论证”。

是的，哲学家虽然提供过很多美妙的论证，但他们并没有让我们获得共识。迈蒙尼德为上帝存在提供过出色的证明。谁由于这种证明信教或改宗？哲学家可曾证明外部世界并不存在？谁信过？伟大的哲学家没证明过什么，他们为我们理解世界开辟了新的道路。依此，我们也许就不会再因为哲学史中虽俯拾皆是精妙的论证却始终不曾把哲学家引向一致的结论而感到苦恼了。伟大的哲学家那些精妙的论证为我们提供对世界的新理解，但没谁由此提供出关于世界的唯一真理。

我们不要把目光总盯在说服他人达成共识上面。据说，论证依赖共识，又据说，论证的目的是达成共识。那我们的分歧在哪里？只是在从共识前提达到共识结论的路径吗？对说理来说，提升理解是首位的，是否达成一致看法倒在其次。实际上，在事涉 doxa 或深厚看法的场合，指望通过说理和论证达成一致看法，难免期待过高，而这种期待，又常常是因为我们愚蠢地相信，别人持相反的看法是因为他们错误、愚蠢，甚至因为他们邪恶。

强势理性主义者的论证理论把理当作摆好在那里的东西，无论什么时候拿出来，它都具有让人不得不接受的力量。自己手握真理，一番论证之后，持相反看法的人们自会弃暗投明。我对这种态度充满警惕。他们的自大不仅来自对理的浓厚误解，也来自远为世俗的方面——他们所持之理，是理学一统天下时的理学之理，是科学主义一统天下时的科学真理，是学院理论尽收国家基金和国际奖项时的学院之理。孔子的儒学与称王称霸的儒学是两种儒学。面对强势者的一套套道理，我们要说：“你别跟我讲道理。”

“你别跟我讲道理”并非都发自强权者。事实上，在这个时代，尽管强权者心里一直默念“你别跟我讲道理”，嘴上倒不这么说，他倒是总做出或说得像是道理总在他那一边的样子。那些总处在被说服地位的人，年轻人、女人、弱势者，也会说“你别跟我讲道理”。他们说这话时的含义与强权者判然有别。弱势者固然因无权无势而弱势，但他们也经常是因讲道理讲不过你而弱势。年轻人对一套一套道理的警惕乃至反感，并非一概来自青春期反叛心理。年轻人的自我正在成形，保持自我以让它自然生长至关紧要，他需要的是培育，需要某些东西来辅助他的生长，而不是需要一套套泰山压顶的道理来把他从头塑造。说理亦有其“时”，这个“时”不是附加在现成道理之上的东西，它内在地构成说理。不当言而言，失言。

法官的理性与说理的判决

王　申*

摘　要　司法裁判文书作为一种严肃的法律文书，不仅体现着法院适用法律的结果，而且还承担着向公众宣示法治的任务。在个案中重要的不是具体的判决，而是规则，规则作为在法律上具有决定意义的观点支撑着具体的判决，从规则中引申出具体的判决。司法判决体现了法律规则的预设。对法官来说，判决书是他作为一个法律职业者之尊严所在，因为判决书毫无疑问是他所有职业成果中最主要也最重要的部分。它体现了法官的创造性劳动与专业性劳动。民众正是借助这些判决理由来了解法官判决的。所以法官裁判文书制作的一般意义是，法官必须就他们所做的判决说明理由，而不能仅仅将结果列出。

关键词　判决书　公正　权威　改革　说理

法官在审判过程中居于核心地位，是司法的主导者，或者说是司法的主要角色。法官对纷争达成裁断的过程就是判决。法官的裁判也被描述为法官将法律规则和原则运用于事实的推理过程。这个过程集中体现了法院审判活动的内涵与质量，它是司法公正或不公正的个案载体。法官判决书本质上是司法活动运作机制的产品，司法如果要在一个具有结构分化和自主化复杂的社会中起到稳定的作用，就必须发挥法官的“卫士”作用，并以值得信赖之权威的抽象形式维持其对纷争的裁判。因为“法官负载着巨大的压力——这

---

* 王申，华东政法大学法律方法研究院研究员、博士生导师。本文为2009年度国家社会科学基金项目《法官的实践理性论》（09BFX002）课题的阶段性成果。原刊于《政治与法律》2011年第12期。

显然是很奏效的压力——他们必须表现得如人们期待的那样。因此，他们为自己所做的判决公开申明的理由，也是为了使自己看起来符合期待中的形象。简言之，法官必须借助于这些理由表明他们的确是在维护‘法律的正义’，而且至少在达到这一目的的意义上，这些理由成为正当化的理由。”〔1〕所以，裁判文书作为司法裁判活动的终局载体，也是法院树立司法权威的重要载体；如果法官没有或者缺乏这样的权威作用，那么裁判文书将起不到定纷止争的作用。

一、司法判决的缘起和理性特征

审判是个过程，当法官听完举证，诉请要求宣读完毕，法庭辩论结束，就到法庭该做出判决的时刻。“判决一旦展现出来，必须是明确的原则化的，至少能够用可适用的原则或标准加以陈述。否则面对判决创制者的当事人将没有相关准则可循，也就无法有意义地提交他们的证据和论证了。”〔2〕因此，判决是法官对纷争事实加以价值界定的过程。

（一）简短的历史性预备思考

我们看到，判决这个词——doom，既被用来指命运的一种安排，又被用来指一种审判的结果。〔3〕回顾历史，在人类社会最初时期，法律几乎完全是口头的；与之相应，诉讼程式也具有戏剧性特征。如梅兰特所言，“只要法律是不成文的，它就必定被戏剧化和表演。正义必须呈现出生动形象的外表，否则人们就看不见它”。〔4〕西方的谚语中有“我的话——如契约”，这便是口头语言法律形式的形象表达。与此相应，判决的形式也是口头而非书面的。直到12世纪和13世纪，欧洲出现了一种教会法体系。教会诉讼法规定：诉讼的发起必须是以书面形式提出。在13世纪早期，教会诉讼法明确规定了对于诉讼过程必须有书面记录；同时规定判决也必须是以书面的形式来展现。

---

〔1〕［英］尼尔·麦考密克：《法律推理与法律理论》，姜峰译，法律出版社2005年版，第15、17、209页。

〔2〕［美］罗伯特·萨默斯：《大师学述：富勒》，马驰译，法律出版社2010年版，第159页。

〔3〕［美］哈罗得·J. 伯尔曼：《法律与革命》（第一卷），贺卫方、高鸿钧、张志铭译，法律出版社2008年版，第56页。

〔4〕［美］哈罗得·J. 伯尔曼：《法律与革命》（第一卷），贺卫方、高鸿钧、张志铭译，法律出版社2008年版，第55页。

由此，书面判决才逐渐在欧洲出现，致使口头判决走向式微。“西方文化将书写归结为一种仪式，将书面行为归结为承诺表达”。[1]书面判决与开头判决的不同主要体现在，书面判决的基本单位是语词，它一般能够更好地展现个人的知识特点，特别是书面判决集中体现了判决者的知识认知及法律判断。

直到15世纪至18世纪，我们可以明显地看到，欧洲国家书面司法判决的程式结构依然是稳固的，并且在其制作时，法律的逻辑性弥漫其中。比如，大陆法系的法官将总是通过对相关法典条款进行一个直接的评述或者解释的形式来陈述他的大部分判决意见。自18世纪起，书面判决真正统治着人类历史中的司法裁判。由此，司法的权威性获得了法官拥有对案件所适用的法律以及确认法律事实的决定权，并最终以判决书的方式来表明这种权利。

（二）判决书应有的理性特质

法庭审理的目的就在于将所有相关的事项提交给法官。审判中法官必须对各当事人提出的“证据”审理，并客观地作出评判。但是，即使在事实清楚的那些例证中，审判也弥漫着争论的过程，特别是法律程序还可能具有一些不确定性的特征。因此，审判所体现的不过是法官对争议所作判断的记载，或者是法官接下来如何判决的猜测。如此这般，法官审判所有的结论都是通过判决来表现的。

1. 法官判决书模式的历史回顾

在英美判例法国家，“法院的判决书称为意见（opinion）。‘意见’不是作为‘决定’的判决本身，是指判决的理由。在判例法国家，有拘束力的判例不是判决本身，而是判决理由。判决理由是从案件事实中提炼出来的法律原则或规则，或者说是对具体事实产生的法律问题应如何决定的法律解释和声明。意见通常由一位法官撰写，其他持相同意见的法官则表示赞同。据了解，美国最高法院大约有1/3到1/4的案件中能够形成一致意见，其他则由多数或相对多数进行判决。在意见不一致时，会出现‘并存意见’和‘反对意见’。‘并存意见’指赞同结论但对法律推理和逻辑有不同意见；‘反对意见’是反对法院判决的意见。这样，有些判决书会出现几种不同意见，令人

[1]［英］博温托·迪·苏萨·桑托斯：《迈向新法律常识》，刘坤轮、叶传星译，中国人民大学出版社2009年版，第131页。

读来饶有兴味。”[1]事实上，如果是美国联邦最高法院对重要案件作出的判决，那么几乎所有的重要报刊都会在头版显著位置刊登该判决意见。最高法院的判决一经公布，经常会对美国的政治、经济及社会相关领域产生巨大深远的影响。

在大陆法系法院中，法院并不区分判决理由和判决意见，与英美法系的判决相比，他们的判决书书写风格一直偏好于简短，而且在风格上显得教条，其中有很多抽象原则的讨论。初审法官的判决书一般包括对判决背后的事实和法律推理最完整的陈述。而在案件被上诉至上级法院后的审理过程中，判决书的书写变得越来越隐晦，最高法院的意见一般与最后的命令相差无几，其中不包括任何的正式解释或者关于判决正当性的陈述。他们书写判决书的方法就仿佛相关的法律规定就可以直接并合乎逻辑地得出最终的判决结论，以至于任何解释都是不必要的。[2]

在法国，当案件被认为是社会影响重大的时候，不仅是原告的和被告的律师，而且为政府工作的律师都会向法院说明理由。他们所说明的理由的节录，尤其是作为政府的代表们所提出的理由，某些时候甚至会刊印在位于法院的意见之前的法国案件报告中。另外，在法国的最高法院内部，一名法官会被安排向将要对案件作出判决的他的同事来“报告”案件。他的报告不仅总结了对立双方律师的意见，而且提供了他自己的分析。这类报告也会偶然地出现在案件报告中，刚好写在法院的判决意见之前。所有这些初步的材料充满了对案件的具体分析，而这些材料的书写风格与美国案件摘要是相当类似的。其中列出了一系列的先例。个案得到了分析，而且著名的学术权威著作得到了引用。[3]

总之，无论是英美还是大陆法国家的法官都希望自己所判案件成为经典判例，这是所有优秀法官的必然选择。为达此目的，他们希望在判决书中详细论证自己对法律和正义的理解。如此，久而久之，历史上便产生了许多堪称辉煌的判决书，也促使大批法官成为著名的法学家。

---

〔1〕 周沂林：《判决书：中国司法能否从此做起?》，http：//www. china－b. com/kaoshi/jzks/20090307/611974_ 1. html，最后访问日期：2019 年 1 月 5 日。

〔2〕 [美] 马丁·夏皮罗：《法院：比较法上和政治学上的分析》，张生、李彤译，中国政法大学出版社 2005 年版，第 201 页。

〔3〕 [美] 马丁·夏皮罗：《法院：比较法上和政治学上的分析》，张生、李彤译，中国政法大学出版社 2005 年版，第 220 页。

2. 法官判决权威的理性要求

司法活动是法官代表国家意志进行的裁判活动。判决书必须具有法律的权威强制力，否则就可能变成一张白纸。由此我们可以说，判决的权威来自法律的权威。但这并不是说判决书本身构成了权威。如果判决书想真正具有权威性，仅仅依靠国家强制力是远远不够的；它还必须是能够正确解释法律、充分宣示正义理念、合法合理判定冲突。判决不仅要使当事人信服而且还要使广大民众能够信服并经得起历史的检验。当然，判决的理性验证是个复杂的问题，它还必须经过无数的判决对法官的公正性进行检验。因此，就不难理解为何需要如此强调判决书必须进行详细论证，所谓论证，其实就是正式的说理，基本意思在于为法官的判决给出理由、提供理据。

理性的判决不仅要使人们知其然，而且知其所以然，使社会公正的理念与合理的法律选择联系起来。这里的公正是在“整体”意义上讲的，即判决整体所确立的社会公正形象。法官必须弄清楚采取哪些原则在当下给定的情况下是合理、合法的，一个合理的选择就有一个确定的答案。但是，法官的判决是在利益对立的各方中作出裁决，而要使双方对判决都满意几乎是不可能的。因此“在作出这种判决时法官通常清楚其判决非常可能导致败诉一方破产或对他产生其他可怕的法律后果。由此，法官必须看着镜子并对自己说：‘在对所有证据进行严谨分析，并判断到底发生了什么方面，我已竭尽全力。我对自己的判决完全满意，因为我自己的心智诚实贯穿了它的始终。我没有因为一方利益而夸大案情，也没有因为一方利益而对案情打折扣。我是公平的，绝对不偏不倚的。除了对所有呈上法庭的证据进行全面审查外，我没有因为任何原因而不公平地偏向任何证人或当事人’”。〔1〕这就是社会对法官具体判决的客观公正性的要求，这种客观性就使法官的理性在判决公正性中占有一席之地。

（三）判决书是司法公正理念的最终载体

公正是现代司法所追求的基本价值之一。既然司法承担的是最终裁判的社会责任，那么法官就有义务对其作出的公正判决进行理由解释。裁判理由的解说要求是确保司法公正的一项重要的制度保障，这些理由可以有如下几

〔1〕 Clifford Einstein：《澳大利亚司法道德》（论文一），载怀效锋主编：《法官行为与职业伦理》，法律出版社 2006 年版，第 52 页。

个方面的作用。第一，裁判理由不同于对裁判结果的简单宣告。要求法官系统地记录下所发生的事项与当事人各方陈述的意见，有助于得出更具说服力的结论。第二，裁判理由是展现法官与当事人的一种交流过程，告知谁是败诉一方及败诉的理由根据。第三，裁判理由还是将来上诉法院检验初审裁判是否公正合理的凭证。第四，裁判文书法律适用不可避免地会涉及法律的解释问题。〔1〕所有这些要求，似乎都要求法官在审判过程中，能够保持一种精确的理性平衡。“它不仅要求法官必须得出正确的判决，而且意味着法官必须能够做出具有说服力的推理，从而支持其所作的判决”。〔2〕

判决理由是由裁判文书性质所要求的一般规则性要求，如果没有它，同样的案件一定会有不同的判决，那么司法便失去了确定性特质。如何给定裁判理由，“温伯提出了著名的确定一个给定的法律论点是否是判决理由的倒置检验标准（test of intersion）。他用下列的话语描述了这种标准：首先谨慎地架构假定的法律论点。接下来，在这个论点中，让他插入一个与其意思相反的字。然后，让他看看，如果该法院认为这个新的法律论点是好的，而且如果它被记住，判决是否还能一样。如果答案是肯定的，那么，无论原来的论点多么出色，这个判例都不是这个法律论点的先例，但是如果答案是否定的，这个判例就是这个原来法律论点的先例，并且可能也是另外的法律论点的先例。简言之，当一个判例仅是根据一个论点作出时，此判例的法律论点或原则——判决理由，一定是一个一般规则，没有它，此判例一定会判得不同”。〔3〕

其实，司法判决的制作过程就是法官整理思路的过程，其本身就是一个内含价值判断的过程。其内在地包含有防止武断、暗箱操作和纠正混乱的逻辑。逻辑清晰、论证充分的判决书是法治国家裁判规则的一项基本要求，它能够很好地消解当事人可能存在的相对剥夺感和不公正感，进而增加司法判决的可接受性。当然，法律的疑难问题更多地表现在法律实施上。这个问题客观存在的本身就容易导致法制的不统一。同样情况同样处理是司法适用中

〔1〕［澳大利亚］大卫·科比：《好法官所必备的素质》，载怀效锋主编：《法院与法官》，法律出版社2006年版，第6页。

〔2〕［澳大利亚］约翰·巴斯滕：《法官行为：与政府的关系》，载怀效锋主编：《法院与法官》，法律出版社2006年版，第18页。

〔3〕［英］鲁伯特·克罗斯、J. W. 哈里斯：《英国法中的先例》（第四版），苗文龙译，北京大学出版社2011年版，第59页。

的一个基本准则，如果相同或类似的案件判决结果完全不同，判决书中表达的法律原则和法律理念也可能是不一致的，那就会导致实践中法官实践理性准则的适用混乱。由此人们甚至弄不清楚，究竟是法官不懂法，还是不公正，抑或判决根本就是司法腐败的产物。其直接的结果，可能导致上诉和无穷无尽的申诉。这种现象在我国目前的司法审判中似乎是比较突出，亟须解决。

二、判决必须同时满足自洽性和合理的可接受性条件

法官就是会说话的法律，司法裁判文书作为一种严肃的法律文书，不仅体现着法院适用法律的结果；而且还承担着向公众宣示法治的任务。这其实表明，司法裁判文书所体现的乃是作为社会统治的精神力量和表征文化的外在形式。法官所有的宣誓、诺言等正是通过判决来践行的。

在现代社会中，司法占据统治地位并影响着国家与社会的稳定发展。社会纠纷经由法官裁断，而法官的裁判被奉为是统治者意志及对世人的命令表达，人们通过诉诸司法的权威，获得行为的正当性基础。所谓正当性也可以说是正确性，按照学者的说法，正确性包含有两层意思：一是结果的正确；二是实现结果过程的正确性。“司法裁判的正当性建立在合法律性和合道德性基础上，裁判的正当性在直观的层面上来自合法律性，实质上则由合道德性所决定，只有当裁判既合法律性又合乎道义时，才能真正获致正当的可接受的裁判，也才能真正实现司法公正”。〔1〕

现代司法审判公开制度的深层理念要求法官在判决书中清楚地解说自己是如何裁断的。“解释何种因素决定了案子的结果必须暴露在光天化日之下，这样所有关心案子的人方可了解到指导法庭审理的是何种法律原则和常规以及逻辑，这样才会实现彻底的司法公开性。而这一公开性一方面可能有力阻止司法独裁的倾向，防止出现像司法不公这样的无端猜疑；另一方面，又是对高质量的司法行为的有力激励”。〔2〕因此，裁判文书其实是法官用书面形式向社会公众传达一个他们共同认可的意见和义务。经由法官裁定，就某一法律诉讼中当事人的权利而作出的裁决文书，其裁判内容必须遵循法律确定性的标准，其裁判过程必须是法官独立作出的并且是公正的。从这个角度来

〔1〕 沈明磊：《关于民事司法伦理性若干问题的研究》，载《法律适用》2010 年第 12 期。

〔2〕 Clifford Einstein：《澳大利亚司法道德》（论文一），载怀效锋主编：《法官行为与职业伦理》，法律出版社 2006 年版，第 53 页。

看，法官的判决必须是面对现实，同时又具有回溯性；如果判决是面向未来发布法律，还必须具有前瞻性。司法判决在一般意义上必须有意义，并且是在审判制度的判决文本内容中有意义。

法官裁判文书所体现的是法官最终地和权威地解决法院受理的纠纷的状况，具有法律上的效力。因此，符合法律规定的法官判决只能通过有理有据的推理活动来作出。判决理由是法官判决所表达的核心内容，是衔接案件事实和裁判结论的桥梁。“如果一个司法判决不能帮助当事人和社会理解为什么这一方赢而另一方输，就不是一个高质量的判决”。〔1〕在裁判文书中，法官需要借助判决理由来沟通案件事实与法律规定的联系，使判决结论建立在可以信赖的事实理由和法律理由的根基之上。法官在判决理由之间的选择并不像是在杂货店天平上称重，而更像是在判断之间做出选择。法官需要判断选择哪个理由更好，而较合理的判断只不过使司法的天平倾斜。当法官的判断与法官的初始愿望发生冲突时，法官必须做出较好判断的选择，而压抑个人的愿望。这是法官必须具备的一项重要的审判能力。

法官裁判文书从根本上说是为法官提供了一个表达其选择判决理论的法律价值的机会。因此，审判中的“法官应该加入一场特别的对话中去，去倾听所有的诉怨，考虑所有利害关系人的意见并为其判决陈明理由。法官在其判决书上签字实际上是向当事人保证他参加了诉讼的全过程并对判决负有个人责任。这些制度安排使我们能够认可司法权力”。〔2〕可见，法官裁判文书体现出的是法官对法律原意的表达，而法官的表达具有客观化的能力；也就是说，法官的表达表现在审判活动的过程中，无论是对法官，还是对作为审判活动组成要素的其他人而言都是可以被把握的。因为，法院通过裁判文书的形式，向社会公开自己解决社会纷争的判决理由，表明自己的判决是经过充分论证的，是以理服人的，以理取信于民的。这是法治的一种理想状态。

为体现司法的公信力，现代社会对法庭判决的要求是：必须同时满足判决的自洽的独立性与合理的可接受性这两个条件。但是，由于两者不容易调和，两套标准必须在司法实践中达成妥协，因此法官裁判文书从根本上说具有双刃性，它既可以巩固人民对法治的信念，也可以动摇这种信念。

---

〔1〕 Catherine Branson：《获得司法公正》，载怀效锋主编：《法院与法官》，法律出版社2006年版，第193页。

〔2〕［美］欧文·费斯：《如法所能》，师帅译，中国政法大学出版社2008年版，第85页。

首先，法官是以合法的规则和原则来支撑其判决主张的有效性。合法性的主张要求判决能够明确法律所能规范的各种具体情况，“不仅与过去类似案例的处理相一致、与现行法律制度相符合，而且也应该在有关问题上得到合理论证，从而所有参与者都能够把它作为合理的东西而加以接受”。〔1〕“因此，在一个判例上，重要的不是具体的判决——具体的判决仅仅涉及具体的个案——而是规则，规则作为在法律上具有决定意义的观点支撑着具体的判决，从规则中引申出具体的判决：所谓的‘理性的决断’（tatio decidendi）。规则必须通过对判决的解释才能找到”。〔2〕由于法官是以合法的规则和原则而主张其判决的有效性的，因此，法官裁判文书的制作也意味着应然法律开始真正走向实然秩序。当然，判决应当努力“降低判决（其形成动力在别处）的惊异值，提高人们对判决的事实上的接受度”。〔3〕此外，法官通过一个个具体的裁判文书的制作和履行，也可以使一个国家动态的法律运行机制真正统一。

其次，法官判决是对程序、案例和法律根据选择的决定。裁判文书实际展现的是一种体现官方意愿的案件处理意见，其中包含着还当事人一个公正。但是，这个“公正”从哪里来？从实体法上看，司法的裁判从来是依据先于他们而存在的宪法（或宪法性法律）及程序法产生的。法官适用实体法理由的来源一般体现在如下几个方面：其一，从法律渊源中择取与本案相关的法律规定；其二，将它们组合成一个判决理由；其三，将它们与案件事实组合成一判决书。〔4〕从程序法上，“现代的社会逐渐把程序公正强调成判决的合法化（并不是只有在使用大量规则时才存在合法化）。如果判决是经过整个程序后的最终结果，同时也考虑到了反方意见的话，我们是可以接受最后的判决的。因此合法化是自下而上的，而非自上而下。判决正确与否主要取决于过程而非使用一些重要规则的事实映射出了司法伦理”。〔5〕在很大程度上，

〔1〕［德］哈贝马斯：《在事实与规范之间》，童世骏译，生活·读书·新知三联书店2003年版，第199页。

〔2〕［德］H. 般科：《法哲学》，林荣远译，华夏出版社2003年版，第205页。

〔3〕［德］哈贝马斯：《在事实与规范之间》，童世骏译，生活·读书·新知三联书店2003年版，第51页。

〔4〕参见黄金兰、周赟：《判决书的意义》，载《法律科学》2008年第2期。

〔5〕A. M. Hol 和 M. A. Loth：《司法职责再讨论》，载怀效锋主编：《法官行为与职业伦理》，法律出版社2006年版，第363页。

审判公正“是一个把蕴含在权威法学文件里的价值阐释具体的过程。它要求法官听取展现在他面前的事实和法律，决定谁是最具有说服力的，从而使判决正当化。在这个努力过程中，法官不能自由地依赖任何理由——例如，忠于党——而是被他所属的职业共同体所强加的一系列规则所限制。因此，法官的理由是受限制的，或者像爱德华·柯克（Edward Coke）所说的，‘艺术的’，但是理由本身仍然是法官权威的来源”。[1]

再次，判决的合理性最终应该根据那些先于法律的理念来衡量。在司法审判中，法官只能偶尔达到绝对的终级和量的确定性，因为在对原告或被告的各自不同的判决背后的相互竞争的社会目标所代表的价值不可能简约成数字并且恰如其分地确定。我们的价值判断也应随着不同阶段法律与政策不同而不同，我们无法确定一个判决比另一个伟大或渺小。因而，法官所能做到的就是尽量做得精确点。[2] 判决的合理性最终应该根据“那些尚未形成规范的习俗所提供的标准”来衡量。也就是说，根据“先于法律的法理睿智”来衡量。[3]判决书的意义首先是向社会确定了立法之本意和胜利所适用之具体情境；判决书中展现的话语是法官通过嵌入一定的知识谱系而完成排他性构建的，它向社会输入或再次确认了某种（可能）蕴含在立法者之法律中的价值追求。从而，立法者的本意通过法律的公开颁行，已经可以使整个社会意识到什么行为是合法的、什么行为是非法的。

最后，司法判决体现了法律规则的预设。对法官来说，判决书则是他作为一个法律职业者之尊严所在，因为判决书是他整个裁判工作中最主要也最重要的部分。它集中体现了法官的知识和智慧，同时也说明了，司法并不是任何人都能够从事的一项职业，它需要极丰富的专业智识和专业经验，甚至很多时候还依赖于法官的专业直觉（当然这种直觉主要源自前两个方面）。对此，汉密尔顿曾说过：“由人类天生弱点所产生的问题，种类繁多，案例浩如瀚海，必长期刻苦钻研者始能窥其堂奥。所以，社会上只能有少数人具有足

---

〔1〕［美］欧文·费斯：《如法所能》，师帅译，中国政法大学出版社2008年版，第305页。

〔2〕［美］斯蒂文·J. 伯顿：《法律的道路及其影响（小奥利弗·温德尔·霍姆斯的遗产）》，张芝梅、陈绪刚译，北京大学出版社2005年版，第35页。

〔3〕［德］哈贝马斯：《在事实与规范之间》，童世骏译，生活·读书·新知三联书店2003年版，第247页。

够的法律知识，可以成为合格的法官。"[1]马克思也认为："法官不是每个人均可以从事的职业，它需要有特别的法律素养与法律训练，否则就难以担当起'判断'的任务"。[2]法官职业所具有的特殊性，不仅是法官职业独立存在和不断发展的前提，而且还是司法权行使者具有特定性的母体性支撑所在。

总之，法院裁判文书的神圣性仍然是法律赋予其司法强制力的重要内容，它以相同的方式发挥同样的作用。在对法官裁判的理解中，我们看重的是法官有序而均匀、合乎规矩的行动和思想的普遍方式。正是法官裁判的有序性、高尚性以及组织性，法官裁判文书才暗含着令人生畏的权威。

三、法院裁判文书与司法改革

判决书是对法官整个审判过程的浓缩，是彰显司法正义的载体。因此，判决书作为司法裁判的重要文书，其重要性不言而喻。长期以来，人们所关注的是案件的审理过程及其所载明的判决结果，而不关注判决书本身的制作。由此，我国司法判决书质量不佳，并不让人感到意外，因为，它真实地反映了目前法院审判活动的状况和质量。如果要正确评价和分析当前法院判决书的质量，仅仅从司法文书制作的角度来分析是远远不够的。应该在司法现状的大背景下，来考察判决书改革问题，否则会不得要领，不知所终。[3]在中国司法改革的呼声中，一个非常值得关注的现象是判决书制作的改革。当下人们对判决文书现象的非议为我们提供了对司法目的和司法改革思考的一些很有用的提示。我们究竟需要怎样的判决书？这显然已不是一两个有争议的个案向我们提出的问题，而是社会对正在进行中的中国司法改革所提出的问题。在走向依法治国的历史进程中，公众对法院判决书的要求越来越高。法院判决的质量对确保民众对司法公正的支持非常重要。如果民众对事实不清、逻辑混乱的判决不予信服，其实也就是对法官的裁判能力表示怀疑，这样的判决会使人们并非情愿地接受法院的判决。

---

〔1〕［美］汉密尔顿、杰伊、麦迪逊：《联邦党人文集》，程逢如、在汉、舒逊译，商务印书馆1980年版，第395~396页。

〔2〕胡玉鸿：《司法公正的理论根基——经典作家的分析视角》，社会科学出版社2006年版，第385页。

〔3〕参见《期待没有污染的判决书——对法院判决书改革的几点思考》，http://www.bloglegal.com/blog/cac/900004516，最后访问日期：2019年3月5日。

判决公开理由是司法裁判规则的内在要求，“执法要一贯如一，以适用法律的平等。亚里士多德相信法治就是理由之治，同时兼顾衡平，这样，在各案中公平的结果也能够实现”。[1]而我们需要的裁判文书，是一份能够最终成为向社会公众展示司法公正形象的载体、进行法制教育的生动教材；“我们需要的是一份阳光下的判决书，一份有着严密论证、详尽说理的判决书，一份旁征博引、法理透彻的判决书。总之，是一份充分尊重法律精神和人民知情权的判决书。”[2]

（一）当下司法判决文书中存在的问题

在司法裁判过程中，人们对纷争的诉请是在法官对法律的确认、接受、否定、推翻、拒绝、反对与突破的判决中得到体现。判决书的作用不仅仅是还当事人以“什么是公正”，同时它还创设性地向社会宣示“法律是什么”等问题的答案。做出判决是法官工作的核心，他们的任务是通过裁判塑造法律权利和承认立法及政府政策的确定性。因此，判决的质量十分重要。在法院判决书中，所展现的是法官的综合判断能力。判决书承载着法官最终解决社会纠纷时的原则和理念。

虽然我国最高人民法院公布了《最高人民法院关于试行法院诉讼文书样式的通知》（1993 年 1 月 1 日起试行），但实践中仍有很大比例的判决书存在缺乏认证推理，说理不足的问题。“我国法院的判决书无论业内人士还是社会公众，都普遍认为存在许多问题。其中业内人士指责较多的是判决书说明理由部分太弱。有些偏激一点的说法认为，法院的许多判决不讲道理……”[3]比如在一些司法判决书中，我们经常看到的是武断、逻辑混乱、无知和掩饰。在我国的大量判决书中，法官们总是以一种公文式的语气，套用着固定的表达格式，用最简洁的语言来制作判决书。如以刑事判决为例，“刑事判决书基本是依据最高人民法院的样本格式进行填充”，[4]这种方式甚至被认为是能够提高法官判决书书写质量的一种有效方法。从中“我们很难阅读到美国判

---

〔1〕桑德拉·戴·奥康纳：《法院在维护法治中的作用》，载怀效锋主编：《法院与法官》，法律出版社 2006 年版，第 102 页。

〔2〕张海斌：《关注刘涌案改判：我们需要什么样的判决书》，http：//news. xinhuanet. com/weekend/2003 -08/29/content_ 1055830. htm，最后访问日期：2019 年 3 月 10 日。

〔3〕李安：《刑事裁判思维模式研究》，中国法制出版社 2007 年版，第 84 页。

〔4〕彭海清：《论刑事判决书的说理》，载《湘潭大学报》2007 年第 5 期。

决书中那种汪洋恣肆的学理论证，很难了解到法官们在作出判决时的考量和思路。恰恰相反，我们只能在判决书中看到一些语焉不详的语言表达，例如，‘于法无据，本院不予采信’，‘本案事实清楚，证据确凿’，甚至‘鉴于本案的具体情况’，等等”。〔1〕这种情景已在我国的法院审判中持续了半个世纪，它其实“是一种强势理性主义的论证方式，把理由当作摆设好在那里的东西，无论什么时候拿出来，它都具有让人不得不接受的力量。自己手握真理，一番论证之后，持相反看法的人们会弃暗投明。我们对这态度充满警惕”。〔2〕其实，从真正论证的角度来说，一份不说理的判决的权威是非常弱的，因为，它很难说出该争议中哪些事实、哪些问题是重要的，哪些被认为是不重要的。

对于从事法理研究的学者来说，司法裁判同其他的法律研究没有什么两样，我们都把它看作一种研究“资料”。在经历过的一般性的法律知识研究过程中，我们经常会看到，在一些西方法学的原著中，常可寻找到作者对法官已判案例的分析过程，在这些案例中经常可以看到，“大法官某某为最高法院撰写的裁决，认为……，法院最终裁决……”等表述。司法裁判理由一般是分析法律现象，研究法律问题的首选的理想的材料。但令人遗憾的是，我们无法经常寻找到值得我们作为研究样本的我国法官说理的判决文本。这主要是因为我国司法裁判文书书写得过于简单，有些判决中甚至没有法律论证和推理的过程，只有证实的结论。

法官判决书不说理的状况引起了学者的批评。但是，这些问题的根源在哪里，如何才能解决？目前学者给出的基本答案是：从外部原因看，一是司法行政科层化的模式体制遏制了法官的能动性；二是传统僵化的判决书书写样式窒息了法官的创造性。从内部原因看，我国有的法官的法律专业素质比较低，缺乏理论思维的能力，因此无法撰写出高质量的司法判决。〔3〕于是，在法学界很多关于法官制度的研究中，只能看到作者对一些西方案例的引用，我国的司法判例几乎很难为法学研究提供充分的资料，也就是司法实践很难为理论研究提供参考。

在西方，法官对于裁判必须说明作出裁判的理由，法官拒绝对判决理由

---

〔1〕 张海斌：《关注刘涌案改判：我们需要什么样的判决书》，http：//news. xinhuanet. com/weekend/2003 -08/29/content_ 1055830. htm，最后访问日期：2019 年 3 月 10 日。

〔2〕 陈嘉映：《说理》，华夏出版社 2011 年版，第 219 页。

〔3〕 参见苏力：《道路通向城市——转型中国的法治》，法律出版社 2008 年版，第 197 页。

作出说明，将被认为是不可理喻的。而我国的司法审判制度却没有着意在判决书上提高法官个人才智的风气，没有要求法官在判决时必须说明判决理由。资料显示，裁判文书的质量问题不仅是影响法官形象的一个重要因素，而且是人们产生对法官审判合理性的怀疑的重要因素。如果我们需要进一步整理资料，那些没有给出判决理由的裁判文书，一般是不会收入研究者的资料库中去的。如此，在后人来看，它也就不会有什么历史的价值或影响。

事实上，我国法官的判决书基本上起不到对我国司法实践和法学研究的关键性作用。最为明显的是，在关涉我国司法的理论与实践问题的研究时，所能引用或参考的仍然是西方法学的著作、论文，世界各国的法律文本、法制报告等，包括对西方法官的判决书的引用。这种现象值得法律人的深思：因为对中国研究文本的缺失，将会对中国问题的研究结论有很大的影响。可见，法官判决不必给出理由的现象已经导致人们的一种忧虑，“一种对中国司法现状可能导致整个法制危机的深切忧虑，愈来愈强地令人挥之不去。当然，这种忧虑仅仅伴随着国家法制的进步。一方面是蔚为大观的立法体系化；另一方面则是司法的最终产品——判决书带给人们对法律的怀疑和失望”。〔1〕

（二）促进判决书专业性和说理性提升的措施

所谓判决书说理并不是都意在积极力求把当事人的立场改变得等同于自己，判决书说理只是为法官提供一种解释，为自己对案件的理解，为本案的审判过程、审判方式提供辩护。目前，这些措施在不少法院已得到了落实，成就相当可喜。但遗憾的是，有些配套的东西没有及时跟上。如在对判决书改革要求的同时，诉讼法的规定却没进行相应的改变。《民事诉讼法》（2017年修正）第 138 条的规定内容与 1991 年《民事诉讼法》完全相同。这是否可以得出结论：我国判决书改革措施总体上仍然留在浅表层。不仅如此，我们从法院判决书制作上，还能看到诸如法院独立行使审判权、法官素质建设等司法体制中的顽疾并没有得到有效改进。2007 年 10 月 26 日，时任最高人民法院院长肖扬在十届全国人大常委会第三十次会议上作报告时，历数法官行为不规范十个主要方面，其中第四点就是：有的裁判文书制作粗糙，繁简不当，重证据罗列，轻证据和法理分析，当事人感到没有说服力。这切中了判决书问题的关键。

---

〔1〕［英］尼尔·麦考密克：《法律推理与法律理论》，姜峰译，法律出版社 2005 年版，第 17 页。

“法治也要求法官在其裁决中要提供令人信服的理由。除了提升作出司法裁决的理念。这一要求也强化了法治的合法性。通过清晰地宣示其所做裁决的法律理念，法官加深了公众对其裁决并非武断做出的理解，这也反过来增强了公众对司法机构作为法治卫士的信任”。[1]我国最高人民法院在《人民法院五年改革纲要》中也表明了要推动裁判文书的改革，使裁判文书能够记录下相关的裁判程序以及最终的裁决意见。通过一幅能展示司法裁决过程的清晰的“线路图”，使律师和外行人都能从中了解那些重要的法治价值的可预见性和透明度。“裁判文书的改革强化了对争议事实的认定说理，深化裁判理由的认定，加强理论的针对性，注重理论的全面性，增强理论的逻辑性，改变了过去‘不讲理’‘说理不透’‘千案一面’的状况；附录适用的法律条款、告知申请执行的期限，以及个案法官后语，昭示了法官的温情一面；繁简分流的改革、格式化裁判文书的运用，较好地解决了精品与效率；而不断规范的裁判文书的技术标准，又凸显了法律文书的庄重、严肃”。[2]

判决理由是法官明确地或者隐蔽地给出的那一裁判规则，是构成法官判决正当性的事实支撑和依托。判决理由——“它在案件中足可以用来解决当事人之间的论争，对于这些论争来说，法官必须提出一项裁判规则来证明判决结论（对此，这里必须重申那条告诫，即无论在什么案件中——即使是在‘创造性’案件中——都只有一个判决理由）”。[3]这是司法公正的理念要求，它可以避免法官判决无意识的作为。因此，我们最好是将法官的判决书理解为一种解说的努力：何以可能依据逻辑的环环相扣的推理获得这一决定。这样能够避免容易出错的直觉推理。因为无论法官如何进行裁判，都必须对判决书进行说理，清楚说明其适用法律的理由和依据。

判决说理是“程序‘吸收不满’功能的必然要求，裁判文书是唯一公开反映法官意见的书目文件，法官应在裁判文书中从认定事实、责任划分、定罪量刑方面对自己所作出的裁判结论进行详细论证，使自己所行使的裁量权有一个明确的阐释”。[4]判决理由之所以拥有对判决合理性、合法性的推动

---

〔1〕 桑德拉·戴·奥康纳：《法院在维护法治中的作用》，载怀效锋主编：《法院与法官》，法律出版社2006年版，第106页。

〔2〕 蔡可勇：《基层人民法院司法改革的构想与实践》，载公丕祥主编：《回顾与展望：人民法院司法改革研究》，人民法院出版社2009年版，第275页。

〔3〕 [英] 尼尔·麦考密克：《法律推理与法律理论》，姜峰译，法律出版社2005年版，第209页。

〔4〕 田成有：《法官裁量权的价值和规范》，载《人民法院报》2009年6月2日，第5版。

力量，是因为判决书中叙述方式的意义和判决书的有效性向度之间存在着内在的关联。这从根本上使得法官判决具有双刃性，因为它既可以巩固人们的法治信念，也可以动摇人们的法治信念。法院的判决书自生效之后，理由便内在于判决书将法律效力和实际结果之间的张力融入了社会。

由于社会的整合是靠法治的信念来支撑的，它是有可能受到那些起否定作用的判决理由（更不用说对某个判决的整体否定）的动摇。嵌入社会实在之中的理想判决的张力，其根源在于人们对那个制作并巩固社会事实的判决书的有效性主张的接受，而这种接受取决于对判决理由的依赖于情景的接受。由此可见，判决理由只有在依附于一定的合理性标准背景下的情景才是作数的。

然而，判决书说明理由的困难之处在于：首先，审判的复杂性使描述和论证这一过程的裁判文书相应复杂。在一个具体案件的裁判中，法律理由包括对法律作出一定解释的理由、对案件事实作出认定的理由以及揭示法律根据和案件事实具有法律上的逻辑联系的理由。这就要求法官将其对法律的解释在裁判文书中表达出来，而不是仅仅声称“根据××法第××条，判决如下：……”甚至以“没有事实和法律依据，不予支持”来搪塞当事人。其次，困难在于制度上的障碍。我国的裁判文书是以法院名义作出的，它没有西方法律解释理论中所想象的“有面目的法官”；如果有法官想在判决书上添加哪怕一点自我的理由说明，一不小心就可能踏入错案的泥潭。

在我们国家的司法实践中，法官面对“错案追究制”是心存顾虑、过分保守的。因为法官一旦在审判过程中出现明显的错误判断，那么出错的法官将被追究法律责任。所以，为了保护自己，一般法官在遇到稍有疑难的案件时，首先就会想到，向审判委员会或上级法院请示。对于裁判文书，法官也是力求少说判决理由，以免言多有失，被抓住“辫子”而惹出麻烦。其实，对于错案的情形，西方法官并不十分在意。他们认为，“一个老想着要保持案件成果率的法官很可能最后会变得犹豫不决、胆小怯懦。保持不发生错案可能会使得你变得格外小心，以至于对犯错误过于敏感，这将会让你丧失优秀审判官的标志——智者的勇气”。[1]因为，“作为一名法官意味着不害怕犯错误。意味着对我们的司法制度充满信心，坚信错误能够被纠正，正义最终能

[1] [美] 爱德华·杰出·德维特：《美国法官十戒》，胡雪梅、韩春海译，载《浦东审判》2010年第1期。

够得到伸张。意味着承担起以自己的形象代表这种司法制度的责任，去展示耐心、容忍和理解”。〔1〕其实，笔者认为，法官只要是在其法定权力或者其司法管辖权的范围之内做出的裁判行为，无论该评价结果是正确的还是不正确的，一般来说都不能通过司法程序对其质疑。错案追究制的运行背离了司法自治和法官独立审判的初衷。以裁判理由作为复杂的法律判决的担保是难以被取代的。

真正的司法权威不是建立在司法神秘化的基础之上，判决书的论证和公开就是表明，司法过程是建立在透明和公开的基础之上以及司法判决的充分说理之上。不同判决意见公开制度，在世界各国尤其是大陆法系与英美法系之间的地位和运用差异较大，即便是在同一法系，不同国家之间情况亦有所不同。就制度层面而言，在英美法系国家，少数法官的不同意见伴随由绝对多数或相对多数法官所形成的法院意见一并对外宣布的制度，是英美法系国家法治传统的产物。而在大陆法系国家，在传统上历来反对公开法官的不同意见，其司法判决一般只展示一种法院意见，在坚持不公开法官意见最为彻底的法国，理论界与实务界均将判决中的不同意见视为有损害法院权威的异类。〔2〕

在我国，司法裁判的作出是以法院而不是法官个人的名义。2005 年，在中国的司法裁判领域，“一场引人注目的判决书改革一路北上，不露声势地覆盖了中国三大城市。继 2001 年广州海事法院和 2002 年上海市第二中级人民法院实行‘判决书公布少数意见’之后，北京市第一中级人民法院于 2005 年 6 月 22 日对李冰诉华星国际影城侵犯消费者权益案作出的判决中，引入了此项制度。北京市第一中级人民法院在对本案作出判决时，一改以往‘本院认为’式的行文模式，将合议庭三名法官在案件评议过程中出现的不同意见均写入判决书，并最终明确：‘本着少数服从多数的原则，合议庭经评议后决定按照多数意见下判’。这是‘判决书公布不同意’首次在首都司法领域的实践”。〔3〕一份叙述全面、论证翔实的判决书，能够反映出法官运用司法逻辑的推理过程；一份入情入理的判决书，能够最大限度地令双方当事人心服口服，并使案件当事人“输赢皆服”，从而有效树立司法的权威。

---

〔1〕 约瑟夫·雷都：《作为一名法官意味着什么》，载怀效锋主编：《法院与法官》，法律出版社 2006 年版，第 329 页。

〔2〕 蔡永彤：《判决书中公开不同意见议题之重拾》，载《东方法学》2010 年第 12 期。

〔3〕 《判决书改革力促透明审判 法官独立性有待提高》，载《瞭望东方周刊》2005 年 7 月 6 日。

用体系思维改进结合论、统一论

——完善法治思维的战略措施

陈金钊*

摘　要　当下结合论、统一论成了不用论证的“正确”思维。然而，把这种认识论当作方法论会影响法治的实现。认识论不等于方法论。法治实现不仅需要对法律的准确认识，还需要法律方法论的帮助。法律实施过程中需要把统一论、结合论与法律方法论融为一体。这种融贯需要把整体性思维改变为体系性思维；根据体系思维适度打开内在法律体系的封闭性，在运用法律论证、体系解释、价值衡量等方法的基础上寻求融贯、整体的法律意义。不能仅仅在认识论基础上空谈结合论、统一论，而应该在秉承司法克制主义的基础上积极探寻结合、统一的方法论；需要在中国固有的整体性、辩证性和实质性思维的基础上建构法治建设所需要的法治思维，以法治方式化解社会矛盾。

关键词　法律解释　体系解释　体系思维　法律渊源　法律方法

现有的法律思维方式以及“法律解释”存在着很多的问题，其中一种思维叫作结合论或统一论。我们已有的思维方式，强调法律意义的安全性，认为按照法治的要求必须奉行“文义解释优先”的原则，要求法律解释应该始于文义，终于文义。相信只有这样才能确保法律意义的安全性和裁判结论的合法性。然而，当文义解释优先于黄金解释规则，导致机械司法和机械执法的时候，人们便把对法律的“体系解释”当成黄金解释规则，认为只有在开

---

* 陈金钊，华东政法大学法律方法研究院教授、博士生导师。本文系国家“2011 计划”司法文明协同创新中心研究成果，国家社科项目“体系解释方法、规则及其应用研究”（项目批准号：2017BFX165）的阶段性研究成果。原刊于《东方法学》2018 年第 1 期。

放法律体系中才能获得正当性、合理性的判断。这里的“体系”已经不再是法理学教科书中所讲的联系上下文的“规范体系”，而是包含了政治、社会、文化等要素的外在“体系”。然而讲政治、讲大局以及能动司法所“构建”的“体系”过于宽泛，学者们提出了诸如“法律解释限度”的命题，认为即便是对法律的体系解释也应该有边界，离法律太远的“体系”要素，如果硬性塞入法律的意义，就会使解释超越法律文本而盲目飞行，从而背离法律解释的独断性原则，使思维判断的法律决断论成为泡影。我们承认讲政治、讲大局、能动司法的正确性，但应该看到这种思维所存在的问题，并找到解决问题的方法。

在笔者看来，开放性的法律解释来自各种各样的结合论、统一论，主要包括德法结合，政法结合，法律效果、政治效果与社会效果的统一等。结合论、统一论不是说思维方向、思维路径错了，而是说存在定位不准的问题。本来结合论、统一论是正确的认识论，但我们却错误地把它当成了方法论，想用结合、统一的范畴来解决具体纠纷，这会对法治建设造成不必要的伤害。根据笔者观察，在很多人心目中已经把结合论、统一论当成了无可置疑、无须论证的正确思维方式。笔者将论证没有方法论的结合论、统一论不仅无益于法治的实现，还可能成为影响法治实现的因素。

一、结合论、统一论不是解决问题的方法论

由于我们很多人接受了世界万物具有普遍联系的观点，使得我们思维方式出现了三个方向的偏好，即思维方式的整体性、辩证性和实质性。在这种思维方式指引下，人们自觉不自觉地把结合论、统一论当成解决问题的方法论，典型的说法是“辩证法既是世界观也是方法论”，认为只要是用统一论、结合论来解决问题就没有错，就可以天然获得正当性，以至于结合论、统一论流行于法学研究与实践的诸多领域。像法律与道德的结合、德治与法治的结合、传统与现代的结合、理想与现实的结合、现实与未来的结合、马克思主义与中国实践的结合、中西结合、理论与实践的结合等，都会在解决法律问题的时候随机出现。很多人相信，“没有结合就没有万千世界；往小里说，没有结合就没有切实的生活。结合是绝对的，不结合是相对的；结合是普遍的，不结合是局部的。全部的问题不在于要不要结合，而在于如何结合，如

何有机结合才能获得理想的效果”。[1]有人在解释中国道路的时候也用结合论，认为单一要素无法准确解释“中国道路”，中国成功的真实逻辑就是一条主线六大结合，一条主线是社会主义市场经济，六大结合是政府市场结合、公有制私有制结合、内外结合、快慢结合、统分结合、新陈结合。[2]也有人断言，是结合论创造了世界。[3]在法学界结合论也非常流行，不仅一般意义上的结合论、统一论在法学研究中都有体现，并且出现了许多创造，诸如，认为法律与国家的结合，衍生出法律是理与力的结合。法律的权威来自国家，因而法律必须与国家强制力结合起来，否则就是毫无意义的空气震动。法律与价值的结合衍生出民主法治、自由法治、政治法治等，不一而足。由于很多结合论原本可能就有超越结合的目的，致使该解决的问题并没有得到解决。

确实，法律不是孤立存在的，法律是多种因素促成的结果。徒法不足以自行，徒善不足以为政。因而，法律实施过程中既离不开结合论、也离不开统一论。“柏拉图、亚里士多德早已指出，法治不可能百分之百实现，同时人们也不应该以百分之百的实现作为法治目标。”[4]这意味着纯粹的法治是不可能的，法律只有与社会相一致才能发挥作用。人们发现，虽然法律具有联系的普遍性，但是，事物总有例外，这就出现了无法涵盖一切的一般性法律。法律的一般性是实现法治所必需的前提。可是一般性法律是从具体中抽象出来的，它所涵盖的只是同一类事物，并且，这种单调的涵盖思维难以把此类事物与其他事物的关系描述清楚，这就使体系解释成为必然。动态的体系解释包括两个系统：一是法律规范体系；二是事物间普遍联系的系统。在这两个系统中，法律规范体系是独立的，没有独立的法律规范体系就不存在法律问题上的结合论、统一论的命题。“法律的实施必须与其他社会规范、社会现象相结合”的问题意识是：单纯的依法办事并不可取，会导致法律与现实的脱节，出现合法不合理的情形。

从法律思维的角度来讲，依法办事就是根据法律的思考，在方法上主要是指法律发现以后的文义解释，以及叙说裁判理由中的法律推理和内部证成

---

〔1〕 辰目：《结合论：又一个重要的方法论原则》，载《出版发行研究》2009年第12期。

〔2〕 王强：《中国道路：基于“结合论”视角的新解析》，载《经济社会体制比较研究》2014年第5期。

〔3〕 王开明：《结合论创造了世界》，载《书评》2000年第11期。

〔4〕 [日] 长谷部恭男：《法律是什么?》，郭怡青译，中国政法大学出版社2015年版，第136页。

等。很多人认为这里的“法律”就是指法律规定。然而，法律规定（或称为制定法）只是法律渊源的主要成分，并不是法律实施的全部内容。把法律框定为制定法的一种形式，会使纯粹依法办事的弊端暴露出来。孤立地就法律理解法律，仅进行法律与事实逻辑关系的推断，会中断法律与其他社会规范之间的联系。这样做，虽然在一定程度上满足了法治对合法性的追求，但不一定能够达到合理性和恰当性的诉求。因而，中国的法治建设就需要突破围绕依法办事及其“合法性”要求而展开的法律适用；需要在合法性基础上寻求对法律理解、解释和运用结果的正当性、合理性和可接受性等。这样体系思维和体系解释的必要性就显现出来，但存在理论与现实问题在于，我们该如何界定体系解释中的“体系”。

体系的概念原本在中国学界并不盛行，只是在近百年社会科学研究的不断西化过程中逐步受到重视。然而，在体系概念逐步被接受的过程中，我们始终没有忘记传统的整体性。在很多人的心目中，“体系”与整体密切相关。在我国现有的法学著述中，对整体的使用并不普遍，更多的人是使用“体系”。但我们所使用“体系”的主流倾向还是整体的观念。我们看到，在很多法治国家，关于法律解释的黄金规则，都经历了由文义解释向体系解释的转向。只是，人们对文义解释、体系解释是不是黄金解释规则的感受并不深刻。我们在法律规范体系还不是很完备的时候，反复强调依法办事，反而是在法律规范体系完备的情况下，却出现了“仅靠法律是不行的”，“法治的实现需要法律与其他社会规范的结合”的思想。我们发现，关于法治的核心就是依法办事的理念，仅仅盛行于20世纪80年代。但很有意思的是，那时候我们没有完整的法律规范体系，法律规范有很多不完善之处，部门法也残缺不全。在建设社会主义市场经济的过程中，既没有完备的商法体系，也没有社会保障法体系。经过三十多年的努力，社会主义法律规范体系逐步完善。可是这时人们却意识到，单纯依法办事是不行的，有了法律规范体系以后还需要有法治体系，对各种法治体系的建设的设想，又重新回到了“法治必须是系统治理、综合治理”的观念。这意味着我们在思维方式中始终没有忘记对整体的眷恋。

对体系思维就是整体思维的接受，还在于改革开放的三十多年中，人们研习了西方的分析实证方法，对法律进行了形而上学式的片段研究，即抓住某一对象进行专题研究，这使研究的深度得到了强化，但很少有人完全接受某一西方法学流派的思想，只是对各种观点和方法进行了整合性的接受。这一方面是因为整体性、整合性是中国人的思维方式特点之一，另一方面是因为西方法学家也意识到了拘泥于形而上学的片面而深入的研究本身存在着很多问题。即使西方法学在恪守传统研究方法和研究对象的同时，也承认综合法学的必要性，在中国也就是很多法学研究者常说的“三大法学流派有相互靠拢、系统融贯的趋势”。这一思想对大家产生了深刻影响。只是我们需要注意，西方法学流派相靠拢的趋势与我们的整体性思维并不相同。相互靠拢不是三大流派的观点相加，而是有机融合。这里面包含着来自逻辑学或自然科学的“体系”思维。对西方法学的接受过程中，我们没有研究过体系思维与整体思维的区别，而是把体系的概念当成了整体的概念予以接受。

现在多数人所言谈的“体系思维”，其实还是传统的整体性思维。在我们的思想深处，还没有用体系的概念来改造传统的整体观念，没有意识到整体思维与体系思维的差异。在“自然而然”的整合过程中表面接受了体系思维，但实际上依然是整体性思维，是在没有经过论证的情况下，把整体思维与体系思维合而为一。可以说，我们对体系思维的接受是不完整的。因为很多人没有看到，体系思维之体系是一个包含逻辑思维规则的概念，不是要素的简单相加，构成体系的要素之间是有逻辑关联的；在体系的要素之间建构一致性、融贯性是需要方法的。比如说，犯罪构成是一个体系，在犯罪构成的四个要素中，是存在严密的逻辑关系的，不是把四个要素随便放到一起，任意组合就可以确定犯罪。正是犯罪构成的严密逻辑关系，防止了定罪问题上的任意，这样才能促使法治得以在刑法领域中实现。在由民事法律关系所造的民法学大厦中，请求权方法也是在体系逻辑要素的基础上才能形成。在主体、客体之间确定权利义务关系，保障了各种具体责任的确定不是随意性举动。以此反观我们的结合论、统一论，就会发现一些问题。结合论、统一论应该说是整体性思维的表现，但在整体之中只有重点强调的要素，没有约束要素组合的体系解释方法，好像任意组合就符合结合论、统一论的要求。这意味着整体思维和体系思维并不完全一样。比如，根据整体思维所强调的大局意识，但什么是大局，以及如何界定大局，我们没有确定的方法，大局究竟是体系思维中的要素，还是改变法律意义的理由？对此，语焉不详。

从大局的重要性来看，政治家的基本理路是法律服从于大局，但是，究竟该如何服从只有整体性的建议，而没有确切的方法。如果说有方法的话，就是在普遍联系的观点指导下具体问题具体分析，根据情景和需要来确定两者之间的关系。然而，我们发现这种“方法”，具有太大的灵活性或者说任意性，难免使法治、法律的权威受到大局的挑战。构成体系的是一系列要素，这一点是整体与体系的一致之处，但体系的要素之间并不是机械地罗列，而是由严密的逻辑思维规则构成。体系思维没有整体思维那么随意灵活，是在要素间寻求逻辑一致性，探寻的是要素间的融贯性，而不是随便拿出一个要素取代另一个要素。所以，讲大局、讲政治等是必要的，但需要接受法律思维规则的约束。我们需要意识到，大局不是随便确定的，是各种要素的逻辑关系塑造决定人们对大局的界定。整体性思维基本属于认识论的范畴，而体系思维则具有认识论和方法论双重属性。在整体思维中重点比较突出，而体系思维则强调多要素之间的关联。这当然不是说，两者没有重合之处，作为认识论，两者都强调不能孤立地看问题，普遍联系的观点构成了两者的共同基础。法律是整体性的存在，在整体之中还存在着由要素构成的体系。

与结合论并行的还有统一论。有些学者看到，结合论不如统一论，因为结合论带有简单相加的味道，因而主张把结合论说成是统一论，认为这种思路更加符合辩证思维的规律。对于统一论，有的学者也表述为关于××问题××化。统一论在人们解决法律问题的思维过程中也很普遍，诸如，公平与效率的统一，法律效果、社会效果与政治效果的统一，真善美的统一，对法律认识的一元与多元的统一，法上的一解与多解的统一，自律与法治的统一，理想、现实与制度的统一，立法上的简繁统一，法治道路上的党的领导、人民当家作主和依法治国的统一，权利和义务统一，权力与责任的统一等。从思维方向上看，结合论、统一论应该说都是正确的认识论，但正确的认识论不一定都能得到正确的运用，因为认识论转变成方法论还需要自觉的方法论意识。“单纯的两者‘结合’仍然处于初级层次，需要进一步提升。从逻辑上说，且不论马克思主义与中国具体实际的机械的‘结合’、简单的‘相加’。”〔1〕中国需要从结合论走向创建论。关于各种统一论，笔者已经撰写了部分文章进行反思性批判，在此不再赘述。〔2〕

---

〔1〕 孙伟平：《马克思主义哲学中国化的路径选择——从结合论走向创建论》，载《哲学动态》2007年第4期。

〔2〕 陈金钊：《被社会效果所异化的法律效果及其克服——对两个效果统一论的反思》，载《东方法学》2012年第6期；陈金钊：《为什么法律的魅力挡不住社会效果的诱惑？——对法律效果与社会效果统一论的反思》，载《杭州师范大学学报（哲学社会科学版）》2012年第2期。

二、结合论、统一论需要与法律方法融合

统一论、结合论的思维方式本身并没有错误，而是我们错误地把认识论当成了方法论。这种错误定位是长期不重视方法论的延续。在历史上，虽然重视规律与其他社会要素的结合，但却没有注意到认识论与方法论的结合。今天的法治中国建设，需要把认识论与方法论结合起来，结合的具体方法就是运用体系思维或者体系解释方法，用法律渊源（法律发现方法）和法律论证方法来完成对法律意义的整体性建构，为结合论、统一论找到解决问题的具体方法。虽说，认识论与方法论的结合本来是一个常识问题，但是在中国语境中人们更愿意用整体、辩证思维来认识和处理问题，常常是不假思索地强调各种各样的结合论。这与根据法律思考的法律思维有很大出入。法学家们重视在形式逻辑的基础上建构方法，认为即使是讲大局、讲政治也应该纳入法律思维或者法治话语体系中来讲。

用认识论代替方法论，对人们的思维方式有很多误导。我们很多关于法治的战略思考，基本是在普遍联系指导之下的结合论、统一论，但普遍缺乏如何结合、统一的方法，以至于在很多场景下所谓“结合”只是说说而已，而“统一”则成了某一因素吃掉另一因素的理由。现行体系思维中缺少法学素养和具体实现结合的方法，使在法律、法治问题上的“结合论”“统一论”难以成为法治思维，不可能演变成法治话语。各种硬性搭建的结合论、统一论，有瓦解法治的负面作用。在结合论、统一论中，法律失去了相对独立性，各种各样的“法律体系”研究，不仅没有成为限权的工具，一些观点反而成了瓦解法治的理由或依据。结合论、统一论所存在问题只能通过回归方法论来解决。因为结合论、统一论主要是认识过程中的思维方式，并不是解决纠纷的方法论。

结合论、统一论没有看到的问题是：只要法律与其他社会规范、社会现象结合就会产生“法律”范围扩大的问题。结合论是一种法律范围的增量，模糊的是法律的边界。需要意识到，并不是开放法律体系思维就一定能促进法治中国建设。在中国语境下，需要把整体思维、体系思维转变成法治方式；需要把政治语言、哲学语言转变成法学语言或法治思维。结合论的主要含义是结合对象的并存，不存在结合过程中一方吃掉另一方的问题；然而，人们

常常忽视的是，统一论原本的含义是在统一以后出现新的事物，不是统一里面包含着一方吃掉另一方的味道。在很多领域，统一与结合这两个词汇是可以互换使用的。无论是统一论还是结合论与体系思维都有关联。在体系思维中离不开统一和结合。然而，现在存在的问题是，要想做好结合论，就不能把结合论和统一论直接当成方法论来使用。

结合论、统一论是与分离命题相对立的思维方式。在西方，法学家们谈论更多的是体系思维，这一思维包含了需要结合的逻辑思维规则即方法论。但我们很多人基本都是在空洞地谈论结合论，没有在结合论基础上找到具体结合的方法。需要看到，体系思维是一种寻求相对独立系统的理论，建立相对独立的法律规范体系是法治实现的前提，然而在现实的法律实施过程中，法律规范难以发挥独立的作用。这就为结合论、统一论提供了机会，但是，结合论、统一论给人们指出的“方法”只有具体问题具体分析的实用主义立场，根本就没有实现法治的具体方法。从法律方法论的角度看，具体问题具体分析还没有依法办事的方法明晰，但要想真正做到依法办事还需要更为具体的法律发现、解释、推理、论证等方法的运用。没有法律方法，别说具体问题具体分析，就是依法办事也难以促成法治的实现。中国的法治建设需要在统一论、结合论之上融进法律方法论。统一论、结合论需要在方法论层面上获得新生。如果没有具体方法，只会使解决问题的方法停留在认识论层面，并不能使问题最终得以解决。

把统一论与解决中国法治建设的方法论链接起来对法治中国建设来说意义非凡。运用体系思维和体系解释方法把统一论、结合论引入法治建设，有两个方面的问题需要解决：

一是法治建设需要相对独立的法律，没有法律就不可能有法治。问题在于，孤立于社会的法律是不存在的，法律是社会关系中的法律。法律对社会关系的调整，不能仅根据制定法进行推理，换句话说，仅仅靠“依法办事”，社会矛盾是难以解决的。因此需要法律与社会、政治、经济、文化等诸多要素的结合论，把制定法和社会关系实现有机地结合。但是，这种结合肯定不能是硬性机械地结合，需要在构成社会体系的要素中寻求逻辑一致性，在一致性的基础上统一各种矛盾和纠纷。这意味着我们需要找到结合、统一的方法。

二是在各种社会关系中寻求一致性的方法，需要有一个高于结合论、统一论的概念来统合。这个概念就是法律渊源。结合论、统一论本身不是立法的概念，而是在执法、司法过程中把各种构成法律渊源的规范，视为寻求具体法律意义的要素，在各种要素间寻求逻辑一致性。可以说，法治是以制定法为主的法律渊源之治。法律是体系性的法律，法律意义的释放需要体系解释方法。没有体系性的法律，不可能有体系解释和体系解释方法的恰当运用。这需要认识清楚各种各样的法律体系以及人们关于法律体系化努力的意义。

近些年中国的法学界一直在为有关法律、法治建设的体系化努力。大家围绕着法律体系、市场经济法律体系、法治体系（法律规范体系、法治实施体系、法治实施保障体系、法律监督体系、党内法规体系）、中国特色社会主义法治理论体系、马克思主义法学理论体系、社会主义法治话语体系等命题展开了卓有成效的研究。笔者感觉到，当今已经形成了一种偏好体系研究的风潮，在重大政治、社会、经济等问题上都有体系化思考。人们之所以如此重视体系化思维：一是因为传统的整体思维与体系思维有很多相似之处，重视体系没有思维路径上的障碍；二是当今的很多政治、经济、社会等问题需要综合治理，整体性、体系性思维符合治理思维要求。然而，笔者发现，尽管对法律体系、法治体系等问题进行了多年研究，但我们并没有区分清楚体系思维究竟是基于法治战略进行的思考，还是基于法律实现的技术进行的体系性思维。受西方法学思想的影响，我们最近的法学研究非常关注法律、法治的体系性，可以说对法律的体系化建构是当代政治人、法律人都在思考的问题。法律的体系性、体系化究竟是在说什么，体系思维的问题意识何在，需要我们认真研究。

各种体系化的努力是在建构一个更高的被称为“法”的体系。这个法是探寻具体法律的渊源。体系思维的问题意识就是把法律视为整体性、系统性的“法”。如果不是为了法律的应用，各种体系化的努力是没有意义的。各种体系化的研究中，如果以法治目标的实现作为标准，我们会发现这种研究存在着三个方面的问题值得进一步探索研究：

一是政治家、社会学家非常注意外在体系对法律意义的影响。政治家等想方设法把各种要素尤其是政治、文化、历史因素纳入开放法律体系之中，唯恐法治建设过程中只注意法律因素，而导致法律与政治、社会、文化因素的脱节。因此无论是政治家、社会学家、伦理学家等，都在体系思维中不断强调社会要素的“结合论”“统一论”的战略意义。统一论、结合论好像成了法治实现的方法或路径。但结合论、统一论并不是完整的方法论，只会帮助我们全面地认识问题，并不包括解决问题的方法。我们基本上是从立法角度来认识法律体系，而这样的“法律体系”对司法或执法活动来说，即面对案件的解决方案来说，体系性的法律规范依然是属于碎片化的，司法者、执法者还需要重新加以塑造。在重新塑造法律的过程中，为防止外在体系对法律意义的干扰，有些法学家主张封闭内在法律体系。但是，在很多疑难案件中这很难做到。于是，又不得不开放法律体系。只是我国的开放法律体系中，存在着没有底线的问题，外在体系进入法律意义带有太多的随机性，法律意义的安全性往往被忽视。这反映出我们没有认真对待法律规则的意识，对体系思维的运用并不练达，思维之中更多的是不假思索的“结合论”。

从法律方法论的角度看，很多人的“体系思维”是混乱的，存在着与政治思维的片面结合，对开放法律体系的设计，主要是根据政治需要，而没有根据法治目标的实现。造成法治话语系统难以形成，法治反而在政治之下，难以限制权力。人们对法律方法的认识，常说的还是依法办事，但是当我们把法律当成一个体系、一个整体的时候，人们又说法治不仅要依法办事，还应该讲政治、讲大局。这种观点本来是符合事物本身的辩证法的，整体思路上没有错误，符合普遍联系的观点以及抓主要矛盾的重点论。然而，我们需要进一步思考的是：这种“正确”的认识，不仅存在如何在方法论上落实的问题，还存在是否尊重制定法权威的问题。因而，我们需要把政治言辞转化为法律话语，把认识论与方法论结合起来，最终把各种社会规范统一归纳为“法”。不然很难使人们相信，规范调整是由法律所主导的社会。

需要注意到，法治建设确实需要体系思维，但体系思维和体系解释方法在我国的使用并不具有普遍性，或者换句话说并非所有的纠纷都需要体系思维与体系解释。有些法学家认为，并非所有的案件都需要法律解释，法律解释明晰性规则告诉我们,〔1〕对于明确法律和典型的案件只要认定法律的意义就可以使纠纷得到解决。即使有些案件需要法律解释，也只有当文义解释解决不了的问题，才需要求助体系解释。“只有在少数情形中才有体系性资源可以利用”,〔2〕在有些法学家看来，体系思维、体系解释只是一种例外的情形。

〔1〕 参见陈金钊：《法治反对解释的原则》，载《法律科学》2007 年第 3 期。

〔2〕［德］诺伯特·霍斯特：《法是什么？——法哲学的基本问题》，雷磊译，中国政法大学出版社 2016 年版，导读第 55 页。

况且，体系思维和体系解释方法的使用需要建构“法律体系”，如果没有对法律体系的完整认识，确定“法律体系要素”就难以展开有效的体系思维，就不能很好地运用体系解释方法。

二是现有的“体系思维”忽视了具体行动方案的设计，在体系思维中没有体系解释方法的位置。这意味着我们把体系思维都用到了体系要素的结合、统一上，而没有像教义学法学那样，强调法律规范体系的应用以及体系思维中的技术要素。各种各样的结合论、统一论，虽然构建了体系思维的诸多要素，但结合、统一的方法论问题始终没有得到解决。之所以不重视方法论，主要是因为政治家、法律家对法律问题的体系思维有很多差异，法学家与政治家使用的是不同的逻辑。很多思想家、政治家已经意识到，在中国需要整体思维与体系思维的结合，但问题是我们在方法论上如何把法治与政治大局相结合缺乏思考。我们没有考虑过如何运用法治思维表达政治诉求，以至于从西方引进的体系思维与体系解释方法，在与中国文化结合的过程中，理论与实践两个方面都出现了问题。

在很多的研究中，我们不清楚关于法律的体系思维在追求什么，搞不清楚整体性之下的体系思维和体系解释究竟是在追求要素间的一致性，还是差异性，尤其是搞不清楚政治、道德等规范进入法治的法治方式或者法治路径。简单的、机械的结合论和片面的统一论，并不能融洽地解决法律与其他社会规范的矛盾冲突。我们都知道法治要求法律规范体系具有独立性和自主性，但是我们也能明显看到，体系思维试图打破这种独立性和自主性，要求在更宽泛的范围内理解、解释和运用法律。在更宽泛的领域和视野内解决矛盾，寻求在法律逻辑一致性的基础上和社会其他要素之间的逻辑一致性是一种正确的思路。但我们该如何处理政治思维和法治思维的差异，更好地促进法治建设就成了需要解决的理论与实践问题。

三是人们只进行各种社会要素的结合、统一，而没有注意到结合、统一中的“对立”问题。我们的研究发现，处理这一问题的时候，西方法学家与中国人的思维方向是不一样的。西方法学家为了实现法治，更多的是在强调法律与道德、政治的分离命题，承认法律的独立性；认为法律规范应该与道德规范、政治规范等适度分离，以保障法律至上的原则能够得到落实，保障“法”治得以实现。而我们则是结合、统一。然而，分离命题并不像有些人所说的，要把道德、政治因素从法律中剔除出去，仅仅是为了保障法治的实现而进行的逻辑推演。这里的法治得以实现，绝对不是说法律规定得到原原本本的实现。这是因为，他们在强调法律独立性的时候，实际上并不反对法律多元。只不过西方法学家眼里的法律多元并不是分散的。他们用一个表征开放法律体系的概念——法律渊源把“多元法律”规范统一起来；认为各种即使不是法律的社会规范、正义观念、善良风俗等，都被称为法律渊源。在西方分析性文化中，一般不容易形成诸如中国的结合论、统一论。但西方法治也没有脱离社会、政治等，只不过他们出于对法治的尊重，而把道德规范、政治要求、社会诉求都纳入法律思维之中，认为政治法律以外的其他社会规范都应归于法律渊源之中，只有这样才能实现法治，而不是政治、德治等其他方式。

尽管有些人可能会认为，把各种社会规范都称为法律渊源，也是一种结合论、统一论。但是这两种思路是大不一样的。其中最主要的是把各种社会规范界定为法律渊源，使得法律有尊严，能够体面地占据主导地位但不至于使法律出现僵化，法治的目标也能够通过法律方法得以实现。法律渊源背后所蕴含的体系解释方法，包括法律渊源系统中的法律发现方法是一种对个案法律的全面检索，所获取的法律如果有争议的话，还必须进行较为充分的法律论证，在论证之中所获取的针对个案的法律既包含有法律推理规则的使用，也包括价值衡量、利益衡量要素的介入。在一系列方法论的运用过程中，讲法说理的过程被尊重，各种体系要素都能被考虑其中，进而使专制任意的因素被排除。但在我们简单的结合论、统一论之中，没有把各种要素统合为法律——法律渊源——司法视角的法律。

三、运用法律方法完善结合论、统一论

用体系思维实现“结合论”“统一论”是指重视法律与其他社会规范的关联，不孤立地就法律谈案件，而是在法律与其他社会规范的联系中探寻法律的意义。如果仅仅是结合论，要素间会缺乏逻辑关联，结合的过程和结论的得出也可能是武断的。运用体系思维实现结合论、统一论有多种方法。运用体系思维在法律渊源中探寻法律的意义就是一种重要的方法。尽管这种方法的使用，因把法律外规范引入法源体系，在探寻过程中可能会得出制定法外的意义。但是，这种意义起码是在探寻法律的意义过程中得出的，同时经

过严格使用法律方法，排除了专断和任意。可以说，结合论仅仅意味着探寻法律意义的开端，最终得出统一的法律意义才是结果。用体系思维实现在法律意义上的统一，就是把各种社会规范通过结合论纳入法律渊源体系之中。然后，根据法律渊源所设计的方法，在具体法律意义的塑造过程中实施法律意义的统一。这种法律意义的统一，既没有背离法律的基本精神，也不是完全根据法律文本中所释放的法律原意，而是一种整体性法或整合性法，是把文本意义（或立法立场）上的法律，转换成司法立场的法律渊源。在对法律渊源发现、识别、解释、论证、衡量的基础上，运用体系思维来释放法律的整体意义。这是对各种法律方法的综合运用，但不是法律方法的杂糅主义。综合运用在这里有两个方面的含义：一是指在结合基础上塑造构建统一之“法”；二是指运用体系思维在要素间寻求融贯性的法律意义。杂糅主义是简单的结合论，没有把各种社会规范归结为“法源”。

在法律渊源体系中探寻法律的意义，是在宽泛意义上使用体系解释方法。当然，这里的体系解释方法不是指我国法理学教科书所说的，联系上下文来确定法律用语的字面含义。体系解释方法是运用体系思维在各要素间寻求逻辑一致的法律意义。“体系”原本就带有组合、复合、聚集的含义，在这里只不过是以体系的名义释放法律的整体意义。有学者已经看到，“体系思维乃是建构任何现代社会制度所无法忽视的方法”。体系思维在中西法律文化的交融过程中发挥着极其重要的作用。一方面可以使西方法学逻辑体系为我们借鉴，另一方面也可以使我们固有的整体性优势得以发挥。“法学家可以通过一种被称为逻辑—经验的方法来追寻这样的目标，即使人们能尽可能深入认识某个社会之全部法秩序的体系性关联。”〔1〕即可以通过逻辑推论以及经验识别等去认识某个法律规范的含义，这就是笔者所言说的体系解释方法。

体系思维把法律设想为具有意义上的系统性、连贯性、完整性的要素系统，在这系统内可以通过法律发现、法律推理、法律解释、法律论证、价值衡量等来确定针对个案的法律意义。卡纳利斯将体系解释划分为两种：基于外在体系所做的解释和基于内在体系所做的解释。“基于外在体系所做的解释，某种程度上，只是文义解释的延长；而基于内在体系所做的解释，则是

〔1〕［德］诺伯特·霍斯特：《法是什么？——法哲学的基本问题》，雷磊译，中国政法大学出版社2016年版，第210页。

目的解释的延长，或说得好一点，是目的解释中的一个较高的阶段……”[1]这就是说法律的意义，并不完全是制定法的文义，在法律运用过程中虽然我们必须尊重制定法律，恪守文义解释优先的原则，但是坚信法律实施的目的在于解决纠纷，并不完全是贯彻立法意图，因而探寻法律的意义，应该秉承内在体系的开放性，在内外体系中寻求法律的意义，在更宽泛的意义上实现法治。当然，外在体系的引入，并不是随意之举，而是有附加条件的，需要证明按照法律的文义解决问题可能会产生个别正义的丢失，或者与社会所推崇的基本价值发生冲突。否则，就必须坚持在内在体系中解决纠纷。

“从法律观的角度看，法律是外在体系和内在体系的有机结合，是概念体系和目的体系的和谐统一，而不是孤立的语词或条文的堆砌。从方法论的角度看，法律的体系化和法律解释之间存在着必然的关联。”[2]法律体系的修辞意义在于明确动态的法律秩序。体系解释在于解决事理上的融贯性和逻辑上的一致性。针对民法问题的体系性解决，耶律内科说：一个学说如果不能对既定的法律关系进行理论建构，也就不能把握它，因而是毫无价值的。[3]然而我们需要看到，把主体等要素纳入法律关系是进行法律调整的前提条件。如果超越法律关系进行调整在逻辑上就推不出法治。但是，我们必须承认纯粹的法治也是根本不存在的。所谓法律的统治以及法律主体地位的发挥仅仅是一种比喻，只是表明法律的权威地位，而不可能是纯粹法律的统治。所以从法治的要求来看，能够纳入法律关系进行调整是法学家们需要考虑的问题。但我们也不能把法律关系的调整绝对化。纳入法律关系进行调整是法治实现的先决条件。在法律关系实际运行中，还需要一些变通或权变。因为法律关系也是一种基于逻辑推断而衍生的关系。简单进行法律关系的推论也会出现一些人们难以接受的结果。这就需要我们进行外在体系的思考，运用法律价值等进行衡量，以改变纯粹依据法律关系裁断可能出现的法律与社会的矛盾。中国人很难接受纯粹法律的统治，人们更愿意接受综合治理，因为这与中庸思想较为接近。但是，在一般案件中还是需要依据法律关系建构请求权。

---

〔1〕 黄茂荣：《法学方法与现代民法》，中国政法大学出版社2001年版，第279页。

〔2〕 姜福东：《反思法律方法中的体系解释》，载《哈尔滨工业大学学报（社会科学版）》2013年第3期。

〔3〕 [德]格奥尔格·耶律内科：《主观公法权利体系》，曾韬、赵天书译，中国政法大学出版社2012年版，第32页。

我们需要看到，体系思维以及开放体系的法律解释方法是对依法办事的一种中和或者说稀释。在中国语境下，必须强调内在体系的构成要素的重要性，而不能轻易把外在体系引入法律。外在体系原本不是法律的组成部分，只是为了解决法律与社会的较大冲突才打开法律的封闭之门，在内外体系之间寻求逻辑一致性或融贯性结论。得出逻辑一致性和融贯结论，需要经过论证方法的使用。这样就可以排除思维过程中的专断和任意。实际上有限地开放内在体系，在中国不会遇到太大的障碍，因为人们更愿意相信法治是一种运用体系思维所开展的战略性治理，因而会自觉用体系思维、整体性思维、系统性思维、辩证思维来解决所遇到的法律问题。然而，开放体系的思维方式是需要谨慎使用的。如果多数案件都用开放体系的方法解决，法治的实现是不可能的。我们需要尊重法律思维规则。“在我国传统法律方法体系中，最为缺乏的是以逻辑方法为代表的形式理性方法，其弊端在我国传统的法律实践中已经暴露无遗。”〔1〕在体系思维问题上，我们需要克服简单的中西法律方法的结合论，而应该使用体系思维作为结合论、统一论的方法。不然，结合论、统一论会永远悬在空中，难以真正地结合或统一。

在运用体系解释方法的时候，也需要看到施塔格尔的观点。他认为对于精神，有体系与没有体系同样是致命的，体系思维似乎缺乏坦诚，当然搬出体系也可能是欺诈，因而体系思维需要的是一种体系化的精神。可是我们的体系建构是凌乱的，要想统一起来，只能把有关法律的责任体系、规范体系、部门法体系、规则体系、法律渊源体系、法治体系、其他社会规范体系、价值体系、语境因素、政治体系、经济体系都纳入体系要素，然后使用体系思维来寻求其中的逻辑一致性。“要用法律体系理论来检验即将开始的法律体系构建的实践活动，检视法律体系的构建目标、计划、程序、方式、步骤是否合理、正确。”〔2〕整合意义上的体系思维面临的一个重要的指责是方法论上的杂糅主义。“不同的学科会有完全不同的观察和认识，只要恪守各自的视角和立场，这种观察上的差异并不会导致矛盾和混乱。而真正会导致矛盾和混乱的，是将一个学科的思维方式作为另一个完全不同学科的研究基础。”方法论上的杂糅主义与中国的整体思维相似，由各种法律思维规则来支撑的体系

---

〔1〕 陈锐：《法律方法论上的西方经验与本土资源》，载《华东政法大学学报》2009年第6期。

〔2〕 钱大军：《法律体系理论与当代中国法律体系的建构》，载《南京师范大学学报（社会科学版）》2012年第4期。

思维不是方法论上的杂糅主义。

把文义解释、法律论证、价值衡量、法律推理纳入体系思维，并不必然导致方法论上的杂糅主义。如何走出法律方法论上的杂糅主义，关键有两点：一是需要明确规范选择的法律至上的原则，二是在法律至上原则之下，开放法律体系。开放法律体系的出发点，不是用其他社会规范代替法律，而是要在开放体系中寻求法律与其他社会规范的一致性。关键是在一致性难以找到的时候，改变法律的意义。但这种改变不是任意的，是通过法律论证，找到解决问题的可接受方案。要想使法律与社会有机结合，实现法律的统治，开放法律体系带有必然性。“通过法律体系的事先检视，我们可以判定或者评估法律体系建构的实践活动是否具有可行性，是利大于弊还是弊大于利。这样才能提高法律体系建构的科学性。”〔1〕

〔1〕钱大军：《法律体系理论与当代中国法律体系的建构》，载《南京师范大学学报（社会科学版）》2012 年第 4 期。

基于“正反合”定律的良法重述

刘风景*

摘　要　黑格尔提出的正反合逻辑定律是理解良法的重要进路。良法包含真善美三个维度，并基于此衍生出其下位的真法、善法和美法。与此不同，作为良法对立物的劣法就有假法、恶法和丑法。识别假法、恶法、丑法，对良法理论的构建具有不可替代的方法论价值。在立法过程中，采取各种措施努力消除劣法，改进立法质量，可以达致更高水平的良法。良法和善治密切相关。要立良法，行善治。良法只有转化为善治，才是真实意义上的良法。

关键词　良法　正反合定律　善治

党的十八届四中全会决定提出：“法律是治国之重器，良法是善治之前提。”就执政党而言，良法系重大理论创新。在此意义上，有关其理论的系统阐述，将对于建设中国特色社会主义法治国家具有重要的指导意义。无疑地，对良法的认知与把握，有多个视角。德国哲学家黑格尔提出的正反合逻辑定律，是理解良法的重要进路。在黑格尔看来，辩证法是由正题、反题与合题组成的，正题内在地衍生出反题，最终正题和反题都被扬弃而达致合题。与其他事物一样，良法也要经历“正—反—合”的辩证发展过程。因此，正反合定律可为我们研究良法现象，增加新的观察视角和分析工具，有助于深化理论认识、拓展法治实践。

---

* 刘风景，华东政法大学立法与政治发展研究中心教授、博导。本文是北京政治文明建设研究基地课题“社会主义核心价值观入法的目标与路径研究”（18zzwm002）的阶段性成果。原刊于《南京社会科学》2018 年第 7 期。

一、正题：良法的涵义

关于良法，吴经熊指出："'公道'是以'真'为基础；以'美'为理想；而以'善'为方法，具备了真，善，美，法律才能夸耀他的结晶！——'公道'"。〔1〕由此可知，符合公道的法律才是良法，并可以具体呈现为真善美三个维度。沿此进路，我们可将良法进一步分解为三个侧面：尊重并体现客观规律之真法，契合政治伦理的善法以及形式科学合理的美法。

第一，客观规律的真法。马克思主义经典作家指出："正像你们的法不过是被奉为法律的你们这个阶级的意志一样，而这种意志的内容是由你们这个阶级的物质生活条件来决定的。"〔2〕社会物质生活条件内在地决定着法的本质，要把握法律产生和发展的规律，就必须扎根于社会物质生活条件之中。

真法应契合事物的本质。人们经常从"事物本质"推导出正确规则。"在我们对事物进行整理安排之前，我们必须深入它们之中，谛听它们的声音。"〔3〕事物的本质决定着法律的本质与目标，它事先即把特定的结果强加给立法者。"立法者应该把自己看作一个自然科学家。他不是在创造法律，不是在发明法律，而仅仅是在表述法律，他用有意识的实在法把精神关系的内在规律表现出来。如果一个立法者用自己的臆想来代替事物的本质，那么人们就应该责备他极端任性。同样，当私人想违反事物的本质恣意妄为时，立法者也有权利把这种情况看作极端任性。"〔4〕事物的本质就是自然法的一种具体表现形式，是立法者必须认真对待的客观现象。

第二，契合政治伦理的善法。以社会物质生活条件为基础、符合事物本质，只是良法的必要条件，而非充分条件。善法并非中性词汇，它具有鲜明的价值取向，应符合崇高的政治伦理。"法理学的核心问题是道德原则问题，而不是法律事实或战术问题。"〔5〕法学是关于神和人的事物的知识；是关于

---

〔1〕吴经熊：《法律艺术化》，载孙莉主编：《东吴法学先贤文录·法理学卷》，中国政法大学出版社2015年版，第421页。

〔2〕《马克思恩格斯选集》（第一卷），人民出版社2012年版，第417页。

〔3〕［德］H. 科殷：《法哲学》，林荣远译，华夏出版社2002年版，第152页。

〔4〕《马克思恩格斯全集》（第一卷），人民出版社1995年版，第347页。

〔5〕［美］罗纳德·德沃金：《认真对待权利》，信春鹰、吴玉章译，上海三联书店2008年版，第21页。

正义和非正义的科学。法律的基本原则是：为人诚实，不损害别人，给予每个人他应得的部分。善法应符合特定的伦理准则、道德观念。

善法应体现绝大多数人的共同意志，保障人民的利益。“只有当法律是人民意志的自觉表现，是同人民的意志一起产生并由人民的意志所创立的时候，才会有确实的把握。”〔1〕立法者任性妄为所设定的行为规范，是与人民意志相对立的法律，往往就是良法的对立物。体现绝大多数人的利益与意志，是良法的最重要根据。

自由是法意欲实现的重要目标，善法理应切实保障社会成员的行为自由，不能任意调整、限制人的内心活动。“凡是不以当事人的行为本身而以他的思想作为主要标准的法律，无非是对非法行为的实际认可。”〔2〕法律的调整对象是外在行为，如果法律试图调整人的内心世界，就为掌权者随便构陷入罪铺平道路，人们将悲惨地面对自由被剥夺的厄运。

良法应是诚实无欺、守信践诺的约定。马克思针对普鲁士政府欲制定的林木盗窃法草案进行批判说：“法律不应该逃避说真话的普遍义务。法律负有双重的义务这样做，因为它是事物的法理本质的普遍和真正的表达者。因此，事物的法理本质不能按法律行事，而法律倒必须按事物的法理本质行事。但是，如果法律把那种未必能叫作违反林木管理条例的行为称为盗窃林木，那么法律就是在撒谎，而穷人就会成为合法谎言的牺牲品。”〔3〕法律与道德都是不可或缺的重要社会规范，在对社会关系的调整方面，两者有分工、有合作，关系密切。法律是维护社会占统治地位的道德规范的有力武器。同时，它也从社会道德观念中找寻构建善法的基本材料。立法机关信守承诺而不欺骗社会成员，所制定的法律方能产生良好的效果，才能真正实现善治。

第三，具有科学形式的美法。马克思指出：“动物只是按照它所属的那个种的尺度和需要来构造，而人懂得按照任何一个种的尺度来进行生产，并且懂得处处都把内在的尺度运用于对象；因此，人也按照美的规律来构造。”〔4〕良法有着特定的外在形式，这是美法必备的优良品性。法律是由国家制定或认可，以权利义务为内容，并由国家强制力保证实施的行为规范体系。法律

〔1〕《马克思恩格斯全集》（第一卷），人民出版社 1995 年版，第 349 页。
〔2〕《马克思恩格斯全集》（第一卷），人民出版社 1995 年版，第 120 页。
〔3〕《马克思恩格斯全集》（第一卷），人民出版社 1995 年版，第 244 页。
〔4〕［德］马克思：《1844 年经济学哲学手稿》，人民出版社 2000 年版，第 58 页。

还有法的渊源、法的效力、法律程序、法律责任等一套独特的范畴，构成了法律区别于其他事物的客观标准。美法对语言也有着特定的要求。“彻底的清晰达畅同时就是美。”〔1〕优美的法律语言能在人们的心理上产生共鸣，有助于社会成员自觉接受法律规定的权利义务。优美的法律语言，可改变社会成员对于法律的约束性、压迫性的负面印象，从而获得人们的内心拥护和真诚信仰。

综上所述，作为承载价值的词汇，良法内置着真善美的因素，它就是真善美之法。良法在内容上，必须合乎调整对象自身的规律；在价值上，必须体现公平正义原则和民主原则；在形式上，必须具有科学性。但是，理想与现实总是有距离的，基于各种复杂的原因，现实社会中并非所有的法律都是良法，因而，需要人们细查明辨，拒斥排除。

二、反题：良法的对立物“劣法”

在概念上，良法有广义和狭义之分。广义的良法是指对社会发展起积极作用的法。狭义的良法是指通常所说“恶法非法”命题中与“恶法”相对的法。广义的良法就是“真、善、美”的法。“真”是指法的内容的合规律性，即符合事物性质，反映时代精神，适应客观条件。“善”是指法的价值的合目的性，即体现人类正义，实现人民利益，促进社会进步。“美”是指法的形式的合科学性，即结构严谨合理、体系和谐协调、语言规范统一。〔2〕如果采广义的良法概念，即意味着它有真善美三个维度，从而衍生出其下位的真法、善法和美法，相应地，良法的对立物就有假法、恶法和丑法。考虑到汉语中“良”的反义词是“劣”，因此，与广义的良法相对应，良法的对立物不仅仅是恶法，还有假法与丑法，它们统称为劣法。

第一，主观任性的假法。假法，也称错法，是与经济社会发展相脱节，不符合实践需要，以致无法同整个社会系统相适应的法律文件。在我国，有的法律未能全面反映客观规律，针对性、可操作性不强；有的法律规定已不适应形势环境的变化和事业发展的要求，需要修改、废止或解释。就经济法

〔1〕［德］古斯塔夫·拉德布鲁赫：《法律智慧警句集》，舒国滢译，中国法制出版社2016年版，第142页。

〔2〕李步云、赵迅：《什么是良法》，载《法学研究》2005年第6期。

而言，“假法”主要有：有碍于经济发展和市场机制正常实现的法；不能站在社会整体角度平衡各种利益的法；不能与国家政策协调、配合的法；不尊重民间社会规范的法；与社会主流价值不相吻合的法。[1]依凭立法者主观意志而制定出来的法律，很可能不符合其自身规律，不能有效地履行其社会调整职能，甚至阻碍社会的发展，成为“假法”。例如，美国内华达州有一项法律规定，所有的政府官员都必须买一双“科约特”的耳朵到所在机关来。科约特是一种类似小狗的吃羊的野生动物，而在内华达州养羊是一项重要的产业。政府鼓励购买科约特的耳朵旨在刺激人们猎获科约特，以便减少科约特的数量。然而，农民们却开始在他们的栏中家养科约特。他们能够这样做，而且把那些耳朵卖给政府能够赚取不少利润。法律并没有使科约特数量减少，反而导致了其数量的增加。[2]再如，沈阳市人大常委会在 1994 年 7 月通过了《沈阳市关于禁止燃放烟花爆竹的规定》，同年 9 月其又经辽宁省人大常委会批准，并于 1994 年 12 月 1 日起实施。1998 年 8 月，在它不满 4 周岁的时候，沈阳市人大常委会又通过了《关于废止〈沈阳市关于禁止燃放烟花爆竹的规定〉的决定》。这部地方性法规由生到死的历程，昭示着与社会物质生活条件、人们的觉悟程度及道德水准相脱离的法律，是无法真正地发挥作用的，很快即被废止。

第二，德行缺失的恶法。“假法”“错法”的问题是不能保障和促进经济、社会、政治、文化等全面协调发展，并不存在重大的道德瑕疵，直观上“恶”性不彰。“当一个人做错事的时候，并不是因为他本性恶劣或无能，而是因为他不知道更多的知识。”[3]而“恶法”是一种偏离法律应然道德基准的法现象，它与正义相对立，缺失正当价值构成和优良道德基础，与“正义原则”的整体相悖。如果说“假法”是立法者因不能审时度势而凭主观臆断的产物，那么“恶法”就是坏心招大祸。[4]两者比较，恶法为害尤甚，人们对其要保持高度的警惕。“凡正义根本不被追求的地方，凡构成正义之核心的

[1] 史际春、孙天承：《论“错法”现象：以经济法领域为中心》，载《南京师范大学学报》2015 年第 2 期。

[2] [美] 安·塞德曼等：《法律秩序与社会改革》，时宜人译，中国政法大学出版社 1992 年版，第 34 页。

[3] [美] 汉斯·摩根索：《科学人对抗权力政治》，杨吉平译，上海译文出版社 2017 年版，第 12 页。

[4] 史际春、孙天承：《论“错法”现象：以经济法领域为中心》，载《南京师范大学学报》2015 年第 2 期。

平等在实在法制定过程中不被承认的地方，法律不仅仅是‘非正确的法’，它甚至根本上就缺乏法的性质。”〔1〕在我国，有的法律没有充分体现民主立法原则，没能全面反映人民意愿；有的立法活动成为少数部门、地方逐利揽权的工具。更有甚者，立法腐败现象也时有出现，它表现为立法者在法律起草、审核、修改或解释过程中违反自己担负的法定职责，以权谋私、贪赃枉法，使公共利益或他人利益受到损害的行为。2010 年 5 月 21 日，人民法院以受贿 845 万元判处商务部条法司官员郭京毅死刑缓期二年执行。他在商务部任职的二十多年间，负责外资并购项目审批工作，参与了此前多项外资法律法规的起草和修改工作。例如，他参与制订的《外国投资者并购境内企业暂行规定》（2003 年），因为相关规定原则模糊，可执行性差，致使国家对外资并购监管不力。为此，2006 年又出台了《关于外国投资者并购境内企业的规定》，一些重要条款仍然不明确、不具体，这为他自己在后来几起并购的审批中贪赃枉法、上下其手提供了可能。

还有那些表面上似乎没什么瑕疵，但行为导向错误、拉低社会道德水准的法律，也难称善法。近年来，因立法不科学、不合理而诱发的“假离婚”现象屡见不鲜。所谓“假离婚”，即婚姻双方当事人为规避法律责任或牟取不正当利益，在感情还没有破裂时，采用相互串通、弄虚作假的手段，故意欺骗婚姻登记机关或法院，而解除婚姻关系的行为。“假离婚”从表面上看，夫妻双方都是通过婚姻登记机关或人民法院办理的离婚手续，也都持有有关机关出具的离婚证、法律文书等。但实际上，立法者草率应对、推敲不细，只看表面、不明就里，是导致“假离婚”现象大量出现的法律诱因。

第三，形式粗陋的丑法。有些法律对调整的问题规定得不明确、有缺项；法律、行政法规、地方性法规、规章之间相互冲突，上下左右关系不够协调。其中，下位法与上位法的“抵触”情形，所带来的负面影响特别突出。“法律乱七八糟，含义不清，使得主张公道的人不知道自己应该站在哪一方面，只好凭心血来潮作出决定。法律定得神秘、含糊、复杂，说明立法者故意设置陷阱，引人入彀。法律应该写得清楚明白，使应该守法的人一目了然。”〔2〕法律规定模糊、抽象、矛盾，会给法律执行者滥用权力、徇私枉法、不负责任

〔1〕［德］古斯塔夫·拉德布鲁赫：《法律智慧警句集》，舒国滢译，中国法制出版社 2016 年版，第 33 页。

〔2〕［法］霍尔巴赫：《自然政治论》，陈太先、眭茂译，商务印书馆 1994 年版，第 282 页。

提供空间。法具有一般性，它是对所有社会成员都有约束力，可以反复适用的社会规范。那些针对特定个人、团体、事件而制定的条款，只是一次性的个别命令，难以称为法律，更谈不上是良法。立法技术粗糙、规定不细致的“丑法”，往往会对法的内容、法的价值产生负面影响，进而蜕变为“假法”“恶法”。

在观察良法时，眼光应不断光顾其对立物——劣法，在两者之间往返对照，可使研究结论充满学术张力。目前，绝大部分学者都热衷于对良法的正面论述，而对劣法则少有关注。实际上，在良法理论的构建完善过程中，对假法、恶法、丑法等劣法进行认识和把握，具有不可替代的方法论价值。首先，良法的存在离不开其对立物。毛泽东指出：“人们历来不是讲真善美吗？真善美的反面是假恶丑。没有假恶丑就没有真善美。”〔1〕真善美之法与假恶丑之法是对立统一的。它们是良法理论两个相互依存、相互对照的组成部分。良法与劣法的存在都以另一方的存在为前提条件的，每一方只有在与另一方的联系中才能获得其自身的本质规定性。其次，良法的认识需要反向比照其对立物。“没有什么对象可以单单就其本身而得到理解。它总是需要对立面，唯有通过比照其他对象方可获得承认。”〔2〕对良法现象的认知，如果没有其对立物的比照，将是片面的、肤浅的。“术语都是通过其正在使用的对称（反义）词来获取某种特定含义的。”〔3〕良法概念正是借助其对立物，通过“伪法”“恶法”“劣法”等反义词来界定的。而且，从假恶丑之法的角度，对良法进行反向把握，更容易在多元的社会之中形成共识。“对于完美的善的性质是什么，有理性的人永远都会意见分歧，但对于经验教导我们应试图防止的邪恶，人们则少有异议。”〔4〕或许，人们对真善美之法的认识具有一定的主观性，难免出现“公说公有理，婆说婆有理”的意见分歧，但对什么是劣法则更容易达成共识。形成社会共同的良法观念，可减少内耗、增进团结，是推进法治建设的强大力量。再次，良法的形成需要其对立物的转身推进。“只要我们一看到恶行，便该马上防止它们再度发生，我们的任务很清楚：发

〔1〕 中共中央文献研究室编：《毛泽东文集》（第七卷），人民出版社1999年版，第280页。
〔2〕 ［法］霍尔巴赫：《自然政治论》，陈太先、眭茂译，商务印书馆1994年版，第140页。
〔3〕 ［奥］欧根·埃利希：《法社会学原理》，舒国滢译，中国大百科全书出版社2009年版，第483页。
〔4〕 ［美］艾伦·德肖维茨：《你的权利从哪里来？》，黄煜文译，北京大学出版社2014年版，第71页。

明并支持用来制止（或减缓）这些恶行的权利。"〔1〕单纯的良法是一种完满的、静止的状态，而在遭遇到"伪法""恶法""劣法"时，人们才会产生强烈的改变的冲动。对于劣法，人们是忍无可忍的，会采取各种手段马上进行清理。触底反弹，物极必反。现实中存在的损害社会成员利益，导致触目惊心的严重后果的各种法律制度，可反向激发人们对良法的激情与渴求。毛泽东指出："真的、善的、美的东西总是在同假的、恶的、丑的东西相比较而存在，相斗争而发展的。"〔2〕对假恶丑之法的厌恶、批判、消灭，可成为追求真善美之法的强劲动力。"法律不是针对善，而是针对恶来制定的。一项法律越是在它的接受者那里以恶性为前提，那么它本身就会越好。"〔3〕良法意识是在正视假恶丑之法时生成的，良法是在不断地消除假恶丑之法后形成的。

三、合题：立良法行善治

从正反合定律的视角看，合题是在正题、反题基础上的超越与创新，是事物经过肯定、否定和新的肯定的螺旋式发展过程的关键环节。真善美之法是立法所意欲制定的，但在法制实践中难免会出现各种假恶丑之法，采取各种措施改进立法质量，可以达致更高水平的良法。在善治的形成过程中，良法居于主动地位。立法是法治建设的根本，它规定了司法、执法和守法的性质与方向。"忠实地实施一项差劲的制定法不可避免地会使事情变得更糟而不是更好。"〔4〕推进依法治国，制定良法固然重要，但它只是起点，最终还须转化为善治，形成安定和谐、充满活力的社会秩序。"天下之法，不难于立法，而难于法之必行。"只有把良法贯穿于政治、经济、文化、社会和生态建设之中，方可谓之善治。仅停留于纸面状态的"良法"，就是一张无法兑现的支票。良法只有转化为善治，才是真正意义上的良法。立良法，行善治，内在地包含着去伪存真、避恶求善。

---

〔1〕［美］艾伦·德肖维茨：《你的权利从哪里来？》，黄煜文译，北京大学出版社 2014 年版，第 73 页。

〔2〕中共中央文献研究室编：《毛泽东文集》（第七卷），人民出版社 1999 年版，第 230 页。

〔3〕［德］古斯塔夫·拉德布鲁赫：《法律智慧警句集》，舒国滢译，中国法制出版社 2016 年版，第 105 页。

〔4〕［美］凯斯·R. 桑斯坦：《权利革命之后：重塑规制国》，钟瑞华译，中国人民大学出版社 2008 年版，第 96 页。

第一，去伪存真。社会的物质生活条件决定了法的本质和内容，它是法律必须体现的真理。“自然科学从法那里借来了自然法则这样一个基本概念，尔后又回报以自然法。和自然法则一样，法律法则也不能为人类发明，而只能为人类所发现；不能为人类所规定，而只能为人类所确定。和自然法则的效用一样（‘但地球终究是在转动着!’），法律规则的效力也超越了人类立法者的任意。面对科学认识的自然法，偏颇的人为规则必然消失，就像面对公之于众的真实，被揭穿的错误必须消失一样。国家立法将成为一种科学的理论观点与其他科学理论并存，法哲学家则取代了立法者的地位。”〔1〕由于法律等上层建筑现象的发展在以经济发展为基础的同时，它们彼此间又都相互影响，法律反映社会的经济、政治、文化、科技活动的特定内容，也要受到道德、宗教、习惯等行为规范的影响。经济基础决定上层建筑，经济规律远比国家权力更为强大有力，立法应有所为、有所不为。“一个国家的高层政策决策者不仅要知识渊博，更须了解自己并非无所不能。历史上最大的政策失误都是因领导人过度高估自己的知识和能力而造成的。”〔2〕在影响法律存在发展的诸多因素中，经济是最具决定意义的方面。在市场经济条件下，适度的法律调整，须在个人选择与国家干预之间找到合适的平衡点。党的十八届三中全会决定指出：“经济体制改革是全面深化改革的重点，核心问题是处理好政府和市场的关系，使市场在资源配置中起决定性作用和更好发挥政府作用。”相对于政治国家，价值规律更有力量。违背市场规律、任意干预经济发展的法律，绝不能成为良法。真法必须适应社会物质生活条件，立法者不能任意创设法律规则。“我们必须认识到，这个世界上许多最有害的行动的根源，常常不是那些恶人，而是那些品格高尚的理想主义者；更有甚者，即使是全权主义这种野蛮状态的基础，也是由那些高尚且善意的但却从不承认自己酿成的后果的学者奠定的。”〔3〕对中国最高立法机关而言，当下应加快立法进度，分清轻重缓急，突出重点领域的立法项目，积极推进民法典的编纂，抓紧制定税收法定原则方面的立法、有关改革举措实施规划和年度任务部署

〔1〕［德］古斯塔夫·拉德布鲁赫：《法律智慧警句集》，舒国滢译，中国法制出版社2016年版，第37页。

〔2〕［印］考希克·巴苏：《政策制定的艺术》，卓贤译，中信出版社2016年版，第187页。

〔3〕［英］弗里德里希·冯·哈耶克：《法律、立法与自由》（第一卷），邓正来译，中国大百科全书出版社2000年版，第108页。

的相关立法。

第二，避恶求善。长期以来，受法律实证主义的影响，法学患上了道德盲目症。对此，德国法学家拉德布鲁赫忠告人们："不要指望任何人能够根据客观性和规律性这样的价值来回答法的终极性问题和解决法的最为困难的问题。"[1]客观规律体现着事物之间的必然联系，人们虽可以驾驭、利用，但不能消灭、改变它。而法律是国家意志的体现，立法者基于特定的价值目标，对法律规定的内容可以作出各式各样的选择。相对于真法而言，善法则是良法的最重要关切。"为了建构权力，为了使法律变成真正'应当的意见'而不仅仅是对如何使用暴力的描述，我们必须为单纯的国家存在添加价值维度，必须'授予'它的命令以特殊光环，必须把基本的规范构成绝对的命令。换句话说，我们必须不仅仅讨论国家的权力，还要讨论国家的合法性。"[2]只有那些为人们内心所体认的权威和秩序，才具有合法性，并获得人民的尊重与信仰。有德行的善法，体现了社会公众的道德要求，它们主要不是依靠武力来强制推行，而是靠人们的认同来自觉遵守。

登特列夫指出："法律并不仅是行为的一个尺度，还是关于行为之价值的一种宣告。"[3]善法应该引导社会成员积极向善，提升社会的道德水准，引导人们选择正直、诚实的生活方式。例如，我国刑法规定嫖宿幼女罪，其目的是对尚不具有自主能力的14周岁以下的幼女的身心健康进行特殊保护。但在实践中，该罪名却成为有的犯罪者逃避更重刑法的法律依据，使得嫖宿幼女罪的法律规定成为实质上的恶法，为此刑法修正案（九）将此罪名予以废除。立法机关应改进立法工作，明确对失德行为的惩戒措施。要依法加强对群众反映强烈的失德行为的整治，建立覆盖全社会的征信系统，完善守法诚信褒奖机制和违法失信惩戒机制，引导全社会崇德向善。立法机关应有制定善法的强烈使命感，努力将社会主义核心价值观的内容写入法律文本之中，使其获得国家强制力的有力保障。

在良法的形成过程中，立法机关担负着最为重要的职责。"研究既存社会

---

〔1〕［德］古斯塔夫·拉德布鲁赫：《法律智慧警句集》，舒国滢译，中国法制出版社2016年版，第23页。

〔2〕［意］登特列夫：《自然法：法律哲学导论》，李日章等译，新星出版社2008年版，第240页。

〔3〕［意］登特列夫：《自然法：法律哲学导论》，李日章等译，新星出版社2008年版，第94页。

现象并据此决定应当用何种方式达成正义法目的是立法机构的事情。”[1]中国是社会主义国家，应坚持民主立法原则，使法律充分体现广大人民意志。民主立法的核心在于为了人民、依靠人民。“在一个民主社会里，立法之所以被赞成，不是因为它获得了具有超人魅力的领袖的支持，而是因为此刻立法靠剔除偏见的理由和证据说服了公众。”[2]中国特色社会主义进入新时代，我国社会主要矛盾已经转化为人民日益增长的美好社会需要和不平衡不充分的发展之间的矛盾。立法工作应着力解决好发展不平衡不充分问题，更好满足人民在经济、政治、文化、社会、生态等方面日益增长的需要。中国立法应当发扬社会主义民主，集中民智，反映民意，保障人民通过多种途径参与立法活动。

第三，弃丑逐美。“法律制度所考虑的，不是要人们都像哨兵一样时时刻刻目不转睛，而是要他们偶尔也能够无忧无虑地天天观瞧灿烂的星光、盛开的花木和此在的必要性及美感。”[3]在内容上，良法须是真法、善法；在形式上，良法也必须符合一些特定的标准，如普遍适用、面向未来、明晰确定、公开透明、相对稳定、和谐一致等。良法的形成，需要立法工作队伍在立法文本的体例框架、法律条款的文字表述、法律规定之间的照应配合等方面做到精益求精，仔细推敲，准确地表达立法的真实意图。立法者只有熟练掌握并运用高超的立法技术，才能制定出形式优美的法律。

良法还需要通过事后的违宪审查制度来予以实现与维护。党的十九大决定要求：加强宪法实施和监督，推进合宪性审查工作，维护宪法权威。有关机关应加强备案审查制度和能力建设，对新制定的行政法规和司法解释逐件审查，有重点地对地方性法规进行主动审查，依法修改、废止不符合良法要求的法律法规。

余论

良法具有合规律性的内容、合目的性的价值、合科学性的形式，是人们

---

〔1〕［德］施塔姆勒：《现代法学之根本趋势》，姚远译，商务印书馆2016年版，第147页。

〔2〕［美］安·赛德曼、罗伯特、B. 赛德曼编：《法律秩序与社会改革》，时宜人译，中国政法大学出版社1992年版，第94页。

〔3〕［德］古斯塔夫·拉德布鲁赫：《法律智慧警句集》，舒国滢译，中国法制出版社2016年版，第10~11页。

希冀的应然之法。良法有真善美三个维度，进而析出真法、善法和美法。相应地，良法对立物的劣法就有假法、恶法和丑法。良法遵循否定之否定的路径，屡遭障碍、曲折前行。良法不是固定不变的，它必须追随社会物质生活条件的变化而不断发展完善。而且，人们追求良法善治的努力是无止境的，对良法的期待值也越来越高。“良好是卓越的大敌”，“差不多是完美的克星”。当下中国特色社会主义法律体系已经形成，法治建设正在扎实推进，我们不能因为已经取得的成绩而沾沾自喜、故步自封，应该为建设更高水平的良法善治而不懈奋斗。

良法是人之所欲，但法治实践中劣法也不可能完全禁绝。“任何法制都几乎不可能体现绝对的善。”〔1〕在整个法律体系基本合理的前提下，人们应当理性地看待立法的某些问题，分清本质与末节。理想主义、浪漫主义的良法观，悬置、漂浮于空中，不接地气，必然会招致人们对法治的失望乃至绝望。对一些制定得不尽完善、存有瑕疵的法律，应当客观地观察分析，保持一定的耐心，运用法治思维和法治方法予以改进。更何况，许多法律的真善美成分与假恶丑因素是混杂在一起的。有的真善美或者假恶丑，转换视角就可能有完全不同的评价。再者，由于社会利益、价值观的多元化，每个人对良法的认知并不完全相同。“在我的想象中从来还没有某项制定的法律能完完全全地合乎社会每一个人或每一部分人的口味。”〔2〕断不能轻易地将自己的主观意见，作为评判法律好坏的标准。无政府主义是法治的天敌，如果它在人们头脑中占上风，将导致社会的无序混乱。基于法治的立场，任何人的愿望、信念或见解，都必须通过法定程序、载体，才能转变为有约束力的法律规范。

---

〔1〕［法］托克维尔：《论美国的民主》（上卷），董果良译，商务印书馆2012年版，第16页。
〔2〕［美］乔治·华盛顿：《华盛顿选集》，聂崇信等译，商务印书馆1985年版，第280页。

法律修辞的前沿论说

从言语到语言：本土法律修辞研究范式之展望

刘方圆*

摘　要　国内法律修辞研究已形成以言语为中心的研究范式，对这一"言语中心"研究范式展开反思即可发现，言语并非法律修辞研究的唯一面向。自索绪尔及其弟子夏尔·巴利等学者在语言学和修辞学领域提出"语言""言语"二分理论之后，现代修辞学就已掀起语言修辞研究的新开端。将现代修辞学的研究成果纳入法律修辞研究中，可为法律修辞建立新的研究范式——以"语言"为中心的研究范式。亟待构建的"语言中心"研究范式之重点乃是法律语音修辞、法律词汇修辞以及法律语法修辞，这三者形成了法律语言修辞研究的骨架。本土法律修辞研究应在区分"语言"和"言语"的基础之上对这两者进行深层次统合，以期共筑法律修辞学理论。

关键词　言语　语言　研究范式　法律修辞

国内法律修辞学研究虽兴起于最近几年，但研究共同体已具雏形，并形成了自有的研究"范式"。[1]法律修辞学的研究者对这一领域的基本概念、基本问题、研究对象和研究目的等研究出发点已达成某种程度的共识，而这些共识也保证了他们相互之间进行沟通的可能。被划归为法律修辞学研究共

---

* 刘方圆（1990～），女，重庆人，中南大学法学院博士生。

〔1〕本文所称"范式"，乃是美国科学史家和科学哲学家托马斯·库恩（Thomas S. Kuhn）在《科学革命的结构》一书中提出的核心概念。库恩并未明确划定"范式"一词的词义范围，但纵观其论述，范式可被理解为研究共同体在研究中所具有的共同信念，它规定了研究共同体内部的基本理论、基本观念和基本方法，并为该研究领域的发展规定了共同的趋向。可以说，范式是研究共同体形成和发展的必要前提，被划归为同一领域的研究共同体，一定都对该研究领域的基本概念、基本问题、研究对象等达成了某种程度的共识。（Thomas S. Kuhn, *The Structure of Scientific Revolutions*, Chicago: The University of Chicago Press, 1996.）

同体的学者，几乎都研读过这一领域的传统经典文献并从中获得教益。他们在范式的严密规定之下进行常规研究，确立法律修辞学领域的研究主题并逐步扩充范式的应用范围，以创造连贯的研究传统。然而，范式虽能在法律修辞学研究共同体内部产生聚合力，并保证传统研究成果得以被保留和承袭，却也局限了研究者的视野。“教育”塑造了研究共同体和研究范式，法律修辞学的经典文献、教材中的资料选读以及国内外前沿的研究成果，都在不断地提醒后继者需要重点关注哪些问题、哪些知识是入门必备。因此，后继研究者往往会无意识地模仿先前的成就，不知不觉地接受研究共同体内部先有的研究规则。而研究者们一旦接受了这一先有规则，就不会再经常性地考察法律修辞理论的第一原理。这自然会增强团队协作的效率，却也固化了研究者的思路。研究者必须在研究范式所规定的“共识”之上展开自己的研究，不可与之偏离太远。

或许，法律修辞学的研究者们在按照现有范式精细雕琢法律修辞理论之前，应首先从更宏观的层面对现有研究范式进行反思。这样的反思能使研究者洞察自己的视角原点，更加清楚地知悉自己的研究立场。若研究者发现了新的研究范式，其研究的基本出发点将发生转变，决定问题和答案之正当性的标准也会随之改变。因此，研究者们在展开自己的研究之前，必须思考这样的一些问题：法律修辞学现有的研究范式是怎样的范式，它是否是唯一可行的范式？能否通过改变研究范式的方法来拓展法律修辞学的研究领域，为现有研究局面开拓出多维的研究方向？本文将围绕以上两个问题对法律修辞学的现有研究范式展开反思，并尝试建立新的范式以拓展法律修辞学研究的广度和深度。

一、法律修辞研究的“言语中心”范式

“言语”乃是现代语言学中一个重要范畴，它是说话者在一定语境下运用语言规则表达个人意志的个人活动。[1]纵观我国法律修辞学研究的已有成果，可以发现国内学者对法律修辞基本概念、研究目的及研究对象等的讨论都展开自法律“言语”层面。他们将法律修辞学的基本概念定义为法律言语层面的说服术，将法律修辞学的研究目的确立为实现说服或取得更好的表达

---

〔1〕［瑞士］费尔迪南·德·索绪尔：《普通语言学教程》，高名凯译，商务印书馆1980年版，第27～29页。

效果。他们关注的是个体性言说者言语内容的说服力和表达力，因此法律修辞的主要研究对象就被局限于法律主体在立法、司法及其他法律情境下所发出的，以口头和书面语言为表现形式的言语活动。国内法律修辞学研究所遵循的此种研究路数，即为法律修辞研究的“言语中心”范式。

西方“修辞”传统上被等同于“言说的艺术”（the art of speaking）或者“说服的艺术”（the art of persuasion），[1]这一有关“修辞”概念的理解也延伸到了法律修辞学领域。国内众多法律修辞学研究者在著述中对西方传统修辞学的基本概念进行了重申，如崔雪丽认为“修辞”概念从总体上可以分为抽象观念和具体技巧两个层次。作为抽象观念的修辞侧重于描述言说者和听众的关系，作为具体技巧的修辞则侧重于研究修辞技巧与方法如何使言语表达更为精细、准确。[2]张云秀将“修辞”概念划分为三个层次——“说服的艺术”“良言说”和“通过象征手段影响人们思想、情感、态度、行为的一门实践”，并说明自己采纳的是第一种含义，即“修辞是一种说服的艺术”。[3]刘兵和沈寨将修辞的“说服”与“可接受性”相关联，认为修辞通过话语辩论保证说理的充分展开和结论的可接受性，它可以使修辞者的主张、判断和要求获得受众的认同和接受。[4]熊明辉和卢俐俐认为修辞是一种关于话语的艺术，其目的是改进演讲者或者写作者表达、说服和影响特定听众的能力。[5]而

---

〔1〕 西方修辞理论自公元前5世纪下半叶形成之初，就已奠定了“言语”的修辞观念基础。普罗塔戈拉（Protagoras）和高尔吉亚（Gorgias）认为修辞是一种通过言说操控人类情感、态度和行为的力量，亚里士多德（Aristotle）则为“言说”之修辞铺陈了系统的理论基础。早期罗马修辞理论没有完全摆脱希腊修辞手册的传统，还是以如何在各种典型修辞情境中发明出具有说服力的话作为自己关注的核心。中世纪的宗教修辞体系虽强调话语的“信仰”而将原有的被动说服转为主动的自我说服，却仍将文本和话语的说服作为研究的基本出发点。文艺复兴后必然性科学话语蒸蒸日上，使得修辞的话语权受到挤压，但这一时期的修辞学家弗朗西斯·培根（Francis Bacon）、贝尔纳·拉米（Bernard Lamy）、詹巴蒂斯塔·维科（Giambattista Vico）和乔治·坎贝尔（George Campbell）依然是将修辞作为一种“雄辩术”和“说服术”进行理解。尽管20世纪的“新修辞学”将单向度的言语“说服”发展为双向度的言语“交流”，其讨论还是脱离不了“言语”。（参见刘亚猛：《西方修辞学史》，外语教学与研究出版社2008年版。）

〔2〕 崔雪丽：《法律修辞（学）的特征》，载《沈阳大学学报》2010年第4期。

〔3〕 张云秀：《论法律修辞运用的范围与限制》，载《西部法学评论》2010年第1期。

〔4〕 刘兵：《法律修辞学的旨趣和意义》，载葛洪义主编：《法律方法与法律思维》（第5辑），法律出版社2008年版，第129页；沈寨：《中国法律修辞（学）研究之反思》，载《北方法学》2012年第1期。

〔5〕 熊明辉、卢俐利：《法律修辞的论证视角》，载《东南大学学报（哲学社会科学版）》2015年第2期。

侯学勇和杨颖则言明修辞是在推理框架下进行的理性说服过程，它只是很可能成立或多数人认可的命题，并不必然为真。〔1〕这些学者对修辞概念的表述相互之间有所出入，但仔细品读却能发现，他们对修辞的理解几乎都未逃离西方修辞学的言说传统，即将修辞与“言说者和听众”“言说技巧”“说服和接受”相联系，一切有关修辞的研究都围绕着言谈者的言说方式、目的和内容而展开。

既然修辞是一种言说艺术，法律修辞自然就意指法律活动中的言说艺术。孙光宁、刘兵等指出，法律修辞是法律人运用法律专业语言进行说理论证并最终得出具有说服力之结论的方法，它能使法律问题得到圆满解决。〔2〕张云秀则细致地列举了法律修辞领域内对话、论证和说服发生的几种典型场景，其一是法庭上原告与被告的陈词和辩论，其二是法官作出的裁判，其三是法律规范、原则、概念及法律事实认定的过程。〔3〕可见上文中已提及的学者基本上都认为法律修辞是法律领域内的言说艺术，它所关心的是法律活动中语言运用的表达效果，力求提高法律主体之言语的表现力及说服力。因此，有学者认为法律修辞学研究的最终目的就是寻求法律领域内的最佳说服方式。在司法活动中，当事人及其代理人需要运用修辞来获得法官或陪审团对本方观点的认可，法官也需要运用修辞来强化判决文书的说理效果，以获得当事人对判决结果的接受。〔4〕在这一基本概念基础之上发展起来的法律修辞学，其具体研究对象就被限定为一切与法律有关的言语活动，包括口头言语、书面言语、人体言语及其他言语形式。〔5〕特殊地说，它包括立法文书、司法文书、司法对话、司法演讲、司法辩论及其他。这些言语活动又被学者划分为立法领域和司法领域两大类，前者主要关涉书面言语，后者则既关涉书面言语也关涉口头言语。

---

〔1〕 参见侯学勇、杨颖：《法律修辞在中国兴起的背景及其在司法审判中的作用》，载《政法论丛》2012年第4期。

〔2〕 参见刘兵：《法律修辞学的旨趣和意义》，葛洪义主编：《法律方法与法律思维》（第5辑），法律出版社2008年版；孙光宁：《法律修辞的两种层次及其启示》，载《法学论坛》2011年第6期。

〔3〕 参见张云秀：《论法律修辞运用的范围与限制》，载《西部法学评论》2010年第1期。

〔4〕 参见崔雪丽：《法律修辞（学）的特征》，载《沈阳大学学报》2010年第4期。

〔5〕 此处有关法律修辞学研究对象的梳理参考了彭京宜的观点，但是又有所改动。彭京宜认为法律修辞研究的是一切与法律有关的“语言活动”，它包括书面语言、口头语言、人体语言及其他语言形式。笔者认为彭京宜所说的“语言活动”其实是索绪尔所谈的“言语活动”，即讲话者个人对语言代码的运用和布置，而非“语言”（集体的符号系统，不以说话人个人的意志为转移）。参见彭京宜：《法律修辞学刍议》，载《上海市政法管理干部学院学报》2000年第6期。

就目前国内法律修辞研究而言，立法领域的研究成果虽数量较少且不成系统，但基本上都承袭了“言语中心”的研究范式。其中有些研究成果从宏观上探讨了立法修辞的基本理论，如武飞在《法律修辞学：理论与应用研究》一书中提出，立法修辞是指立法者在制定法律的过程中，为使人们认同立法之内容而采取的说服性手段，包括立法者对立法言语的选择、加工与润色，以及立法者在立法论证、立法报告等立法过程中使用的说服性方法和技巧。武飞将“权威”视为可帮助立法者增强说服效果的重要因素，将“听众”视为立法修辞的中心，立法者应根据不同的听众采取不同的修辞策略。权威、听众与修辞策略，构成了立法修辞的三大要素。[1]其中有些研究成果对立法修辞中某一种具体的修辞方法进行了详细论述，如吴春雷、孙丽华在《论立法语言模糊修辞的功能》一文中强调了作为立法修辞方法之一的模糊修辞的必要性，认为绝对的明确将导致法律规范的滞后与僵化，模糊修辞可以消除立法言语过于明确带来的弊病。[2]其中有些研究成果对某一具体法律部门立法的过程与修辞的关系进行了深入探讨，例如张春泉在《法典修改的语用修辞学思考——以中国宪法为例》中分析了宪法法典的修改过程，认为宪法法典的修改是一种修辞现象、言语行为和语用修辞活动，它需要修辞学的“出席”。[3]不论是从宏观上讨论立法修辞，还是对其中某一具体修辞方法进行详细描述，又或是对某一具体立法过程与修辞的关系进行深入探讨，都是一种以言语为中心的研究范式。因为，它们的研究对象都是个体性的、具体的，由言说主体（立法者）发出的言语之行为及内容。

相比于立法领域，我国现阶段在司法领域的法律修辞研究已成果颇丰且初成体系。这些研究成果可分为两大类：司法书面语的修辞研究和司法口语的修辞研究。司法书面语的修辞研究关注的重点是判决书修辞，其中对古代判决书修辞进行研究的代表学者主要有赵静、刘兵和彭中礼等，[4]当代判决

---

〔1〕 参见武飞：《论立法修辞的要素》，焦宝乾等主编：《法律修辞学导论——司法视角的探讨》，山东人民出版社 2012 年版，第 253 ~ 270 页。

〔2〕 参见吴春雷、孙丽华：《论立法语言模糊修辞的功能——以〈中华人民共和国刑法〉为考察对象》，载《甘肃理论学刊》2013 年第 1 期。

〔3〕 参见张春泉：《法典修改的语用修辞学思考——以中国宪法为例》，载《思想战线》2004 年第 3 期。

〔4〕 代表作品有赵静：《修辞学视阈下的古代判词研究》，巴蜀书社 2008 年版；彭中礼：《论中国古代判词中的修辞论证》，载《时代法学》2010 年第 6 期；刘兵：《中国古代司法判决的修辞方法与启示》，载《山东科技大学学报（社会科学版）》2010 年第 5 期。

书修辞研究的代表学者主要有赵朝琴、马明利、孔祥俊、左卫民、肖晖、马宏俊、宁致远、唐文、丁西泠、厉尽国、孙光宁、朱文雁和董敏等。[1]司法口语的修辞研究关注的重点是法律辩论和法律会话，主要研究学者有卢春艳、姜同玲、张清、袁传、田荔枝、杨晓琼、廖美珍、刘汉民和杜金榜等。[2]司法文书、司法对话、司法演讲及司法辩论虽然表现形式不同，却有一个共同特征，即它们都是法律主体所发出的个体性言语活动。其中判决书是法官个人言语的书面表达，法律辩论和会话则是律师及当事人等言说主体个人言语的口头表达。因此，无论是关于司法文书的研究还是关于司法对话、司法演讲及司法辩论的研究，都是对言说主体言语之修辞的研究，应归属于法律修辞学“言语中心”研究范式。

由此可见，国内法律修辞的研究学者已基本上在“修辞”和“法律修辞”之概念、法律修辞的研究目的和研究对象等研究出发点上形成了一定程度的共识，而这几项共识是法律修辞研究最为根本的前提。用库恩的话来说，若无这几项共识，法律修辞学研究者相互之间的交流、学习和对话将变得极其困难，学术成果的线性推进也将难以实现。仅基于这几项共识之达成与研究共同体之初步形成，就可以得出这样的结论：国内法律修辞学的研究已经形成了某种研究范式。而经过以上分析可知，这一研究范式自身还有一个显著特点，即它几乎都展开自言说主体个体性的言说层面。因此，这一业已形成的研究范式可被称为法律修辞研究的“言语中心”范式。

---

〔1〕代表作品有唐文：《司法文书实用修辞》，人民法院出版社1996年版；宁致远：《法律文书与法律语言探微》，中国政法大学出版社2007年版；马明利：《法律文书写作技术与规范》，辽宁大学出版社2009年版；赵朝琴：《司法裁判的现实表达》，法律出版社2010年版；董敏：《一篇中国民事一审判决书的修辞结构分析》，载《外语与外语教学》2007年第9期；丁西泠：《司法的修辞与行政诉讼受案范围的扩张——以案例分析为切入点》，载《政法学刊》2009年第4期；朱文雁：《论言辞性法律修辞在法官判决书中的运用场域》，载《山东省青年管理干部学院学报》2010年第5期；厉尽国：《司法裁决证立过程中的法律修辞——以“李庄案”判决书为素材》，载《北方法学》2011年第2期；孙光宁：《判决书写作中的消极修辞与积极修辞》，载《法制与社会发展》2011年第3期。

〔2〕代表作品有廖美珍：《法庭语言技巧》，法律出版社2005年版；刘汉民：《日常论辩与司法论辩技术》，民主法制出版社2009年版；田荔枝：《章士钊的法庭论辩修辞艺术》，载《中国律师》2001年第11期；姜同玲：《律师辩护词的修辞功能初探》，载《广东外语外贸大学学报》2002年第3期；卢春艳：《〈墨经〉的论辩修辞初探》，载《河北师范大学学报》2003年第6期；杜金榜：《司法语篇隐性说服研究》，载《现代外语》2008年第3期；杨晓琼：《论修辞方法在律师委托人之间的应用》，载《咸宁学院学报》2009年第5期；张清：《论辩护词的语言规范与修辞》，载《山西财经大学学报》2010年第1期；袁传有等：《律师辩护词中修辞疑问句的隐性说服力》，载《当代修辞学》2010年第4期。

二、言语与语言的二分以及新研究范式之缘起

不可否认，言语是从古至今西方修辞学研究的一个重要面向，且有关这一面向的研究几千年来从未断裂。即使是传统修辞话语空间遭受严重挤压的16世纪到19世纪，依然有大量讨论言语之修辞的作品问世。[1]因此，法律修辞研究遵循传统修辞学的研究路径，将法律情境下言语主体的言说艺术作为研究的主要面向，亦无可厚非。然而，言语是否是法律修辞研究的仅有面向？或者说，法律修辞研究是否只能遵循以言语为中心的研究范式？毋庸置疑的是，法律修辞理论与西方修辞理论的发展息息相关，法律修辞研究乃是建立在普通修辞学研究的基础之上。国内法律修辞学的研究者分享了一个共同的预设，即法律修辞的“修辞”概念之内涵仅有言语一个面向，或者说它只在言语的层面存在。因此，要反思法律修辞研究是否只有“言语中心”这一种研究范式，必须反思“修辞”概念的内涵是否只有言语这一种面向。

一些学者认为修辞自起源阶段就被烙上了言说的烙印，它的产生与公元前4、5世纪地中海沿岸各城邦的民主制度相关。远古希腊部族及后来形成的各个城邦在处理公共事务时，往往先由具有自由身份的公民就所涉问题进行讨论。这样一来，社会成员中那些能在公共讨论中脱颖而出并引领群众的精英分子就往往极富口才，尤其是辩才。[2]“修辞”作为言说的艺术就在这样的实践环境中起源并发展，其初衷即为研究言语的规则、技巧以增强言说主体的言语表达效果。因此，最初的修辞仅关切现实生活中由言说主体作出的个人性的、具体的言语之行为形式及内容，其研究重心乃是言说主体的表达技巧和表达规则，具有明确的实践目的。国内著名学者如张世禄、高名凯、郑远汉、刘焕辉、李廷杨、童山东、李运富、林定川及岑运强等，都认为传统修辞学是从语言运用方面来研究如何提高言语表达效果的科学，应当属于

---

〔1〕 这一时期最为典型的修辞作品有波尔罗亚尔学派（Port – Royale School）的成员贝尔纳·拉米创作的《言说艺术》，以及苏格兰神学家和修辞学家乔治·坎贝尔的《修辞原理》。前者是一部以修辞为中心议题的话语伦理力作，同时也是古今修辞和话语理论具有原创性的合成。后者全书有三卷，分别讨论“雄辩的性质和基础”“公共演说的基础和基本性质”以及“公共演说的特殊性质”，是典型的讨论言语之修辞的作品。参见刘亚猛：《西方修辞学史》，外语教学与研究出版社2008年版，第227～278页。

〔2〕 刘亚猛：《西方修辞学史》，外语教学与研究出版社2008年版，第19～40页。

言语语言学的范畴。[1]然而，这一从古希腊民主政治中起源并成型的“言语”单一研究面向，是否是对“修辞”这一概念的遮蔽？在该研究面向对后世修辞学发展造成的决定性影响下，修辞学的研究视野是否也被局限在了这一视域之中？德国语言学家威廉·冯·洪堡特（Karl Wilhelm von Humboldt），瑞士语言学家费尔迪南·德·索绪尔（Ferdinand de Saussure）、夏尔·巴利（Charles Bally），俄国语言学家特鲁别茨柯依（Nikolay Trubetzkoy）、雅各布森（Roman Jakobson），以及法国语言学家纪尧姆（Gustave Gillaume）、皮埃尔·吉罗（Pierre Guiraud）等学者从侧面回应了以上两个问题，并给出了颇具启发性意义的答案。索绪尔从结构主义语言学的角度论证了洪堡特提出的“语言”和“言语”二分理论，并认为应该设立两门语言学，即语言的语言学和言语的语言学。[2]这一区分被特鲁别茨柯依和纪尧姆等学者所重申，最终成为现代语言学一项最为基本的划分。[3]而雅各布森、巴利和吉罗则把“语言”和“言语”的区分运用于修辞学研究中，将修辞学划分为语言修辞学（rhetoric at the linguistic level）和言语修辞学（rhetoric at the discoursal level）。[4]

---

〔1〕参见曹德和：《修辞学是否属于言语的语言学讨论述评》，载《南昌大学学报（人文社会科学版）》2003年第5期。

〔2〕简单来说，索绪尔认为言语活动（langage）等于语言（langue）加上言语（parole）。语言是一代人传递给另一代人的语言系统，它潜在地存在于一个语言共同体成员的意识之中，与言语共同构成了语言现象却完全不同于言语。相比于言语的个体性和具体性，语言完全是社会的产物，不属于语言共同体中的任何个人成员。它与言语的区别主要在于两方面：语言是社会的，而言语是个人的；语言是本质的，言语是偶然的。语言是社会强加给全体成员的特殊规约，它不是说话者的一种功能。个人自身绝不能创造或修改语言，但是却能创造或修改言语。索绪尔认为语言可以被分离出来单独进行研究，即使是早已不再使用的语言，我们也能掌握它们的语言结构。（参见［瑞士］费尔迪南·德·索绪尔著：《普通语言学教程》，高名凯译，商务印书馆1980年版，第27—29页。）

〔3〕特鲁别茨柯依在“语言”和“言语”二分的基础之上，对语言的能指和言语的能指进行了更进一步的区分。纪尧姆则发展了索绪尔的言语（parole）概念，认为言语活动（langage）等于语言（langue）加上言语（discours）。他并不用“parole”（这是索绪尔的用法），而是用“discours”一词来指代言语，是因为“discours”的外延比“parole”更广。“parole”主要指个人的有声语言，而“discours”还可包括书面文字、手势语及个人的内心独白等。（N. S. Trubetzkoy, *Principles of Phonology*, translated by Christiane A. M. Baltaxe, Berkeley and Los Angeles: University of California Press, 1969, 14～24; Gustave Guillaume, *Foundations for a Science of Language*, translated by Walter Hirtle and John Hewson, Amsterdam and Philadelphia: John Benjamins Publishing Company, 1984, 35～37.）

〔4〕夏尔·巴利把语言体系中的修辞色彩同言语中的修辞效果加以区别，重点研究语言体系中的修辞变体，因此其研究被称为语言修辞学研究。西班牙洛维拉·依维基里大学（Rovira i Virgili University）的翻译学教授Anthony Pym认为，夏尔·巴利的志趣与传统修辞学者不同，传统修辞学者主要关注私人语言，而夏尔·巴利却想探讨所为整体之法语的表达资源（expressive resources）。[Anthony Pym, “Charles Bally and the origins of translational equivalence”, *Forum*, 12（2014）.] 雅各布森和吉罗的结构修辞学则是从结构的角度研究语言单位的功能和修辞价值，吉罗在《修辞学分科与学派》一文中提出并区分了语言修辞学和言语修辞学。（参见从莱庭、徐鲁亚：《西方修辞学》，上海外语教育出版社2007年版，第352页。）

语言作为一项社会性制度，支配着人们的语言交流并抵制任何个别人对它的随意改变，是语言修辞学研究的对象。言语则是一种个人行为，是说话主体对语言符号的组合运用，是言语修辞学研究的对象。[1]语言修辞学认为，语言体系中的语言单位除具有理性意义外，还具有补充的修辞意义。此类补充意义乃是语言单位客观上所具有，与言语情境中说话主体对语言符号的个别使用无关。语言修辞学从修辞意义的角度来研究语言现象，研究语言体系中存在修辞意义的语言单位。而言语修辞学则重点研究具体言语情境中言语主体运用修辞之规律，将语言材料的修辞特性和修辞效果同具体言语活动联系起来。简而言之，它主要研究言语活动三个方面的规律：与言语环境相关的规律、选择语言材料组织话语的规律、与言语目的和交际任务相适应的规律。[2]由此可见，传统修辞学仅从言语面向上理解“修辞”之概念，这无疑是对修辞的一种遮蔽。至少在上述语言学家们看来，“修辞”的研究对象不仅是言语面向上说服和交流的规则，还包括语言面向上语言符号系统之单位及其组合产生修辞意义的规律。

其实，法律语言学的学者早已将索绪尔“语言”和“言语”二分之理论纳入了法律语言学的研究之中。从国际上看，国际法律语言学家协会（IAFL）早在20世纪90年代就已创办期刊《言语、语言和法律》（*Speech, language and the law*）。而在国内，学者公认法律语言学有两大研究领域，其一是法律语言的本体，其二是法律语言的运用。前者以法律语言中词和句法的结构为主，侧重于描写法律语言单位的静态关系，实为语言面向之研究。后者则采用语用学的理论和方法，关注动态语境中的法律话语，尤其是庭审话语，实为言语面向之研究。[3]然而，本文第一部分的分析表明，目前国内法律修辞学的研究学者并未明确区分语言修辞和言语修辞，对“修辞”概念的理解还停留在“说服和交流的艺术”之上。若将“语言”和“言语”之区

---

〔1〕 参见［法］罗兰·巴尔特著：《符号学原理》，李幼蒸译，中国人民大学出版社2016年版，第3～5页。

〔2〕 与言语环境相关的规律主要包括语体、风格和文风等规律，选择语言材料组织话语的规律主要包括同义手段的选用规律和话语组织规律，与言语目的和交际任务相适应的规律主要包括语言使用的社会、心理规律以及修辞方法的使用规律。参见王德春：《外国现代修辞学概况》，福建人民出版社1986年版，第26～30页。

〔3〕 参见廖美珍：《国外法律语言研究综述》，载《当代语言学》2004年第1期；杜金榜、葛云锋：《论法律语言学方法》，人民出版社2016年版，第44～46页。

分引入法律修辞学研究中，则可发现传统法律修辞学关于“法律修辞”概念之范围的界定稍显狭隘。法律修辞也应具备两个层面的含义：从言语层面上讲，法律修辞乃是指一种在所有法律言语情境中应用的言说艺术，它可以增强言说主体单方言语的表达效果并使其更具说服力，或者能增进言说双方更深入的沟通和理解；从语言层面上讲，法律修辞乃是指法律语言本身作为一种符号系统所具有的修辞意义。由此可见，“言语”并不是法律修辞研究的唯一面向，“语言”也可以开拓出法律修辞研究的新领域。这一新领域的开拓可重塑法律修辞学的基本概念、基本问题、研究目的和研究对象等，并形成新的“语言中心”研究共同体以区分原有的“言语中心”研究共同体。法律修辞学的语言研究面向亦可被称为“语言中心”研究范式，它与原有的“言语中心”研究范式形成了一组对应。具体而言，两者的区别如下：

首先，“语言中心”研究范式与“言语中心”研究范式对“修辞”“法律修辞”等基本概念的解读完全不同，由此导致两者的研究对象有很大差别。以“语言中心”为研究范式的法律修辞学将法律视为一个完整的语言体系，不考虑法律言语的个别使用，其研究对象主要是法律语言体系中语言单位的修辞意义。然而，以“言语中心”为研究范式的法律修辞学则重点关注话语中的修辞现象，致力于归纳出法律言语活动的规律以及法律语言材料在具体言语活动中的使用技巧。因此，以“言语中心”为研究范式的法律修辞学，其具体的研究对象主要是法律言语的语体学、风格学、话语的修饰、辞格以及同义修辞聚合体的选用规律。

其次，对于法律修辞研究而言，以“语言中心”为研究范式所提出的基本问题与以“言语中心”为研究范式完全不同。传统以“言语中心”为研究范式的法律修辞学，所面对的基本问题乃是如何增强法律言说主体言语的表现力和言说双方的沟通、理解。实践中的法律言语活动多种多样，因此这一基本问题在不同情境中又有不同表达方式。在立法实践中，这一基本问题被重述为立法者在制定法律过程中，应如何对立法言语进行选择、加工和润色并使用说服性技巧和方法，以使人们认同立法之内容。在司法实践中，这一基本问题又被重述为当事人及其代理人应如何运用言语规则和相关技巧，来获得法官或陪审团对本方观点的认可，以及法官如何运用言语规则和相关技巧来强化判决文书的说理效果，以使当事人接受判决。然而，以“语言中心”为研究范式的法律修辞，所面对的基本问题乃是“法律语言作为一个完整的语言系统，其修辞意义如何得以产生”。由于语言是由语音、词汇、语法等语言单位组成，这一基本问题又可以被分割为语音、词汇、语法等语言单位本身及其组合如何使得语言呈现出修辞意义。

最后，从研究目的上看，以“语言中心”为研究范式的法律修辞学致力于发现法律语言内部客观且普遍的规律，而以“言语中心”为研究范式的法律修辞学则致力于调动言说者的主观能动性以达到对语言的最佳运用。前者将法律语言视为独立于主体而存在的、完整的符号系统，“具有修辞色彩”是法律语言本身所具备的一项属性，而研究者的任务是要尽可能客观、中立地将这一属性“描绘”出来。后者则自始至终与人的主体性相关联。言语本身就是由主体所发出，因而也被深深地打上了主体性烙印。它是主观的产物，并携带着言说者的个性和特殊性，这与语言的客观性和普遍性完全对立。因此，研究者的任务并不是“描绘”言语本身的修辞色彩这一客观属性，而是要思考如何调动言说者的主观能动，创造更多的方法和技巧以使得言语的表达和运用更加完善。综上所述，以“语言中心”为研究范式的法律修辞研究者，其研究目的主要是“描述”法律语言的修辞属性，而以“言语中心”为研究范式的法律修辞研究者，其研究目的主要是在法律言语的运用过程中“构建”修辞技艺。

虽然在法律修辞研究过程中，从语言面向展开的研究与从言语面向展开的研究出发点完全不同，却并不意味着“言语中心”研究范式与“语言中心”研究范式之间毫无联系。索绪尔强调语言和言语相互依存、相互影响，语言既是言语的工具又是言语的产物。语言被索绪尔比作象棋游戏中应当遵守的那一套抽象规则，言语则被比作人们实际所玩的一盘盘象棋游戏。抽象规则可以超越于每盘单独的棋赛而存在，但它却只能在每盘具体的棋赛中才有可能得到体现。同样地，语言的本质超越于具体生活情境中的每一场言说，但语言又必须透过生活情境中的每一场言说才能表现出来。〔1〕索绪尔还认为从历史上看，言语总是先于语言。人们总是先听到别人说话才学会自己的母语，且促使语言演变的也正是言语。〔2〕因此，法律修辞研究的语言面向和言语面向亦是相互依存的关系。首先，语言研究面向对法律语言体系中潜在修

〔1〕 参见涂纪亮：《现代欧洲大陆语言哲学；现代西方语言哲学比较研究》，武汉大学出版社2007年版，第112页。

〔2〕 参见［瑞士］费尔迪南·德·索绪尔著：《普通语言学教程》，高名凯译，商务印书馆1980年版，第28页。

辞资源的挖掘和描述，是具体生活情境中法律言语选择的基础。正如研究者对抽象棋赛之规则的描述越精准，越能对生活中每一场具体的棋赛形成指导一样，语言研究之面向对法律语言体系的抽象修辞规律研究得越透彻，也越能对生活中每一场具体的言说活动形成指引。反过来，法律言语总是先于法律语言，言语面向的研究成果会丰富法律语言层面修辞学的内涵。而且，法律言语会促使法律语言进行演变，虽然这种演变并非一朝一夕就能实现。

三、构建以“语言中心”为研究范式的法律修辞学

言语并非法律修辞研究的唯一面向，在“言语”和“语言”二分的情境下，法律修辞研究还应关照“语言”。然而，目前国内法律修辞学研究者在“语言”面向上的研究还未系统地展开。即使已有学者发表了面向语言的相关研究成果，他们的论述都极为零散而不成体系。[1]因此，本文第三部分将重点讨论如何构建从语言面向进行研究的法律修辞学，或者说如何构建以“语言中心”为研究范式的法律修辞学。

前文已谈到雅各布森、巴利和吉罗将索绪尔“语言”和“言语”的区分运用于修辞学中，创立了语言修辞学。巴利主要以词汇同义现象为材料来研

---

〔1〕 如彭京宜在《法律修辞学刍议》一文中简要评述了语言修辞研究中的结构主义，并反思了法律修辞的定位问题。他认为法律修辞学必须对结构主义保持一种科学态度，既不能盲目崇拜，也不能弃之不顾。他也讨论了从语言层面进行研究的法律修辞，但是却抱持不赞成的态度，因为他认为法律修辞不仅与立法、司法相联系，而且与执法、守法相联系，应当将法律修辞学置身于法律文化的大背景中，而不是将其从实践中割裂。彭京宜还在《聚合、组合及其他——论法律语言的修辞原则》一文中运用结构主义修辞学“聚合”“组合”的修辞理论来分析法律语言的修辞特征。此文的论证直接性地承袭了由索绪尔开放的结构主义修辞学理论，是从语言面向上研究法律修辞的典型范例。（参见彭京宜：《法律修辞学刍议》，载《上海市政法管理干部学院学报》2000年第6期；彭京宜：《聚合、组合及其他——法律语言的修辞原则》，载《湖南社会科学》2001年第1期。）另外，谢晖独辟蹊径，提出了制度修辞理论，并从法律价值、法律信仰、法律拟制和法治等角度对其进行了详细阐述，把制度作为一种语言建构的体系，并坚持语言的“规范—制度”属性。特别在《法律的模糊/局限性与制度修辞》一文中，他从语言角度切入法律修辞，对法律语言的特性进行了详细分析，并认为修辞可帮助法律克服模糊性和局限性。此种探讨已然将宏观层面的“法律语言”作为研究对象，而非局限于立法、司法等具体场域中的法律言语产品，因此应被归属于语言研究面向。但谢晖在此并未专门探讨语言哲学与制度修辞的关系，也未明确指出自己的制度修辞理论乃是建立在“语言”“言语”之区分的基础之上。（参见谢晖：《法律的模糊/局限性与制度修辞》，载《法律科学》2017年第2期；谢晖：《法律的意义追问》，商务印书馆2003年版；谢晖：《法哲学讲演录》，广西师范大学出版社2007年版；谢晖：《制度修辞论》，法律出版社2017年版。）

究修辞色彩，而在巴利修辞学思想的影响下，后人对语言单位的修辞研究逐步从词汇扩展到了语音和语法，因此产生了“语音修辞学”“词汇修辞学”和“语法修辞学”，统称为“语言单位修辞学”，且这一方面的研究成果颇丰。[1]我国著名语言学家张弓将结构主义理论引入修辞学研究中，亦在《现代汉语修辞学》一书里提出应从语音、词汇和语法等要素入手分析修辞现象。[2]郑远汉的《现代汉语修辞知识》前三章也以语音、词汇和语法之划分为题，并且因此而开创了崭新的修辞学体系。[3]李维琦的《修辞学》更是基本沿用了郑远汉的著述体例，其章节被分述为“音韵辞”“词汇修辞”“语法修辞”“特殊修辞”。[4]因而不难看出，法律修辞学语言面向上的研究也应从语音、词汇和语法单位及其结构入手。研究法律语言语音、词汇、语法单位及其结构之修辞意义的学说可被分述为“法律语音修辞学”“法律词汇修辞学”及“法律语法修辞学”，此三者是语言面向上研究法律修辞时所要关注的重点。或者说，这三者乃是支撑以“语言中心”为研究范式的法律修辞学的骨架。

（一）法律语音修辞学

特鲁别茨柯依区分了语言的语音修辞与言语的语音修辞，只有语言的语音修辞才是语言面向上法律语音修辞学研究的对象。他在其著作《音位学原理》（Grundzüge der Phonologie）的绪论部分提出，人类的每一项语言表达都包含三个平面：谁在说（表达平面）、用什么样的口吻说（感情平面）以及说什么（报导平面）。报导平面属于音位学的研究范围，因为要知道“说什么”就必须了解句子，而想要了解句子就必须分析句子中语言单位的组合结构。而表达平面和感情平面则属于修辞学的研究范围，只不过其中又涉及言语语音之修辞和语言语音之修辞的区分。在表达平面中，说话人的个人声音特征可透露出其年龄、性别、身份和身体状况等信息，在感情平面中，说话人由于激动而结巴或者由于痛苦而泣不成声都能反映出其感情状态，这些都是言语语音修辞学的研究对象。言语语音的表达平面和感情平面都不是约定俗成，而是由说话者个人的自然本性所决定。语言语音的表达平面和感情平面却是约定俗成的，它具有一定的普遍性。特鲁别茨柯依从表达平面和感情

〔1〕 参见张会森：《世纪之交看修辞学：回眸和前瞻（上）》，载《修辞学习》1998 年第 5 期。
〔2〕 参见张弓：《现代汉语修辞学》，河北教育出版社 2014 年版。
〔3〕 参见郑远汉：《现代汉语修辞知识》，湖北人民出版社 1979 年版。
〔4〕 参见李维琦：《修辞学》，湖南师范大学出版社 2012 年版。

平面的角度分别举了两个例子，以说明何为语言语音修辞。从表达平面上看，就如蒙古语达尔哈特土语中，女子的全部央元音和后元音都比男子要发得后一些。男子发为u，o，a的音，女子却发为ŭ，ŏ，ă。男子发为ŭ，ŏ，ă的音，女子却发为ü，ö，ä。发音的不同，将男子和女子明显地划分成两个社会团体。从感情平面上讲，如德语中的schön在表示欢乐、热情的口吻时，元音和辅音都要延长，发展成schschöön，这些约定俗成的表达手段显然属于语言语音修辞学的研究范围。〔1〕特鲁别茨柯依认为语言语音修辞学就是音位修辞学，它研究的是“语言”的能指而非“言语”的能指。前者是一个语言团体内部固定的表达手段，后者则纯属言说主体个人的创造，无普遍性和固定性。因此，语言层面上的法律语音修辞研究应被限定在“语言语音修辞”的范围之内，即它所关注的对象应是法律语言团体内部约定俗成的语音表达手段，而非法官、律师和检察官等言语活动参与者在具体法律活动情境下的语音表达技艺，或者语音与外部客观事物的映照关系（如法律语言中的拟声词）。司法活动中的语音识别和语音鉴定亦不属于语言语音修辞的研究范围，因为通过对录音材料里个别语音所反映的性别、年龄、方言、口音和病理学进行分析比较，得出的分析结果并不具有集体性和团体性。

从表达平面上看，特鲁别茨柯依认为在任何一种有分化的社会中，都可以发现以社会阶层、职业或文化划分为基础的社会团体发音之上的区别。“这些区别不仅出现在以种姓制度为划分基础的印度语言中，而且在世界其他语言中也有这种情形。匈牙利口语在部长级官员的语言中和在某一个售货员的语言中是不同的……在俄语标准语中，‘贵族’和‘商人’的发音比较特殊。市民和农民、受过教育的人和没有接受过教育的人之间发音的不同可以在任何语言中出现。常常会遇到特殊‘上流社会语言’的发音，其特点是发音不严谨，通常是衣着讲究的人和花花公子们具有这样的特点。”〔2〕法律职业群体作为社会所分化的阶层之一，在漫长的实践发展中亦逐步形成了自有的语音表达模式和规范。这些约定俗成的语音表达手段往往可以体现法律职业群体与社会其他群体之区别，乃是集体性的语音表达习惯而非个体性的语音创

〔1〕 N. S. Trubetzkoy, Principles of Phonology, translated by Christiane A. M. Baltaxe, Berkeley and Los Angeles: University of California Press, 1969, 21.

〔2〕 N. S. Trubetzkoy, Principles of Phonology, translated by Christiane A. M. Baltaxe, Berkeley and Los Angeles: University of California Press, 1969, pp. 18～19.

造。例如，在古法律英语中常常可见这样一些习惯性表达："Two manas of money belonging to Nabu – aklu – iddin, *son* of Shula, *son* of Egibi, and one half mana *seven* shekels of money belonging to Bel – shunu, *son* of Bel – aklu – iddin, *son* of *Sin – emuq*, they have put into a copartnership with one another."〔1〕组成此句的多个单词首音相同，形成了悦耳的读音，而此种表达最早可追溯至公元5世纪盎格鲁—萨克逊时期。以案例法为特征的英美法系之语言曾受到盎格鲁—萨克逊语的影响，盎格鲁—萨克逊语的许多表达方式在英美法系的法律语言中得以留存，使其成为别具风格的职业语言。

从感情平面看，任何一种语言都存在某些约定俗成、偏离正常标准的，可以唤起相应情感的发音规则。这些发音规则并非言说者个人的偶然发明，它通行于社会内部，几乎得到其所属语言圈内所有人的默认。德语的schschöön不仅可用充满激情的强调说出来，还可用讽刺、愤怒、忧郁的口吻表现出来。〔2〕不同情感之表达的音节组合方式不同，但在一个相对稳固的语言圈内，同一种情感之表达的音节组合方式总有某种习惯性规律可循，法律语言亦是如此。法律语言中的固定语音形象是法律语言里约定俗成的语音组合，不管何人在何种时间、地点和场合进行语音表达，都必须尊重这一习惯性语音形象。在这种语音组合中，各种非音质音素（如元音、辅音的音位搭配，以及高低、强弱、语调、停顿、轻重和节奏等）都已由习惯所固定，并已然具有了特定的修辞意味，不可轻易更改。许多词语的音响形象在法律文化中已趋于固定，其音素组合在特定社会背景中承载着某种固定象征，可唤起听者对法律神圣性之联想。因此，其语音只要出现在正式的法律场合之下，一般都伴随着较强而明确的声调、庄严且肃穆的语气，其辅音和元音的组合方式也是约定俗成。

（二）法律词汇修辞学

词汇修辞学研究词汇的修辞属性及其修辞效果，包括词的构成、词义及其变化、各种词汇成分所包含的修辞变体。〔3〕夏尔·巴利在《法语修辞学概

〔1〕 http://www.fordham.edu/halsall/ancient/mesopotamia – contracts.asp，最后访问日期：2014年12月9日。

〔2〕 N. S. Trubetzkoy, Principles of Phonology, translated by Christiane A. M. Baltaxe, Berkeley and Los Angeles: University of California Press, 1969, 21.

〔3〕 参见王德春、陈晨：《现代修辞学》，上海外语教育出版社2001年版，第9页。

论》(*Traité De Stylistique Française*)一书中考察了大量法语词汇,分析了其所包含的理性意义及感情色彩,比较了理性意义相同或相似的词汇在感情色彩方面的巨大差异。他建立了比较完备的词汇同义表达系统,使后来的修辞学家开始注意到词汇单位中词义作为修辞资源的研究价值。[1]在普通语言中,字面意义一致但修辞色彩不同的词语大量存在,如英语中"little""small"和"tiny"的理性意义都是"小",但"little"却带有"小而可爱"之褒义,"small"仅仅传达了"不大"这一概念的中性意义,"tiny"则传达了一种因"小"而受到蔑视和厌恶的贬义。在法律语言中,这种理性意义相同但修辞意义不同的词语也比比皆是,如法律英语中"solicit"和"accept"的理性意义均是"接受",但"solicit"带有"招致和勾引(别人的行贿)"的修辞意义,而"accept"则纯粹只是客观地描述一种接受的行为。又如常常出现在法律语言中的一对近义词"教导"和"教唆",前者带有"教育有方"的褒义色彩,而后者却带着"引导别人干坏事"的贬义色彩。因此,法律词汇修辞学可借鉴巴利关于普通语言"同义形式"研究的方法,对法律语言中理性意义相同但修辞意义不同的词语进行归纳、分类,并最终完善法律语言中的词汇修辞资源。

除了对同义词之间修辞色彩的差异进行对比,语言层面的词汇修辞学还需研究经由人对词汇之联想而形成的联想修辞色彩。联想的角度是多方面的,有从词汇之"形象"展开的联想,有从词汇之"属性"展开的联想,还有从词汇之"习惯性用法"展开的联想。不论从何种角度展开,这些联想都构成了词汇的修辞,使得词汇具有了某种修辞色彩。

在普通语言中,某些词汇单位本身附着了各种形象,这些形象会引发人自然而然的联想并唤起人在听觉、触觉、嗅觉和视觉上的直观感受,这就是从词汇之"形象"展开的联想。例如汉语中的"一毛不拔""穿小鞋""桃红""马尾松""鹅卵石"和"佛手"等词语,它们经由人的抽象思维而产生了一定的修辞色彩:"一毛不拔"所产生的视觉形象被衍生来形容人之"吝啬","穿小鞋"所产生的视觉形象被衍生来形容人之"报复",而"桃红""马尾松""鹅卵石"和"佛手"则天然地唤起了人们对此词指代之物性状特征的想象。法律语言中具有此种"形象"修辞色彩的词语也不在少数,如

---

〔1〕 参见从莱庭、徐鲁亚:《西方修辞学》,上海外语教育出版社2007年版,第113页。

“网警”“打黑”“网络银行”“关税壁垒”“黑箱决策”“性贿赂”“法律规避”“灰色收入”“行政复议”“冻结”“走私贩私”“法系”和“衡平法”等。这些法律词汇的形象色彩蕴含于词义之中，不依赖特定的语言环境就能存在，因而是语言层面上法律词汇修辞研究的对象。

有些词语虽然不会直接唤起人在听觉、触觉、嗅觉和视觉上的直观形象，但由于这些词语本身对应的概念具有某种属性，因而引发了人对具有相同属性之物的联想，这就是从词汇之“属性”展开的联想。这一类词多为名词，普通语言中，如“狐狸”（暗含“狡猾”的属性）、“泥鳅”（暗含“油滑”的属性）、“耗子”（暗含“胆小”的属性）、“兔子”（暗含“跑得快”的属性）、“狼”（暗含“凶残”的属性）、“绵羊”（暗含“温顺”的属性）、“钢铁”（暗含“刚强”的属性）等词语都具有属性联想的修辞功能。法律词语中也存在类似的、可能引发属性联想的词语，如“罪犯”一词常常使人联想起“邪恶”“可恶”“干坏事”或“十恶不赦”，由此使人从主观上对此词所指代之对象产生情感上的偏见与厌恶。而“忒弥斯”和“廌”，前者是传说中的正义女神，后者是传说中能辨是非曲直的神兽，它们常常使人联想起公平、正义与明断，让人从主观上对此词所指代的对象产生偏爱、信任与敬畏之情。在法律语言中，“忒弥斯”和“廌”常常被刻意地与“法律”“法庭”“法官”等词相联系，以此使人联想到法律、法庭和法官亦具有与“忒弥斯”和“廌”相同的属性，即公平、正义与明断。

从词语之“习惯性用法”展开的联想则是指在语言中，某些词的用法已被历史和社会文化所固定，因此人们看到这些词语时就会自然地联想起社会习惯强加于此词的修辞意义。这种联想并非展开于词语之属性，而是展开于因社会习惯长期之约定而形成的一种固式。普通语言中如“棺材”（暗含“丧事”“不吉利”等修辞意义）、“喜鹊”（暗含“喜事”“吉利”等修辞意义）、“玫瑰花”（暗含“爱情”“炽热”等修辞意义）、“扫帚星”（暗含“倒霉”“不吉利”等修辞意义）等词语都具有习惯联想的修辞功能，它们的修辞意义与社会风俗文化紧密关联在一起，并随着社会风俗文化的变迁而发生变异和偏离。在法律语言中也能找到因社会习惯而携带某种修辞色彩的词语，如“法槌”和“法袍”从理性意义上讲仅仅指代无思想、无情感的物件，这一物件本身并无任何可能引发修辞联想的属性。但由于“法槌”和“法袍”二词指代的物件是千百年来司法仪式的重要构成要素，且包含着宗教文化赋予它的神圣象征，因而这两个词语便携带了“庄严”“神圣”“不可侵犯”和“地位高贵”等修辞意义。倘若有一天司法仪式中无“法袍”和“法槌”的参与，那么这两个词语的修辞意义将完全改变。

当然，法律语言中很多词汇单位仅具有理性意义而无修辞意义，如“民事法律行为”“取得时效”“固定资产”等词语仅仅对客观的行为、状态和物件进行描述，本身并不携带任何感情和象征意蕴，因而也无所谓修辞色彩。法律词汇修辞学的任务就是对法律词汇的理性意义和修辞意义逐一考察，将不具修辞色彩的词汇与具有修辞色彩的词汇相分离，对后者进行整理、归类和深入的分析，揭示其修辞色彩的表现方式和形成原因，进而研究它的变异规律。

（三）法律语法修辞学

索绪尔和维特根斯坦等语言学家认为，语法乃是语言各部分的组合规则（包括词法组合规则和句法组合规则）。〔1〕稳定的语法是保证语言系统正常运作的前提，因此，一般而言其变化极为缓慢。但它本身又暗藏着变异的空间，并朝向修辞而开放。属于语法范畴的时态、句式和词序都可以产生修辞变体。对于普通语言而言，从理论上讲，有多少造成语法变异的因素就存在多少种语法修辞，但其核心则是结构的变异，即语素、词语、词组、句子和句群相互之间关系和层次的变异。〔2〕

首先，从关系上看，语法单位的组合灵活多变且具有一定程度的主观任意性。在普通语言中经常会出现语法结构和词语意义完全相同，但感情色彩却不同的组合，更改其组合关系将产生不同的修辞效果。〔3〕同时，将某些组

---

〔1〕参见涂纪亮：《维特根斯坦后期哲学思想研究；英美语言哲学概论》，武汉大学出版社2007年版，第100~101页。

〔2〕参见王德春、陈晨：《现代修辞学》，上海外语教育出版社2001年版，第20页。

〔3〕例如“楚腰”和“细腰”都是“形容词+名词”的语法结构，且理性意义都是指人的腰部尺寸较小。但前者却暗含着一种丰富的审美情愫——美人的腰部曲线玲珑。因此，文学作品中一般将美人的腰称为“楚腰”。此词组带有非常明显的女性化色彩，很少被用在男人身上。同时它也带有一种隐藏着的审美意境，很少被用在长相丑陋的女人身上。“细腰”则不然，它是一个无感情色彩的中性词组，只是用来描述具有“腰部很细”这一性状之物。若将某一句子组合中的“细腰”改成结构和理性意义皆相同，但修辞色彩却不同的“楚腰”，整个句子的修辞色彩也将发生巨大变化。

合关系隐藏而将另一些组合关系突出，也有可能形成修辞变体。[1]法律语言亦是如此，在法律语言中也有许多语法结构和词语意义相同，但感情色彩却不同的组合。例如“自由裁量”“任意裁量”“恣意裁量”三者从语法结构上看都是“状语 + 动词”，从理性意义上讲都带有不受任何约束，仅凭自己的主观意志进行判断的意味。然而，一般而言我们仅用“自由裁量”来描述法官不受约束的裁量行为，却不用“任意裁量”和“恣意裁量”，究其原因乃是这三个词组的感情色彩完全不同。“任意”和“恣意”容易使人联想起“任性”和“胡作非为”，在日常语言中常常被用作贬义。“自由”却不同，其深厚的社会文化根基使之成为人独立、自主和理性的代言。虽然“自由裁量”“任意裁量”和“恣意裁量”都有“裁量不受外在因素之制约”的理性意义，但“自由裁量”这一词组却暗含了法官理性、独立、智慧与公正的感情色彩，有利于树立和维系法官的形象与民众对法律的信仰，因而被纳入法律语言中并逐渐成为固定词组搭配。若将法律语言中固有的“自由裁量”置换成“任意裁量”或“恣意裁量”，虽然理性意义都相同，但是感情色彩却会发生巨大变化。除此之外，法律语言中也存在某些关系成分被隐藏而另一些关系成分被突出的情况，因而产生修辞变体的组合。如《物权法》第 145 条规定：建设用地使用权转入、互换、出资或者赠予的，应当向登记机构申请变更登记。此条文之规定从严格的语法结构上讲缺少了主语，未说明“谁”应当向登记机构申请变更登记，因此是不折不扣的病句，但它却并未对法律实务之操作造成过于严重的影响。按照该条文原有的语法规则，任何人都可以向登记机构申请变更登记，哪怕是路人、厨子、警察或者法官自己，这明显产生了严重歧义。但是一般人读到此规定时，脑海中会自然而然地偏向于认为向登记机构申请变更登记的应为“当事人”，而非路人、厨师、警察或者法官。这样的理解与精确的语法推导无涉，却与民众所生活之时代的法律文化所引发的习惯性联想紧密关联。当人们习惯性地将这一缺失的主语联想为“当事

[1] 例如“我是九点的飞机”或“这把椅子有人”，此类句子从严格语法规则中推导出的理性意义与人们日常习惯性的理解大相径庭。人们对“我是九点的飞机”这一组合的理解（“我是要乘坐九点的飞机”）并不来源于语法规则的推导，而是来源于人们的习惯性联想。因为从严格语法规则上看，“我是九点的飞机”这一组合表达的理性意义是“我是 A（九点的飞机）”，而非“我乘坐 A（九点的飞机）”。“联想”总是包含着主观性成分，当两个相互竞争的理性意义摆在面前，人们倾向于选择 A 而不太愿意选择 B 时，这一选择本身就已包含了感情的成分，因而具有了修辞色彩。

人”，而非“厨师”“清洁工”“婴儿”时，这一联想就已包含了主观偏向所携带的感情因素，也即修辞色彩。因此，语素、词语、词组、句子和句群相互之间的关系隐藏着修辞开放的空间。

其次，从层次上看，普通语言中同一个语法单位的组合结构有时可能具有好几种划分方法，每种划分方法都会引导出一种理解的方式。[1] 法律语言亦是如此，例如“国家产业政策”一词可被划分为“国家/产业政策”和“国家产业/政策”，前者将“国家”作为“产业政策”的定语，表示的是“由国家制定的产业政策”，而后者则将“国家产业”作为“政策”的定语，表示的是“关于某某方面（国家产业）的政策”，意思完全不同。再如“法律职业共同体”这一组合，若将其语法结构划分为“法律/职业共同体”，其意即为“法律的职业共同体”；若将其语法结构划分为“法律职业/共同体”，其意即为“法律职业的共同体”。而在法律语言中，“法律职业”是一个专有词汇，一般而言仅仅包括法官、律师、检察官和公证员这几种需要取得法律从业资格证才能从事的职业。而“法律的职业共同体”则不然，只要与法律相关的职业都可成为“法律的职业共同体”成员，如法学教师、法警、书记员。[2] 由此可见，在法律语言中语法单位的组合结构也会出现“多样”的情形，看似一样的词组却有不同的划分层次，进而产生多种皆为正确的理性意义。当读者倾向于选择其中一种划分方式而忽略另一种时，感情色彩就已包含在读者的选择倾向之中。因此，语素、词语、词组、句子和句群之间层次的变异也隐藏着修辞开放的空间。

---

[1] 例如，“月亮”一词同时蕴含着两种语法结构：可以将“月”字和“亮”字相分离，把“亮”视为是对“月”这一物之状态的修饰（A 非常的 B，B 是 A 的属性和状态），也可以将“月”和“亮”二字合并指代天上的那一颗卫星，且对其状态不作讨论（就是 A，无所谓 B 或非 B）。再如“小姑娘”这一组合，其语法结构可以被划分为“小/姑娘”，也可以被划分为“小姑/娘”。前一种划分的理性意义乃是“小的姑娘”，“小”是对“姑娘”的修饰。后一种划分的理性意义则是“小姑的娘”，也就是“我那小姑的娘亲”的简略称呼。一个完整句子也有可能出现两种以上的划分方法，从而产生两种以上的理性意义。例如，“雨雪白而清透”可以被划分为“雨/雪白而清透”或“雨雪/白而清透”：前者的“雪”字仅仅只充当修饰作用，表明“雨”像“雪”一样白；后者的“雪”字却是与“雨”相并列的主语，表明“雨”和“雪”都很白。这些不同层次的语法结构划分隐藏着修辞开放的空间，人们可能被语言发出者所引导而更倾向于作出其中一种划分却忽略另外的划分。当人们被引导着作出这样的判断时，感情色彩就已然包含在人们的理解之中。

[2] 参见刘作翔、刘振宇：《对法律职业共同体的认识和理解——兼论中国式法律职业共同体的角色隐喻及其现状》，载《法学杂志》2013 年第 4 期。

四、结语

索绪尔研究了超越于社会、历史和个人之上的语言静态结构，认为语言之表达自有其内在支配规律和法则。[1]夏尔·巴利及其后继者则将索绪尔“语言静态结构”之理论带入修辞学研究中，并对修辞现象进行了系统的、共时的研究。可以说，夏尔·巴利的《法语修辞学概论》是现代修辞学的开端。[2]至此，修辞学的研究对象不再只是言语表达的技艺。“语言”和“言语”的区分使得研究者对现代修辞学研究对象、研究方法的划定更为清晰，并将研究者对语言活动的探寻升华到了语言本体层面，体现了修辞学隶属大语言学的属性，而不是仅就修辞现象谈修辞现象。然而，目前国内法律修辞学的研究者还未充分意识到现代修辞学早已划分了“语言”和“言语”，其研究依然遵循着索绪尔之前的“言语中心”范式。因此，以“语言中心”为研究范式的法律修辞学在我国亟待构建。构建法律修辞学“语言中心”研究范式的首要意义，即为扩展法律修辞学现有的研究范围并为其展开了新的研究方向。除此之外，语言层面的法律修辞研究乃是言语层面研究的潜在资源，其研究成果可以对法律言语层面的研究者形成指导。

不过需要提醒的一点是，单纯以“语言中心”为研究范式同样会使得法律修辞学研究偏于一隅，难以反映法律修辞学研究的全貌。因为当法律语言的三大核心要素——法律语音、法律词汇和法律语法——进入法律言语层面时，将会相互交织在一起，一种语言单位的修辞价值往往在与其他语言单位的关系中才能显现。若想要全面地研究法律语言的修辞规律，也不可忽视言语结构中语言各要素的具体运用。我们必须通过探讨语言单位各要素在言语中的相互关系来研究法律修辞学，而不是仅仅局限于语言单位本身。因此，“语言”和“言语”的二分为法律修辞学开放出的两种研究范式同等重要，不可偏颇其一。在这一区分的基础之上，新的问题又被自然而然地牵引了出

[1] 索绪尔将研究语言系统的方法分为“共时”和“历时”两种，前者研究不变的、固定的语言符号于某一时间片段中的“横向”关系，后者研究语言在前后相继的时间中不断演化的“纵向”关系。他将前者称为共时语言学或静态语言学，其关注的主要是语言的静态结构，又将后者称为历时语言学或演化语言学，其关注的主要是语言的动态演化。参见涂纪亮：《现代欧洲大陆语言哲学；现代西方语言哲学比较研究》，武汉大学出版社2007年版，第121~123页。

[2] Anthony Pym, “Charles Bally and the origins of translational equivalence”, *Forum*, 12 (2014).

来，即这两种研究范式在某种程度上是否可以形成一种统合？如果可以，它们应如何被统合在法律修辞学的研究中？这些都是构建以“语言中心”为研究范式的法律修辞学时需要回答的问题，在此不再展开叙述。本文旨在提醒国内法律修辞学的研究者对现有研究范式进行反思。而如何才能在法律修辞研究领域走得更远？索绪尔的“语言”或许是打开其崭新大门的一把重要钥匙。

“法律修辞”概念的反思与重构

——兼论“把法律作为修辞”的理论集成效应

吴冬兴*

摘　要　现有法律修辞概念所存在的内涵不明，属性不清，体系不定的弊病必须通过“把法律作为修辞”的理论集成效应得到纠正。通过对法律与修辞，修辞与逻辑这两组区分命题的整合，以保持法律与修辞之间、修辞与逻辑之间的恰当离合关系。将法律修辞的法律思维属性、法律方法属性和法律论证方法属性统归于法律修辞的概念体系之中，形塑法律修辞概念的“三位一体”格局，真正“把法律作为修辞”的认知落实于法律思维层面、法律方法层面及法律论证方法层面。

关键词　法律修辞　概念体系　法律思维　法律方法　法律论证

“法律规范体系形成以后的实施，不仅是贯彻法律条文，还包括对所选定的具体法律规定重新进行体系思维，进而使法律的整体性得到落实”[1]，因而，关于法律问题之思考一定是指涉体系之思考。然而，如果我们进一步追问，此种体系思考所追求之目标谓何，则无论是桑本谦教授所指称的处于逻辑和修辞之上的说服，还是张传新教授所认为的逻辑说理和修辞说理，都会将基点指向陈金钊教授所强调的——通过“持法达变”所追求的判决可接受性。然而作为判决可接受性的重要维度——法律修辞，不仅受到来自其他法

---

* 吴冬兴，男，安徽池州人，华东政法大学法律学院法律方法论专业研究生，研究方向：法律方法论。

〔1〕 陈金钊：《体系思维的姿态及体系解释方法的运用》，载《山东大学学报（哲学社会科学版）》2018年第2期。

学研究者的质疑，而且在法律修辞研究者内部也缺乏融贯性认知。笔者认为，其中很大一部分原因就是现有的法律修辞概念在修辞话语、修辞方法和修辞证立之间，存在着内涵不明，属性不清，体系不定的弊病。

我们注意到，从“法律修辞”的适用场域来看，不同的学者至少在如下五个维度上使用“法律修辞”：（1）从语言学的维度：法律修辞学研究的是在法律环境中修辞的运用，法律修辞学的模式主要由修辞主体、修辞客体、修辞本体、修辞受体这四种修辞要素构成〔1〕。（2）从法律论证的维度：法律修辞包括法律修辞术和法律修辞学。法律修辞术主要关注各种法律修辞技巧和方法在法律实践中的应用，而法律修辞学主要关注法律论证的说服力问题。不论是法律修辞术还是法律修辞学，都是研究如何通过构建法律论证，实现理性说服特定听众的重要方法〔2〕。（3）从法律（治）思维的维度：“把法律作为修辞更全面的表述应当是把法律作为修辞，构建法治思维方式，在思维决策中讲法说理，实现法律对思维的约束，从而使人们的行为最大限度地接近法治”〔3〕。（4）从实践理性的维度：“在法律修辞实践中主要是讲法说理。其中，不仅包括法律推理、解释的技巧，还要融进价值、道德等实质内容；不仅要实现判断决策的合法性，还要追求合理性”〔4〕。（5）从修辞诡辩的维度：将修辞视为一种诡辩，法律修辞不过是“通过语言蛊惑听众的诡辩

---

〔1〕参见杜金榜：《论法律修辞的基本要素及其关系》，载《修辞学习》2006年第4期。包括谢晖教授所强调的法律的修辞命题——“所谓修辞命题，就是在陈述句中人们运用修辞的方式判断事物的命题形式”也应当属于此种类型，参见谢晖：《论法律的逻辑命题与修辞命题》，载《法学评论》2014年第3期。类似观点还可参见李秀芬：《构建法律修辞学理论体系刍议》，载《山东社会科学》2013年第1期。

〔2〕参见熊明辉、卢俐俐：《法律修辞的论证视角》，载《东南大学学报（哲学社会科学版）》2015年第2期。类似观点还可参见彭中礼：《法律适用中的修辞论证》，载陈金钊主编：《法律修辞》（第三卷），中国法制出版社2017年版，第229页；戴津伟：《法律修辞的功能及其隐患》，载《求是学刊》2012年第3期；等等。另外，在西方学者的论述中也能发现类似立场，在《修辞与法治》一书中，麦考密克（Neil MacCormick）即认为，“法治与法律决定的可论证性之间具备调和可能性。调和目标的达成是修辞的任务，这种修辞被视为非演绎论证理论，顾名思义，得出非演绎但是不失理性支持的结论（修辞重在理性说服而非有效说服）”。See Giovanni Sartor, Syllogism and Defeasibility: A Comment on Neil MacCormick's Rhetoric and the Rule of Law, 59 N. Ir. Legal Q. 21 (2008).

〔3〕陈金钊：《把法律作为修辞——我要给你讲法治》，载《深圳大学学报（人文社会科学版）》2013年第6期。

〔4〕陈金钊：《把法律作为修辞——讲法说理的意义及其艺术》，载《扬州大学学报（人文社会科学版）》2012年第2期。相似观点还可参见邱成梁：《“把法律作为修辞”的建构及其进路》，载《北京警察学院学报》2014年第4期。

术；诉讼过程与其说是贯穿着就法律规范客观适用性组织争辩的精神，不如说是一场不禁止任何论点的修辞竞赛”〔1〕。

这些不同的语用正是现在法律修辞概念内涵不明，属性不清，体系不定的具体表征。本文则拟结合对西方法律修辞发展的历史性回溯，以“把法律作为修辞”命题的理论集成效应为主线，从法律思维、法律方法和法律论证方法的角度，整合法律修辞的多元概念，澄清法律修辞概念的多维属性，厘定法律修辞概念的内部体系和外部体系。

一、区分命题——法律与修辞，修辞与逻辑

西语中的修辞原指“可以追溯到公元前450年古希腊的一门系统性研究说服艺术的学科。其包含了逻辑（logos），情感（pathos）和可信度及效度（ethos）三种要素，它最初的适用场域仅仅是口头言辞。在历史的演变中，最终完成向书面言辞的扩张〔2〕”。其创始性理论可以溯及锡拉库扎的科拉克斯（Corax of Syracuse），“科拉克斯对修辞艺术的主要贡献在于其为司法演说这部分提出的规则——引言（proem）、叙述（narration）、论证（arguments，皆是确认性的、反驳性的）和结论（peroratio）——成为后世修辞学理论的主体框架；事实上，修辞术最初即作为在希腊 - 罗马法庭上，陈诉案情的一套复杂的训练辩护技巧而生〔3〕”。正如维滕贝格尔所说，“法学与修辞学联系非常密切。在古代，人们就已经将法学视为修辞学科〔4〕”。这也印证了修辞在诞生之初同法律的密切关联。

“然而，在修辞学被创立（约公元前450年）后的很长时间内，为回应诸

---

〔1〕［爱］J. M. 凯利：《西方法律思想简史》，王笑红译，法律出版社2002年版，第47页。也有美国学者认为，法律修辞的统治系统表征为政治助推，法律用辞引导，协商传达，准公共决议终结，实质是多元公共权威和社会化的私主体的复杂的联合产物。See Geoffrey C. Jr. Hazard, Rule of Legal Rhetoric, 67S. M. U. L. Rev. 805 (2014).

〔2〕See Michael R. Smith, Rhetoric Theory and Legal Writing: An Annotated Bibliography, 3 J. Ass'n Legal Writing Directors 129, 144 (2006).

〔3〕See Michael Frost, Introduction to Classical Legal Rhetoric: A Lost Heritage, 8 S. Cal. Interdisc. L. J. 613, 638 (1999).

〔4〕［德］托马斯·维滕贝格尔：《法律方法论之晚近发展》，张青波译，载郑永流主编：《法哲学与法社会学论丛》（8），北京大学出版社2005年版，第18页。转引自焦宝乾：《逻辑与修辞：对法学研究范式的探讨》，载陈金钊主编：《法律修辞研究》（第三卷），中国法制出版社2017年版，第9页。

种社会，政治，教育，宗教及哲学之强力，古典修辞学自身亦经历了持续性的变迁。经历变迁的古典修辞学失去与法律言辞紧密联系的特性。它不再被视为连贯且以经验为基础的法律推理分析，随着法律方法论和论证理论的出现，甚至使得现代修辞一词通常与无意义的政治夸大和单纯的辞藻点缀相联系。[1]”早在古希腊时期，柏拉图就曾批判修辞是“一种让孱弱的法律论证变得更为强大的艺术，但是在伊索克拉底（Isocrates）、亚里士多德（Aristotle）及后来的古罗马修辞学者诸如西塞罗（Cicero）和昆体良（Quintilian）等人的努力下，透过说服可能性这种内在视角，修辞成为一种在公共演说中被普遍接受且行之有效的论证方式[2]”。

古希腊—罗马事实上延续千余年的修辞学传统因公元426年罗马帝国的崩溃而中断；中世纪的修辞学仅表现为支离破碎的学科残体，古典修辞典籍散佚殆尽，修辞所包含的法律言辞的连贯性和包罗万象的方法也已缺失。中世纪修辞学沦为协助解决教会法，神学，哲学中相矛盾命题的方法。法律修辞的概念框架和术语体系获得新的含义，它被强大的、意识形态的、语言学的、地理学的和科学的强力所改变或修正。这一时期的修辞学发展产生了两大转向：①正是在12世纪早期左右，法律不再作为修辞学的分支。从那时起，以其自身的权利为对象，法律成为一门独立的学科。②修辞重点从口头到书面论辩的转换，修辞学从双向系统演变为单向系统。它注重详细阐释相互关系的力量如何内化为知识结构，反而远离了对具体情境的关注。[3]

“文艺复兴时期，西塞罗和昆体良等人修辞著述的再现将法律修辞从中世纪所形成的狭义和碎片化形式中解放出来，而且它被重新引入广阔和创造力十足的市民生活的情境之中。实践性的强调或许是文艺复兴时期古典修辞学重现时最明显的特征。[4]”经历了中世纪的神学洗礼和文艺复兴的重构，新古典修辞在英美等国逐渐获得重生，其中代表性的人物包括坎贝尔（George Campbell）和布莱尔（Hugh Blair），尽管两人都受益于修辞的古典渊源，但

---

〔1〕 See Michael Frost, Introduction to Classical Legal Rhetoric: A Lost Heritage, 8 S. Cal. Interdisc. L. J. 613, 638 (1999).

〔2〕 See Willem J. Witteveen, After Rhetoric and before the Law, 23 R & R 208, 220 (1994).

〔3〕 See Michael Frost, Introduction to Classical Legal Rhetoric: A Lost Heritage, 8 S. Cal. Interdisc. L. J. 613, 638 (1999).

〔4〕 See Michael Frost, Introduction to Classical Legal Rhetoric: A Lost Heritage, 8 S. Cal. Interdisc. L. J. 613, 638 (1999).

是坎贝尔和布莱尔却都未将修辞研究的重心放到法律修辞上，因此以他们为代表的新古典主义修辞构成了对法律修辞集体漠视的特征[1]。到了20世纪，最终佩雷尔曼（Chaim Perelman）提出了自己的新修辞学理论，他认为“修辞学和形式逻辑在说服性目标上同向而行，但是又互相区分，修辞学有充足的领域支持辩证思维的应用，通过迎合听众的信念和情感，达致说服的效用[2]”。佩雷尔曼的新修辞学与法律论证的结合就构成了当代法律论证领域独特的修辞论证方法。

古典修辞诞生之初的标准模态是修辞与法律的同构，在古希腊—罗马时代，修辞逐渐从关注口头言辞的单向系统发展为口头言辞为主，包括书面言辞的双向系统。在中世纪的神学统治之下，古典修辞又完成了向以书面论辩为对象的单向系统的转变，并同时完成了修辞与法律的区分议题。文艺复兴时期实践性的强调使得法律修辞获得短暂的繁荣，但是后来的英美新古典修辞却将修辞的重心转向了文学领域，形成了修辞研究对法律修辞的集体漠视，甚至于间接促成了现代社会对修辞的认知误解——“修辞仅仅关注说服性功能，它与夸张性语言之间具有华而不实的和生硬的联系[3]”。到了佩雷尔曼的时代，由于逻辑在价值判断上的乏力和难以接受的任意性，佩雷尔曼开始主张修辞与逻辑在法律论证功能上的区分[4]，尽管佩雷尔曼仍将修辞作为广义逻辑的范畴。

我们注意到，从古典修辞学到新古典修辞学，再到佩雷尔曼的新修辞学，法律修辞的发展主题正是法律与修辞相区分命题和修辞与逻辑相区分命题的呈现过程。当然这个过程是复杂的，绝非只言片语可以再现。从修辞作为法律论证方法的视角来看，佩雷尔曼无疑是成功的；但是从修辞作为一种思维范式的视角来看，佩雷尔曼的新修辞学不免呈现出割裂传统的弊病。因此在“后佩雷尔曼时代”，不少英美学者仍然认为“我们生活在后修辞时代和前法律时代，因为修辞的荣耀已然去日甚远，而现代法律中的修辞却亟待重构[5]”。

---

[1] See Michael Frost, Introduction to Classical Legal Rhetoric: A Lost Heritage, 8 S. Cal. Interdisc. L. J. 613, 638 (1999).

[2] Shalev Ginossar, Chaim Perelman - In Memoriam, 19 Isr. L. Rev. 1, 4 (1984).

[3] Michael Frost, Introduction to Classical Legal Rhetoric: A Lost Heritage, 8 S. Cal. Interdisc. L. J. 613, 638 (1999).

[4] Shalev Ginossar, Chaim Perelman - In Memoriam, 19 Isr. L. Rev. 1, 4 (1984).

[5] See Willem J. Witteveen, After Rhetoric and before the Law, 23 R & R 208, 220 (1994).

二、整合命题——“把法律作为修辞”的理论集成效应

陈金钊教授近十年以来所主张的我国法律修辞学派的建构其实就是以“把法律作为修辞”当成学派建构的逻辑起点。陈金钊教授认为，修辞存在两种认知维度，一种是广义修辞，一种是狭义修辞。狭义修辞是将修辞视为遣词造句、润色辞藻；而法律修辞是一种思维方式，属于广义修辞，是以修辞说服为主旨综合运用各种法律方法的思维过程，即根据法律展开说理论证的艺术。〔1〕以广义修辞为基础，陈金钊教授围绕着“把法律作为修辞”进行了系列性的命题阐释，而且这些命题所呈现的也正是法律修辞的不同理论面向。如果我们从体系融贯性的角度出发，这些面向的统合就理应构成“把法律作为修辞”命题的体系。我们认为，“把法律作为修辞”命题为现代法律修辞概念的体系重塑提供了理论集成的可能性和必要性。因此，“把法律作为修辞”命题的出现也就从体系的角度潜在性地提出了现代法律修辞概念的整合命题。

孙光宁教授曾从历史的角度总结了法律修辞的两重层次，他认为“法律修辞具有微观和宏观两种层次的含义：前者侧重于技巧或者技艺层面，后者则突出了方法论的因素〔2〕”；熊明辉教授通过对修辞、修辞术和修辞学的概念梳理，主张“我们也可以对法律修辞作类似区分，把法律修辞分为法律修辞术和法律修辞学两个部分〔3〕”；吕玉赞博士认为“根据‘把法律作为修辞’理论的整体论述，‘把法律作为修辞’具有两种不同的涵义，即法律话语（legal discourse）意义上的法律修辞和法律论辩意义上的法律修辞〔4〕”，并在此基础上对“把法律作为修辞”命题进行了精致的论证；沈寨教授则认为，“从观点上看，应将法律修辞看作说者说服听者的过程，注重对说服过程的程序探讨；从宏观理论上应注重构建说者与听众之间的互动关系，在微观技巧

〔1〕陈金钊教授在第七届全国法律修辞学会术研讨会上的发言。

〔2〕孙光宁：《法律修辞的两种层次及其启示》，载《法学论坛》2011 年第 6 期。另可参见陈金钊主编：《法律方法教程》，华中科技大学出版社 2014 年版，第 233 页。

〔3〕熊明辉、卢俐俐：《法律修辞的论证视角》，载《东南大学学报（哲学社会科学版）》2015 年第 2 期。

〔4〕吕玉赞：《论“把法律作为修辞”的理论合理性》，载《法学论坛》2015 年第 2 期。

层面上加强修辞理性作为说服手段的运用[1]"；武飞教授似乎对法律方法论上的法律修辞和立法修辞作了一定的区分[2]。

笔者认为，法律修辞的称谓其实已经传达出其自身的两重属性——法律属性和修辞属性。法律属性强调说"法"，修辞属性强调说服；法律属性强调恒定，修辞属性强调权变；法律属性强调运行封闭，修辞属性强调认知开放。在说"法"和说服、恒定与权变、运作封闭与认知开放之间，就是法律修辞的适用场域。如何协调法律属性与修辞属性，缓和不同面向的张力，也就成为法律修辞概念体系的融贯性基础。借助"把法律作为修辞"的理论集成效应，法律修辞的法律属性和修辞属性可以被成功转化为法律思维属性、法律方法属性和法律论证方法属性。换言之，"把法律作为修辞"的理论集成效应构成法律修辞概念体系的融贯基础，其集成对象包括了法律修辞的法律思维属性、法律方法属性和法律论证属性。因为，在笔者看来，从修辞的角度观察法律，你会发现法律运行不过是一张由修辞要素织就的网，而"把法律作为修辞"命题就是以这种视角让法律修辞既能成为一种法律思维方式，又能作为一种综合性的法律方法，还能作为一种独立的法律论证方法。由是观之，前述语言学视角的法律修辞概念就直接掐断了法律修辞的学科独立性，诡辩视角的法律修辞概念则夸大了法律修辞的负面效果，法律（治）思维、实践理性和法律论证视角的法律修辞则理应被包含在"把法律作为修辞"的理论命题之内。

因而，现代法律修辞的准确概念界定应当是：法律修辞是一种以法律说服为目标的、包含了法律思维属性，法律方法属性和法律论证属性的法学研究范式。现代法律修辞的概念体系重构就必然包含着三个层面的重构任务——法律思维层面，法律方法层面和法律论证层面，这三个层面共同构成了现代法律修辞概念的重构要素和重构根基。其终极理论目标就是形成现代法律修辞概念在法律思维、法律方法、法律论证方法之上的"三位一体"格局。而且这种重构必然会打破佩雷尔曼藉由新修辞学所建构的狭义逻辑与修辞的

[1] 沈寨：《中国法律修辞（学）研究之反思》，载《北方法学》2012 年第 1 期。

[2] 结合武飞教授在《法律修辞：司法民主的职业化进路》《立法修辞的要素》等文章中表达的观点，笔者得出该结论。具体可参见武飞：《立法修辞的要素》，载《政治与法律》2012 年第 1 期；武飞：《法律修辞：司法民主的职业化进路》，载《深圳大学学报（哲学社会学科版）》2014 年第 1 期。

区分命题，但是又不必然解构整体意义上的佩雷尔曼的新修辞学理论，同时又能从古典修辞理论关于修辞与法律的同构中获得某些启示。

（一）法律修辞的法律思维属性

透过我国长期以来的法治实践，我们逐渐认识到，中国法治建设的成功与否，其重心并不在于法治体系的完备，也不在于执法、司法力度，而在于法治思维的培育。亚里士多德关于法治的经典定义认为“法治应包含两重意义：已成立的法律获得普遍的服从，而大家所服从的法律又应该本身是制订得良好的法律〔1〕”。但是长期以来国人普遍将对亚里士多德的理解固执于对“良法”的追求之上，殊不知亚里士多德真正关心的重点却在于“法律如何获得普遍服从”这一问题〔2〕。而法治思维的培育就是破解这一桎梏的良方，习近平总书记提出“各级领导干部在推进依法治国方面肩负着重要责任，全面依法治国必须抓住领导干部这个‘关键少数’”〔3〕。可以说法治思维的培育是全民的责任，更是各级领导干部这个“关键少数”的特殊责任。

那么，如何培育法治思维呢？这正是“把法律作为修辞”命题提出的问题意识之一。正如雷蒙·阿隆（Raymond Aron）所言：“一种理论的吸引力很大程度上取决于这个理论家是否问了（或者试图回答了）有趣的问题。〔4〕”这也是比克斯（Brian Bix）本人所强调的——在理论的语境中思考理论。因而理解“把法律作为修辞”的第一个理论语境就是权力修辞、政治修辞、道德修辞的泛滥对法治和权利带来的伤害，这比我们对该命题进行过多的形而上的追问更有意义。正如陈金钊教授所言：“把法律作为修辞的问题意识除了要抑制过度的政治、道德修辞外，还针对法律人思维过程中的法律沉默，要彰显思维过程中的法律话语的权威。〔5〕”所以陈金钊教授提出，“把法律作为修辞有两种讲法治的思维建构：一是以权利话语为核心的修辞方式，二是

〔1〕［古希腊］亚里士多德：《政治学》，吴寿彭译，商务印书馆1983年版，第199页。

〔2〕亚里士多德说，“邦国虽有良法，要是人民不能全都遵循，仍然不能实现法治；法律之所以能见成效，全靠民众的服从；民众的服从须经长期的培养”，这就是亚里士多德著名的“守法理论”。参见何勤华等编著：《西方法律思想史》，科学出版社2010年版，第6页。

〔3〕《领导干部要做尊法守法的楷模》，载 http：//news. ifeng. com/a/20160608/48944129_ 0. shtml. 最后访问日期：2018年3月31日。

〔4〕原载 Raymond Aron, Main Currents in Sociological Thought (R. Howard and H. Weaver, trans., Anchor Books, 1970), Vol. 2, p. 232. 转引自［美］布赖恩·比克斯：《法理学：理论与语境》，邱昭继译，法律出版社2007年版，第8页。

〔5〕陈金钊：《把法律作为修辞——法治时代的思维特征》，载《求是学刊》2012年第3期。

以规则话语为核心的方式。在我看来，规则意识的确立，也许比权利意识更为重要。构建法治意识形态，讲法治是最大的政治〔1〕"。

尽管张传新教授认为，"法律修辞或然性推理的逻辑基础、达成主体间合意的路径以及可接受性的评价标准的特点，理论上是对经典法治的反动，实践中因为法律修辞的泛化和滥用而具有背离法治目标的倾向。逻辑是法律思维的基础，同时也是法律修辞的限度〔2〕"。但是笔者认为，逻辑与修辞并非对立的观念，法律修辞也并非不讲逻辑。在法律思维和法律方法的层面上，法律修辞同样需要以逻辑作为说服的工具，甚至在法律论证的层面，逻辑和修辞的分离也是有限度的分离，按照佩雷尔曼的说法，逻辑和修辞同属于广义逻辑的范畴，修辞对狭义逻辑的说服效果有了更多的关注而已。甚至可以说，逻辑就是一种修辞方式。法律修辞思维，究其实质，就是一种整体性思维，但是同时包容了逻辑属性和论辩属性。它对于革除传统整体思维"不重视形式逻辑，整体就成了各要素的简单相加，不重视运用法律方法寻求要素间的融洽性〔3〕"具有很大现实意义。因此可以说，从法律思维的层面来看，现代法律修辞概念的体系重构首先要完成的任务就是，证成法律修辞在培育法治思维之上的理论和实践价值。重视"把法律作为修辞"的命题意义，构建法治意识形态，限制过度的政治修辞、权力修辞、道德修辞，让法律规范成为法律思维的关键词，形成"办事依法、遇事找法、解决问题用法、化解矛盾靠法"的思维导向，以此来达到法律说服的效果。

（二）法律修辞的法律方法属性

"把法律作为修辞"的第二个理论语境就是以司法过程为研究对象的法律方法论陷入了研究的泥淖——不仅司法过程越研究越复杂，而且各种法律方法之间也难以做到绝对区分，甚至过分强调不同方法的独立性可能会使对司法裁判的研究呈现出碎片化倾向。因此陈金钊教授强调，"法律修辞是在其他法律方法的基础上，依照法律体系的规范性和案件的具体语境对当事人等进行的劝导和论辩。它突破了传统方法的单一性，通过修辞上的'谋篇布局'

〔1〕陈金钊：《把法律作为修辞——我要给你讲法治》，载《深圳大学学报（人文社会科学版）》2013年第6期。

〔2〕张传新：《"把法律作为修辞"的限度——与陈金钊教授商榷》，载《河南大学学报（社会科学版）》2017年第1期。

〔3〕陈金钊：《现有"法律思维"的缺陷及矫正》，载《求是学刊》2018年第1期。

着眼于对各方当事人的说服[1]”。毋庸置疑，佩雷尔曼和麦考密克所倡导的修辞论证属于法律方法，但是强调法律修辞的法律方法属性却并非强调其作为法律论证方法的意义，而是指法律修辞方法本身就是一种建立在不同的法律方法之上、具有独立地位的法律方法。

实际上，从法律修辞的古典渊源来看，修辞最初与法律陈述即具有同构性，不论是科拉克斯的修辞学论纲还是其后的亚里士多德及西塞罗、昆体良等人的修辞学理论，法律修辞的概念全貌皆是通过一个完整的公共陈述的方式呈现出来的。从科拉克斯的修辞结构论——引言、叙述、论证（皆是确认性的反驳性的）和结论，到古希腊—罗马法律修辞学者们关于“法律修辞的基础特征的共识——他们都将法律修辞一分为五：发现（invention），布局（arrangement），风格（style），记忆（memory），传达（delivery）（记忆和传达最初都以口头方式进行，和书面方式相对立）[2]”。古典法律修辞的这些特征为我们进行现代法律修辞概念的体系重构提供了历史性的根源，修辞与逻辑严格区分的命题也借此得以打破。当然这并非现代法律修辞理论的返祖，而是古典修辞为现代法律修辞的理论重构提供了本源性的思路。我们发现，在众多单一的法律方法——法律发现、法律解释、法律推理、法律论证、利益衡量之中，以司法阶段为依据所凝练的单一方法并不能反映裁判性质的全貌。相反，以古典修辞的理论框架为范本，法律修辞与论辩的方法恰恰印证了古典法律修辞的综合性特征。陈金钊教授提到要“把法律作为修辞，融推理、解释方法和修辞论辩方法于一身，把合法性和合理性结合起来[3]”。这不仅是裁判实践的回应，而且也印证了古典法律修辞的思维理路。因此，现代法律修辞概念的体系重构，必须要在法律方法的层面上说明诸种法律方法的修辞属性，确立并完善法律修辞方法。从修辞论辩的视角缓和机械司法的僵局，打破制定法裁判的封闭体系，实现规范法学和社科法学之间的沟通。所以陈金钊教授才强调：“法律修辞方法与传统的规范法学和法律社会学所讲的功能

---

〔1〕 陈金钊：《解决“疑难”案件的法律修辞方法——以交通肇事连环案为研究对象的诠释》，载《现代法学》2013 年第 5 期。

〔2〕 See Michael Frost, Introduction to Classical Legal Rhetoric: A Lost Heritage, 8 S. Cal. Interdisc. L. J. 613, 638 (1999).

〔3〕 陈金钊：《把法律作为修辞——讲法说理的意义及其艺术》，载《扬州大学学报（人文社会科学版）》2012 年第 3 期。

不同，它是一种介于规范法学与法社会学之间的功能——说服功能。[1]”

（三）法律修辞的法律论证属性

“把法律作为修辞”第三个理论语境才是应对以形式理性为基础的司法裁判证立方式的实践困境，借助论辩推理、实质论证的视角增强法律裁判结论的可接受性，实现法律适用的论辩转向。这也是20世纪70年代以来复兴于西方的法律修辞学研究所关注的主题。“修辞作为一种说服方法，与逻辑相协作，支撑着这样的观念：只要司法的终极决定是理性的和合理的，正义就可以在司法中得以实现。[2]”因此陈金钊教授才指出，“法律修辞学所倡导的论证方法，突出了情景思维的修辞特征和论题学观念 ，体现了表达法律问题的策略性安排，因而成了各种具体的法律方法中发展最快的理论[3]”。

循着佩雷尔曼新修辞学的建构思路，由于依靠（狭义）逻辑进行的价值判断不可避免地包含了随意性，其判断结果并不能天然地使人信服。于是在逻辑之外，转而寻求与逻辑说服并行的建立在情感、信念以及共识层面的修辞说服就变得尤为重要。佩雷尔曼主动使修辞退出了狭义逻辑领域，这既是其理论的高明之处，实际也是无奈之举，其中的时代背景就是形式逻辑的盛行和新古典主义修辞的研究专注于文学而对法律领域的集体漠视。在佩雷尔曼等人的推动下，在现代法律论证领域，“逻辑论证方法，对话论证方法和修辞论证方法”已然成为法律论证的三大主流方法。“在方法论层面上，逻辑、修辞与对话三种法律论证方法之间存在着相互联系、彼此互补的关系。然而，如果再上升到一个更高的层面，其实可以说这三种方法分别对应于法的形式、内容和程序这三个维度。[4]”佩雷尔曼对新修辞学的定位恰恰迎合了法律裁判在经验领域和裁判可接受性目标上的双重追求。通过“说服性可能性”这一概念，法律修辞成功地在法律这种“公平正义的艺术”中添加进“讲法说理”的修辞成分。法律修辞在法律论证领域的发展彰显了“自从非形式逻辑研究兴盛以来，法律修辞学的地位迅速攀升，并且促生了法律论证方法向纵

---

〔1〕 陈金钊：《法律修辞方法对构建法治意识形态的意义》，载《杭州师范大学学报（社会科学版）》2014年第6期。

〔2〕 Jeff Todd, The Rhetoric of Recognition, 45 McGeorge L. Rev. 209, 268 (2013).

〔3〕 陈金钊：《法律修辞（学）与法律方法论》，载《西部法律评论》2010年第1期。

〔4〕 陈金钊主编：《法律方法教程》，华中科技大学出版社2012年版，第245页。

深发展[1]”的特征。所以，现代法律修辞概念的体系重构，也必然要继续循着佩雷尔曼的新修辞学路径，在法律论证层面，以司法裁判结论的“可接受性目标”为导向，重点研究修辞这种非形式逻辑在调和现代司法纠纷和处理现代诉讼争端中应发挥何种作用以及如何发挥作用的论题。

三、“法律修辞概念”的内部体系

所谓法律修辞“三重境”，暗喻的是法律修辞概念的内部体系必须包含法律修辞的法律思维、法律方法和法律论证这三重属性，其分别对应法律修辞的宏观视角、中观视角和微观视角，达致现代法律修辞概念在法律思维层面、法律方法层面和法律论证方法层面的“三位一体”融贯。

（一）宏观层面——作为法律思维之法律修辞

在宏观层面，法律修辞应该成为法律思维的一个重要面向。因此作为法律思维之法律修辞，必然要包含法律思维的特定属性。尽管不同的学者对法律思维的特征进行了不同界定[2]，但是笔者认为法律思维主要包含两种属性：思维规范属性；价值诉求属性。作为法律思维之法律修辞自然要体现出法律思维的这两种属性。

1. 法律修辞的思维规范属性

从语义范畴而言，思维规范与行为规范相对应，因此把握法律思维的思维规范属性，就不可避免地要从其上位概念“规范”一词本身和思维规范与行为规范的界分入手。一般而言，规范往往是指兼具说明性功能和辩护性功

---

〔1〕 陈金钊：《法律修辞（学）与法律方法论》，载《西部法律评论》2010年第1期。

〔2〕 苏力教授认为不存在法律思维和一般人思维的区分，参见朱苏力：《法律人思维?》，载《北大法律评论》第14卷第2辑，北京大学出版社2013年版；孙笑侠教授持法律人思维的二元论，即实定规范与社会事实之间进行结合、协调和平衡，遵循规则和超越法律，参见孙笑侠：《法律人思维的二元论——兼与苏力商榷》，载《中外法学》2013年第6期；陈金钊教授认为“法治思维是法治原则、法律概念、法学原理、法律方法以及一些法律技术性规定等在思维中的有约束力的表现”，参见陈金钊：《对法治思维和法治方式的诠释》，载《国家检察官学院学报》2013年第2期；胡锦光将宪法思维和法治思维作为一个整体来理解，他认为所谓宪法思维和法治思维，即“人民主权的思维；宪法法律至上的思维；尊重和保障人权的思维；权力制约和监督的思维；正当程序的思维；平等的思维”，参见胡锦光：《新时代背景下人大制度的发展》，载《国家检察官学院学报》，2018年第1期；关保英认为“法治思维包括法律信仰、法律服从、法律认知等若干具体的内容构成”，参见关保英：《地方政府组织法的修改应从转变法治观念入手》，载《法学》2017年第7期。

能的一系列准则。在英语世界中，规范（norm）一词包括两种含义：①一种自愿或非自愿为社会和其他大的团体所接受的模式或标准；②一种事实上或被设计出的被团体的典型行为或多数人的习惯行为所决定的标准。〔1〕从以上定义我们显然可以发现"规范"的两个典型面向，第一是其内在的被团体所接受（不管是强制还是非强制）的面向，第二是其外在的行动一致性（至少是多数人）的面向。这两个面向共同决定了"规范"一词的语义分析结论，即规范是一种为人们所接受的具有行为一致性的标准或模式。

在此基础上，如果我们采纳行为规范和思维规范的二分法，那么行为规范就是指为特定行为提供说明性理由和辩护性理由的规范，思维规范则是为特定的思维活动提供说明性理由和辩护性理由的规范。两者的区分即在于①适用对象不同。行为规范以人的行为为规范对象；思维规范以人的思维活动为规范对象。②行为规范和思维规范具有不同拘束力。一般而言，行为规范具有强的拘束力，违反行为规范一般意味着行为本身在规范以内的无价值或无效力。思维规范的拘束力较弱，违反思维规范一般不能赋予规范之内的无效力或无价值的判断，而只能以是否具有合理性作为评价标准。

因此从法律思维的思维规范属性出发去界定法律修辞，所指的就是在法律适用或者司法裁判过程中，法律修辞要体现出对法律适用者或法官思维的拘束效力。从内在的面向看，法律修辞意识要被一般民众尤其是执法、司法者所接受；从外在的面向看，法律修辞意识要表现为特定主体（尤其是行政司法官员）思考法律问题时的思维一致性。而所谓的法律修辞意识，指的是要"把法律概念当成思维的关键词，应该把法律规范当成思维的根据，运用法律逻辑和修辞的方法证成、表述法律命题〔2〕"。其中的意蕴即在于法官在建构裁判论证时，必须将法律规则、法律原则、法律精神、法律概念、法学原理等作为其思维过程中遣词造句、布局谋篇的思维准则。所以，法律修辞强调摒弃权力修辞，政治修辞，强调权利意识和规则意识的建构。

2. 法律修辞的价值诉求属性

法律思维的价值诉求属性是指法律思维是一项承载着法律之价值诉求的

---

〔1〕 Garner, Bryan A. Black's Law Dictionary (10th ed.) [Z]. Minnesota: Thomson Reuters, 2014, pp. 1159 ~ 1160.

〔2〕 陈金钊：《把法律作为修辞——法治时代的思维特征》，载《求是学刊》2012年第3期。

思维。“法者。天下之程式也，万物之仪表也[1]”“国无常强，无常弱。奉法者强则国强，奉法者弱则国弱”“在民主的国家里，法律就是国王；在专制的国家里，国王就是法律”[2]“法律是治国之重器，法治是国家治理体系和治理能力的重要依托[3]。”古今中外，论述法律的思想文献浩如烟海，但是不论是亚里士多德的“良法善治”还是管子的“定分止争”，其改变社会行为结构的方式皆是通过对思维的影响，进而培育个体形成对特定价值的追求而最后作用于行为的。因此，在此种意义上，法律思维就是一项承载了法律之价值诉求的思维。

从传统自然法学提出的法律应该服从于高级法的命题[4]，到富勒提出的法律的内在道德论[5]，从西周时期提出的“敬天保民，明德慎罚[6]”，到近代沈家本提出的“国不可无法，有法而不善与无法等”。千百年来，人类对法律的价值追问从未停息。从目前形成的共识来看，体现在法治思维中的关于法治的价值诉求大致包含了公平、正义、平等、保护权利和自由[7]以及限制权力等内容。尽管对公平、正义等这些法治价值也难以提出一个具体的标准，但是从它们对思维的价值导向（value - oriented）功能来看，大致可以证成法律思维的价值诉求属性。

而作为法律思维的法律修辞，必然也承载着一定的价值诉求，而且其价值诉求还应当与法律思维的价值诉求具有同向性。首先，法律修辞具有限制权力的诉求。法律修辞作为思维规范可以约束司法权力的恣意行使，法律修辞追求裁判的说服效果和受众的可接受性，提高了对法官讲法说理的论证要求。其次法律修辞具有保护权利和自由的价值诉求。司法、执法甚至是公民守法之中包含的修辞成分，很大程度上就是对人主体性的尊重，通过说服而非强力。通过司法这最后一道公平正义的屏障，保护每个人的自由和权利。

---

[1] 《管子·明法解》。

[2] 参见《马克思恩格斯文集》第9卷，人民出版社2009年版，第224页。转引自孙谦：《全面依法治国背景下的刑事公诉》，载《人民检察》2017年第11期。

[3] 习近平等编著：《党的十九大报告辅导学习百问》，党建读物出版社、学习出版社2017年版，第47页。

[4] 参见［美］布赖恩·比克斯：《法理学：理论与语境》，邱昭继译，法律出版社2007年版，第80页。

[5] 参见富勒：《法律的道德性》，郑戈译，商务印书馆2005年版，第177～180页。

[6] 王立民主编：《中国法制史》，上海人民出版社、北京大学出版社2007版，第24～25页。

[7] 参见陈金钊：《法治及其意义》，法律出版社2017年版，第85页。

当然法律修辞一定也包含了其他的与法律思维相一致的价值诉求，难以一一论道。

（二）中观层面——作为法律方法之法律修辞

从概念上讲，所谓法律方法，“指的是如何应用法律的方法，包括两个方面：一是根据法律的精神，运用规则、原则、概念、法学原理、知识等解释法律及其事实的方法，即研究如何根据法律进行思考的各种法律方法；二是如何运用法律方法对这些判断和解释结果进行反思，证明已经做出的判断是正确和恰当的或者是错误的〔1〕”。从具体内容上来说，法律方法是对法律发现方法、法律解释方法、法律推理方法、法律论证方法、价值（利益）衡量等一系列法律方法的统称。由于法律方法的典型适用场域是司法场合，“所谓法律方法论主要是以司法方法为研究对象，司法方法是法律方法的典型代表〔2〕”。因此法律方法又可称为司法方法。如前所述，强调法律修辞的法律方法属性，并非强调其法律论证功能，而是指它是一种建立在诸法律方法之上，同时具有独立性的法律方法。

以司法过程为研究对象的法律方法，区分了法律发现，法律解释，法律推理，法律论证和利益（价值）衡量等司法阶段，但是深谙司法实务的法官会清晰地意识到，这些学理界定所维系的相对区分并不能厘清司法过程的修辞属性。从更贴近各种法律适用本质的角度出发，综合单一法律方法的法律修辞方法更符合司法过程的性质。因此从这个意义上来说，法律修辞方法又可以被认为是建立在不同的单一方法之上的，揭示法律适用综合性和目的性这一对本质特征法律方法。

既然现代法律修辞化约了裁判的合法性和合理性追求，以裁判结论的可接受性为理论目标，那么为了达成这一目标，在修辞语境中，超越佩雷尔曼对修辞借助非形式逻辑和情感认同等寻求共识的角色定位，转而将以演绎推理为表征的形式逻辑、情感和其他非逻辑形式的因素作为修辞方法的构成要素就是其中的应有之义。在法律修辞方法之中，法律解释方法、法律推理方法、法律论证方法、价值（利益）衡量方法，甚至可以说整个法律方法体系的要素都是法律修辞方法的要素，它们皆可划入逻辑修辞、情感修辞、程序

〔1〕 陈金钊主编：《法律方法教程》，华中科技大学出版社2012年版，第2页。
〔2〕 陈金钊、孙光宁：《司法方法论》，人民出版社2016年版，导论第1页。

修辞、规则修辞、场景修辞等不同的修辞项下。具体来说，法官以法律修辞方法，在法律适用中，将单一的法律方法通过组合，形成特有的修辞论辩，如使溯因推理与法律发现相结合发现推理大前提；运用体系解释、目的解释等对文义解释进行证立；立足论题学视角，突破法律解释要素的体系封闭，超脱主客观解释目标的二元对立；等等。总而言之，中观层面的法律修辞，主要指代三个面向的概念：①它是独立的法律方法；②它是法律适用综合性特征的描述；③它指代法律适用的论题学意识——实现裁判可接受性。

当然法律修辞方法以修辞要素的形式包容单一的法律方法，使它们作为法律裁判的建构性要素发挥作用，但是这并不意味着法律修辞的使用就是缺乏规范意识，屏蔽真理，变成一门“通过语言蛊惑听众的”的诡辩术，形成所谓“诉讼过程与其说是贯穿着就法律规范客观适用性组织争辩的精神，不如说是一场不禁止任何论点的修辞竞赛〔1〕”式的荒诞局面。在法律修辞的适用方式中，其核心要求就是要将法律规范和各种法律方法作为遣词造句，讲法说理的内在规则，任何违背法律规范的修辞过程都必然会受到法律对修辞结果的否定评价；任何违背或遵循特定法律方法的修辞过程都必然需要借助充足的理由得到规范化证成；对法律裁判可接受性的追求既不会牺牲规则，也不会牺牲程序，更不会演化成辞藻堆砌和片面刺激同感的叙事，相反，它要求法官提高讲法说理的能力，负担更重的法律论证义务。

（三）微观层面——作为法律论证方法之法律修辞

“法律论证理论的核心是强调对判决结论提供合法化和正当化证明，使得裁判结论获得广泛的可接受性。〔2〕”作为法律论证方法之法律修辞就是强调在逻辑和对话之外，为使判决结果获得合法化和正当化，并最终达致可接受性目标。修辞作为论证方法是佩雷尔曼的哲学认识思辨化的必然推论，在此基础上，佩雷尔曼发展出了新修辞学理论。

佩雷尔曼认为，“价值判断既不能够单纯获得经验的确认（自然主义），也不能够通过任何一种自证（直觉主义）加以证立，因此他在1945年出版的有关正义的研究专著中得出下面的结论：至少任何一种规范体系的一些基本

---

〔1〕［爱尔兰］J. M. 凯利：《西方法律思想简史》，王笑红译，法律出版社2002年版，第47页。
〔2〕陈金钊、孙光宁：《司法方法论》，法律出版社2016年版，第112页。

原则是（主观）独断的[1]”。其新修辞理论的核心是，在“当过渡（逻辑）推导遭到怀疑时，到底什么东西必须加以证成[2]”。然而，佩雷尔曼并未将自己的新修辞学划归为心理学理论，而是坚持认为自己的理论是广义的逻辑理论，只是其理论包含了逻辑对心理学效用的关注，与心理学不具有同质性。因此他主张“新修辞学的目的不是要取代或替换形式逻辑，而是要把它加进论证推理的领域，目前，这个领域已经逃避了所有旨在理性化即实践论证（推理）的努力[3]”。

在法律论证中，逻辑论证的典型难题并非在于从大前提到结论的过渡，而是对作为裁判大前提之法律命题往往难以达成共识，它也是德沃金在其诠释性实践主张之中所称的理论争议[4]“由于法律论辩所涉及的是规范性命题之特殊情形即法律判断的证成[5]”，据此，法律论证产生了内部证成和外部证成的区分。内部证成解决的是从规范到结论的合法与正当问题，外部证成解决的是对作为内部证成的大前提的合法与正当问题。阿列克西甚至“将外部证成视为法律论证的焦点[6]”。而佩雷尔曼新修辞学的理论意图就更贴近于解决演绎论证之大前提的可辩护性问题。因此，在佩雷尔曼新修辞学的基础上，法律论证层面的现代法律修辞概念的重构就获得了坚实的理论渊源。当然，不同于德沃金基于政治道德和制度支持的融贯性、整全性解释，通过修辞方法解决法律裁判的大前提的可辩护性问题走的是创造共识的路径，即通过情感或非形式逻辑等修辞要素建构法律论证的实质内容，这些实质内容

---

〔1〕 原载Ch. 佩雷尔曼：《有关正义的研究》，载罗伯特·阿列克西著：《论正义》，慕尼黑1967年版，第82~84页。转引自［德］罗伯特·阿列克西：《法律论证理论——作为法律证立理论的理论论辩理论》，舒国滢译，中国法制出版社2002年版，第195页。

〔2〕 ［德］罗伯特·阿列克西：《法律论证理论——作为法律证立理论的理论论辩理论》，舒国滢译，中国法制出版社2002年版，第201页。

〔3〕 原载Ch. 佩雷尔曼：《新修辞学》，载Y. 巴尔——希勒尔编：《自然语言的语用学》，多德雷赫特—荷兰1971年版，第145页。转引自［德］罗伯特·阿列克西：《法律论证理论——作为法律证立理论的理论论辩理论》，舒国滢译，中国法制出版社2002年版，第197页。

〔4〕 德沃金认为，法律实践的最大的特征就是其论证性，论证的内容包括两个方面：其一是理论争议，其二是事实争议。理论争议指涉法律判断，就是在具体案件裁判中应当适用何种规范的问题，事实争议指涉经验判断，指向的是事实涵摄或者事实类比问题。See Ronald Dworkin, Law's Empire, Cambridge, Mass.: Harvard University Press, 1986, pp. 4~6.

〔5〕 ［德］罗伯特·阿列克西：《法律论证理论——作为法律证立理论的理论论辩理论》，舒国滢译，中国法制出版社2002年版，第274页。

〔6〕 陈金钊主编：《法律方法教程》，华中科技大学出版社2012年版，第218页。

指的就是“事实必须是众所周知或已经获得证明的，法律规则必须是个有效法律规则或者某个有效法律规则的某一可以接受的解释[1]”。这样，我们就能发现，从规则到判决，除了有效的逻辑形式（即演绎），还需要建立在具有信度和效度的实质内容之上，这个实质内容的最佳答案就是共识，而且这种共识还必须是建立在非理想型的特殊听众之上的共识，于是实质内容的建构任务就落到了基于个案的情境修辞之上。那么基于个案的情境修辞如何能达成共识呢？在法律论证方法层面，以情感建构同感，以经验背景建构认同，以法感和一般观念建构共同认知、偏好、利益等，都是修辞可以考虑的建构要素。

四、法律修辞概念的外部体系

法律修辞概念的外部体系指向的是作为整体意义上的现代法律修辞，如何在宏观层面、中观层面和微观层面达致子体系与总体系的协调配合与理论自洽。简言之，就是法律修辞这一语词如何同时涵摄其法律思维、法律方法和法律论证方法三种属性。它所要证立的内容就是：“三位一体”的法律修辞概念如何融贯不同层面的法律修辞理路。我们认为，这一任务应当通过法律修辞在特殊听众本位上的法律说服目标来完成。

以我们暂且接受广义法律修辞、中义法律修辞和狭义法律修辞（分别对应作为思维方法的法律修辞，作为法律方法的法律修辞和作为法律论证方法的法律修辞）的概念界分为逻辑起点，接下来的问题就是，在何种程度上，这三类修辞概念是统一的并且能被冠以现代法律修辞概念的辨识符号。如果我们通过研究本体来划分，则它们同属法治意识形态；如果我们以研究方法来划分，则它们皆属法治实现方法；但是这些划分往往都是大而化之的外在界定，对于其体系融贯性的说明并没有很强的辩护性。既然要解决法律修辞（学）的外在体系问题，根据内因决定论的要求，也一定要从内部寻找其体系化依据，我们认为，这个内在的体系化依据就是法律修辞的终极目标——法律说服。

理解法律修辞的目标，重点要解决的问题有二：①法律修辞的听众界定；

〔1〕 陈金钊主编：《法律方法教程》，华中科技大学出版社2012年版，第229页。

②法律说服的标准。法律说服在法律思维层面的同义转换就是法治意识形态主导下的论辩。具体到司法裁判领域，就是指法官必须树立法律修辞意识，形成法律话语对思维的主导，排斥政治修辞、道德修辞、权力修辞，树立规则修辞、权利修辞。以这种思维范式来达到约束司法权，保护权利和自由，进而实现说服当事人的目的；法律说服在法律方法层面和法律论证方法的同义转换即是"裁判结论可接受性"。在法律方法层面，就是通过法律修辞方法增强裁判的法律效果；在法律论证层面就是通过修辞论证强化法律论证的效果。

（一）法律修辞的听众界定

修辞听众又可称为修辞受众，"亚里士多德认为，修辞是一门说服听众的艺术。然而，亚里士多德没有建立一个完整的、系统的关于听众的理论"。〔1〕根据佩雷尔曼的说法："从修辞的目的来定义，（听众是）那些说话者希望用论证影响的群体。〔2〕"据此，佩雷尔曼区分了三类听众——普遍听众、特殊听众和说话者。特殊听众和说话者本身属于实践概念，而普遍听众属于哲学意义上的概念，作为说话者本身的听众的目的是说话者能为自身的行动找到合适的理由。〔3〕弗朗西斯·墨兹（Francis J. Mootz）认为，"个案中的司法衡量和书面裁决的公布标志着法官通过说服所塑造的个性化的修辞实践的完成，其说服的对象首先是法官自身，其次是特定诉讼中的当事人和假想性的理性的律师群体，在一些高度抽象的案件中，法官甚至需要将他的听众视为多数公民群体〔4〕"。

由于一般听众只是在理性人假设之上的理想状态，过分关注普遍听众就很容易形成法律修辞对具体情境的漠视，而说话者自己的"反省是一种缺乏

〔1〕熊明辉、卢俐俐：《法律修辞的论证视角》，载《东南大学学报（哲学社会科学版）》2015年第2期。

〔2〕Chaïm Perelman. Justice, Law and Argument: Essays on Moral and Legal Reasoning [M]. Dordrecht: D. Reidel Publishing Company, 1980, p. 71. 转引自熊明辉、卢俐俐：《法律修辞的论证视角》，载《东南大学学报（哲学社会科学版）》2015年第2期。

〔3〕参见熊明辉、卢俐俐：《法律修辞的论证视角》，载《东南大学学报（哲学社会科学版）》2015年第2期。

〔4〕Francis J. Mootz, Rhetorical Knowledge in Legal *Practice and Theory*, 491 S. CAL. INTERDISC. L. J. 491, 582 (1998).

人际交流的论证[1]”。更有甚者，法律适用者会借着普遍标准的名义，完全进行主观化的判断。因此我们认为，“特殊听众”才是法律修辞的核心听众；法律修辞的听众主要就是具体情境所指涉的“特殊听众”。在司法的语境之下，法官主要关注的就是运用法律修辞思维、法律修辞方法和修辞论证方法，对特殊听众进行说服和劝说，最后达致裁判结论可接受性目标。法律修辞理论所契合的理念正是——承认既定案件的裁判结果是多元的竞争性商议所塑造的最佳答案，而不是像主流的司法观念那样，假装提供正确答案[2]。

（二）法律说服的标准问题

关于可接受性的标准问题，佩雷尔曼提出的理路是“共识”。[3]但是究竟如何达成共识，佩雷尔曼也仅仅只是给出了一个宏观的理论框架。但是佩雷尔曼的思路至少为我们指明了法律说服标准的研究进路。笔者主张，法律思维层面的说服标准就是“把法律作为修辞”，提倡权利修辞，规则修辞，反对权力修辞、政治修辞和过分的道德修辞，通过讲法达到说服的效果；法律方法层面的说服标准就是“把法律方法作为修辞”，提倡各类法律方法，包括法律发现方法、法律解释方法、法律推理方法等，对司法认知进行修辞，以论题学意识为导向，综合运用法律方法，以司法程序的商谈语境作为情境修辞，提高司法认知的说理性，甚至可以基于修辞的语境论，将社会学解释方法纳入法律解释中来；法律论证层面的说服标准就是“把法律价值，经验法则，同感共情等制定法外的因素作为修辞”，“把思维体系要素与法律渊源形式连接在一起，把各种法律渊源的形式当成体系思维的要素，然后在法源理论的基础上展开体系思维，以便法治能够以‘法律’的名义展开实施[4]”，实现对演绎推理大前提的外部证成，从实质向度保证法律推理的可接受性，提高司法裁判的法律论证效果。

（三）法律修辞的理由导向

行文至此，我们就可以对某些针对裁判可接受性之批判做出初步回应。

---

[1] 熊明辉、卢俐俐：《法律修辞的论证视角》，载《东南大学学报（哲学社会科学版）》2015年第2期。

[2] See Jeff Todd, The Rhetoric of Recognition, 45 McGeorge L. Rev. 209, 268 (2013).

[3] 参见陈金钊主编：《法律方法教程》，华中科技大学出版社2012年版，第233~238页。

[4] 陈金钊：《体系思维的姿态及体系解释方法的运用》，载《山东大学学报（哲学社会科学版）》2018年第2期。

在司法的语境下，这里的裁判可接受性，并不是某些学者所声称的"包含了裁判理由或裁判结果，在本质上表现为由公众意见对于裁判理由的取代之形式〔1〕"。在听众理论层面的反驳就是，它误解了法律修辞的受众是特殊听众而非一般听众。从可接受性之标准来看，我们认为这里的"裁判结论可接受性"包含了三种导向：内容导向、形式导向和程序导向，而并非一种结果导向主义，否则就很容易混淆法律后果与其他类型的社会后果，削弱严格法治的作用。也许它可以被笼统地归入理由导向的范畴，但是这里的理由也绝非所谓的公众意见，而是根据法律所进行的思维和裁判，它包括韦伯所称的形式理性和实质理性，也涵盖了哈贝马斯的通过法律程序折射出的商谈理论。

很自然地，作为法律思维的法律修辞，就体现了法律修辞的内容导向、形式导向和程序导向要求。从宏观修辞的理论层面来看，毫无疑问，最大的共识基础就是法律规范、习惯法和法理，而法律思维作为一种合法性思维，必然包含了法治的诸种要素，把法律作为修辞，法治成分中的实质价值、形式价值和程序价值理应都要获得尊崇。因此它指向的是在培育法治思维的过程中，以实质正义、形式正义和程序正义为价值诉求的思维方式应该成为法治思维的主流意识形态，对个人的法律思维发挥影响力和拘束力，进而能建构法律在全社会的话语权，实现社会的公平正义，达致法律说服的最佳效果。

作为法律方法的法律修辞，同样也体现了法律修辞的内容导向、形式导向和程序导向要求。试图避开规范价值的法律方法论已经被证明是一种破产的理论，不关注法律的价值而只关心规范的适用技术，就极容易陷入"非历史、非政治的法律适用的幻想〔2〕"。在法律方法层面，运用方法建构裁判结论被认为是一个完整的修辞过程，正如萨维尼视"语法要素、逻辑要素、历史要素、体系要素是一个联合发挥作用得出制定法意图的运用过程〔3〕"一样，解决法律适用问题同样也是法律发现、法律解释、法律论证、法律推理、利益（价值）衡量等方法联合发挥作用的过程，而这个过程就表现为一种法律修辞过程。因此，作为法律方法的法律修辞所要解决的问题是，以修辞为表征的法律适用过程，必须要以法律规范、解释方法、法律逻辑、理性共识、商谈程序等作为遣词造句、布局谋篇的根本遵循，进言之，这是基于法律思

〔1〕参见陈景辉：《裁判接受性概念之反省》，载《法学研究》2009年第4期。
〔2〕参见［德］伯恩·魏德士：《法理学》，丁晓春、吴越译，法律出版社2013年版，第281页。
〔3〕参见张青波：《法学方法论前史》，载《法哲学与法社会学论丛》2007年第2期。

维而衍生出的法治方法，而修辞方法本身即是一种法治方法。

而作为法律论证方法的法律修辞，主要体现的是法律修辞的内容导向要求，由于它针对的是逻辑演绎大前提的证成问题，使得演绎过程不仅要符合形式有效性的向度，还应符合实质有效性的向度。这里的实质有效性就是指以修辞方式达成对大前提的共识。所以作为法律论证方法的法律修辞需要为达成作为共识性的演绎大前提提供具体的方式方法。当然，能达成共识终究只是一种理性预设，所以“裁判结论可接受性”必然要以特殊听众尊重司法的独断性为前提，但是这种独断性却不能直接作为司法判决的可接受性来源，法律修辞理论的提出，就是要弱化司法权的恣意，强调法律适用者的论证义务，以法治思维和法治方法为依托，提高其讲法说理的能力。

五、结语

“把法律作为修辞”命题的理论集成效应为现代法律修辞概念的体系重构提供了引索。从作为法律论证的修辞到作为法律思维的修辞的跳跃，就是现代法律修辞概念在法律思维层面、法律方法层面和法律论证方法层面的“三位一体”格局，这是法律修辞的古典渊源和新修辞学渊源共同作用的结果。回应法治新时代的法律修辞就应该融法律于修辞，把法律作为修辞。

论法治话语体系的宏观结构及其适用

邹　鹏*

摘　要　法治话语体系具有宏观结构，可分解为立法、执法、司法三个维度。不同维度中的法治话语各有独特的内容与性质，根据自身所处的领域发挥功能，用话语实现法治。在宏观结构下，整体对部分的影响更加明显，背景对于话语的运用将产生十分重要的作用。所以，应当掌握不同领域法治话语的差异，理解不同领域的法治言说规律，完善不同领域法治话语的内容与形式，用差异化的法治思维保障和推动不同领域的法治话语运用。

关键词　法治话语体系　立法　执法　司法　适用

习近平总书记在2016年哲学社会科学工作座谈会上的讲话中指出，发挥我国哲学社会科学作用，要注意加强话语体系建设，突出强调了话语体系这一概念的重要意义。话语体系是主体通过系统的语言符号，并按照一定的内在逻辑来表达和建构的结构完整、内容完备的言语体系。话语体系不仅是语言符号体系，更是言语内容和理论知识体系[1]。话语体系在不同维度中呈现不同的表现形式，比如在政治维度表现为政治话语体系，在经贸维度表现为经贸话语体系，在外交维度表现为外交话语体系等。在法治建设维度的话语体系，就是法治话语体系。

正是由于法律和语言之间的紧密关联，很多学者都对话语开展了法学意义上的分析和研究，并且取得了丰硕的成果。话语体系概念获得更多的关注

---

* 邹鹏，男，山东蓬莱人，华东政法大学博士研究生，助理研究员。

〔1〕 郭湛、桑明旭：《话语体系的本质属性、发展趋势与内在张力——兼论哲学社会科学话语体系建设的立场和原则》，载《中国高校社会科学》2016年第3期。

后，法学界在法治、法律与话语基础上，对于法治话语体系的研究，取得了一定的学术成果。相关学术成果主要集中在对法治话语（体系）整体的分析和讨论上。这些研究对法治话语体系的概念、属性、特点、源流、作用、意义都做了比较系统的梳理和论证，丰富了法治话语体系理论的内容。在最一般的意义上，法律体系不外乎是由法律要素以一定的结构联结而成的整体。因而学者们对法律体系的讨论集中于两个方面：一是法律体系的基本构成单位，即要素问题；二是这些要素以何种方式相互联结为一个整体，即结构问题〔1〕。从目前研究的情况来看，作为法律体系的对应物，学界对法治话语体系内部架构的研究相对偏少，当前的成果更多的是从整体上对法治话语体系进行把握和思考，对其内部结构的探索尚有非常丰富的空间。没有言语就没有语言结构，没有语言结构也就没有言语，正如梅洛·庞蒂指出的，真正的语言实践只存在于这一交互关系中〔2〕。如果要研究法治话语的实践，使法治话语对于法治产生实效，必须要研究这一对象的结构，认识组成这一整体的各个部分之关系。整体虽然能告诉我们对象的信息，但又有一些信息必须通过部分才能掌握，而这部分信息对于整体的意义可能又是十分关键的。对于法治话语体系这一概念，认识其内部结构并进行专门研究，是掌握其整体意义并运用这一体系进行实践的科学路径。

一、法治话语体系宏观结构的概念及特征

法治话语体系中各部分的关系是客观和主观兼具的，符合逻辑规律的就是客观的，根据设计者的意图确定的关系就是主观的。安排则一般是一种主观的判断和抉择。法治话语体系的结构是统摄内部各部分的线索和框架，对发挥各部分的作用，具有重要的意义。通过结构的引领，各部分才能彼此之间实现配合，推动整体实现共同目标。在这个过程中，部分的意义也在结构的运行中得到了实现。因此，结构对于部分来说，具有关键的决定意义。

（一）法治话语体系宏观结构的概念

法治的主旨在于依据一定的价值观来构建社会的基本结构和行为方式

〔1〕雷磊：《法律体系、法律方法与法治》，中国政法大学出版社2016年版，第13页。

〔2〕［法］罗兰·贝特尔著：《符号学原理》，李幼蒸译，中国人民大学出版社2008年版，第5页。

（运行机制），形成以法律调度为主导的有序化模式。因而，从形式的意义上说，法治就是人们对社会的一种制度设计和安排[1]。这种制度安排自身是比较复杂的，具备独特的内部结构形态。话语是一个具有哲学解读价值的理论术语。话语既可以是本体论哲学研究的范畴，也可以是认识论哲学关注的焦点，甚至也在现代哲学与后现代哲学的研究讨论视域中获得了一席之地，形成了哲学中的语言学转向浪潮，足见其对哲学界的重要影响和理论价值，由此为法治与话语的连接提供了可能性与可行性[2]。

法治话语体系是映照法治建设的包含思维和语言等多个方面内容的交往系统，通过法律话语表达法治思维和法治理念。法律话语是法律文化中的思想意识、法律价值法治理念的直接表现和具体表达，在话语言说的特定内容和语句方式背后，是一定的法律知识技术、法律思维方式和价值判断倾向的内在支配与综合折射。法治话语，则是在法律话语的实存之中，符合和趋向于法治的目标原则和体制机制，与法治相吻合、相契合，在内容与方式上有利于法治实现的话语表达[3]。通过法治话语体系，主体将法治思维通过语言予以反映，同其他主体进行交流，实现特定的目的。法治思维具有明显的规范属性，法律话语则具有较强的专业性和确定性，因此两者的结合对于解决不确定性带来的风险具有十分重要的意义，是实现社会秩序的有力工具。

法律与话语之间的关系十分密切，彼此影响和促进。将语言看作法律的基础或者前在是符合逻辑的，将法典看作更为基础的语言词典的变化也是合乎逻辑的[4]。因此，话语和法律之间的关联可以理解为实体与观念的关系。法律表达在纸面之前，仍然是一种观念。这种观念需要语言予以反应，借助语言开展交流，传递信息和知识，从而影响人的决策。因此，语言可以说是法律表达的基础，也是保障法律产生效果的工具。

对应法治话语体系，其作为一个整体自身也应当具有一定的层次和结构特征。所谓整体，是指由事物的各种因素、各个方面、各个层次和各个系统有机组合而成的统一体。它是事物综合状态的标志。法治话语体系就是一个

---

〔1〕 王人博、程燎原：《法治论》，山东人民出版社1989年版，第239页。

〔2〕 宋春香：《法治文化论：一个法治话语的视角》，中国政法大学出版社2013年版，第41页。

〔3〕 石东坡：《作为法治文化的言说与表达：法治话语体系初论——以法治话语体系的界定、生成与对策为对象》，载《甘肃理论学刊》2014年第5期。

〔4〕 See：Peter Goodrich ，legal discourse，St Martin press，1987，p. 12.

整体，内部含有诸多要素。所谓局部，是指事物有机统一体的各个部分〔1〕。由于事物的整体是由各种因素、各个方面、各个层次和各个系统构成的，因此局部也就具有因素的局部、方面的局部、层次的局部和系统的局部，等等。局部是事物分散状态的标志〔2〕。法治话语体系内部各局部之方位，正是法治话语体系结构的形式。

法治话语体系的结构是指法治话语体系内部的各部分的关系与安排。结构是一种关系，是对整体和部分之间关系的确定，又是对部分和部分之间的一种协调和设计。具体到结构的各要素来说就是解决结构内对象有无和先后的具体问题，要解决在一个结构中，要素是否存在和顺位次序的问题。这也是一种结构对于部分之间配置的体现。再比如，我国法律渊源存在特定的位阶层次，法律高于行政法规，行政法规高于部门规章，部门规章高于其他行政性规定。这些都是结构形式的体现，可以说，在社会生活的各个领域，尤其是涉及公共管理的社会领域，结构的概念和应用几乎无处不在。

整体的内部结构，尤其是具有社会属性的结构应当着重体现存在与非存在的范畴和内部要素的顺序位次。法治话语体系作为公共话语体系的一部分，具有极强的社会属性，其结构安排也应当体现这一基本属性。结构的组成部分受一整套内在规律的支配，这套规律决定着结构的性质和结构的各部分的性质。〔3〕对于法治话语体系来说，如何明确哪些要素存在，哪些要素不存在以及彼此之间的顺位关系，正是结构的功能和意义。特定的对象结构不同于一个集合体，结构的各组成部分不会以它们在结构中存在的同样形式真正独立地存在于结构之外〔4〕。因此，把握结构中各要素的关系，必须由结构入手，从部分到整体，更好地去认识整体的意义。

（二）法治话语体系的宏观结构

对于法治话语体系来说，其最基本的分类视角是内容与关系，从不同的分类视角能够形成不同的分类结论。在法治话语体系结构的分类上，选取何种标准即用何种视角去审视法治话语体系的内部要素，应当结合法治话语体系的特点和功能来实施。法治话语体系是表达法治的话语系统，中国特色法

---

〔1〕 姜井水：《范畴结构论》，学林出版社2005年版，第136页。
〔2〕 姜井水：《范畴结构论》，学林出版社2005年版，第138页。
〔3〕［英］特伦斯·霍克斯著：《结构主义与符号学》，瞿铁鹏译，上海译文出版社1987年版，第7页。
〔4〕［英］特伦斯·霍克斯著：《结构主义与符号学》，瞿铁鹏译，上海译文出版社1987年版，第7页。

治话语体系的构建过程，也就是以社会主义法治理念为基础，全面塑造属于中国自己的法治理论和法治知识体系的过程〔1〕。因此，分类必须立足于这一线索，使分类对于法治话语体系建设和实践具有积极意义，有利于我们掌握和完善这一话语系统。

1. 宏观结构的分类依据及概念

根据语言学理论，宏观结构是指一段话语的最小意义单位是表达最小事件或状态单元的最小命题（及一套主、谓结构），把若干最小命题单元合并或浓缩成比较大的事件或状态单元就是微观结构向宏观结构转化的过程〔2〕。比如，“某人使用水果刀故意伤害他人身体”这一句话包含“某人”“使用水果刀”“故意”“伤害他人身体”等多个微观层面的结构，但从宏观来看，可以概括为“某人故意伤人”这一结构予以表述。微观结构以上的意义单位都可以理解为宏观结构〔3〕。

语言学的分类理论同样可以适用在法治话语体系分类上。按照法治话语体系的逻辑因果关系来划分，法治话语体系是由法律词语、法律语句、法律语篇所构成的。这一分类可以称为微观分类。在微观结构上的意义单位，按照话语体系微观结构形成在内部确定的专门意义范畴，即不同的话语维度。据此，法治话语体系可以分为立法话语体系、执法话语体系和司法话语体系。这三类话语体系内部应当有专门的术语、概念、原则、规则和逻辑或因果关系，彼此能够形成独立的系统，但各系统又共同遵守一套基本原则和信念，可以称之为宏观结构分类。在宏观维度上，根据法治实施的三大维度区分法治话语体系的三个维度。从三个维度来看，由于法治具体表现形式不同，话语的表达方式也呈现各自独特的属性与功能。掌握不同维度的法治话语的内涵，对于在该维度表达法治思维和践行法治目标都是具有积极意义的。

宏观分类是按照话语涉及内容的不同进行划分的，呼应法治的三个维度。在法治建设过程中，不论是立法、执法、司法的哪个维度都需要用语言表达特定的内容和意图，因此在这三个维度当中法治话语体系的地位十分重要。从法律史的角度来看，法治的三个领域并非从来就有的，事实上，依法行政这一概念的出现要远远晚于立法和司法的相关概念。在话语上也是如此。不

〔1〕 顾培东：《当代中国法治话语体系的构建》，载《法学研究》2012 年第 3 期。
〔2〕 熊学亮：《话语的宏观结构》，载《外语研究与教学》1996 年第 1 期。
〔3〕 熊学亮：《话语的宏观结构》，载《外语研究与教学》1996 年第 1 期。

能讲好法治话语，就不能有效地传达法治意图，不能实现法治理念和法治行为之间的衔接，那么法治的秩序难以形成。法治话语用得好，可以有效地表达含义，提高法律适用的效率和质量。由于立法、执法和司法的内容不同，因此在不同维度当中，法治话语的功能和侧重是不同的。根据法治建设内容的分类，法治话语体系分为立法维度的话语、执法维度的话语和司法维度的话语。这三个维度的话语内容和形式各具特色，更重要的是，其来源于三类不同的法治话语实践，经过不断的发展、完善形成了现在的规模与形态。按照法治内容来对法治话语进行结构分类，是符合法治实践要求的，反映了法治在语言和思想领域的特点与属性。

2. 宏观结构的特征

法治话语体系宏观结构是一种存在形式，这种形式将法治话语体系的内部关系予以呈现，使人们得以认识和把握。通常，我们看到的都是话语体系的一个层面或者一个领域，难以从整体上把握话语体系。但是认识部分却可以使我们离整体越来越近，最终把握整体的特征和本质。总体上，法治话语体系的结构具有这样三方面特征。

第一，法治话语的宏观结构呼应法治体系的结构。从宏观角度来说，法治话语体系分为立法、执法、司法三个维度，这正是对应法治的立法、执法和司法三个维度所作的划分。法治话语体系是表达法治目的的方式，通过语言的运用实现法治目标。法治要求秩序、保障权利，以国家强制力为支撑向民众提出要求。但是，需要动用国家强制力实现法治目标的情况是极少数的，多数情况下通过法治话语的运用就可以让法治建设的目标得以实现。法律概念、法律原则、法律规则等都是语言所形成的，能够理解这些信息的民众，往往都会按照法律要求行事，从而使社会生活有秩序。语言能够以言行事和以言取效，虽然这种效果是强制力保障的，但仍然需要言说直接发挥作用。因此，呼应法治结构的法治话语体系结构是使法治得以顺利施行的工具和途径。

第二，宏观结构是建立在微观意义之上的。正如维特根斯坦所说，词的意义是在句中体现的，句子的意义也是由每个具体的词共同组成。因此，才存在整体解释与部分解释的解释学循环。宏观结构是微观结构之上的意义，恰如一栋楼对于内部房间的意义一样。宏观结构是微观结构的一种整体性表现，反映了微观要素的意义。法治话语的微观要素是法治词语、语句和语篇，这些内容构成了法治话语宏观上的结构形式。比如立法话语，它是某种利益或意志得以表现为法律规范或成文法的特殊载体，是伴随着立法的发展而逐渐形成和发展起来的与其他语言文字相区别的一种语言文字。它是立法者在立法过程中使用的，相比其他语言文字更为严谨、简洁、明确、通俗〔1〕。这一语言文字具有自身的特点，这种特点正是由不同的微观要素或结构所共同反映的。较之司法话语，立法话语的内容更加抽象，规模相对较小，体现出更强的专业性与确定性，司法话语则相对更加具体，规模较大，侧重体现开放性与不确定性，借以回应司法领域的诸多情况。两种话语的不同，正是体现出两类话语在微观要素上的差异。

第三，宏观结构体现相应领域的基本立场。不同话语体系的宏观结构能够反映所处领域的基本立场。这里的立场，是指话语体系应当坚持的基本原则和基本方向。不论如何运用话语，都需要体现理念和追求。立法话语反映主动与克制的立场，主动是指应当关注社会各领域，寻求立法需求，克制则是指表达上应当准确、客观、稳健。执法话语反映效率的立场，效率是行政的基本内核，所有的话语都应当更加精练、准确、清晰，避免因交流上的问题导致被动与冲突。司法话语反映公正、保守的立场，公正是司法的根本性原则，保守则是指司法裁判必须以事实为依据，以法律为准绳，法官不得随意心证，必须具有充分的依据才能对案件予以判断。不同的话语体系倾向的理念与风格是不同的，这些差异点在宏观结构中都会相应地反映出来，并且影响话语的建构与实践。

法治话语体系的结构通过部分之间的关系反映出来。由于法治话语体系需要映照法治建设的相关内容，因此结构体系应当反映法治体系的特点，回应法治体系建设目标在言说领域的要求和方向。法治的结构层次和目标已经得到充分的论证，通常认为法治的目标是实现社会秩序和保障公民权利，其结构层次包含国家、政府、社会三个维度〔2〕，涉及理念、规范、行为三个层次，运用在立法、执法、司法三个领域。法治话语体系应当呼应这样的形式与内容，通过话语反映法治的理念、规范，并作为实践的一种类型，并且在立法、执法和司法领域发挥作用。

---

〔1〕 郭育艳：《立法语言规则之辨析》，载《河南师范大学学报（哲学社会科学版）》2014 年第 5 期。

〔2〕 陈金钊：《中国社会主义法治理论体系之“法治”》，载《北京联合大学学报（人文社会科学版）》2016 年第 1 期。

法治是法治意识形态的外在综合表现。法治意识形态是一种国家、公民与社会共享的思维和行为方式。法治意识形态要塑造的是法治世界观，是在思维过程中确立法治思维对行为的指导[1]。法治话语体系是法治意识形态的重要实践方式，衔接法治思维和法治行为之媒介，就是法治话语体系。通过法治话语体系，人们才能表达思维，介意用思维之内容具体行为。因此，法治话语体系是法治思维和法治行为的纽带。在这一纽带中，结构层次的作用十分重要。准确把握法治话语体系结构层次分类，运用好法治话语体系结构中的相应部分，是法治思维表达和法治行为实施的保障。

二、法治话语体系宏观结构的内容

法治话语体系的宏观结构使我们认识到法治话语在不同领域上发挥的不同作用，呈现的不同特点。比如在立法领域，法治话语主要表现为立法语言，涵盖立法过程和立法表达等各方面。这里的法治话语通常具有严谨、准确、专用的特点，稳定性比较强。在执法领域，法治话语通常精准严肃，要言不烦，专业性强，程序性明显，使行政权在话语的引导下受法律调控，依法行使，提高行政效率。在司法领域，法治话语则具有更强的逻辑性，通过论证使裁判更加容易接受。不同领域语言的使用风格不同，构成内容不同，表现为不同的二级系统。根据宏观结构认识不同类型的法治话语，有助于把握法治话语体系的关键问题，更好地运用法治话语体系进行实践。

（一）立法维度的法治话语

在立法维度，法治话语的实践是提供高质量法律文本，完善立法过程，提高法律可接受性的有力保障。没有精准的法治话语，立法者的意图无从获得充分、完整的表达，更不用谈取得效果。作为通用语言的社会功能变体，立法语言是法律规范的基本构成，目的在于传递一个国家在一定时期政治的秩序观和价值判断的信息，建立人们的行为规则和法院的裁判依据。因此，确定立法语言的规范，除了研究语言的构成和结构规则，更为重要的是紧密结合立法意图、立法语言的环境、使用语言的主体，研究语言在法律文本中

[1] 陈金钊：《法治意识形态的塑造》，载《甘肃社会科学》2015 年第 3 期。

落实的种种情况，特别是与通用语言不一样的地方[1]。因此，立法层面的法治话语侧重于法律文本，同时兼顾立法过程中信息的传达和交流，通过立法过程中的言说和交流，使民众了解、认同法律文本，从而提高法律的实施成效。一个立法者或者法律起草者在法律的制作过程中，要成功而有效地工作，那么，他必须具备法律设计师和建筑师的才能[2]。不论是设计师还是建筑师，都必须擅长表达。立法领域的法治话语具有自身特色，需要采用特殊的表达技术。法律起草中的表述技术是服务于立法政策的表达与传播，服务于立法政策和立法观念的最佳语言载体的选择和配置[3]。因此，立法上的语言体现出自身的特色和追求。

立法领域的法治话语具有独特的特征和内涵。谈到立法的话语，最主要的是谈立法的语言。语言是话语最集中的表现形式，话语通过语言得以呈现并发挥作用，特别是产生规范作用。因此，把握话语首要的就是把握语言，在立法话语的实践过程中又必须把握住立法的语言，这样才能更好地释放立法话语中所蕴含的规范力量。立法语言是整个法治建设中至关重要的一个环节，法律条款要传达的含义必须通过立法予以表现。因此，立法语言应当具备准确、全面的基本特点，这同样是立法领域法治话语的特征。如果话语不准确，模棱两可，含义的表达就存在模糊性，行为人难以理解条文要求的内容；话语不全面，对于一些情况就可能存在遗漏，导致法律的不周延性，引发法律空白，无法调整的困境。虽然准确、全面形式上并不复杂，但是要真正在立法中做到这两点仍然具有较高的难度，需要一定的立法技术和技巧的保障。立法者必须兼具战略家和文学家的素养，否则即使在宏观上有了宏大的构想，但在微观上也难以落实。

立法语言是一种以言取效的文辞表现。耶利内克主张，法律的效力，分析到最后，依存于心理的和主观的因素，即一般人对于它的拘束力的确信[4]。以言取效是指言说能够影响人，使人从事特定的行为。从语言上影响人的心理和主观艺术，从而使法律的调整对象认同法律的意义。要做到以言取效，

---

〔1〕 朱涛、柴冬梅：《刍议立法语言的“准确性”元规则及其实现——基于规范化的分析视角》，载《河北法学》2016年第6期。

〔2〕 孙潮：《立法技术学》，浙江人民出版社1993年版，第5页。

〔3〕 孙潮：《立法技术学》，浙江人民出版社1993年版，第63页。

〔4〕 [美] 博登海默：《博登海默法理学》，潘汉典译，法律出版社2015年版，第175页。

言的形式是十分重要的。这正是立法话语的内涵之所在。立法话语是有目的的，即以言取效。立法话语应当在自身的形式与内容上有所体现，其重心在于把握立法语言专业化与通俗化的均衡[1]。在形式上，必须是一种具有专业性、权威性与日常性的语言类别。专业性体现法律的专门内容，权威性是为了体现法律的权威和影响力，日常性则是指法律语言应当为人所明，不能太过于晦涩。在内容上，必须体现法治精神、法治原则、法律规范和法律事实。法律精神是理念层面的内容，应当反映在立法话语中的总则或者通则部分。法律原则、法律规范和法律事实是组成立法话语内容的主体部分，对应具体的法律事件。从这一角度来说，立法话语几乎就是法律话语，或者说是法律话语的主体。

（二）执法维度的法治话语

执法是法治实施的主要形式，法治话语主要表现为与行政相对人沟通过程中的专门对话模式以及相关的法律文本的制定。执法要求准确、高效、公平，执法机关与行政相对人的对话与交流是执法的重要环节，在这个环节中，用好法治话语，能够提高执法的权威性和效率。依法行政是法治政府最基本的特征和责任。行政执法要求效率，用最简短、清楚的话语表达执法者的意图，使行政相对方能够理解执法要求。所以，这一特点也成为法治话语在执法方面最基本的特点。执法维度的法治话语是比较集中的，形式相对统一，目的比较一致，话语体系清晰，内容简练明确。行政主体在运用法治话语执法过程中，借助话语形成的权威和指引，使行政相对方按照法律要求从事，从而实现执法目标。

要使法治理想得以实现的话，我们必须在已有法律文本的基础上借助法律方法论的功能为法治服务。文本不会自动实行，需要人去操作，而操作就需要规程、方法和技术[2]。操作文本的规程、方法和技术其实也是通过话语表达。尤其是在执法领域，法律作为依据是执法的起点，如何使执法的效果更好，取决于执法话语的再运用。作为话语体系，执法领域的法治话语具有稳定性与开放性双重特点。稳定性是指作为执法机关，在执法过程中所表

---

〔1〕 朱涛、柴冬梅：《刍议立法语言的"准确性"元规则及其实现——基于规范化的分析视角》，载《河北法学》2016 年第 6 期。

〔2〕 陈金钊：《中国法治需要迈进方法论时代》，载《时代法学》2011 年第 3 期。

述的公务语言应当依据法律表达，内容与表达方式确定。比如，行政许可、行政处罚都具有固定的表述内容和表达方式。通常涉及的内容为根据法律规定，予以许可或予以处罚，表达方式一般是书面告知，有些情况下口头告知。不论是书面告知还是口头告知，都应当遵循法律规定的表达方式，否则有损法律权威，甚至可能影响告知，从而使执法无效。稳定性是执法严肃、确定的保证，只有稳定的话语，才能使人得出比较确定的结论，从而按照法律的要求为特定的行为。

（三）司法维度的法治话语

在司法维度，法治话语是司法裁判结果的载体，精准地用语可以获得最好的裁判效果。在司法审判过程中，各类法治话语的运用也是保障公平审判，对抗权力修辞等法外因素的重要力量。司法维度的法治话语重视修辞，关注整个庭审过程中理念和实践的种种表现。庭审的整个过程都是法治话语发挥作用的过程，善于运用法治话语，能够使庭审更加严密和公平。经得起理性论证检验的司法判决如何获得听众的接受，是法学研究中必须面对的问题。毕竟，理性意义上称得上正确的判决，必须被听众接受，得到人们的普遍尊重与服从，才能获得实际的社会效果〔1〕。要达到这样的效果，就必须依靠法治话语的合理运用。

理性是观念层面的概念，如何将理性的意义反映出来，需要载体支撑。话语就是反映理性的载体，法官所想，当用法官所言呈现。因此，司法维度的法治话语具有极其重要的意义。首先，法治话语是表达司法裁决的形式。任何一个裁决，都是由法律语篇所表达的。在西方，裁决可能洋洋洒洒如同一篇论文。我国的司法裁决有自身特点，相对简练，但对案件核心要言不烦地表达出来。不论是哪一种形式，都需要精湛的话语使用技巧，准确、合理、全面、系统是话语表达的基本要求。通过话语，司法裁决这一形式获得人们的接受与认可，从而实现以言取效的目标。其次，法治话语是司法庭辩的保障。之所以在法庭上会有辩论，正是因为辩论的内容与形式都是法律属性的。如果没有了司法话语，所谓的庭辩就变成了争论甚至争吵。正是有法治话语保障，庭辩才是规范的，才是建立在一个共同的法律知识集群基础上形成的

〔1〕侯学勇、杨颖：《法律修辞在中国兴起的背景及其在司法审判中的作用》，载《政法论丛》2012年第4期。

论辩，才具有通往法律结论的可能。最后，法治话语是法官自由心证的客观表现。对于案件，法官结合法律和经验进行心证，但是心证的过程和结论都不为人知。正是通过法治话语，法官的自由心证才能够按照一定的规范体系表达出来，接受各方的审视，保证了审判的专业性与质量，同时也能在一定程度上维护审判公正。

司法话语中最重要的一个特点或者说应用之关键在于抽象与具体之衔接。司法是法律效力的最后一道关口，是法律权威的保障和体现，作用于具体的案件，这一点与立法是完全不同的。在作用具体案件过程中，抽象与具体之对应是十分重要的问题，并且也是司法话语必须解决的问题。卡尔·恩吉施曾说："只要人们注意抽象与具体的区分，人们也将面临一个经常讨论到的，我不想在此忽视的问题，因为这对法律思维的特性富有启发性。它是指事实构成与法律结果相互处在何种关系之中〔1〕。"如何将具体的事实与抽象的法律结合起来，使法律和事实能够衔接，从而让事实进入法律世界，接受法律的评价，这些都需要司法语言予以表现。

三、法治话语体系宏观结构的适用

语言学上的宏观结构是指语篇或话语的高层次语义结构。宏观结构对人们理解语篇的过程具有极强的解释力，是复杂信息处理过程中的一个必要成分。〔2〕从中可以看出，话语结构与话语之间是整体与部分的关系，但同时也是彼此促进，通过整体和部分的作用实现话语内容的表达。对法治话语体系来说，把握其宏观结构可以更好地运用微观结构传达法治意图，实现法治语言的说服力。语言（话语）结构是"由属于同一社会内的主题的言语实践所呈现的蕴藏"，另外，语言系统也只能从言语中产生〔3〕。因此，必须从法治话语结构中去理解话语，运用话语，同样从话语实践中完善法治话语的结构和系统。在法治话语体系的宏观结构是一种内部分类，将浩瀚复杂的话语体系按照内容类别分为立法、执法、司法三个领域。三个领域都有独立的话语内容、方法和规律，对所属微观要素产生影响，使其针对具体的事实发挥作

〔1〕［德］卡尔·恩吉施：《法律思维导论》，郑永流译，法律出版社2017年版，第35页。
〔2〕王全智：《宏观结构与意义关系》，载《外语教学》2001年第5期。
〔3〕［法］罗兰·贝特尔著：《符号学原理》，李幼蒸译，中国人民大学出版社2008年版，第5页。

用。宏观结构或可以提供这样三方面的启示。

宏观结构下不同的维度在话语内容、体系、方法、规律上都存在明显的差异。用好法治话语的前提是重视差异，根据不同的内容来思考和使用话语。不同话语的规律是不一样的，应当按照规律去认识和使用话语。结构主义认为语言是一个独立的系统，其组成成分，不论是语音成分、词汇成分，还是语义成分，都依赖于其他成分而存在；一个成分的价值取决于它与该系统中与其成分的对立。语言成分是关系网络中的点，它不会领先于，更不会独立于网络而存在〔1〕。从这一点来说，不论是立法、执法还是司法的话语体系，都应当统摄所属微观要素，在自身结构中运用各要素发挥作用，同时不断完善、发展自身的形式和内容。用好不同类型的法治话语体系要从以下几方面入手。

（一）把握不同类型法治话语的差异

不同类型法治话语形式和内容在形式与内容上存在差异。立法要求科学、执法要求效率、司法要求公正，从立场和方向上看，三者也各有侧重。三类话语内容是不同的，这是最明显的差异。但同时，虽然在法治话语体系下，相同的法律词语，比如权利、义务在三类话语体系中都能适用，但产生的效果却是不同的。比如，在立法话语当中，权利、义务的表述必须非常准确、严密，因为这一表述将对行为人产生实际的影响，使其承受利益或者不利益。因此，立法对于设定权利和义务都需要审慎的考虑，充分的论证，在话语使用上也必须慎之又慎，否则将引起混乱和矛盾。在执法话语中，权利和义务是借由法律条文规定的，必须严格按照法律条文的表述予以表达，准确、严格就是执法话语所必须具备的要素。司法话语当中，权利和义务将反复出现，裁判的结论就是对权利、义务的配置和协调。因此，司法话语既应当严格按照法律条文中对权利、义务的表述来表达，又要结合法律论证的要求，对权利和义务作出说明，在使用话语方面具有一定的开放性与多元性，从而使权利、义务的相关问题能够得到更好的接受和认同。

法治话语的三个维度对于同样一个话语对象的使用具有各自的倾向性和侧重点。这些差异应当被认识和尊重，如果没有认识到不同话语类型的差异，在使用话语过程中不加区分，可能产生不利的后果，造成法制的混乱甚至矛

〔1〕 王全智：《宏观结构与意义关系》，载《外语教学》2001年第5期。

盾，不利于社会秩序的稳定。比如对权利、义务一词的使用，立法领域的使用就比较谨慎，使用的频率相对较少，只有在必要时方可表达权利、义务的概念。执法领域则一般按照法律规定的内容予以表达，不超越法律的规定。司法领域则对权利、义务这对范畴的使用比较普遍，相对使用较多。如果混用，比如立法领域的法治话语经常使用权利、义务，在立法过程中将权利、义务展现得比比皆是，则容易形成一种不严肃的情形，同时也不利于法律的实施。同样地，如果司法论证过程中权利、义务惜字如金，也很难将论证表达得充分、合理。所以，不同类型的法治话语在使用上存在差异，应当意识到这种情况，遵循这一规律使用话语。

（二）尊重不同类型法治话语的言说规律

不同类型的法治话语具有自身的言说规律，应当遵循，不应违背。言说是指用语言表达意图和观点。言说应当按照语法来表达，语法是言说的规律。法治建设的主要形式就是法治话语的实践，或者是法治言说。法治言说有其自身的规律，比如规范性、体系性、确定性、程序性等。在不同法治话语类型中，其各自也有自身的规律需要遵循，不得违背，否则容易引起矛盾和弊端。

立法的言说作为传达立法意图和体现立法政策的专门载体，立法语言并非法律术语和日常语言的简单堆砌，规范完整的法意表述必须依托语义逻辑严谨、句法结构规范的文字表达[1]。比如一部法律，其应当分为总则、分则、附则；结构上存在章、节、目、条、款等。这里每一个要素的表达都应当是准确、严谨、规范的，这是立法言说的基本规律。作为执法，其言说必须准确、简练、有力，使相对人能够领会话语的含义，按照话语的意义行事。比如下达行政处罚的函，其言说应当清楚、简练、准确、权威，使相对人意识到自身的问题，并依法接受处罚。司法言说则要求言说严密、充分、翔实、规范，使当事人能够认同裁判的结果，比如西方司法判决书往往旁征博引，恰似一篇论文。近年来国内一些法院的判决书也越来越充实，内容涉及了如何进行裁判的路径说明与阐释，在法律论证上有所加强，提高了判决的可接受性。不同领域的话语规律各有不同，各自结合相关领域的实践形成。在运

---

〔1〕 朱涛、柴冬梅：《刍议立法语言的“准确性”元规则及其实现——基于规范化的分析视角》，载《河北法学》2016年第6期。

用法治话语实践过程中应当予以注意并遵循。

（三）完善不同类型法治话语的形式与内容

现在我们的法律越来越庸俗化了，常理、常情、常识被当成了解释法律的依据。本来这个问题似乎不是个大问题，因为法律本来就来自社会。问题在于，我们现在所拥有的常理、常情、常识一部分是不确定的，另一部分是和法治背道而驰的〔1〕。常理、常情、常识都是通过日常话语来影响人的，如果这些信息可以使人们违背法治，说明法治话语在某些方面还有不足，难以和日常话语对抗。这时候，就需要对法治话语的内容予以完善和修改。不同类型的法治话语有其自身的特色和规律，随着法治建设的发展和新问题的出现，自身也有不断完善和补充的必要。不同的法治话语类型的补充与完善应当体现区分且有所侧重，具有较强的针对性。与作为制度和系统的语言结构相对，言语在本质上是一种个别性的选择行为和实现行为〔2〕。因此，不同的话语类型往往有不同的发展方向和发展空白。这就需要各领域的实践者不断地结合本领域的特点去完善和补充，使本领域的话语体系更加系统、科学、严密。

在立法话语方面，应当注意完善立法语言的表达形式。话语是传达意图的载体，能否完整、有效传达意图是话语使用质量的标准。在目前的立法实践中，一些法律表达尚未能合理表达立法意图，反而可能为调整社会生活造成了一定的困境。在完善立法话语中，应当有意识地对使用不当的表述进行纠正和修改。在执法话语方面，应当注重行政自身的特点。行政就是按照便利的原则（principle of expediency）对于公私事物的处理〔3〕。行政应当在话语中反映这一属性。因此，其话语形式应当是对法律规范借用从法律规范中选取的部分内容表达，因此应当注意法律规范以外话语的设计，使其既具备严肃性，又不失通俗性。让执法话语既为人所理解，又为人所尊重和认同，从而减少执法阻力。因此，立法话语必须要注意的，就是在司法话语体系方面，应当加强法律修辞的使用和熏陶，改善司法话语的本体形式与论证形式。法律文本具有客观性，需要法官予以解释才能释放意义。在英国法上，法官

〔1〕 陈金钊：《中国法治需要迈进方法论时代》，载《时代法学》2011年第3期。

〔2〕［法］罗兰·贝特尔：《符号学原理》，李幼蒸译，中国人民大学出版社2008年版，第4页。

〔3〕［美］博登海默著：《博登海默法理学》，潘汉典译，法律出版社2015年版，第75页。

对文本的解释结论甚至要优位于立法者通过文本所要表达的意图[1]。因此，法官的解释话语充满力量和权威。通过修辞学进行法律论辩，实际上是论辩双方相互说服的过程。听众的存在使相互竞争的言者，难以超越合乎理性和情理的辩论边界。理想的论辩情境，是具有共同知识背景者之间进行的论辩，听众的专业知识可以防止言者滥用修辞学方法发表谬论，同时也可以保证论辩的理性化[2]。要实现这一目标，必须首先建立起一套完整的司法话语体系，形成知识的基础。行动之协调和互动网络之形成是借助于理解过程而进行的，就此而言，主体间共享的信念构成了社会整合的媒介。使行动者确信的，是他们所理解的并且认为有效的东西[3]。只有通过知识传授，使法律职业共同体得以基本形成，从而使各方具备交流的基础。在法律职业共同体的背景下，让论辩双方在这个体系下进行论证和辩驳，从而让听众从专业的视角予以评判，维护裁判的公正性与权威，使司法的社会效果得到反映。

（四）利用不同的法治思维推动话语体系发展

法治思维是法治的观念形式，是指按照法治的原则、理念、原则、方法等认识外界事物的思考方式。法治思维要求认识问题从法律因素出发，落脚到法律因素，从法律的设问到法律的回答，是法治社会建设的思想基础。法律话语与法治思维具有同质性，是一个事物的不同侧面，都重视规则和程序的作用，强调逻辑推理方法的运用，重视在平等的话语氛围内探究决策方式[4]。因此，法治思维是法治话语的抽象观念，法治话语是法治思维的具体表现。

立法、执法、司法是不同的法治建设模式，具有不同的思维形式，因此在思维层面对其维度话语的影响也是有差异的。作为立法来说，主要的思维模式包含逻辑思维，但可能更侧重诸如宏观考虑、长远考虑、多元考虑等逻辑思维以外的因素。因为立法并不仅仅关注当下，还要关注今后相当长的一个时期；并不仅仅关注法条，还要关注法条的成效。所以，立法应当是一种综合性思维，逻辑思维是重要的组成部分，但并不是最主要的思维内容。立法最核心的思维内容应当是综合思维。对于立法来讲，往往需要考虑到诸多

---

〔1〕 See：Neil Duxbury，Elements of legislation，Cambridge university Press，2013，p. 129.

〔2〕 陈金钊：《法律修辞（学）与法律方法论》，载《西部法学评论》2010 年第 1 期。

〔3〕 ［德］哈贝马斯：《在事实和规范之间》，童世骏译，三联书店 2003 年版，第 43 页。

〔4〕 陈金钊：《权力修辞向法律话语的转变——展开法治思维与实施法治方式的前提》，载《法律科学（西北政法大学学报）》2013 年第 5 期。

因素，如政治的、社会的、经济的、文化的、道德的等，对这些因素的综合考量是立法最主要的思考模式。作为执法来说，其思维方式应当是依法行政，严格按照法律规定办事，不得突破法律规制的边界自行决策与活动。同时，行政应当追求高效，不能懒政、怠政。这一工作要求也应当反映在执法的思维上。司法思维则更加具有自身特点，必须具有较强的逻辑性是司法思维最重要的特色。通过形式逻辑的推理，利用归纳推理和演绎推理的技巧，法官对案件作出裁判。所有的判决都应当讲逻辑、讲规范，追求客观公正的裁判结果。

不同的思维将对法治话语体系不同领域产生差异化的影响。在立法领域，综合性思维将使法治话语形式上更加凝练，而并不是更加丰富，因为综合性地思考其目的是使表达更加抽象和准确，浓缩相关素材和资料，形成思想的精华用语言表达出来。在执法领域，由于依法行政思维的影响，法治话语应当简练、明确、规范，反映法律规定的内容，不能脱离法律或者在法律的基础上随意演绎、变化。在司法领域，受形式逻辑的影响，法治话语各要素之间，比如词语、语句、语篇之间的逻辑性必须较强，能够从基本概念推导出结论，整个过程是融贯的，不能出现矛盾或者抵触。所以，司法的话语是逻辑的，这正是司法思维的集中体现，也是司法法治话语发展的主要方向。

结　语

法治话语体系建设对于法治建设的地位日益重要，对其本体的研究也应当不断深入和发展。体系对于法治、法律来说是一个恒久的命题，对体系的审视也通常都是从结构入手的。理解了结构，就等于理解了整体与部分，从而能够更好地去运用对象。认识法治话语体系的结构形态，尤其是宏观结构，可以使我们获得从整体看部分的视角，同时又能从部分溯回至整体，通过改变部分来改变整体的一些特征。法治话语体系所属三个维度各有独特的内容与性质，不同维度对于各自微观结构的影响不同。通过分解法治话语体系，从立法、执法和司法维度去考查其差异与特性，可以使我们在具体运用微观要素时着眼大局和背景，更好地发挥微观要素的作用，同时也对法治社会整体的秩序产生积极影响。

论小额财产执行案件的修辞方式

范　跃*

摘　要　在所有强制执行案件中小额财产执行案件应重点突破。分析小额执行案件的划分标准，有利于推动执行案件分流，提高执行效率。小额财产执行案件有数量大、案由分布相对集中、被执行人收入水平偏低、常隐含案外矛盾、执行难度相对较小等特点。执行工作中应重视分析案内外矛盾，这将有助于减少执行阻力。执行中进行严格的财产查询、重视询问工作、注重讲法说理、合理运用强制措施等策略是解决小额财产执行案件的有效途径。

关键词　小额财产案件　强制执行　执行策略　强制措施

"执行难"是我国法治发展急需解决的问题。"在执行案件中，财产类执行案件占据主要地位，因此，对财产类执行案件执结情况如何考评极为重要。"[1]作为财产类案件中常见的小额财产执行案件是基层法院执行案件中最常见的一类。小额财产执行案件的高效办理在有效提高执结率、缓解办案压力的同时可以有效缓解社会矛盾、稳定社会秩序。这类案件有其许多显著的特点，例如被执行人的收入水平相对偏低、案件中常夹杂着案外矛盾、执行难度相对较小等等。执行工作人员在实践中也积攒了大量的办案经验。案件在流程上进入执行程序后，执行员首先会向被执行人发出执行通知书，进行程序性告知被执行人应当履行的义务以及拒绝履行的不利后果。同时，对

* 范跃，男，河北秦皇岛人，华东政法大学博士研究生，研究方向：法律方法论。

〔1〕 李智辉：《关于改进财产类执行案件执结考评指标的思考》，载《人民法院报》2014 年 2 月 26 日第 8 版。

案件进行系统化的财产查询，执行案件也由此分流。那么，小额财产执行案件的划分标准是首先需要探讨的问题。

一、小额财产执行案件概述

（一）小额财产执行案件的划分标准

小额财产执行案件通常是指进入法院强制执行程序，在金钱给付的案件中，执行标的额较小的案件。司法实践中小额执行案件也基本都是根据各法院执行案件的具体情况来进行的一种内部分类，具体数额的衡量标准并没有全国统一的法律规定。对于数额标准可以参考我国关于“小额诉讼”制度的规定，《中华人民共和国民事诉讼法》第一百五十七条规定：“基层人民法院和它派出的法庭审理事实清楚、权利义务关系明确、争议不大的简单的民事案件，适用本章规定。”第一百六十二条规定：“基层人民法院和它派出的法庭审理符合本法第一百五十七条第一款规定的简单的民事案件，标的额为各省、自治区、直辖市上年度就业人员年平均工资百分之三十以下的，实行一审终审。”其中，“标的额为各省、自治区、直辖市上年度就业人员年平均工资百分之三十以下的”可以作为执行案件中小额财产执行案件的划分标准的参考。例如，国家统计局数据显示2017年全国城镇单位就业人员平均工资标准为74318元人民币。[1]按照百分之三十来计算，即为22295.4元人民币。也就是说，在我国大部分法院可以将两万元人民币左右作为一个大致标准来划分小额执行案件。但这只能是一个原则性指导，应根据具体地区的经济发展水平的不同，以及具体各法院执行案件标的额的差异做出具体调整。明确小额执行案件的划分标准对于研究此类案件具有重要的现实意义。

（二）小额财产执行案件的特点

根据执行案件难易，推进繁简分流，实行分段集约执行，不仅能够有效地减轻执行法官压力，也是解决“案多人少”矛盾，基本解决执行难的有效之举。[2]小额执行案件是人民法院强制执行案件中很重要的一类案件，有很多特点，比如案件数量大、案由相对比较集中、被执行人的收入水平整体偏

〔1〕该数据来源于国家统计局官方网站。

〔2〕杨凡：《推进繁简分流 优化审判执行》，载《人民法院报》2018年11月2日第2版。

低、案件中常夹杂着许多案外矛盾、执行难度相对较小等。小额执行案件在全国执行案件中占有很大比例，尤其体现在基层法院的积压案件中。这也促使基层法院很重视此类案件，往往进行集中办理。

在小额执行案件中，案由的主要分布在婚姻家庭纠纷、合同纠纷以及侵权责任纠纷。其中婚姻家庭类纠纷主要集中在抚养费纠纷和赡养费纠纷；合同纠纷类案件主要集中在借款合同纠纷、买卖合同纠纷；侵权责任类纠纷主要集中在机动车交通事故责任纠纷等。这里也只是大致的案由分析，实践中还存在着很多小额执行案件涉及的案由，但是大体上来说，以上案由是比较常见和集中的。这些案由的分布，在一定程度上体现了小额财产执行案件通常与人们的日常生活更加贴近，往往涉及普通百姓最常见的生活矛盾及经济纠纷，所以这类案件也常常被人们所关注。从另一个侧面看，此类案件如果执行不力，会更多地影响到人们的日常生活，进而削弱公民的法律信仰。

小额财产执行案件中，被执行人的收入水平有很多都是相对较低的，这不难理解，如果被执行人的收入水平很高，在权衡利弊后多会主动履行。因为在执行中不仅需要占用被执行人的时间，而且被执行人面临着遭受强制措施甚至是刑罚处罚的风险，并且在出行、消费等各个方面受到限制，还会在一定程度上影响声誉，所以对于高收入者来说，很可能因为拒不履行判决而带来生活上的不便利和更大的经济损失。与之相反，低收入群体，往往商事活动不频繁，不依赖于商业信誉而谋生，所以有些强制措施的作用在这些人群中较难发挥出作用。小额财产案件中的被执行人拒绝履行判决义务，在很大程度上，不仅仅是因为收入的低微，或者是劳动能力的不足，一部分案件源于在案件外存在着难以调和的矛盾，或者是在案件中体现出来，而判决未能全面处理的矛盾。由于社会生活的复杂性，不可能通过法院的裁判把所有生活中的各类矛盾都一并解决。例如在赡养、抚养等案件中，婆媳矛盾、妯娌矛盾、夫妻忠诚的丧失等等诸如此类的家庭矛盾都难以通过量化的债权关系予以调整，人与人之间的感情、亲情所激发出来的矛盾甚至是单纯基于个人喜好而衍生出的家庭矛盾都广泛地存在于社会之中。这些案内外矛盾的产生可能已存在几年甚至几十年之久，而针对这些矛盾激化产生的各类案件可能仅仅体现在与财产相关的诉讼中。所以单纯处理民事案件中的财产争议是很难化解真正的案件矛盾的，这就是许多案件执行难度大的原因，这在小额财产案件中体现得尤为突出。

相对于标的额巨大的执行案件来说，小额财产执行案件的执行难度是相对较小的，这也是各基层法院常集中办理小额执行案件的原因。但这不是绝对的，小额案件中也存着很难执行的案件，例如被执行人失去联系难以查找、劳动能力不足、部分财产处理困难等诸多因素都会导致执行案件陷入僵局。但总体来看，小额执行案件是相对来说执行阻力比较小的一类案件。因为小额执行案件的执行标的额较小，这就对被执行人的收入水平要求不高，就算不能直接全部履行，也可以转化成分期逐步履行，这相比巨额财产标的具有更大的执行可能性。在执行力度加大、执行措施日趋完善地背景下，小额执行案件是最容易进行突破的方向，有利于提高执结率、化解民生矛盾、树立司法权威。把小额财产类执行案件分流出来，作为重点工作来推行，是一种重要的、可行的、有效的工作方法。司法实践中许多执行局把“小额速执”作为一种执行方案，对那些标的额小、当事人法律关系简单、案件事实确实清楚、争议不大的案件进行优先快速处理。但这只是相对的，并不是说小额执行案件都具有当事人法律关系简单、案件事实确实清楚、争议不大的特点，需要注意区别对待。

二、修辞运用的必要准备

虽然小额财产执行案件的执行标的额较小，但案件由审判进入到执行阶段，说明被执行人未主动履行或完全履行义务。依此来看，所有的执行案件都存在着一定的“履行阻碍”，也就是说都存在一定程度的执行难度，只是难度的大小不同而已。“对于追索赡养费、抚养费、扶养费等涉民生案件的执行，要注意执行的方式方法。申请人与被执行人往往具有亲属关系，直接采取强制执行措施可能会造成双方关系进一步恶化。因此，执行局法官在面对此类案件时，要先找到被执行人进行谈话，动之以情，晓之以理，充分体现司法为民理念。”[1]例如赡养费纠纷类案件，被执行人完全丧失履行能力的案件比例其实很小，一个正常的成年人不赡养自己的父母很多都是由于心里隐藏的矛盾。这些矛盾是多种多样的，有的可能是因为分家析产时财产分配的不均匀或者其他负有赡养义务的子女未同自己一样履行赡养义务亦或

〔1〕 姜波：《涉民生案件执行技巧探析》，载《江苏法制报》2017年7月21日第C版。

是因为婆媳及妯娌间由来已久的不满情绪等等。这些案外矛盾，很多时候隐藏在案卷背后而不容易察觉到的，被执行员所忽视。正是由于对于这些案外矛盾的忽视，导致无法直面被执行拒绝履行的原因，而单一的、强势的采用强制措施的威慑力量，在执行过程中不能体现人性化的应对策略。也正是由于执行策略缺乏正对性，缺乏具体的语境考量，导致执行工作效果差、执结率低。

（一）充分分析案内外矛盾

为了保证审判的公正，避免因执行困难而正义得不到实现，我国实行审判与执行分离的制度。审执分离的制度设计是有利于维护法治和实现个案公正，但不可否认的是，这也在一定程度上加大了执行难度。但是这并不能否定审执分离制度的合理性。而由于审执分离的制度设计，执行员并没有像审判法官一样对案情有充分的了解，在执行案件卷宗中只有申请书、判决书等材料，并没有审判卷宗中关于证据、开庭笔录、代理词、辩护词、各种证据等关于案件细节的材料。而仅仅通过执行卷宗里的执行申请书及裁判文书等材料是不足以了解案件矛盾的。这就对执行工作提出了进一步的要求，在处理背后可能存在“隐情”的案件时，需要通过对审判卷宗进行查阅来把握案件矛盾，例如在审判过程中的争议焦点、举证质证意见、辩论意见等内容，这样可以有效地了解执行卷宗中缺失的案件细节。在条件允许的情况下，如可以直接向审判法官了解案情，也会更加直观的了解案件细节。但值得注意的是，执行员须立足于案件执行工作本身，避免受到审判法官过多的价值因素的影响，即使我们有理由相信审判法官在审判过程中是中立的。

执行员对于这些在审判中案卷细节的把握，应该作为对当事人进行询问的前置程序，以便利于在执行过程中与当事人进行有效的沟通。而有效的沟通常是消除执行阻力的有效方法。“针对个案的法律论辩必须根据案件的法律争议点选择相关性的法律修辞方法。作为特定语境下的“运用性商谈”和“法律辩证”法律修辞总以试图影响、说服他人为出发点，它是面向法律听众的讲演而非修辞者自己内心的独白。”[1]被执行人通常是在历经了复杂的和专业化的审判程序后才拿到判决。这一过程容易对审判工作产生情绪对立化

〔1〕 吕玉赞：《案件说理的法律修辞方法选择——以甘露案再审判决书为例》，载《东方法学》2015年第1期。

倾向，这在任何审判模式下都不可能完全消灭。从被执行人的角度来看，执行员是一张新面孔，他们常会把自己的内心想法再倾诉一次。如果执行员对于审判中案件的细节有所把握，再加上工作经验与说服技巧的配合，很容易抓住被执行人对立心理的根源，依此展开有效的沟通，常能取得较好的效果。

但是在司法实践中往往并非如此，执行员经常仅通过裁判文书来了解案情。有些执行员在拿到案件后，只看判决结果，连判决书都没有完整地查阅。以这样的姿态很难与被执行人进行有效沟通。这种情况主要有两个方面的原因，首先执行案件数量巨大，在我国一个普通的基层法院往往有数千甚至上万件积压执行案件，在此基础上还要面对不断的新增案件，而法院的执行部门往往还存在人员不足的问题，这就直接导致执行员仅在办案数量上就承担很大压力，而没有充足的时间去了解案件细节，这也从执行角度体现了效率与质量的价值取向问题。此外，执行案件的卷宗中没有审判卷中的案件材料丰富，往往只有当事人提供的执行申请书、裁判文书、生效证明等内容。一些涉及审判过程中案件细节的材料，常常需要执行员自己去调取的，这无疑又为执行员增加了工作量。例如庭审笔录就是一个能反映当事人心理情节的材料，如果在执行立案制作卷宗时加入相关的案件细节材料，将会提高执行工作效率。那么哪些审判案卷材料有利于案件的执行工作？这可能需要从审判人员的建议以及执行员的主动探寻这两方面入手。如在制作审判卷宗时，将可能影响案件执行的案情材料进行分类汇总，送交给执行员，将是案件从审判到执行很好的一个衔接。这一部分案卷材料可以通过审判工作人员由数字办案系统推送给执行员。

执行员对于审判案件细节的主动探寻，主要有三种方式：其一，主动调取审判卷宗材料。具体方式可通过查询电子卷宗完成，电子卷宗通常情况下与纸质卷宗是一致的，但是如果在查阅过程中发现存在扫描缺失或者清晰度低等技术上的问题，应当调取纸质卷宗进行查阅。其二，向审判法官了解案情。这是执行员很愿意采取的更直接的工作方法。这样可以更高效地获取案件细节。并且，这些语言信息，是经过专业筛选的，更加精华，可以在很大程度上降低执行员的时间成本，节省司法资源。但这种方法也存在弊端，审判法官在审判阶段难免夹杂着价值判断甚至是个人的情感倾向，这就要求执行员在获取有效材料的同时进行区分与筛选。正如考夫曼所说“法官从来都不是‘仅仅依据法律’引出其判决，而是始终以一种确定的先入之见，即由传统和情境确定的成见来形成其判决。”[1]在听取审判法官意见的同时，应摄取有助于案件执行的材料。其三，主动向当事人展开询问。如上文所述的两种方式属于执行工作开展前的准备工作。而找到案件的“症结”，很大程度上要依赖对当事人直接的询问，经验丰富的执行员难得的技能之一就是高超的询问技巧。这种执行员的日常工作，也许远不像它看起来那样简单。

（二）严格财产查询

随着数字办案系统的不断升级，执行查询工作已由传统的人工现场查询过渡到了以网络系统查询为主的阶段。通过对于银行系统、房产管理部门、车辆管理部门、证券管理部门甚至是网络营销平台等相关系统的全面联网，在执行系统中可以直接办理查询、冻结等一系列的传统“窗口排队式”的执行工作。例如，在传统的执行工作模式下，需要查询被执行人账户余额时，执行员往往需要到各金融机构业务窗口进行排队查询，并且由于之前各商业银行之间不能相互共享司法查询信息，经常需要跑遍被执行人所在地的各大金融机构进行单独查询，这耗费了大量的人力物力。在数字办案系统的全面普及下，只需要输入案件基本信息、将案件推进执行程序，就可以直接线上查询被执行人的一系列财产情况，这大大提高了执行工作的效率。

但是值得注意的是，在数字办案系统的查询过程中，并不是没有遗漏的，有时会出现各部门系统信息更新不及时、网络错误、反馈迟缓及操作失误等问题。这就要求执行员不能单纯地依赖数字办案系统进行查询，需要结合案情听取相关当事人提供的财产线索进行严格的、全面的财产查询。需要进行现场查询的及时进行查询，以避免由于查询工作的拖延导致可执行财产被恶意转移。而不能以数字办案系统的错误和延误等原因为借口，对一些特殊情况的出现不管不问，错过最佳执行时间。严格的、全面的财产查询才是最有效的财产查询，因为查询工作是执行工作的重点，所以必须加强财产查询的工作力度。这将直接影响案件的分流，决定案件的执行策略选择。尤其是针对小额财产案件，小额财产类案件因为其标的额不大，被执行人往往具有相应的可执行财产，也正是由于标的额相对较小，所以恶意转移财产的情形相对较少，也常因为当事人属于财产的管理，经常会在许多账户中发现被执行人已经遗忘的存款或其他形式的可执行财产。执行工作中能够直接查询到可

---

〔1〕［德］考夫曼：《后现代法哲学——告别演讲》，米健译，法律出版社2000年版，第21~22页。

执行的存款也就意味着案件已经基本执结，这样也可以最大限度地节约司法成本。相反如果没有可供执行的财产或者财产不足以给付判决义务，那么执行工作的重心将发生转移。进一步的询问工作及说服工作可能将转变为执行工作的重点。

三、小额执行案件的修辞策略

（一）重视询问工作

无论是基于执行员为了了解案情而的主动向当事人询问，还是申请人向执行员反映案件情况，执行工作中有很大一部分时间是接待申请人的。这种接待工作常是被动性的，申请人积极地找到执行员进行案情解释、提供一些可供执行的财产线索是非常有利于执行工作的。执行员与申请人的首次接触通常是正常有序的。但是，执行工作往往不是那么顺利，申请人的心态会随着执行不到位而发生重大变化，对于执行的失望及各种负面的揣测会衍生出与执行员的对立情绪，由此对于申请人的频繁接待会成为执行员的工作负担，陷入恶性循环，从而浪费司法资源。此时执行员更加需要耐心解释，说明执行进展情况及执行方案，让申请人在心理上保持对执行员的信任。

执行工作与审判工作在工作性质、工作方式上都有很大不同，审判工作需要中立站位，法官不能明显地表现出对一方的好恶，必须忠于法律而裁判，这样才能使当事人在诉讼中感受到公平，能使判决具有可接受性。而执行工作目的明确，对于负有判决义务的被执行人进行强制执行。执行难，其实难的不是那些根本就不可能履行义务的案件，至少目前来说不是，难的是那些查不到被执行人财产而其明显具有履行能力的案件。如果在询问工作的一开始就让被执行人感受到一种“高压”，则容易让其产生强烈的自我保护意识。这样会导致执行员与被执行人之间的沟通变得困难，最后又不得不耗费大量的司法资源去攻坚。如果在询问的一开始，执行员就选择人文关怀的倾听方式，有助于打开被执行人心理防线，也有助于找到被执行人拒绝履行的真正原因，从而推动执行工作的顺利展开。

被执行人收到执行通知书后仍不履行判决义务的，通常有自己内心的理由。如果执行员耐心地听取被执行人的辩解，从中找到不履行的真正原因，这对案件执行是能够起到积极作用的。在被执行人倾诉的过程中，感受到自己被尊重，感受到一种人情关怀，这有利于执行员与被执行人之间的“相互理解”，会在一定程度上帮助被执行人放下心理包袱，而转向真正的法律问题。当被执行人抛下不稳定情绪，开始通过执行员的引导去思考法律问题时，就是执行阻力被打破的开始。

（二）加强法理说服

虽说小额财产执行案件具有争议标的额较小、当事人法律关系简单、案件事实确实清楚、争议不大等特点，而且案件经由审判进入到了执行阶段，但并不等于当事人就能完全理解案件中所有法律问题与法理。与之相反，对于被执行人来说，司法裁判没有符合自己的预期时，可能会对司法机关甚至是法律规范本身产生质疑，这些质疑也会演变成拒不履行判决义务的理由。所以在小额财产案件执行过程中，进行充分的讲法说理是很有必要的。“我国的法律文化向来重实体、轻程序，情感与道德判断往往优先于法律判断，这种法律传统决定了社会公众尤其是基层公众，受到自身文化视野、传统思想、地域风俗等因素的限制，对现代司法的有效性和公正性仍存有怀疑。”〔1〕正如上文所述，为了保证审判的公正，避免因执行困难而正义得不到实现，我国实行审判与执行分离制度。审执分离的制度设计是有利于维护法治的，也有利于个案的公正，但不可否认的是，这也在一定程度上加大了执行难度。由于审执分离的制度设计，当事人拿到判决后，审判法官不再负责案件的执行工作。这就会存在另一个问题，判决书送达之后，当事人难免会有很多法律上的疑问以及针对事实认定和裁判理由的不同意见，因为法律规范体系是专业知识体系，而不是简单的社会常识，普通人很难仅仅通过参与一场诉讼活动就能像专业法律人那样进行法律思维，更因为案件本身涉及切身利益，很难像法官的中立站位一样看待事实与法律问题。“许多判决书，不要说当事人看不懂理由，就是法学专业人士，在看完之后也是一头雾水”。〔2〕审判法官往往不会再对判决书进行法理解释，判决书中实际已经凝结了法官的法律论证。但是当事人能否充分理解这些法律论证呢？答案常常是否定的。可想而知，当事人在经历过复杂的、专业化的审判程序后、在付出了人力、物力、

〔1〕 徐红军、孙冠豪：《法律修辞与司法运作的功能衔接—以基层司法为视域》，载《法律方法》第22卷，陈金钊、谢晖主编，山东人民出版社2018年版，271页。

〔2〕 王利明：《用判决书说理促公正》，载《人民法院报》2013年4月25日第2版。

财力的诉讼代价后，必然最关心判决结果。而在看到判决结果不利时，心理会即刻产生对抗情绪，带着这种情绪不用说充分理解法官的专业化法律论证，甚至对法律规范体系都会产生质疑。这种质疑会随着案件流程一起进入到执行中来。

正因如此，对判决的解释工作往往会被“分配”到执行工作中来，这也是上文提到，执行员应当充分了解案情的理由之一。对被执行人进行讲理说法也可以说是一种法律修辞的运用。佩雷尔曼指出，“论辩者为了获得听众对自己主张的认同，需要使用法律共同体一般接受的观点作为论辩前提，这些前提包括法律规则、一般法律原则以及特定法律共同体接受的原则。”〔1〕把判决书中的法律规范、法理及论证向被执行人解释清楚，是很有必要的。让被执行人理解司法裁判结果的正当性，以获得判决结果的可接受性。“法律修辞方法是有多种主体参与、由法律规范所主导，在具体的语境中赋予案件事实以法律意义的活动。法律人必须考虑用更加细腻的思维来增大判断的可接受性，尽量减少纷争出现的机会。”〔2〕以被执行人的角度来理解，只有作为执行依据的裁判文书具有正当性和可接受性，执行工作本身才具有正当性及合理性。只有这样，才有可能得到被执行人心理上的认可。被执行人的内心里如果不承认判决的正当性，而仅仅是迫于拒绝执行的不利后果而考虑配合执行工作的话，很可能因此激起一种扭曲的抗拒执行的“正义感”，这无疑会导致执行阻力的加大，将执行工作拖入僵局。由此可见在执行过程中充分进行讲理说法是极其必要的。

（三）合理运用强制措施

执行强制措施通常是指人民法院依照法定程序，通过国家强制力量，依据已经生效的裁判文书，强制负有裁判文书中所确定义务的人履行其义务的措施，用以保证相关权利人的合法权益。其中国家强制力的保障，是强制执行最显著的特征。《中华人民共和国民事诉讼法》第二十一章规定了执行措施，其中包含了查封、冻结、扣押、划拨、变卖、拍卖等等具体措施。第十章对妨害民事诉讼的强制措施中第一百一十一条规定：“诉讼参与人或者其他

---

〔1〕［荷］伊芙琳·菲特丽丝：《法律论证原理——司法裁决之证立理论概览》，张其山等译，商务印书馆2005年版，第51～58页。

〔2〕陈金钊：《解决“疑难”案件的法律修辞方法——以交通肇事连环案为研究对象的诠释》，载《现代法学》2013年第5期。

人有下列行为之一的，人民法院可以根据情节轻重予以罚款、拘留；构成犯罪的，依法追究刑事责任”，而其中第六项就是“拒不履行人民法院已经发生法律效力的判决、裁定的。”《中华人民共和国刑法》第三百一十三条：“对人民法院的判决、裁定有能力执行而拒不执行，情节严重的，处三年以下有期徒刑、拘役或者罚金；情节特别严重的，处三年以上七年以下有期徒刑，并处罚金。单位犯前款罪的，对单位判处罚金，并对其直接负责的主管人员和其他直接责任人员，依照前款的规定处罚。”可见，不仅有罚款、拘留等民事诉讼法中规定的强制措施，更有严厉的刑罚惩罚手段来保障强制执行。这无疑会给被执行人带来强有力的震慑。在小额执行案件中强制措施的威慑作用更容易发挥出来，因为小额执行案件最大的特点就是执行标的额较小，被执行人于此进行价值衡量时，更容易选择放弃小额财产来“避险”。这就要求对于那些因为不甘心自己的财产“遭受损失”、有偿还能力而拒绝履行的被执行人要利用强制措施的威慑，必要时甚至选择适用惩罚性措施直至限制人身自由，对于性质恶劣的、社会危害性大的，要追究其刑事责任。

结　语

强制执行能够维护申请人的合法权益，同时是维护法律尊严和司法权威的重要手段。小额财产执行案件作为执结率提高的重点突破口，在加大执行力度的同时，应着重分析隐藏在案件背后的矛盾，这是后续的执行工作能够顺利进行的基础。执行中进行严格的财产查询、重视询问工作、注重讲法说理、合理运用强制措施等策略是解决小额财产执行案件的有效途径。执行难的有效解决，需配合以在实践中总结出的行之有效的执行策略的运用、法学理论的支撑、各种配套制度的完善。特别值得注意的是，执行难的问题不仅是法律层面的问题，更是一种深层而复杂的社会问题，社会中的民事交易、商事合同、婚姻家庭等风险绝不能仅仅依靠法律就可以全部规避，法律只是社会制度的最后保障，而不是所有社会问题的保险和转化器，生活风险不能全部依赖法律予以解决。随着信用、经济、社会保障等制度的不断进步与完善，相信执行难的问题会逐步解决。

行政裁判中的法律修辞分析

张军德*

摘　要　司法裁判不仅要具有合法性，还应具有“可接受性”。法律修辞基于案件事实并以“说服”为目标，其在裁判和辩论过程中的作用愈加彰显。行政诉讼相对于民事和刑事诉讼而言，主体身份和价值追求上有着本质上的区别。针对我国当前行政诉讼制度愈加凸显的上诉多、申诉难问题，将法律修辞合理地应用于行政裁判过程中，既能实现纠纷的实质性化解，也能实现法律效果和社会效果相统一。

关键词　行政诉讼　法律修辞　纠纷化解　可接受性

根据传统实证主义法学理论认为，司法判决一经做出，就具有当然的法律执行意义。这种理论不考虑民众对司法判决的接受性，也不考虑法官是否需要对所做出的司法判决的社会反映做出相应的估计。[1]即法官根据传统演绎论证的“三段论”，以法律规范作为大前提，案件客观事实为小前提，最后得出相应的唯一结论就是司法裁判的全部。但随着司法的发展，此类应用形式逻辑被证实并不能完全地在实践中适用，除了合法性，诉讼当事人以及社会公众对司法裁判的“可接受性”也提出了相应的要求。根据最高人民法院官网所公布的阶段性数据显示，2014 年 1 月至 9 月全国受理一审行政诉讼案一共 104542 件，二审行政诉讼案 37268 件，再审行政诉讼案 987 件。[2]上诉和申诉的比例将近 40%。原被告之间的纠纷没有得到实质性解决，判决也并

---

* 张军德，华东政法大学法律学院 2018 级硕士研究生，诉讼法学专业。

〔1〕 彭中礼：《法律修辞论证研究——以司法为视野》，厦门大学出版社 2017 年版，第 5 页。

〔2〕 源于最高人民法院官网公布数据。

没有实现其应有的社会效果，从而导致了我国行政诉讼案件原告上诉率、申诉率居高不下。

一、重新审视我国行政诉讼制度

在新中国成立之初，我国并没有实质意义上的行政诉讼制度。我国现行行政法是在西方分权理念的影响下制定而成，带有浓厚的西方法治理念的色彩。相较于我国的行政诉讼制度仅发展了三十年，西方的行政诉讼制度是建立在较为成熟的分权理念和较高的公民素质的前提下，因此这种在西方文化中孕育出来的制度是否适合我国，这是一个需要思考的问题。

（一）行政诉讼实践中的偏差

我国作为一个法治后发国家，其历史、文化、经济等都与西方法治国家存在着巨大差异。在西方国家，对行政诉讼目的的认识是行政诉讼理论的一个重要组成部分。总的来看，西方国家基于对行政法的认识，认为行政诉讼的目的在于控制政府权力的观念占主导地位。[1] 根据我国《行政诉讼法》第一条的规定，可以推导出我国行政诉讼法的价值追求在于利用司法权对行政权进行监督，以及为公民权利救济提供途径。行政诉讼制度在推行的三十年来，我国制定了一系列的行政法律制度应以规范监督行政权力。但实践表明此种移植于西方行政法治的模式在我国具体适用时与期望出现了偏差，使得利用司法权监督行政权的功能停留在理论层面，保护公民权益的效果差强人意。

根据我国宪法规定，行政权和司法权为立法权领导下的相互制约、相互配合的平行关系。但在现实中，二者的地位悬殊。一方面，司法机关的人财物各方面受制于行政机关，这使得法院在行政审判中难免会受到法外不合理因素的影响，不敢判决行政机关败诉；另一方面，即使法院最后判决行政机关败诉，之后可能涉及的执行问题也是实践中的一大阻碍。尽管我国规定了相关司法独立原则，但现实中政治团体和行政机关依然对司法审判存在着重大影响。正如有的学者所说：“行政诉讼案件，关乎私权保障与公权力边界，是各种公权力交集最深的一种诉讼，也是各种公权力干预司法的

〔1〕 王韶华：《民事诉讼制度和刑事诉讼制度之比较》，中国政法大学2004年博士论文，第49页。

重灾区。"[1]我国现行的行政法治建设是一种自上而下的政府主导型推进模式[2]，带有强烈的政治色彩。在这种模式下，希望通过利用司法权对行政权进行监督成了一种空想。

针对行政诉讼制度在价值追求与司法实践中的偏差，众多学者提出了不同观点。王学辉教授根据戴维·哈维的"时空压缩"学说，提出了"中国行政法治建设过渡期"观点。王学辉教授认为，行政法治建设并不是一蹴而就的，面对西方几百年所发展适应而成的行政法治制度在中国适用必然会出现相应的偏差。首先，在立法方面，我国的行政规范在离良法方面还存在着较远距离；其次，司法机关和行政机关的地位悬殊；最后，行政机关自制的无力。[3]在中国几千年专制主义历史的平台上消除这种偏差不能仅靠法律规则的制定，还需要政治团体和行政机关自觉把行为置于法律之下，直至法治成为人们的生活方式和习惯。基于此我们需要去重新审视我国行政诉讼的价值追求。

（二）行政诉讼纠纷的实质性化解

我国行政诉讼法制度由于过分追求司法权对行政权进行监督的价值，而忽略了诉讼制度化解纠纷的本职功能。眼下面对现阶段行政诉讼案件上诉多、上访多的情况，最高人民法院行政审判庭庭长赵大光提出，我国现行行政诉讼应当追求的是"行政诉讼纠纷的实质性化解"。同样，王学辉教授也认为法治建设初期阶段的行政诉讼就应当追求有效化解行政争议，而不是监督行政权。

何谓纠纷化解，不同的诉讼有着不同的理解。民事诉讼的重心在于确认权利义务关系，因此民事诉讼纠纷化解是指通过诉讼能够明确当事人之间的权利义务关系，使案件达到定分止争的效果。刑事诉讼的重心在于界定是否有罪以及应该如何判处刑罚，因此刑事诉讼纠纷化解是指在庭审中法官通过公诉人和辩护人提交的证据，查明案件事实，对被追诉人做出罪行相适应的判决。对行政诉讼纠纷实质性化解进行解读还需要结合其自身特性。

首先，尽管行政诉讼法和民事诉讼法都规定了在诉讼中原、被告双方当

---

〔1〕 参见2016年中共中央办公厅、国务院办公厅发布的《关于推行法律顾问制度和公职律师公司律师制度的意见》。

〔2〕 王学辉、胡学瑾：《论中国行政法治建设过渡期》，载《学术界》2017年第8期。

〔3〕 王学辉、王留一：《论中国行政法制建设过渡时期》，载《理论与改革》2016年6月刊。

事人的法律地位平等，但两者的“法律地位平等”不尽相同。这集中体现在原、被告的行政法律关系是一种管理和被管理的关系以及被告承担举证责任两个方面。其次，行政诉讼的被告和刑事诉讼中的公诉人一样，都具有代表国家行使权利的属性。只不过刑事诉讼中的公诉人行使的是公诉权，行政诉讼的被告行使的是行政管理权。且两者权力行使和诉讼的因果关系不同，前者是通过诉讼来行使公诉权，后者是由于行使了行政管理权才引起诉讼。最后，相对于其他诉讼，我国行政诉讼以合法性审查为主、合理性为辅。法官多采用模式化的“三段论”对案件的合法性进行说理，合理性说理论证甚少。正是这些特点，使得行政诉讼中的原告容易将对于自己不利的诉讼结果归因于被告的公权属性和司法不公，以上诉和上访的形式表达自己的不满。为此，王学辉教授将行政纠纷实质性化解的表现总结为：当事人能够接受法院作出的行政裁判。〔1〕

二、法律修辞对行政裁判可接受性的影响

法律修辞作为修辞学在法律领域的应用，其价值追求在于“说服”，说服作用不仅表现在微观语言技巧领域，还体现在宏观辩论活动中。不同于一般意义的说服，法律修辞中的说服更强调说服内容的可接受性。在早先对法律的研究中，亚里士多德认为法律中的可接受性就是通过这类修辞说服辩论来实现的。〔2〕修辞学不仅给司法实践带来了论证推理方法，还为人们更深入地了解法律带来了重要的认知模式。更为重要的是，相较于逻辑推理和法律解释，法律修辞的说服过程中既包括了对案件客观事实和法律法规之间的合法性内容，同时也加入了合理可接受性的表达。

根据王学辉教授的总结，裁判具有可接受性是行政纠纷实质性化解的必要条件。“可接受性”在司法领域中的内涵不仅仅是发现案件的客观事实，其既应当具有程序的正当性，也应当包含与客观事实相一致的可能性，最后则是通过司法裁判所体现出来的合理性。由于我国行政诉讼审查标准重合法轻

---

〔1〕 王学辉教授于2018年11月主题为《我们究竟需要一个什么样的行政审判制度：功能定位于纠纷的实质性化解》的专题报告中提出。

〔2〕 宋保振：《增强裁判的可接受性：用法律修辞方法讲法说理》，载《山东青年政治学院学报》2014年9月第5期。

合理，这就导致了我国行政判决往往因为不满足最后一点要求导致其缺少了“可接受性”。也正是如此，使得法律修辞在行政纠纷的化解中能有极大的发挥空间。法律修辞对行政裁判的可接受性的影响，主要表现在案件事实的构建和行政裁判结果的说理部分。

首先，案件事实的构建是法庭进行法律适用和裁判的基础，由于时间的不可逆性我们只能根据当事人的陈述和提供的证据来重新还原事实。当然这种事实构建也只能达到似真程度。但正如佩雷尔曼在对正义的研究中发现，“形式正义法则在实践领域，乃无法排除人的价值取舍及判断因素，因此似乎可以说所有规范体系的基本原则都是恣意”。[1]由于认识活动不同于理性的真理判断领域，人们的认识活动带有很强的主观认识性，因此基于相同的证据，通过原、被告双方不同的修辞法官往往会得到不同的结论从而直接影响裁判最后的可接受性。例如，在行政诉讼中同样是城市管理员与摊贩起冲突的客观事实，原告的陈述为城市管理员暴力执法，而被告的陈述则可能为原告以暴力抗拒执法。法官如果采信被告的陈述而认定案件事实为原告暴力抗拒执法，最终得到的裁判对原告来说可接受性必然不会高。

其次，行政裁判结果的说理部分是整个行政裁判最为核心的内容。在这一部分，法官通过修辞将案件事实和法律适用联系起来从而对裁判结果进行论证。由于该内容是裁判中直接对当事人以及社会公众进行说服的部分，所用的修辞是否能让被说服者与之达成共识就直接决定了该行政裁判是否具有可接受性。以最高人民法院在2017年发布的行政审判十大典型案例中的郑州市中原区豫星调味品厂诉郑州市人民政府案（以下简称“豫星案”）为例，[2]在一审判决中我们可以看到，郑州市中院对案件事实进行了详细的描述，最后根据《河南省实施〈土地管理法〉办法》第十一条之规定驳回了原告豫星厂的诉求。这是一个典型的“三段论”式判决，根据法律规定的大前提结合案件事实最后推导出唯一的结论。河南省高院的三次判决亦是如此。相较于前两级法院的判决，最高人民法院在判决结果说理中站在豫星厂的视角论证了原告非刻意隐瞒其经济性质，还从善意第三人的信赖利益角度解释为何不能撤销被告的4号决议而是确认其违法。从利益角度来说，最高院的

〔1〕 廖义铭：《佩雷尔曼之新修辞学》，唐山出版社1997年版，第27页。
〔2〕 详见最高人民法院2017年6月13日发布的行政审判十大典型案例（第一批）。

改判并没有使原告获得本质上利益，但从原告的“可接受性”角度来看，最高人民法院运用的大量修辞对判决结论进行说理，其中不乏站在原告角度对案件行为的分析，这使得该判决在一定程度上必然具有更强的可接受性。

三、行政纠纷解决中的听众分析

听众理论是佩雷尔曼根据亚里士多德的《论题篇》所发展而来的。“听众”作为新修辞学中的一个核心概念，佩雷尔曼认为听众就是“说话者在论证过程中所企图影响之人”。在此基础上佩雷尔曼对听众的划分进行了分类：“第一类为全人类，即所有的正常人、有理智和人性的成年人，此为普遍听众；第二类为说话者在对话中的单一听众，此为特殊听众；第三类为说话者本人，即将自己当成听众与自己对话，也就是个体思维。”在沃尔顿看来，诉讼的过程就是一个说服型对话过程。庭审阶段这一对话过程体现为原、被告双方意图通过法庭上修辞和证据说服法官，裁判阶段则为法官通过裁判文书的形式结合修辞和案情来对当事人等听众进行的说理，而整个对话过程中欲说服的对象就是修辞所指向的听众。

作为诉讼中的说服对象，首先，听众的接受程度直接反映着法律修辞说服效果；其次，通过明确说服过程中的听众能使得说服者在修辞的选择上做出更加优化的考量。为此，在试图通过法律修辞来促进行政纠纷化解的前提下，清楚地认识这一过程中听众范围与地位显得尤为必要。考虑到在行政裁判过程中，查明事实阶段已经结束，纠纷两造的质证和对抗也已经完成，此时的听众与庭审中的听众也必然存在差异，本文又旨在研究法律修辞对行政裁判可接受性的影响，因此我们注重讨论行政裁判中听众的范围和地位。

（一）行政裁判过程中的听众划分

第一，法官自身。法官的裁判并非纯粹的逻辑演绎，其中还不可避免地夹杂着法官的人为因素。这是因为案件事实的构建是一个将当事人的陈述和客观证据转换成法律事实的过程，但最后还是需要法官基于个人经验和法学知识背景做出价值判断。从这个层面来说，一个理性的法官做出裁判的过程就是不断融合法律理念和自身情感与价值的过程，这是一个自己与自己对话，不断说服与反说服的过程。[1]

第二，诉讼当事人及其代理人。虽然代理人的法律地位与当事人并不相同，但鉴于两者在诉讼中所追求的目标相差无异，因此笔者将他们归为一类。行政裁判的目的是化解纠纷，因此作为纠纷的当事人，他们才是“说服”所要面对的最重要的听众。法院所作的判决不仅要符合法律的规定做到形式上的合法，还应具有实质的合理性，从而使裁判具有可接受性。

第三，社会中潜在的听众。所谓潜在的听众是指那些关注该案件或者之后能了解到该案判决的人。鉴于这类听众对象的不确定性和利益诉求的不同，法官往往难以提前做出判断来做出针对性的修辞，从而裁判的接受度也会不同。因此这类听众的说服标准相对于诉讼当事人来得低。在此类听众是理性且能够被说服的前提下，法院裁判所要追求的效果是能与此类听众达成“最低限度的共识”。

（二）听众在行政裁判中的地位

按照新修辞学的观点，听众在裁判中的地位有以下几点：“第一，听众决定判例和分配假定的负担；第二，听众对辩论的裁判性反应最好是坚持而不是接受；第三，在具体背景下，正义规则的成功运用在很大程度上取决于听众的感情，因此，一次成功辩论和说读必须适应听众；第四，听众的素质将决定这一辩论的正确定性或理性如何。”[2]下文笔者就对听众在行政裁判中的地位进行讨论。

首先，听众的价值是行政裁判的考虑因素。从法官自身作为听众来说，其拥有丰富的专业知识，但其毕竟也是脱胎于普通人，其自身背景和人生经历必然会影响其对案件事实的判断。即使我国司法制度为了最大限度实现司法裁判的公平正义，要求法官在庭审中必须遵守“以事实为依据，以法律为准绳”的准则，但这并不能否认法官自身价值取向、道德判断等因素对裁判的影响。事实上，对于案件客观事实判断和具体法律规则的适用上，本身就需要法官结合自身经验做出取舍。从当事人作为听众角度来说，为了使裁判最后能被当事人接受，法官不得不考虑当事人的价值取向，迎合其喜好。如“豫星案”中，同样是没有撤销被告所做出的4号决议，但最高人民法院在判

---

〔1〕 彭中礼：《法律修辞论证研究——以司法为视野》，厦门大学出版社2017年版，第118页。
〔2〕 吕世伦：《现代西方法学流派（下卷）》，中国大百科全书出版社2000年版，第727～728页。

决中的说理部分明显加入了对原告需求的考虑，相比之下郑州市中院和河南省高院的判决就显得是法官的“自言自语”。这就要求法官在应用裁判过程中不仅仅要根据法律规定，还应该将听众心理、情感、需求等各方面纳入考虑范围，使裁判与听众产生共鸣从而被接受。

其次，听众对法院所做的行政裁判会形成一种“修正性的民意”。[1]尽管民意在一国的法治发展史上并不总是起到积极的作用，但我们依然不能忽视其造成的影响。法律是人类社会活动的产物，具有一定的社会性，因此法官在尊重法律和客观事实基础上做出的判决还必须考虑其可能带来的社会影响。特别是在行政诉讼之中，作为被告的行政机关很容易被民众视为公权力的代表。民众认为公权力侵害自己合法权益诉诸法院寻求救济，却得到一个完全不能被其接受的裁判。届时，民众就会对一个国家的司法产生不信任感，并通过各种途径来表达自己的不满。特别是在网络信息发展迅速的当今，一则主题为“司法不公”的信息很容易能吸引社会的关注，从而将个人对司法的不信任感传播到整个社会。

最后，听众是行政裁判是否可接受的裁定者。行政裁判作为行政纠纷解决的产物，具有不容置疑的权威性，而这并不意味着除法官外的听众在这一过程中仅充当“旁观者”的角色。听众可能在法律专业上的掌握并不如法官和职业律师，但对于普遍所要遵循的道德和价值，听众自己内心拥有衡量标准，并以此标准判断裁判能否被接受。当事人作为裁判文书中权利义务内容的承受者，其对裁判可接受程度的裁定往往决定着行政纠纷能否实质性解决，而潜在听众对判决可接受程度的裁定反映的是整个社会的价值导向问题。

四、行政裁判中法律修辞的应用原则及界限

（一）行政裁判中法律修辞的应用原则

法官作为司法活动的核心，其通过裁判来解决纠纷。裁判中的话语修辞除了体现立法者的立法目的外，也包含了法官的价值追求和裁判能力。一份合格的行政裁判，在化解纠纷的同时其传递的价值导向也应该为社会所接受，这就给法官在判决过程中修辞的使用技巧提出了很高的要求。但考虑到修辞

---

〔1〕 彭中礼：《法律修辞论证研究——以司法为视野》，厦门大学出版社2017年版，第124页。

的策略和种类繁多，法官往往会在裁判过程中对应趋向于何种修辞无从选择，为此笔者对行政裁判中法律修辞的应用做了几点原则性的总结：

第一，行政裁判应增加论证性修辞，减少叙事性修辞。法官得出结论的过程就是利用法律论证，将当事人根据证据和陈述提出的命题转变为法律结论的过程。尽管在个案中叙事性的修辞有助于人们了解案件背景或案件真相，但是从纠纷解决的角度来说，如何通过论证性修辞将案件事实导向案件结果，从而来说服当事人才是法官所要做的事。特别是在一些法律关系复杂或案件事实模糊不清的案件中，此时论证性修辞就显得更为必要。沃尔顿对这类案件的看法是，“在所谓的边缘案件（penumbra cases）中，大前提表述的规则可能具有一定抽象性和一般性。如果只是机械地适用现行规则，将是一种形式主义或朴素证实主义的方法”。〔1〕沃尔顿所说的边缘案件就是我们常说的疑难案件，在这类案件中，案件的事实变得尤为模糊乃至于无法确定与之相适用的法律规则。由于我国现行的法律体系不允许法官拒绝裁判，因此法官需要对法律规则本身含义或适用范围进行解释。解释的方式就是利用论证性修辞进行说服。

第二，行政判决要减少政治话语的修辞，增加法律话语的修辞。〔2〕每个国家的立法都会受到其政治因素的影响，再加之行政诉讼由于被告主体特性，其执法行为本身就代表着一国的政治导向。从这个角度看来，法院好像并不能避免政治话语修辞的存在。但我们需要注意，政治因素的影响应该只停留在立法层面而不应该在行政裁判过程中。首先，我国的行政诉讼模式借鉴于西方，西方行政法治中的核心理念“三权分立”原则也为我国所遵循。尽管我国的“三权分立”模式是有名无实，司法权时常被行政权干预，但逐步减少行政权对司法权的影响，这是中国法制建设所必须要迈出的一步。其次，政治话语修辞作为一种非常强势的修辞方法，其在使用过程中往往会带有强制性色彩，从当事人的心理层面上无助于当事人接受裁判。

第三，法律修辞活动在行政裁判中要法理和情理并重。法理性修辞和情理性修辞在判决中各有分工，法理性修辞旨在反映立法者本意，情理性修辞的目的在于和听众之间产生共鸣，从而使裁判更具有“可接受性”。在实证主

---

〔1〕 道格拉斯·沃尔顿：《法律论证与证据》，熊明辉等译，中国政法大学出版社2006年版，第5页。

〔2〕 彭中礼：《法律修辞论证研究——以司法为视野》，厦门大学出版社2017年版，第106页。

义理念中，法官仅能根据庭审中所查明的证据和事实作出裁判，严格执行“以事实为依据，以法律为准绳”的裁判模式。这类模式化的裁判方式其本身就否定了法官自身的主观能动性，更何况判定案件事实真伪和选择何种法律适用本身就需要借助于法官的社会经验与价值判断。实践证明，在符合客观事实和逻辑推理的基础上，一份深入浅出、情真意切的行政裁判更能为听众所接受。在这里笔者并不是想表明行政裁判中情理性修辞比法理性修辞重要，法律修辞活动依然要以满足其应有的限度为前提。

（二）行政裁判中法律修辞应有之“度”

本文虽然强调行政裁判的可接受性和听众要素在行政纠纷解决过程中的重要性，但在法律修辞活动中如果过分强调两者价值，必然会导致行政裁判背离法律正义。陈金钊教授曾在其论著中指出：“法律修辞对法治建设来说具有正负两个方面的作用。”〔1〕在合理运用的前提下，能够使法院作出的裁判更具有说服力从而解决诉讼纠纷，反之，则会给法律的确定性和司法的权威性带来危害。为此法律修辞在追求行政纠纷化解的过程中我们要时刻把握法律修辞应有之“度”。

第一，法律修辞须以案件事实为基础。谢晖教授总结了法官在处理纠纷的三个阶段：“其一是法律事实的寻找和梳理阶段；其二是法律关系的原貌恢复阶段；其三是法律的实用阶段，其目的是平息两造的权利义务关系之争。”〔2〕案件事实是解决纠纷的基础，法官在之后的判决必须围绕着案件事实进行论证说理。虽然上文中作者已经论述案件事实的构建结果具有似真性，其中还包含着法官个人的价值判断，但这不影响其本身作为一个具有真假意义的命题特性。修辞本身不能成为案件事实的一部分，更不能用修辞来代替法官对案件事实做出真假判断。我国行政裁判中，在没有对案件事实进行完整构建的情况下径行作出判决的情况依然存在。如此轻易地作出司法判决，除了加强民众对政府的不信任之外，并不能加强裁判的可接受性。

第二，法律修辞活动要以逻辑为前提。为何说法律修辞不仅仅是华丽言语的适用，其原因是法律修辞的应用过程要以逻辑推理为基础。陈金钊教授在其论著中提到：“法律认识上的正确，只能是逻辑规则使用意义上的正确。

---

〔1〕 陈金钊：《法律修辞（学）与法律方法论》，载《西部法学评论》2000 年第 1 期。
〔2〕 谢晖：《论法律事实》，载《湖南社会科学》2003 年第 5 期。

根据法律的思维需要逻辑规则，这不仅是因为逻辑规则是衡量解释过程是否正确的标准，而且是因为逻辑规则是保证法律意义安全性的基本方法。"〔1〕逻辑作为法官在分析问题和解决问题时的重要工具，是在司法实践中必须遵守的基本规则。尽管两者在理论层面有巨大差异，但在法律方法论范畴有着密不可分的关系，可以说法律修辞的成长过程就是建立在逻辑之上。首先，随着传统形式逻辑在司法实践中表现出的弊端和非形式逻辑的兴起，建立在两者基础上的法律修辞既确保了法律的严谨又补足了传统逻辑推理中的缺陷。其次，法律修辞想要真正实现社会可接受性又必须以逻辑构建的合法性为前提。如果脱离了逻辑去谈论法律修辞，那将只是"修辞"而忽略了"法律"的内涵。

五、结语

随着非形式逻辑在司法实践中的推行，法律修辞学也逐渐为人们所重视。当下，我国行政诉讼制度的价值取向为纠纷的实质性化解，而法律修辞作为一门以说服为目的的艺术，在增强行政裁判的可接受性上起到了巨大作用。在具体应用过程中法律修辞要以客观事实和逻辑论证为前提，这样才能防止过度修辞而产生"谬误"。在法治建设过渡时期，必须重视法律修辞在行政裁判中的地位，合理地使用法律修辞，使得每个行政判决都能为听众所接受，做到纠纷的实质性化解。

〔1〕 陈金钊：《法治时代的法律位置》，载《法学》2011 年第 2 期。

法律解释与部门法解释

法官释法中的情理考量及其限度

闫　敏*

摘　要　情理是社会发展中所形成的人之常情和常理，作为法官释法考量因素的情理，有情绪化、特异性、简洁性的特点。我国目前的司法现状对情理考量存在着两个极端化问题：一是情理代法，二是不顾情理。在法官释法过程中进行情理考量有其必要性，但要注意把握其限度。法官释法要先根据案件性质区分常规类案件和非常规类案件，然后识别情理因素，并严格依照法定程序。法官释法要在法治框架内对情理因素进行合理定位，以实现情理法的良好结合。

关键词　法官释法　情理　定位　考量

能否实现个案正义，关键要看法官的判决。而法官判案离不开对相关法律的解释，因为只有通过解释，才能使普遍性的法律应用于具体案件。在法官释法过程中有时需要考量很多法外因素，诸如天理、人情、民意等，其中情理因素的格外受到公众关注。然而法官释法过程中对情理因素的考量必须有其限度，超过了应有限度，纯粹地追求个案正义将冲击法治的尊严。因此法官释法过程中首先要对案件的类型进行分类，然后在此基础上对情理因素进行合理定位，使其在合理的限度内实现情理与法律的最终结合。因为法院的判决会对社会产生影响，法官必须思虑周全才能让判决实现社会效果与法律效果的统一。

* 闫敏，华东政法大学法律学院2016级法理学硕士研究生，研究方向：法理学、法律方法。

一、"情理"的概念与特点

(一)"情理"的界说

日本学者滋贺秀三认为中国的情理就是一种"常识性的正义平衡感"。[1]"情理"一词极具中国特色，因为从"天理国法人情"到"法不外乎人情"，都可看出它在生活中出现的频率很高。关于情理法的研究著作和论文经过整理可分为两大类。一类是对传统社会中情理法问题的研究，另一类是对现代社会中情理法的研究。对传统社会中情理法问题的研究又可分为：从法律文化的角度研究情理法和研究特定时期的情理法。对于现代社会中情理法问题的研究，有的从现代法治社会中情理法关系进行研究，也有的从宏观情理法结合和微观情理法结合三个不同的角度进行研究。从微观角度探究情理法，有人通过研究中国传统的司法裁判，得出古代司法裁判不能将"情"与"理"两者分开，这两者在裁判中是一种结合状态的结论，因为"情"体现个案的具体性，而"理"体现案件背后普遍化论证的诉求。因而在运用情理得出的案件判决中，能得出可普遍化证成规则，这其实就是"理"在其中的体现，但是在古代社会中要更多依靠官员的内心判断，因而会由此导致司法专断性的风险。为了防止这种风险，在现代司法裁判中，情理的证成要在逻辑推理的每一个阶段都做到符合逻辑。因此在法律推理过程中要区分两种证成方式，其中在一阶证成中要依据法律规则而情理可以作为一种辅助的理由，在二阶证成中情理只有外化为法律原则、宪法中的权利和社会性的命题才能作为判决的依据。[2]

另外，人们经常将"民意"与"情理"混淆。民意是指民众对于某一社会事件的看法、愿望和情感的总称。很显然与情理相比较而言，民意更多包含感性内容，情理则既包含感性内容又包含理性内容。因此这两者的共同点是都包含感性内容，这就需要区分其中理性和非理性的部分，毕竟感性的东西需要理性进一步甄别。另外情理还有一部分是常理，也就是民众普遍认同

---

〔1〕参见滋贺秀三：《中国法文化的考察——以诉讼形态为素材》，载滋贺秀三等：《明清时期的民事审判与民间契约》，王亚新、梁治平编，王亚新、范愉、陈少峰译，法律出版社1998年版，第7~14页。

〔2〕参见陈林林、王云清：《论情理裁判的可普遍化证成》，《现代法学》2014年第1期。

的道理。

可以说，情理在不同时期和不同地点有不同的内涵。因为社会不断发展，情理作为思想意识的一部分也会随之变化。传统社会中的情理与现代社会中的情理就有本质区别，前者所包含的情理是指人情和道理，但却是以伦理宗法观念为基础，以维护封建统治秩序为根本目的。而现代社会中的情理是立足于当下社会发展，是人们普遍认同的基本人情和道理。本文所指情理是当下我国社会发展中形成的人之常情和常理。

（二）情理的特点

情理因素在进入法官释法的过程之前，还不能将其作为法官要考量的情理因素，因为法官考量的情理因素与民众认知的情理因素不相同。法官在审理案件时，需要对情理因素进行裁剪，与案件无关的情理肯定就会排除在案件审理范围之外。民众认知的情理范围肯定要大于法官的，因为人们在日常生活中更多地依靠道德来评判个人，进而会出现就人论人的情形，而法官则是就事论人。“情理”包含“人情”和“道理”，具有以下特点：

第一，情理因“情”具有自发情绪化的特点。情理因素最常体现为民众最朴素的义愤与同情等感情。对于社会关注的恶性事件，民众的普遍反应就是一种从道义情感出发的愤恨，比如刘涌案、复旦投毒案等。而对于一些公案中相对弱势的一方，民众更多是基于同情的立场形成一定的舆论导向，这都体现了情理因素中民众的朴素情感。不得不承认这种自发情绪化，是一种非理性的表现，更多体现为民众的普遍感性。这种感性通过一定的媒介相互联系，进而形成具有主流倾向的民意。但是其中的情绪化特征，仍不能被忽视。

第二，情理因素所涉及的案件具有特异性。[1]虽然这不是情理因素最直接的特点，但是情理因素的考量不能脱离案件而单独存在。这一特点也决定了情理因素在内容上的相对具体性，因为案件是千差万别的，在此基础上形成的情理更是有差别的。一般来说，如果案件无太大争议，就不会被放大并形成大众舆论。只有那些案件处理结果超出了公众的预期，背离了民众普遍价值观念或者是不符合公众一般认知，才会形成民意。大多数案件得不到关注，只有那些比较特异的案件才会引起民众的注意，进而在民众之中形成

〔1〕 参见顾培东：《公众判意的法理解析——对许霆案的延伸思考》，载《中国法学》2008年第4期。

舆论。

第三，民众表达情理因素的简洁性。民意主要是基于民众自身朴素情感，虽然也会基于一定的法律，但是这些法律不具有系统性，并且民众所表达的情理会因为案件信息变化而出现变化。这就决定了民众表达的情理内容具有简洁性，具体体现为对于案件处理结果的直接表达。因而也缺乏合理论证，只是从其所掌握的信息和朴素情感，而形成最简洁明了的判意。他们也坚信在此基础上形成的判意合法合理。

二、司法实践中情理考量的极端化问题

从目前我国司法现状来看，法官在释法过程中对情理因素的考量，存在两个极端现象：第一种情况是一些备受关注的重大案件，过多考量情理因素，甚至是直接以情理代替法律，审判结果完全由情理主导，比如药家鑫案、复旦投毒案。第二种情况是，为了维护法的尊严，严格依据法定程序，学习西方的法治精神，不考量情理因素。这使得案件虽然具有理性，但是缺少人文关怀，以致在社会中产生消极影响，如南京彭宇案和山东于欢案。可以说这两种极端情况经常发生在司法实践中。这表明法官在释法过程中，对情理因素的把握没有控制在合理限度之内，过于极端化反而损害了法治的权威。正是因为情理因素在实践之中出现了类似的状况，所以更加有必要探究出现这种极端状况的原因，从而更好地寻找解决类似问题的办法。

对于第一种情况，法官实质上是在极为被动地考量情理因素。这主要是因为某些案件，通过媒体报道引起广泛的关注，民众会根据社会中的常情常理对案件进行预先评价。正是借助常情常理作为评判标准，民众会对案件形成大致基调一致的舆论。这使司法机关陷入舆论的旋涡之中，法院只有按照情理的要求审判案件，才能不被群众指责。否则民众的矛头将直指审理该案件的法院甚至是法官。从本质上讲这不是法官在释法过程中考量情理因素，而是完全以情理作为判案依据，民众的情理要求就是法院的审判结果。完全把情理等同于法律，这是非理性的现象。在此种情况之下，法律被放在一个可有可无的位置，这对于法治建设来说是一种讽刺更是一种威胁。把法律与情理位置颠倒，使情理反客为主，非常不利于法治建设。例如在药家鑫案中，媒体的报道使民众给药家鑫贴上了“坏人”的标签，民众的愤慨情绪被他的

杀人行为彻底点燃，因而网上出现要药家鑫偿命的呼声。尤其在本案中，他的犯罪动机是“怕农村人特别难缠”，这又在客观上再次激化了城乡二元格局下的社会矛盾，触动了全社会的神经，进而也深深刺痛了社会弱势群体难言而无奈的心灵。药家鑫的言行因而引来公众的普遍仇视。[1]社会舆论在大众情绪的影响之下，变得不再理性，人们将自己内心对某一现象的不满，通过这种受关注的案件发泄出来，案件成了民众情绪宣泄的一种方式。

这就给法官的释法过程带来巨大压力，一方面法官要顾及案件的具体情况，即以事实为依据、以法律为准绳将法律作为案件审理的大前提。另一方面经过媒体放大化的案件，即时牵动着大众的神经，法院也不可能无视民众意见、情理因素。在这两股力量的博弈当中，法官很容易过多考虑情理因素，从而导致法律让位于情理因素，使情理因素成为判决的论据，法院负责为情理寻找可适用的法律依据。在情绪化情理基础上形成的舆论，具有严重的非理性。因为它可能把与本案无关的价值判断也带入该案件之中，并且让这些与本案无关的价值判断，成为最后判决的依据。如果法院的最终判决主要是在非理性情理基础之上形成的，那么法院的判决也将具有非理性。尽管从表面上来看确实能实现个案的正义，但是在实质上却牺牲了普遍正义。这让法律原本所具有的理性，在民众非理性情绪影响之下一去不复返，这样的后果与法治建设目标背道而驰。毕竟在法治建设的时代背景下，一切重大社会争议都应当由法律去解决，这是现代法治文明的发展趋势。因此司法应当尽可能摆脱不合理性情理因素的影响，避免作出情绪化的裁判。[2]

第二种情况是法官在释法的过程中，忽视对情理因素的考量，而直接依据法律规定释法。这种情况形成的原因主要是，我国法治建设是在学习西方法治精神的基础之上建立起来的。而西方法治精神之中，不注重情理因素对于法律的影响，更多地强调通过法律的理性推理解决具体的纠纷。情理毕竟有“情”很容易与非理性认知联系在一起。“自鸦片战争之后，我们就以被动或主动的方式强劲地引进和移植西方法律，考证中国近代史，法治的起点、法治的发展基本上走着一条向欧美学习的道路。然而，中国传统法律的内在

〔1〕 参见幕明春：《法治与理性的胜利——对“药家鑫案”的舆论影响考量》，载《当代传播》2011年第5期。

〔2〕 参见赵利，翟小功：《情绪化思考与法律理性的思考——“药家鑫案”的启示》，载《安阳师范学院学报》2011年第6期。

进程被打断，中国传统法文化的根子发生断裂，我们通过移植或是通过理性构建的法律并没有完全与中国本土的法文化相融合。"〔1〕因此法官在释法的过程中，尤其是那些公众关注程度不高的案件，法官基本根据法律规范而忽视情理因素，导致判决缺乏人文关怀，进而使司法判决成为人们议论的对象，最终使司法判决与主流价值观念不符。法官在释法过程中不注重情理因素的另一个原因是，除了本身已融入法律的部分"情理"外，还有大量的"情理"存于法外，由于它们比法律更具有根本性、原始性，故常被人们用来抵制某些法律规定。因此，"'兼顾情理''追求合情合理'，成为历史上对法制的统一危害最大的一个因素"。〔2〕

这种不顾及合理的大众情感因素而仅仅根据冰冷的法律规则做出的判决，将严重挫伤大众对司法公正的信心。如南京彭宇案，在一审中主审法官仅仅依据相关法律条文，根据公平原则，让彭宇负担一部分老太太的医药费。一审判决在社会上引起舆论的一片哗然，自古以来见义勇为就受到人们赞扬，而在当下却遭到了一些人的讹诈，更令人气愤的是，法院不但不还见义勇为者的清白，反而倒打一耙。正如培根所言"一次不公正的判决，其结果相当于十次犯罪"。人们开始思考当老人摔倒了，到底该不该扶，这在以前是不用做太多思考的事，在一次审判后变成一个令人难以回答的问题。有报道指出，曾经有网民对此做过网上调查，"扶，还是不该扶?"近 13 万名网友参与投票。其中，有 62.54% 的网友选择了"绝对不会，怕惹麻烦"，有 33.45% 的网友认为，应该先理性判断，再作决定。仅有 4.01% 的网友觉得，肯定应该扶老人，认为"这是起码的公德"。〔3〕甚至有人指出彭宇案让中国的道德水平倒退了 10 年，从中可以看出群众对于法院判决的不满。因此法官在释法即在理解应用法律的过程中，忽视情理因素进而导致案件的结果难以被社会所接受，使判决偏离社会主流价值观念，甚至会导致社会的道德水平滑坡。法官的释法本应是更好地捍卫主流价值观念，而该案判决却正好与此相反。在本案之后，又发生了很多起类似案件，其中就包括广东佛山的小悦悦事件，女童小悦悦连遭两车碾压后，十多名路人经过却没有一人伸出援助之手，最后被一名捡破烂的阿婆扶起。不得不说，"当司法沦为讹诈的工具，救人就会

〔1〕 田有成：《乡土社会中的民间法》，法律出版社 2005 年版，第 113 页。
〔2〕 范忠信、郑定、詹学农：《情理法与中国人》，北京大学出版社 2011 年版，第 26 页。
〔3〕 刘帅：《法官司法理念探析——"彭宇案"引发的思考》，载《四川理工学院学报》2013 年第 1 期。

成为‘高风险的作业’，社会公德在个人利益面前也势必会变得一文不值”。[1]

三、情理考量在法官释法过程中的定位

（一）学者观点述评

关于情理因素的定位问题，学者们总体而言有两种观点。一种是排除情理因素的考量，周永坤就认为不应当将涉案的情理作为判决依据，认为它有违法治的基本原则并且与现行法律相冲突。[2]然而更多的学者认为虽然情理因素具有合理性的偏失和情绪化等缺陷，但是在司法实践中法官还是不能忽视情理因素的重要地位。因为司法不论何时都不能失去民意的基础，否则将会让司法判决成为社会议论的焦点，这将会导致司法机构甚至是整个政权丧失权威性和正当性。[3]其合理性在于：1. 民众的情理建立在一定的法律基础之上，一般不会超越法律的规定；2. 对于某些案件民众依据其社会经验，会有独到的见解，这些独到的智慧可以为法官释法提供一定的借鉴和参考；3. 公众对个案的情理体现了一定的社会要求。[4]

从以上学者的观点看来，在法官释法过程中，有两种态度。一种是严格按照法律的规定，在法律规定的范围内寻找案件判决的大前提，更多地使用形式逻辑推理和法律规则相结合，主要是通过内部证成的方式进行法律解释活动，这也是形式法治的法律解释立场。而另一种态度是不单考虑法律，还要参考其他的情理、道德等因素，来为案件的判决寻找大前提，主要是通过内部与外部证成相结合的方式进行法律解释活动，这也是实质法治的立场。根据相关学者的研究，笔者认为其实这两种立场是可以相互协调的，然而协调这两种立场的前提就是先将情理因素进行合理的定位。

有学者指出应根据案件的特点划分出不同的类型，再对情理因素进行定位分析。首先将案件的性质分为两类：第一类是常规的案件，这是最常见的案件类型，适用法律一般相对明确，案件事实清楚明确，而法官拥有“弱”

---

〔1〕 刘帅：《法官司法理念探析——“彭宇案”引发的思考》，载《四川理工学院学报》2013 年第 1 期。
〔2〕 参见周永坤：《民意审判与审判元规则》，载《法学》2009 年第 8 期。
〔3〕 参见苏力：《法条主义、民意与难办案件》，载《中外法学》2009 年第 1 期。
〔4〕 参见顾培东：《公众判意的法理解析——对许霆案的延伸思考》，载《中国法学》2008 年第 4 期。

的司法裁量权限，且基本上这一过程处于一阶证成阶段，因而情理因素在这种常规案件中的地位就是一种准用的辅助性依据，情理的作用就是辅助论证判决结论合理性。第二类是非常规类案件，这是比较少见但是司法实践中也会出现的案件，即疑难案件，在这一类型案件中，法律可能会出现明显的漏洞，而法官拥有“强”的司法裁量权限，且情理因素会处于二阶证成阶段，因而情理因素在这种疑难案件中的定位就是作为运作性依据的立法性事实。〔1〕

笔者赞同这种根据案件性质不同来考量情理因素在法官释法过程中的地位，毕竟司法实践中常规性的案件占了较大的比重，而非常规的案件只是一小部分并且能够引起公众关注的案件更是少之又少。如果我们把情理因素的定位进行“一刀切”，那么会加大法官释法的负担，更加重了司法的运行成本，损害司法的权威与稳定性。毕竟情理因素存在于个案之中，不具有普遍性，我们现在能做的就是尽量平衡这种个案正义与普遍正义之间的关系，从而保障法治尊严与权威。

（二）情理考量的必要性

第一，传统文化的涵养形成了一个极其注重人情的社会，因而我国自古以来就特别强调“法不外乎人情”，这几乎形成了共识。不仅如此，还有“人情大于王法”的说法，〔2〕可以看出在古代人们把人情看得高于法律，法律必须体现人情。这主要是因为中国自古就是以小农经济为主，人们安土重迁，形成了一个熟人社会。在这个社会中，为了和谐共处，大家非常注重情理，在处理纠纷的时候尽量选择非对抗性的纠纷处理机制，为的是化解纠纷恢复关系从而达到和谐共处的目的。而诉讼这种制度本身就具有强烈的对抗性，因此在古代被慎用。中国人自古就受到儒家思想的影响，强调用礼治恢复秩序，而礼治更加看重人际关系、强调情理。儒家倡导一种息讼的理念，即尽量不通过诉讼的方式处理纠纷，而是通过对人际关系的协调来达到息讼的目的。

第二，情理考量可填补规范与事实间的鸿沟。法官释法是一个理解并适用法律的过程，面对不同的案件有不同的处理方式。对于事实清楚、证据确凿、适用法律没有任何异议的案件，经过文义解释而不需要价值衡量就可以

---

〔1〕 参见陈林林：《公众意见在裁判结构中的地位》，载《法学研究》2012 年第 2 期。

〔2〕 参见范忠信、郑定、詹学农：《情理法与中国人》，北京大学出版社 2011 年版，第 17 页。

得出判决结论。但总有很多的疑难复杂案件，在规范与事实之间存在着不对称，在应然与实然间存在巨大鸿沟。作为小前提的案件事实，绝大多数情况之下不会依据法律所规定的情形而发生，而作为大前提的法律也不可能总是明确规定所有情形。[1]事实与规范之间的鸿沟，需要一定的法外因素进行填补，这需要价值选择、情理选择。正如庞德所言“价值问题虽然是一个困难的问题，但它是法律科学所不能回避的。即使是最粗糙的、最草率的或最反复无常的关系调整或行为安排，在其背后总有对互相冲突和互相重叠的利益进行评价的某种准则。在法律史的各个经典时期，无论是在古代还是在近代世界里，对价值准则的论证、批判或合乎逻辑的适用，都曾是法学家们的主要活动”。[2]

第三，情理考量是人性的需求，并可促进普遍守法。情理往往是民众最真实、淳朴情感的表达，不论是立法者还是法官都不应忽视，如果法律不能顾及民众的情理，那么法律就很难得到适用。好的法律和判决并不是由国家以多大的强制力去保障实施，而是得到民众发自内心的认可，然后自觉地遵守。司法过程中，如果一个司法判决缺少基本的情理，仅仅依据冰冷的法条，那么就会缺乏可接受性，并且会让法律本身成为人们议论甚至是指责的对象。人们会质疑法律的合理性，会对法律产生不认同感。尽管情理因素未必都具有理性，有时过于情绪化，不像法律是理性的集合，但是这种情感因素却体现了人性的需求。因此不但是法律不能忽视人性，法官释法更不应忽视。正是基于情理因素体现了大众的情感，所以在法官释法过程中，情理因素可以直接影响判决的社会效果与法律效果的统一。情理因素是法官释法不能回避的因素，毕竟法律的价值要通过司法判决得以实现。而司法判决要想得到人们的认可，就必须顾及民众的情感，因为不论是法律还是判决，都不可能绕开民众实现价值。从某种意义上讲情理因素基本上与大众情感相一致，尽管它不像法律是理性的体现，但是它却是让法律得以实现其价值的重要因素。该因素的考量会让司法判决更能体现人性，让判决更加具有说服力。

---

〔1〕 郑永流：《法律判断形成的模式》，载《法学研究》2004 年第 1 期。

〔2〕 [美] 罗斯科·庞德：《通过法律的社会控制》，沈宗灵译，商务印书馆2008 年版，第 50 页。

四、把握情理考量的限度进行考量

结合情理因素的特点和情理因素的定位，法官在释法的过程中应根据案件的性质来决定是否进行情理考量，如需考量则要充分把握其限度。在法律框架之内，对情理因素的适用要进行充分的论证。不能逾越法律的界限，仅仅实现个案的正义，因为情理因素中的民意往往是一种直接民主，而法律是间接民主的产物。直接民主表现出的民意带有太多的不稳定性、情绪性，而间接民主表现出来的法律是建立在理性论证基础上的，是民众一致选择的结果。[1]如果情理直接超越了法律，这就相当于直接民主超越了间接民主，后果就是后者的地位可以随时被取代，这对于法治建设来说十分危险。因此法官释法要充分把握好情理因素的限度，防止其损害法治尊严，具体可从以下几个方面着手：

第一，分明案件性质，酌情考量情理因素，对于疑难案件建立法外因素解释规则。如之前所述案件的性质将决定情理因素的地位，进而决定情理因素适用的程度。因此法官在释法过程中，对情理因素的考量永远是被动的，而不像运用法律那样直接主动适用。先对案件的总体进行把握，对于常规类案件，因其案件事实清楚，法律适用方向明确，法官自由裁量的空间较小，因此这时法官释法需要在法律规范的范围之内，而对于情理因素的考量应让位于法律，除非不考量情理因素会导致社会效果极差，但是在常规案件中法官释法考量情理因素，必须对这种情况进行充分的说理，也就是判决理由要充分，否则将不容许法官过多地考量情理因素。而对于疑难案件，因为法律本身可能出现不确定的情况，如法律规则的模糊、空白、不当、冲突等情形。[2]在这种情况之下，法官释法过程中可以考量情理因素，也就是把情理因素作为运作性的立法事实来看待。当然法官在释法的时候不是直接将情理因素作为判决依据，而是将情理因素与相关的法律进行整合。其实情理因素只是法官在释法过程中需要参考的一种法外因素，因而是法外因素的一个缩影，所以法官在释法的过程中尤其是在疑难案件中，会考量很多的其他

[1] 参见陈景辉：《裁判可接受性概念之反省》，载《法学研究》2009 年第 4 期。

[2] 参见褚国建：《法院如何回应民意：一种法学方法论上的解决方案》，载《浙江社会科学》2010 年第 3 期。

因素，如何将这些因素进行一个有条理的整合，是需要面对的一个难题。因此需要建立一套在疑难案件中，进行法外因素考量的解释规则体系，这样才能使情理因素与法律实现良好的结合。

第二，建立识别合理成熟情理因素的规范体系。在情理因素被考量之前要先进行识别，毕竟情理因素有很多的自身局限性，因此通过规范体系识别成熟的情理因素确有必要。当然所谓合理成熟的情理因素具有一个大前提就是要在法律体系的范围之内，这是最基本的底线。如果越过了这一底线，再怎么强调成熟合理的情理因素都是没有任何意义的。因此识别成熟合理情理因素的第一点就是要使相关案件所适用的法律规范与情理因素相“耦合”。具体来说要在宏观上，使情理因素与法律秩序、法律理念相适合。在微观上，情理因素不能逾越法律规范的目的。[1]第二点就是要保证情理因素与主流的社会价值观或是正义观相符合，而不能与之相背离。

第三，要严格依照法定程序进行释法。法律不仅规定了相关实体方面的内容，更涉及与此相关的程序内容。这就需要法官在释法时或是判决时，要严格遵守法律规定的程序进行各种因素的考量。这样有助于避免法官在释法过程中的随意性，可让整个释法过程更加规范且合理。“尤其是在判决作出前的事实确定阶段回溯案件发生的过程，以确定案件的存立与性质。从这个意义上而言，事实的有无、多少、轻重，是非，构成了法院进一步判决——适用法律的前提。”[2]这是法官释法的前提与基础，因此要依据法定程序确定案件的过程，只有前提清楚明了，法官释法才能做到有的放矢。因此依照法定程序从最开始的确定案件事实开始，就需要司法工作人员必须严格遵守。

总之，法官在释法的过程中，要根据案件的性质先进行分类，对于常规类的案件和非常规类案件要进行区分。然后再在案件分类的基础上，对情理因素进行合理的定位，明确是说明性事实还是立法性事实。然后针对这种地位的不同，在法律解释过程中所考量的限度不同，所使用的法律解释方法也不同。但是值得注意的是，法官在释法过程中不论是什么类型的案件，所掌握的限度如何，都有一个大前提那就是必须在法律的框架内进行释法，绝不允许超越法律，因为这是最基本的要求。

---

〔1〕 参见陈林林：《公众意见在裁判结构中的地位》，载《法学研究》2012 年第 2 期。
〔2〕 胡玉鸿、吴萍：《法官释法场合中的“尊重法律”》，载《金陵法律评论》2003 年第 2 期。

论司法过程中法律解释规则的建构

刘婷婷*

摘　要　法律解释能够对接法律与事实，避免法条僵化及填补法律漏洞，是司法过程中不可或缺的步骤。我国司法实践已基本形成了较为规范的法律解释体系，但受知识储备、经验以及思维方式等因素的影响，解释主体的解释进路或不一致。法律的可预期性以及法律职业共同体的建设都要求司法过程中的解释者共享同一套法律解释规则。法律解释规则是规范法律解释进路的核心，法律解释规则应当与法律相一致、符合逻辑要求、尊重司法规律，同时适度借鉴司法经验。

关键词　法律解释　解释进路　法律解释规则　应有之义

法律解释在司法过程中发挥着重要的作用，是法官们进行思维和实践的重要方法。但因解释主体知识储备、经验以及思维方式等因素的影响，解释的进路可能并不一致，解释进路的混乱还会对解释结论的作出产生影响，若主观因素过度影响法律解释过程，还可能影响法律思维的一致。因此，本文旨在通过梳理司法过程中影响解释主体解释进路的因素，强调规范法律解释进路的方式，即法律解释规则的重要性，并在学者们已有研究的基础上，提出法律解释规则应当符合的要求。

* 刘婷婷，女，河南周口人，华东政法大学硕士研究生，研究方向为法学理论。

一、解释进路不一致的现状与原因分析

（一）法律解释是司法过程不可或缺的步骤

伽达默尔指出："诠释学的出发点就是构筑桥梁，在过去中重新发现最好的东西。"[1]法律解释最重要的作用便是在法律与事实之间建立起连接的桥梁，通过解读法律规范以对事实及法律行为的性质和程度进行分析，从而获得有关该事实或行为的准确评价。有学者认为："法律解释学在历史与现实、法律与事实之间架起了理解的桥梁，通过交互对话与理解消解了作为历史的立法者与作为现实的法律实施者之间的时空距离，同时也消解了作为共性的规则与作为个性的案件之间的紧张关系，从而使得理解共识基础上的发展成为可能。"[2]这段论述准确概括了法律解释学的作用。司法过程是法律解释被运用及发挥作用的重要场所，在司法过程中进行法律解释主要有以下几个方面的作用。

1. 建立一般到个别的联系

"任何法律规范都是抽象的、概括的规定，从抽象到具体的转换，离不开法律解释。"[3]法律条文是对具有一般性的社会行为所作的规定，通常具有高度的抽象性和概括性，不可能对每一种行为作出事无巨细的规定。如果法律针对每一种行为都进行详尽的规定，不仅没有必要，而且可以说也达不到预期的目的。而现实生活中的社会现象和社会行为纷繁复杂、多种多样，要在法律与相应事实之间建立准确的联系，就需要搭建起两者之间的桥梁。在司法过程中，法官就是搭建法与事实之间联系的连接者，法官寻找与特定法律行为相适应的法律规范，通过对法律规范的解释建立起两者之间的联系，使不同事实分别得到合理的评价，这既是法官的重要职能，也是法律解释在司法过程中的重要作用。

2. 克服法条僵化、填补法律漏洞

法律应当具有可预期性，才能准确发挥法的指引和评价作用，人们才能

---

〔1〕［德］伽达默尔：《哲学解释学》，夏镇平等译，上海译文出版社 1994 年版，第 27 页。

〔2〕刘平：《法律解释：良法善治的新机制》，上海人民出版社 2015 年版，第 45 页。

〔3〕刘平：《法律解释：良法善治的新机制》，上海人民出版社 2015 年版，第 46 页。

据此规范和调整自身的行为。与法的可预期性相伴随的，便是法的相对滞后性，法调整的是一般性的社会行为，是“最低限度的道德”，因此法不能在某一特定行为刚出现时就立即作出调整，这样会有损于法的稳定性和可预期性。但社会生活处于不断的发展变化之中，社会行为也日益呈现出纷繁复杂的特点，具有一些与以往不同的新特点，这就需要法官通过法律解释来对法律规范作出合理的解读，使各种需要评价的法律行为被纳入法律规范的评价体系内。对于某些特定行为，严格套用法律规范可能不符合法律原则的要求或者可能产生极不公平或极不合理结果的情况下，法官还需要根据具体情形进行调整，避免因部分法条的僵化带来的不利后果。在这种情况下，“通过法律解释，将这种与法理和原则不一致甚至相抵触的法条，回归到应有的状态，虽然同法条的表面含义可能不相一致，但更符合法律目的和法律价值的实现”。〔1〕此外，同样由于法的相对稳定性和社会生活的快速变化，在某些情形下，还可能出现法律漏洞，这种情况下，法官需要承担起补充法律漏洞的职责，法官需要根据法理、法律原则等的要求，运用漏洞填补技术对这些法律漏洞进行补充，其中法律解释依然承担着重要职能。在卡尔·恩吉施看来，“我们称为‘漏洞’的缺陷将通过‘法律补充’来排除。在此，法官将起着‘超越制定法’，‘补充法律根据’的作用”。〔2〕

（二）解释进路的已有共识与不一致的表现

法律解释在司法过程中发挥着重要的作用，我国的司法实践经过长期的发展和积淀基本形成了比较规范的解释原则，法律解释与法官思维融合在一起，共同在司法实践中发挥价值。司法实践中关于法律解释的原则、要素、方法等形成了许多共识。如在法律解释的方法方面，不论是学界还是司法实践领域，都认同文义解释的优先性，如果文义解释完全能够做出合理又自洽的解释时，便采纳文义解释的结论；当文义解释无法适用、无法单独适用或是可能导致极不合理的结果时，再综合考虑体系解释、历史解释等多种解释方法，作为文义解释方法的补充。司法实践中也是依此路径运用解释方法。又比如关于法律解释的原则，有学者将法律解释的原则总结为确定性原则、客观性原则、妥当性原则（也有学者称为合理性原则）、循环性原则、一般优

---

〔1〕 刘平：《法律解释：良法善治的新机制》，上海人民出版社2015年版，第22页。
〔2〕［德］卡尔·恩吉施：《法律思维导论》，郑永流译，法律出版社2013年版，第167页。

于个别原则以及法治反对解释原则等几个方面。[1]也有学者指出法律解释的独断性、明晰性（反对解释的原则）、循环性、客观性以及融贯性。[2]这是学界和司法实践领域的共识，也是司法过程中所一致严格遵循的原则。

法律解释虽然要依托于法律本身，受制于法律解释的独断性，但不可否认的是，法律解释是一项富有创造性的活动，解释主体在进行解释时，实际上受与自身有关的各个因素潜移默化的影响，在进行法律解释时，解释的进路可能会有所不同。主观因素对个体的影响无法避免，但法官在进行解释的过程中，若受主观因素影响过大，法官之间解释进路差异较大的话，可能会形成关于同一个或者类似事件不同的解释结论，难免令人产生困惑。事实上，在法律解释被运用的过程中，个体因素所产生的影响很大，司法实践也是如此，尽管法官们都接受过专业的法学教育，又有着十分丰富的司法经验，严格按照法律解释的方法等进行解释，但在具体运用法律解释的过程中，受个人主观因素的影响，每位法官之间还是存在着差异，尤其是在法律解释的进路方面，每位法官实际上是不自觉地运用各自长久以来习惯的方式进行解释，各个法官之间关于法律解释进路的交流也相对较少，所以导致法官们的法律解释进路有时会存在较大的差异，而在某些情形下，当判决书说理不充分时，人们又会对作出结论的法律解释过程不甚了解，可能会产生相对混乱的感觉。

（三）影响法律解释的主观因素

司法过程中对法官影响较大的主观因素概括起来，大致有以下三种：

1. 知识储备

虽然学者们对法律解释的主体存在着争议，但大多数学者还是同意尽管每个人都可以对法律发表自己的理解和见解，但法律解释的主体应当是法官，尤其是处理案件、事实的法官，因为法律解释就是在法律适用的过程中，将一般性的法律规范运用到具体的个案事实上所作出的使事实与法律相一致的解释，因此处理具体个案或事实的法官应当是最合理的法律解释的主体。事实上，不得不承认的是，知识储备确实会对法官的法律解释产生很大的影响，尽管法官们都经过专业的法科学习并经过了职业考试，但每个人的知识储备并不会完全相同，知识储备量大的人自然在寻找解释的依据，即法律规范的

---

〔1〕 参见刘平：《法律解释：良法善治的新机制》，上海人民出版社2015年版，第78～94页。
〔2〕 参见陈金钊：《法律解释学——立场、原则与方法》，湖南人民出版社2009年版，第295～420页。

过程中思路更加开阔。此外，每个人的知识储备也会有所侧重，每个人在自己知识储备丰富的特定领域当然是更擅长和得心应手。所以进行法律解释的过程也应当是知识储备不断积累的过程。

2. 经验

经验，按照《现代汉语词典》的定义，一是指由实践得来的知识或技能；二是指经历、体验。〔1〕经验往往与获得知识、技能是紧密联系在一起的，由于我们对经验的获得是一个由个别到一般而逐步推进的过程，所以，“经验在积累、继承与发扬的过程中，经验获得者不但识别了个别或特殊的事物，而且也认识到特殊事物的所属类别，并进而认识该类事物的特殊属性，从而形成一类行为规则”。〔2〕法官从其职业生涯中参与的每一个案件中获得其自身独特的司法经验：当事人对判决结果的反应、社会对该判决的评价以及随判决而来的各种影响会在法官观念中形成类似判决的类似经验，影响着法官对今后相似案件的思考。事实上在实践中，法官们独特的司法活动形成的司法经验对于法官看待和解释之后类似事实具有很大的影响，影响着法官进行法律解释的思路。

3. 思维方式

思维方式是每个人在成长的过程中受多种因素的影响所形成的个人思维的偏好和习惯，对人们思考问题的思路产生着极大的影响，当然也影响着法官们进行法律解释的思路，面对同样的事实，不同解释主体的解释结论可能是一致的，但采用的解释方法却可能有所不同就是一个很好的证明。另一个例子也能佐证不同人们间思维方式对人们思维进路所产生的影响：在法律解释学课堂上，一位老师举了一个例子，商人破产以 100 美元的价格拍卖了自己的一幅油画，事后证明该油画是价值百万的世界名画。这位老师另外举了两个例子，问题是哪个例子与商人的例子更类似，一个例子是两位农民交易其均认为不具有生育能力的牛，事后证明牛具有生育能力；另一个例子是一位妇女以 1 美元的价格卖给一位珠宝商一个小石头，事后证明小石头是价值百万的钻石。经过专业法科学习的同学们意见产生了很大的分歧，并且每人在阐述的解释思路也各不相同，思维方式的不同对人们思维进路产生的影响可见一斑。

---

〔1〕《现代汉语词典》，商务印书馆 2005 年版，第 718 页。

〔2〕参见王申：《法官的经验与理性》，载《法制与社会发展》2007 年第 5 期。

二、构建法律解释规则的必要性

（一）规范法律解释进路的必要性

1. 增强法律解释结论的可预期性

规范法律解释有利于增强实践中对案件和事实进行法律判断所做结论的可预期性。司法过程中，法官通过提取生活事实中的法律事实，寻找与法律事实最相适应的法律规则，在该法律规则的范围内，对涉及的事实的性质和程度进行法律判断，通过法律解释建构起法律与事实之间的联系。法官们的解释方式和解释路径如果较为一致和稳定的话，能够使法官以外的人，如律师、当事人等，通过和法官相一致的解释进路，对该事实的法律性质及程度进行大致的判断，有利于增强法律解释结论的可预期性。如果法官们的解释路径受个体主观因素较大，解释的方式难以把握的话，则会对解释结论的可预期性产生影响。因此，规范法律解释有利于增强法律解释结论的可预期性。

2. 构建法律职业共同体的需要

法律职业共同体的概念源于托马斯·S. 库恩。在我国，通常的观点认为，“法律职业共同体代表着法律职业群体，一般包括法官、检察官、律师以及法学学者”。[1]学者们对法律职业共同体到底是一种什么样的共同体也作了诸多研究，在许多学者看来，法律职业共同体更多的是一种思维共同体，法律职业共同体中的成员包括法官、检察官、律师以及法学学者等多个职业，将这些职业联系起来进而归为一个群体的原因就在于这些职业都是与法律相关的重要职业，而其中最为重要的便是这些职业群体的成员共享着共同的法律思维方式。法律职业共同体要求法律思维的一致，法律思维的一致要求法律职业共同体成员共享同一套法律解释规则，因此，法律解释路径的一致与法律思维的一致是相融合的。在司法改革、进一步完善我国的法律职业共同体的环境下，规范法律解释的进路有利于在法律职业共同体成员之间形成一致的思维方式、共同的话语体系，促进成员之间更为融洽地沟通和交流，将成员更为紧密地联系起来，更加有利于法律职业共同体的发展和完善。

---

〔1〕 参见张文显、卢学英：《法律职业共同体引论》，载《法制与社会发展（双月刊）》2002年第6期。

（二）规范法律解释的核心：法律解释规则

法律解释对于促进法律思维的一致具有重要作用，但法律解释若不受任何限制则可能产生主观、随意的情况，不论是对于法律解释本身，还是对于保持法律思维的一致都是有所伤害的，因此结合法律解释规律提出法律解释规则，以对法律解释的进路进行规范是有必要的。有学者指出，“法律解释规则不但为法律发现提供可操作指引，而且具有证立解释结论的功能，同时作为‘专业语法’，它还对法律解释共同体的思维构建起到积极作用”。〔1〕

法律解释在法律学习、研究以及司法活动中都发挥着重要的作用，但法律解释受主体的知识储备、经验和思维方式甚至其他主观因素的影响可能具有一定程度的主观性，为了避免法律解释主观随意现象的发生，也为了保证法律解释在促进法律思维一致方面的良好作用，对法律解释的进路进行一定程度的规范是有必要的，这就需要法律解释规则来实现。也即学者陈金钊所提倡的“把复杂的解释理论转化为简约的解释规则”。〔2〕法律解释规则是对法律解释所提出的基本的要求，是进行法律解释时所必须遵循的规则，提倡法律解释规则并不意味着追求法律解释方法、结论等的一致，法律解释规则所规范的并非是法律解释的结果，而是法律解释的过程，以保证法律解释的过程遵循一定的规范，是对法律解释进路的规范。事实上，法律解释规则并非是对法律解释的限制，而是帮助法律解释更加规范的手段。法律解释规则的运用，可以使法律解释的进路更加规范，也有利于不同解释主体间思维的沟通，进而促进法律思维的一致。在学者陈金钊看来，法律解释规则是“理解、解释和运用法律的思想基础，其运用可以化解法律稳定性和社会发展变化之间的矛盾，同时也有利于法律人便捷、有效地工作”。〔3〕

三、法律解释规则的应有之义

卡多佐指出，“方法论提供了钥匙，却无法使我们易如反掌地发现和解开

〔1〕李亚东：《我们需要什么样的法律解释学——法律解释规则理论研究》，载《法学论坛》2015年第4期。

〔2〕陈金钊：《法律解释规则及其运用研究（上）——法律解释规则的含义与问题意识》，载《政法论丛》2013年第3期。

〔3〕陈金钊：《法律解释规则及其运用研究（上）——法律解释规则的含义与问题意识》，载《政法论丛》2013年第3期。

秘密。它给我们的，与其说是一把钥匙，不如说是一条线索，如果我们想汲取它的精华，必须自己逐渐建立和发展它”。〔1〕若要充分发挥出法律解释的重要价值，需要我们不断在实践中探索法律解释的规则。有学者指出，“对法律方法规则的遵守是建构理由并进行理性说服的需要”。〔2〕法律解释规则既然是必要的，那么它就必须能对法律解释工作进行指导，这要求法律解释规则必须客观、合理、符合法律解释规律。有学者认为，“在进行法律解释时，应当依照法律的目的、立法意图、整体地解读法律”。〔3〕还有学者认为，“法律解释的方法整体性地指向解决纠纷、维护社会秩序这一司法目的”。〔4〕有学者指出，“应当从法律解释目的的视角对法律解释规则进行再审视”。〔5〕也有学者认为，“法律解释在适用时应当遵循合法性、合理性、目的性以及客观性的规则”。〔6〕

关于法律解释的具体规则，许多学者都曾进行过深入的探索。有学者在进行研究时梳理到，“萨维尼法律解释四要素说/四准则说包括了语法、逻辑、历史和体系四项要素，其中，语法要素就是后人通常所理解的文义解释方法”。〔7〕在萨维尼看来，历史要素是指“对法律所规定的历史对象予以阐述，通常需要对该法律得以诞生的那个时代进行考察”。〔8〕萨维尼“将法律解释视为对立法者思想的‘重构’，亦即要求解释着模拟立法者的立场，再次形成立法者的思想”。〔9〕魏德士也十分强调历史因素的作用，认为历史解释是“任何合宪性法律适用的不能放弃的第一步”。〔10〕学者陈金钊同样强调法律解释的文义因素、合宪性因素、体系因素，同时也指出目的因素和逻辑

〔1〕［美］卡多佐：《法律的成长、法律科学的悖论》，董炯、彭冰译，中国法制出版社2002年版，第53页。

〔2〕王国龙：《法律解释的有效性问题研究》，山东人民出版社2011年版，第526页。

〔3〕管金伦：《法官的法解释》，载陈金钊、谢晖主编：《法律方法》第2卷，山东人民出版社2003年版，第213～288页。

〔4〕参见孙光宁：《法律解释方法的体系整合——制度和谐的视角》，载陈金钊、谢晖主编：《法律方法》第7卷，山东人民出版社2008年版，第316～323页。

〔5〕刘新慧：《法律解释规则研究》，载《黑河学院学报》2014年第6期。

〔6〕周芳：《法律解释在法律适用中的规则》，载《法制与经济（中旬刊）》2009年第1期。

〔7〕姜福东：《法律解释的范式批判》，山东人民出版社2010年版，第190页。

〔8〕［德］冯·萨维尼、雅各布·格林：《萨维尼法学方法论讲义与格林笔记》，杨代雄译，法律出版社2008年版，第8页。

〔9〕姜福东：《法律解释的范式批判》，山东人民出版社2010年版，第190页。

〔10〕［德］魏德士：《法理学》，丁小春、吴越译，法律出版社2003年版，第351页。

因素的重要性。[1]

本文在结合学者们所作思考的基础上，认为司法过程中的法律解释应当符合以下几个方面的要求：

（一）与法律相一致

法律解释首要就是要与法律相一致，这是法律解释合理、可接受的前提和基础。法律思维是“根据法律的思维”，法律解释也是建立在法律基础上的解释，是在适用法律的过程中，将一般性的法律规范与具有特殊性的事实联系起来的纽带，因此，法律解释与法律相一致是法律解释应当满足的最基本要求。此外，法律解释应当与法律相一致同样也可以从法律解释的独断性中得到证明。法律解释的独断性认为法律在被解释之前，其含义和意义已经存在于法律文本之中，对于意义清晰明了的法律，不必进行解释，直接适用即可，这也是学者陈金钊所提倡的“反对解释”的内涵，反对解释的实质是对法律的维护，反对解释并非反对进行法律解释，“反对解释主要反对的是那种不执行法律，而以解释的名义对法律含义进行转义解释或意义添加与减损”。[2]因此，法律解释应当与法律相一致，意义明了的法律直接适用即可，这是与法律相一致的基本要求，对于需要进行解释的法律文本及个案事实，也应当在法律的框架内作出与法律要求相一致的解释。

（二）符合逻辑要求

法律解释除了要与法律保持一致，还应当与逻辑相一致。在学者陈金钊看来，“从总体上来看，法治是借助逻辑的规则，以简约地根据法律进行思考的方式来应对复杂的案件”。[3]他提出，“法律逻辑学大致包含了两个方面：一方面是作为法律思维基础的逻辑学理论；另一方面是形式逻辑在法律解释中的具体运用”。[4]因此，法律解释与逻辑相一致实际上对法律解释提出了两个方面的要求：一方面要求在进行法律解释时不能与逻辑学基础相违背；另一方面也要求法律解释应当满足形式逻辑的要求。事实上，形式逻辑中的演绎推理是司法活动中最常用到的推理方式，法律解释的主体在将法律和事

---

〔1〕参见陈金钊：《法律解释学——立场、原则与方法》，湖南人民出版社2009年版，第421～525页。

〔2〕陈金钊：《反对解释与法治的方法之途——回应范进学教授》，载《现代法学》2008年第6期。

〔3〕陈金钊：《法治思维的前提之殇及其修复》，载《山东大学学报（哲学社会科学版）》2014年第5期。

〔4〕参见陈金钊：《探究法治实现的理论——法律方法论的学科群构建》，载《河南省政法管理干部学院学报》2010年第4期。

实联系起来进行解释之后，还应当使自己的解释满足形式推理的要求，在演绎推理的模式中对法律解释进行验证，使法律解释具有说服力，又能经得起形式逻辑的检验。

（三）尊重司法规律

法律解释是司法过程中的活动，是在法律适用的过程中将事实与法律联系起来的纽带，因此法律解释除了满足与法律、逻辑相一致的要求外，还应当与司法活动中的规律相一致。司法规律是在长期的司法实践中累积形成的经验和规律的总结，对于司法活动具有很强的指导意义，司法活动中的主体应当尊重司法规律，对于法律解释也是如此，法律解释既是司法过程中的活动，也自然会受到司法规律的影响，法律解释尊重司法规律能使解释活动更加符合司法实践，也能使解释的结论更为人们所接受。

（四）适度借鉴司法经验

在学者沃缪勒看来，“解释准则即那些解释格言，它们是由司法发展出来的经验法则”。〔1〕由此可以看出司法经验的重要作用。事实上，在许多学者看来，尽管尊重法律规则是毋庸置疑且十分重要的，但“法条主义”却不可取。学者邓正来认为，“法条主义论者所从事的基本工作乃是试图建构一个在概念系统上比较完整、逻辑自洽、传达便利和运作有效的有关部门法的规则体系或系统”。〔2〕学者陈金钊指出，“法治是一个动态的过程，法律规则仅是法治社会的前提条件。仅仅把规则推向极端（像‘法律规则至上’的口号），法治事业是很难完成的”。〔3〕在学者刘平看来，法治主义要“能平衡好克制主义与能动主义，使法律的实施既有弹性、不限于僵硬的概念，是积极的行政和法律实施，而不是消极无为的，又是在法律框架内的能动性作为，是守住法治底线的积极有为”。〔4〕学者武飞也认为，法律解释应当“在服从中创造”。〔5〕司法经验是避免“法条主义”的一种有效途径，在可能产生法条僵

〔1〕［美］沃缪勒：《不确定状态下的裁判：法律解释的制度理论》，梁迎修、孟庆友译，北京大学出版社2011年版，第215页。

〔2〕邓正来：《中国法学向何处去——建构“中国法律理想图景”时代的论纲》，商务印书馆2006年版，第66页。

〔3〕陈金钊：《法律解释的哲理》，山东人民出版社1999年版，第214页。

〔4〕刘平：《法律解释：良法善治的新机制》，上海人民出版社2015年版，第13页。

〔5〕武飞：《法律解释：服从抑或创造》，北京大学出版社2010年版，第179页。

化甚至出现法律漏洞的情形下，法官们运用自身积累的丰富经验既能有效避免这些情况，又能保证所作出的解释符合法律的要求。因此司法经验的作用也不可忽视，但运用司法经验应当适度，司法经验只能作为法律的补充，司法过程中以满足法律要求为首要规范是不言自明的。

结　语

司法过程中进行法律解释应当与法律相一致，符合逻辑的要求，同时应当尊重司法规律，并适度借鉴司法经验。若要对法律解释实践提供具化的指导，这些方面还显得太过笼统，需要进一步加以明确。但法律解释规则又不适合规定得太过精确，需要与具体的司法实践相适应。因此，如何探索出既符合司法实践规律又具有可操作性的法律解释规则，还需要我们在实践中继续探索。

破坏生产经营罪的解释规则检视

——从“反向刷单案”展开

徐长江[*]

摘　要　南京“反向刷单案”曾在学界引起较为广泛的讨论，法院判决被告人成立破坏生产经营罪，受到不少学者的质疑与反对。反对的学者主张以同类解释规则对相关法条中的“其他方法”进行限定，将其限缩为与“毁坏机器设备，残害耕畜”相当的，对生产工具、资料的物理性破坏。但是，在破坏生产经营罪的认定中适用同类解释规则难以形成方法论上的自洽，对结论的论证也存在瑕疵，难以令人信服。因此，对该罪进行解释时，应当勇于跳脱同类解释的枷锁，以形式合理性和实质合理性为基础检验解释的结果，对“类推解释”的指责作出回应。

关键词　反向刷单　破坏生产经营罪　同类解释　类推解释

一、基本案情与问题的提出

2016年，南京市中级人民法院作出首例“反向刷单案”的有罪判决，在学界引起了广泛的讨论。具体案情如下：2013年11月，北京智齿数汇科技有限公司通过合法途径取得了万方数据知识资源系统的使用权，并在淘宝网注册成立了一家网上店铺，以论文相似度检测作为其主要的经营业务。该店铺由公司的南京分公司——智齿科技南京公司管理运营。作为该公司的同业竞争者，被告人董志超为了取得市场优势，于2014年4月，雇佣被告人谢文浩

* 徐长江，华东政法大学2017级硕士研究生，研究方向：刑法学。

在短期内多次以同一账号恶意大量购买智齿科技南京公司网店的商品，累计1400余单，导致该店于同年月23日，被淘宝网认定为存在虚假交易，受到了商品搜索降权的处罚。在处罚期间，消费者无法在淘宝网上搜索到智齿科技南京公司淘宝网店的商品，该网店的正常经营受到了严重影响。后经审计，智齿科技南京公司因此遭受的损失高达人民币15万余元。〔1〕最终，法院对被告人的行为以破坏生产经营罪认定。

本案争议的焦点在于：被告人的行为是否该当破坏生产经营罪的构成要件？尽管法院对此持肯定态度，但这并非没有商榷的空间。张明楷教授将此类案件统称为妨害业务行为，认为其不成立破坏生产经营罪，应当另行立法对其规制〔2〕；王恩海教授认为，从刑法谦抑性的角度出发，应对本罪的构成要件作限缩性的理解，反向刷单难以成立破坏生产经营罪。〔3〕

相较之下，笔者赞同法院的判决。反对论者的观点难以自圆其说，甚至在一定程度上偏离了刑法解释的基本原理。对此，应从破坏生产经营罪的法条规定出发，对其解释规则进行检视，得出更为客观合理的结论。

二、同类解释规则检视——不可挑战之真理？

《刑法》第二百七十六条规定，由于泄愤报复或者其他个人目的，毁坏机器设备、残害耕畜或者以其他方法破坏生产经营的，处三年以下有期徒刑、拘役或者管制。〔4〕可见，对该案被告人的行为如何定性，关键在于对法条中的“其他方法”作何理解。质疑判决的学者多强调，应当运用同类解释规则，将“其他方法”限定为对生产工具或生产资料的物理性破坏，否则解释的结论将同罪刑法定主义相悖。笔者对此持质疑态度，同类解释规则并非是刑法解释不可挑战的真理，也并非是解释刑法的唯一路径选择。

---

〔1〕 详细案情及法院判决可参见（2016）苏01刑终33号判决书。

〔2〕 参见张明楷：《妨害业务行为的刑法规制》，载《法学杂志》2014年第7期。

〔3〕 参见王恩海：《反向刷单难构成破坏生产经营罪》，载《上海法治报》2017年3月29日第B06版。

〔4〕 法条的完整表述为：“由于泄愤报复或者其他个人目的，毁坏机器设备、残害耕畜或者以其他方法破坏生产经营的，处三年以下有期徒刑、拘役或者管制；情节严重的，处三年以上七年以下有期徒刑。”

（一）适用同类解释的方法论困境

法律解释方法存在一定的适用顺序，这在学界几乎已经达成了共识。陈兴良教授指出，刑法解释必须遵循一定的位阶顺序，虽然其并非一成不变，但背离这种位阶关系对刑法条文进行任意的解释，可能会影响解释的合理性。〔1〕苏彩霞教授也认为，承认刑法解释的位阶顺序，将有助于解决刑法解释的争端，保证结论的客观合理性，并能同人们的思维特点保持一致。〔2〕

尽管在解释位阶的具体划分上，不同学者观点有着些许的不同，但是其均不约而同地将文义解释，或言平义解释放在了第一位。例如，梁根林教授曾从刑法文本的公法、强制法等特点出发，将刑法解释的优先顺序统括为：文义解释→体系解释→历史解释→目的解释→合宪解释。〔3〕程红教授则立足于对不同解释方法的深入分析，指出刑法解释方法之间应遵循“语义解释→体系解释→目的论解释”的适用序列。〔4〕

追根溯源，在法学理论中为何要对刑法的解释设置这样的先后顺序？这仍然是基于形式合理性和实质合理性的双重考量。文义解释关注法条用语字面的、通常的含义，是形式合理性之极致；而其他解释方法，关注法条之间的协调一致乃至法律背后的精神与目的，以实质合理性填补文义解释的不足。因此，合理的逻辑应当是，只有当文义解释的结果远远不及实质合理性的要求，在某种程度上显现出荒谬而让人难以接受时，我们才借助于其他解释方法来对结论进行修正。而在本案中，所涉法条仅以“其他方法”四字对破坏生产经营的行为进行了兜底设置，从平义解释的角度出发，无论被告人采取的是什么方式、什么手段，只要其以报复泄愤或其他个人为目的，对他人生产经营造成了破坏，便该当破坏生产经营罪的构成要件。据此，将被告人“反向刷单”的行为解释为法条中的“其他方法”，并没有违背文义解释的要求，满足形式合理性的要求。

反观同类解释规则，其当属体系解释的下位规则，就其适用的优先顺序而言应当置于文义解释之后。既然质疑判决的学者们采取了同类解释的规则

---

〔1〕 参见陈兴良、周光权：《刑法学的现代展开》，中国人民大学出版社2006年版，第78页。需要说明的是，周光权教授对刑法解释的位阶是持怀疑态度。

〔2〕 参见苏彩霞：《刑法解释方法的位阶与运用》，载《中国法学》2008年第5期。

〔3〕 参见梁根林：《合理地组织对犯罪的反应》，北京大学出版社2008年版，第77页。

〔4〕 参见程红：《论刑法解释方法的位阶》，载《法学》2011年第1期。

来评价法条所言的“其他方法”，那么只能认为在本案中，将“反向刷单”的行为解释在法条当中实在是荒谬至极，远远不及实质合理性的要求，违背了国民对法律的一般认知与情感。但是，如何来认定此处所指的“荒谬”？这仍然是涉及价值判断的问题，如果不对其作出合理的说明，直接援引同类解释规则对兜底条款进行限缩，未免武断。

笔者认为，刑法的目的在于保护法益，对刑法的解释也应当服务于这一目的。因此，判断兜底条款“荒谬”与否，关键在于行为本身的社会危害性大小，应当以行为对法益的侵害程度为导向进行综合判断。而在本案中，反向刷单的社会危害性显而易见，被告人通过此类行为干扰了市场的正常交易秩序，对被害人造成了巨大的经济损失，将其解释为法条所指的“其他方法”并不会让人难以接受，不会违背国民对法律的通常认知。就此意义上而言，应当遵循文义解释得出的结论，认定被告人的所作所为该当破坏生产经营罪的构成要件。

（二）同类解释规则的论证瑕疵

即便不考虑刑法解释的位阶，优先从同类解释的规则出发对法条进行解释，也会发现其中存在一定的论证瑕疵，难以让人信服。

1. 同类解释不合理地限缩了“其他方法”的处罚范围

一般认为，同类解释规则是为了保持刑法的明确性，使国民对犯罪行为的构成要件抱有明确的认识，由此积极指引其行为。如果刑法对犯罪行为的规定模棱两可，国民将无所适从，刑法也将难以充分发挥预防犯罪的作用。

张明楷教授主张，必须以同类解释规则对刑法中的“其他方法”作出限定，否则会使构成要件丧失定性化机能：以抢劫罪为例，若不采取同类解释规则，将法条中的“其他方法”限定为与暴力、胁迫相当的方法，将使得诈骗、敲诈勒索等行为也该当抢劫罪的构成要件，无法对其进行区分；以强奸罪为例，若不采取同类解释的规则，将法条中的“其他手段”限定为与暴力、胁迫相当的手段，通奸行为也可能符合强奸罪的构成要件，这同样使强奸罪的构成要件丧失了应有的机能。[1]依照这种逻辑，破坏生产经营罪中的“其他方法”，也只能是和毁坏机器设备、残害耕畜相当的，对生产工具、资料的物理性破坏。

---

〔1〕 参见张明楷：《妨害业务行为的刑法规制》，载《法学杂志》2014年第7期。

但是，之所以要这样解释抢劫罪，诈骗罪和敲诈勒索罪的存在恰恰是其原因而不是目的。正因为在司法论中要将抢劫罪同诈骗罪、敲诈勒索罪区别开来，我们才基于刑法体系性的要求，对抢劫罪中的“其他方法”作出限制。反观破坏生产经营罪，其在刑法中难觅相似罪名，不存在上述构成要件的区分问题，因而在解释此处的“其他方法”时，打着同类解释的名号对其适用范围进行挤压，恐怕并不合适。至于强奸罪，更是不应受制于同类解释规则，将“其他手段”限制为与暴力、胁迫相当的手段，否则就难以解释“与完全丧失辨认、控制自身行为能力的精神病妇女发生性关系，无论手段如何，均以强奸罪认定”的通行结论。

因此笔者认为，同类解释规则的存在是为了对刑法的打击范围进行合理限制，就保障国民自由的角度而言有其积极意义。但是，在适用同类解释规则时也应当审慎，否则其可能对刑法应有的处罚范围造成不当挤压，这同样会动摇公民对法秩序的信赖，进而对犯罪预防带来不利影响。

2. 认定破坏生产经营罪应跳出同类解释的怪圈

笔者认为，对破坏生产经营罪的构成要件进行解释时，应当尽量摆脱同类解释规则的束缚，保持其应有的处罚范围。具体而言，破坏生产经营罪属于侵犯财产罪，其保护的法益是他人合法的财产权。此类犯罪的对象未必是有物质实体的财物，也可以是抽象的财产性利益。因此，在认定破坏生产经营罪时不应将目光局限于他人生产工具、生产资料的物理性损毁，而应将重心置于行为对被害人造成的实际经营损失。

（1）侵犯财产罪的对象包括财产性利益

所谓财产性利益，“大体是指狭义（普通）财物以外的财产上的利益，包括积极财产的增加与消极财产的减少”。〔1〕需要说明的是，财产性利益是否属于财产犯罪的行为对象，在学界并非没有争议。有观点认为，诸如盗窃罪、诈骗罪，刑法对其行为对象的规定是“财物”，不包括财产性利益，如果将后者解释在“财物”的范围内，非但不能彻底解决刑法中的财产性利益问题，反而会衍生诸多新的问题。〔2〕也有观点认为，在我国，作为财产犯罪侵害对象的财物是指广义的“财物”，其本身是包含财产性利益的。但是由于一些财

〔1〕 张明楷：《刑法学（第五版）》，法律出版社2016年版，第932页。

〔2〕 参见陈烨：《财产性利益与罪刑法定问题》，载《上海交通大学学报（哲学社会科学版）》2013年第5期。

产犯罪（如盗窃罪）性质特殊，这就决定了财产性利益不能成为此类犯罪的对象[1]——换言之，并非所有财产犯罪的对象都包含财产性利益，若认为破坏生产经营罪的对象包括财产性利益，是需要另作论证的。

笔者不赞同上述观点，财产犯罪的对象应当涵盖财产性利益，破坏生产经营罪自然如是。理由主要有以下几点：其一，学界对于“财物”的定义是否包含财产性利益的问题存在不同理解，这至少说明将财产性利益解释为“财物”，并未脱离词语本身“可能”具有的含义。因此，其仍然满足形式合理性的最低要求，不能因解释的结论在部分学者眼中扩张了“财物”的范围，就断言其有悖刑法解释的基本原理，有悖罪刑法定主义。

其二，将财产性利益解释为“财物”，是为了满足实质合理性的要求，仅仅将“财物”理解为货币及其他具有经济价值之物，才是真正违背了国民的预测可能性，不利于保护法益。当下，第三方支付平台如微信、支付宝在我国得到了较为广泛的应用，只要相应账户内尚有余额，账户的所有人即能对其进行自由的管理与支配。在一般人看来，账户余额的作用几乎与货币等同，其与通常意义上的“财物”并无区别，尽管其在本质上以账户所有人对第三方支付公司享有的债权来认定更为合适。因此，如果将财产性利益排除在“财物”的范围之外，那么对于行为人利用技术手段，将他人账户内的余额秘密转走的行为就难以定罪处罚，这偏离了一般人对法律的预期，产生了明显的处罚漏洞，有违实质合理性的要求。

其三，以盗窃罪为例，论证其行为对象不包括财产性利益，进而得出财产性利益均不得被解释为“财物”的结论是不自洽的——无论是从法条的规定还是司法实践现状来看，盗窃罪的行为对象都应当涵盖他人的财产性利益。刑法第一百九十六条规定，盗窃信用卡并使用的，以盗窃罪定罪处罚。由于信用卡作为一种权利凭证，本身价值极低，盗窃信用卡而没有使用的，不可能成立盗窃罪。因此，在该规定中，刑法保护的目标不是信用卡本身，而是与之相关的财产性利益，当行为人盗窃他人信用卡并使用时，其不当地造成持卡人的经济损失，侵害了其财产性利益，因此受到刑法的否定性评价，依法成立盗窃罪。

此外，司法实践中也已出现相关判例，认定财产性利益可以成为财产犯

[1] 参见刘明祥：《论侵犯财产罪的对象》，载《法律科学》1999 年第 6 期。

罪的行为对象。例如，在邱国光盗窃案[1]中，被告人邱国光自2014年6月至2015年5月期间，陆续向被害人叶某借款，共计17万元。2015年5月16日，被告人归还叶某4万元后，就剩余的13万元写了一张借条交与叶某，且由其妻子作为担保人在借条上签字。之后，因害怕叶某及其妻子追债，而自身又无力偿还剩余债务，被告人于2015年5月27日上午，趁叶某外出之际，在其房间的一个手提包中找到自己当初写下的借条，并当场销毁冲进厕所。经过审理，法院认为，被告人邱国光为了逃避债务，盗窃其写给债权人的欠条，数额巨大，其行为构成盗窃罪。可见，盗窃罪的行为对象包括债权，此为典型的财产性利益。如果不对法院判决的合理性作出深入分析，固守财产性利益不能被解释为“财物”的观点，只会加深理论与实践的鸿沟，这恐怕与法治社会的理想状态相去甚远。是故笔者认为，应当承认财产性利益是侵犯财产罪的行为对象之一。

（2）破坏生产经营罪的认定核心是被害人的经营损失

既然肯定财产性利益是财产犯罪的行为对象，那么对破坏生产经营罪进行认定时，就不得不对被害人遭受的实际经济损失予以充分的考量。据此，不能局限于同类解释规则，将本罪的行为方式局限于对生产工具、生产资料的物理性毁损，甚至直接把该罪理解为故意毁坏财物罪的特别条款。[2]相反，笔者认为，相比于生产工具的毁损，被害人遭受的经营损失才应被置于更加突出的地位，是本罪认定的核心。

张明楷教授在解释破坏生产经营罪时明确指出，在1979年刑法中，与本罪相对应的罪名是破坏集体生产罪，其被规定在“破坏社会主义经济秩序罪”一章，[3]因此，只要行为破坏了集体生产，进而破坏了生产秩序，就可能以该罪定罪处罚。从当时刑法的规定来看，即便不采用同类解释规则，对条文的“其他方法”进行扩大解释，使其涵盖与“毁坏机器设备、残害耕畜”不相当的破坏方法，确实是可以接受的。但是，既然新刑法将破坏生产经营罪

---

〔1〕 具体案情及判决结果参见（2015）河中法刑二终字第136号判决书。

〔2〕 参见张明楷：《妨害业务行为的刑法规制》，载《法学杂志》2014年第7期。将破坏生产经营罪理解为故意毁坏财物罪的特别条款，是张明楷教授的独到见解。

〔3〕 1979年刑法对破坏集体生产罪的规定是：“由于泄愤报复或者其他个人目的，毁坏机器设备、残害耕畜或者以其他方法破坏集体生产活动的，处二年以下有期徒刑或者拘役；情节严重的，处二年以上七年以下有期徒刑。”可见，新刑法仅仅将“破坏集体生产活动”改为“破坏生产经营”，并对法定刑作出了相应调整，就条文用语而言，破坏集体生产罪和破坏生产经营罪差别不大。

规定于“侵犯财产罪”，即说明本罪的法益发生变更，其不再属于破坏经济秩序罪，应将之置于财产犯罪的体系中进行考察。据此，可以发现破坏生产经营罪与故意毁坏财物罪在本质上不存在区别，应将前者视为后者的特别条款。[1]

上述推论是有待商榷的。首先，按照张明楷教授的观点，行为对法益的侵害是客观的，[2]那么无论个罪在刑法中的位置被如何调整，其对法益的侵害理当是不变的。以法益的变动为由拒绝对“其他方法”进行扩张解释恐怕在前提上即已陷入误区。

其次，犯罪侵害的法益可能是复杂的，不能因其被规定在某个固定的章节，就对犯罪侵害的法益作单一的认定。例如，抢劫罪也被规定在“侵犯财产罪”中，但其无疑会对被害人的人身安全造成危险，侵害被害人的人身权利；信用卡诈骗罪虽然被规定在“破坏社会主义市场经济秩序罪”中，但冒用他人信用卡进行消费的行为同样是侵害了他人的财产权。因此，应该看到的是，旧刑法虽然将破坏集体生产罪置于“破坏社会主义经济秩序罪”一章，但该行为同时对集体财产权造成了侵害；新刑法将破坏生产经营罪规定在“侵犯财产罪”，并不是说受侵害的法益发生了实质性变更，而是相比于市场经济秩序，被害人的财产权益在今天更加受到刑法的重视。因此，在解释破坏生产经营罪的构成要件时，应更加强调对被害人整体财产权的保护，将被害人的实际经营损失作为认定的重心。

最后，破坏生产经营罪并非是故意毁坏财物罪的特别条款，区分二者的关键正在于行为是否对被害人的实际生产经营造成损失。例如，行为人出于泄愤，故意毁坏他人储物间内的废旧机器设备的，或者虐待年老、已然丧失作业能力的耕畜的，尽管其行为手段也属于“毁坏机器设备”“残害耕畜”，但由于该行为没有对被害人的生产经营造成影响，以破坏生产经营罪处罚并不合适，而应认定其成立故意毁坏财物罪。这在一定程度上说明，对于破坏生产经营罪而言，破坏的行为手段、方式只是辅助认定的工具，不具有决定犯罪成立的意义。因此，不应对同类解释规则过于依赖，在认定破坏生产经营罪时，应当充分着眼于被害人遭受的经营损失。

---

〔1〕 参见张明楷：《妨害业务行为的刑法规制》，载《法学杂志》2014年第7期。

〔2〕 参见张明楷：《刑法学（第五版）》，法律出版社2016年版，第109页。

三、对“类推解释”之指责的回应

有观点认为，对诸如反向刷单之类的行为进行刑法规制，是对兜底法条所作的类推解释,[1]而刑法学中，禁止类推被认为是一项基本的知识，是罪刑法定主义的派生要求。对此，笔者的看法是：类推解释和扩张解释在方法论上其实并无本质区别，在解释兜底条款时试图从概念上区分二者更是无谓之举。在对法条的解释中，并非排除同类解释规则的适用，就构成类推解释；对于解释的结论，应以形式合理性和实质合理性的标准进行检验，若其符合双重合理性的要求，该解释的正当性即应得到认可。

（一）类推解释与扩张解释没有本质区别

一般认为，虽然类推解释和扩张解释在其后果上均扩充了刑法文本的含义，但二者仍然是不同的刑法解释方法。类推解释突破了刑法条文可能具有的含义，超出了文本用语的最大射程，因而有违国民的预测可能性，对其行动自由造成了不合理的限制。考虑到刑罚是最为严苛的法律制裁方式，对刑法的解释也应当保持审慎，因此学界通说仅对扩张解释予以承认，而将禁止类推上升至刑法基本原则的高度，除非类推的结果对被告人有利，否则一律不予认可。

由此看来，类推解释与扩张解释理当有着泾渭分明的界限，能为司法实践提供明确的指引，否则禁止类推只能沦为空谈。但遗憾的是，现实似乎并不合乎理论的预期：法律用语固有的不周延性是刑法需要解释的前提条件，同时也是解释刑法必须面对的难题。何谓“类推”，何谓“扩张”？既然两者都表现为对文本含义的填充，这就注定了在一些情况下，从概念上区分二者是相当困难的。

例如，在德国曾经发生一起有名的案件，被告人携带盐酸，朝着一名女会计的脸上泼洒，并趁机抢走了她的钱包。联邦法院在判决中需要认定，被告人的行为是否成立加重强盗罪——法条明确规定，加重强盗罪的构成在于：“当行为人……携带武器实施强盗行为，而以武力或以武力胁迫，防止或压制他人的反抗时。”换言之，盐酸能否被评价为一种武器，进而使行为人承担加

---

〔1〕 参见欧阳本祺：《论网络时代刑法解释的限度》，载《中国法学》2017 年第 3 期。

重强盗罪的刑事责任？联邦法院对此表示肯定，在其看来将盐酸解释为“武器”并没有超出条文词义可能具有的含义，属于可被容许的扩张解释；但是，其后立法对条文进行了修改，通过补充“其他器械或方法”等词语，使该案的情形毫无争议地成立加重强盗罪。〔1〕可见，在立法者看来，将盐酸解释为武器，已经超出了“武器”二字可能具有的含义，法院的工作存在僭越立法的嫌疑。

这正是说明，类推解释和扩张解释，其判断标准即是朦胧的，究竟何种解释处于法律用语可能的含义之内，哪种解释突破了法律用语的最大射程，极端地依赖于文本阅读者的主观理解。此外，造成两种解释方法难以界分的更深层次原因，恐怕在于二者相同的本质——无论是类推解释还是扩张解释，其均是“类推”这一法律适用方法的具体运用。〔2〕类推不是逻辑的推论，而是一种比较，〔3〕如此看来法院的判决无时无刻不在“类推”，因为只有不断地比对案件事实与法条规定，寻求二者的相同点和不同点，法律的涵摄工作才得以顺利完成，判决才得以作出。

因此，要对类推解释和同类解释作出绝对意义上的区分，恐怕原本就是不可能完成的任务。

（二）解释兜底条款无须纠结解释方法的概念之争

德国盐酸案表明，即便法条用语明确，对其解释的结论依然会陷入“类推”抑或“扩张”的争议。那么对于明确性更低的兜底条款，要辨别解释的结果是否属于类推就更是困难，甚至是无意义的。因此笔者认为，对于兜底条款的解释，不应陷入“类推解释”或“扩张解释”的概念之争，而应转向二者对立的本质，从形式合理性与实质合理性的双重标准出发，对结论的正当性进行检验——如果对一个行为科处刑罚在形式或实质上均无不当，那么批评其超出了国民预测的可能性才是不恰当的。

据此，从形式合理性的角度出发，破坏生产经营罪中的“其他方法”在词义上涵盖了社会生活的一切行为手段，即便是按照既往的类推解释判断标准，反向刷单的行为也在法律用语的可能含义之中，将其解释在内并不会违

〔1〕参见［德］考夫曼：《法律哲学》，刘幸义等译，法律出版社2003年版，第107页。

〔2〕参见［德］考夫曼：《法律哲学》，刘幸义等译，法律出版社2003年版，第104～120页；黎宏：《“禁止类推解释”之质疑》，载《法学评论》2008年第5期。

〔3〕参见［德］考夫曼：《法律哲学》，刘幸义等译，法律出版社2003年版，第107页。

反国民的预测可能性。

而从实质合理性的角度出发，为了尽可能减少法官在判决中的任意性，应当坚持将行为对法益的侵害作为入罪之考察。由于反向刷单的行为在客观上对被害人的生产经营造成了巨大的损失，是对其财产性利益的不当侵害，对其科处刑罚正是满足了刑法保护法益的目的需求。因此，对该行为定罪处罚，满足实质合理性的要求，反向刷单的行为可以被解释于破坏生产经营罪的“其他方法”中。

四、结论

以同类解释规则限制破坏生产经营罪的构成要件是不合理地限缩了该罪的处罚范围。在对破坏生产经营罪中的“其他方法”进行解释时，应当以被害人实际遭受的经济损失为核心，拒绝将行为手段作为认定犯罪的唯一标准。

在刑法解释中，同类解释规则并非是必须适用的、不可挑战的真理，不采取该规则并不必然导致类推解释。应当强调，类推解释与扩张解释仅仅是量的区别，并无方法论上的本质不同，因此在解释兜底条款时，应避免纠结于概念，而从形式合理性和实质合理性的要求出发，对解释的结论进行检视。如此看来，“反向刷单案”中，行为人利用网络技术手段，对被害人的生产经营造成了巨大的经济损失，行为构成破坏生产经营罪，法院的判决应当得到认可。

金钱债务所附保证人违约金的司法酌减

——以典型案型分析为基础的解释论

徐　展*

摘　要　就金钱债务约定的保证人违约金之规制，司法实践态度不一。以类型研究为方法，以典型案型分析为基础，探寻同案不同判、同判不同理的症结所在——违约金规制思路问题和违约金功能认识问题：前者表现为以保证合同特性、违约金功能不能发挥为由否定违约金约定的效力，后者表现为没有探寻当事人约定违约金的真实意图。违约金的真正问题不在于功能区分而在于如何规制，即违约金预定属性所引发的实质公平对契约自由的合理限制问题，规制方法为司法酌减，金钱债务所附的保证人违约金也不例外。金钱债务保证人违约金在司法酌减时应特别衡量金钱债务保证合同的特性和当事人约定违约金的意图，其特殊性在“造成的损失、实际损失、合同的履行情况、当事人的过错程度、预期利益、公平原则和诚实信用原则”的衡量上都有体现，尤其是在“造成的损失”和“预期利益”的认定上，以及“公平原则”所涉之民间借贷利率规制问题。

关键词　违约金　保证合同　司法酌减　金钱债务

引　言

违约金是指由当事人约定或法律规定的、在一方当事人不履行或不完全

* 徐展，男，华东政法大学法律学院民商法学硕士研究生，主要研究方向为合同法。

履行合同时向另一方当事人支付的一笔金钱或其他给付。[1]在我国法上，意定违约金的规定见《合同法》第一百一十四条，其属第七章“违约责任”之内容，性质上是合同违约责任的一种承担方式。保证合同亦是合同的一种，逻辑上当事人固可约定，保证人在未按照约定履行保证合同项下义务时，需向主债权人支付一定数额的违约金，现实中即大量存在此种约定。保证合同当事人约定的保证人义务往往不限于保证义务，如当事人常还会约定，保证人应确保自身具有足够的保证能力，[2]就该义务的履行也会有违约金约定，然本文所论之保证人违约金，仅指就保证义务所约定的违约金。另外，本文所指的“保证、保证合同、保证人、保证债务/义务、保证人违约金”，均是对金钱债务之保证而言，特此说明。

司法实践对保证人违约金之规制没有统一态度，然态度不同的判决却总对应着相似的实体事实和程序事实，就主债权人请求保证人支付违约金的诉讼请求，存在同案不同判的问题。本文拟以类型方法为工具，以规范适用为导向，来探寻问题的解决。在结构上，首先就司法实践中常见的保证人违约金请求类型，结合保证合同特性和司法酌减规则适用时之考量因素，抽取类型要件以形成类型分析框架，并认定典型案型；然后分析典型案型中不同判决所持之理由，同样结合保证合同特性和司法酌减规则适用时之考量因素，探寻同案不同判、同判不同理的症结所在；最后就症结所反映的金钱债务保证人违约金之特性，探讨司法酌减规则在典型案型中的适用思路，并通过要件内容的变换，讨论其他案型中的司法酌减规则适用问题。

一、保证人违约金请求的类型构建和典型案型认定

（一）类型内涵——以实体事实和程序事实为整体的案型区分

需作说明的是，作为本文讨论基础的“类型”，既不是主流学说以是否排斥强制履行或损害赔偿等法定责任为标准区分的赔偿性违约金和惩罚性违约

---

〔1〕 韩世远：《合同法总论》，法律出版社2018年版，第822页。

〔2〕 “重庆市沙坪坝融兴村镇银行有限责任公司等诉杨忠慧等借款合同纠纷案”，（2014）渝一中法民初字第01436号判决；“大连中山恒祥小额贷款有限公司诉大连鑫华辰房地产开发有限公司等借款合同纠纷案”，（2012）辽民二初字第29号判决；“中国农业银行股份有限公司白城分行等诉陈坤兵金融借款合同纠纷、担保合同纠纷案”，（2016）吉民终527号判决。

金之类型,〔1〕也不是单从案件实体事实出发而区分的类型，而是从主债权人要求保证人支付违约金的诉讼请求出发，以实体事实和程序事实为一体抽取抽象的类型要件，结合交易中当事人的具体约定认定要件内容，以此所得的各类案型。〔2〕

违约金约定是当事人私法自治的体现，约定违约金可督促债务人依约履行，同时也是当事人对合同履行障碍后果的预先安排；既然是预先安排，那么债务人在对非现实之违约责任作出承诺时，往往不能全面评估可能的风险，但为谋取交易利益，债务人常愿放手一搏，违约金约定也就此带上“赌博色彩”，原罪地带有导致不公平结果的基因。私法自治偏离公平正义时需要司法的规制，对违约金的司法规制发生在违约金给付效力产生时对之进行必要的酌减。〔3〕“债务人保护和实质公平是独立于私法自治的价值，而非自治意思所能决定的范围，故而司法酌减规则属于强制性规范，这也是比较法上的共识”,〔4〕不论以什么标准对违约金进行分类，都不能排除司法酌减规则的适用。当前主流学说以违约金是否排斥强制履行或损害赔偿等法定责任为标准，将违约金区分为赔偿性违约金和惩罚性违约金，并以赔偿性违约金作为约定不明时的推定类型。〔5〕如同硬币的两面，作此区分的另一面往往是功能区分的论调——前者具有损害赔偿功能，后者具有惩罚功能；违约金具有何种功能取决于约定的类型，约定不明的则推定为赔偿功能。对于这种功能二分的立场，近年有学者从违约金的历史演进出发提出了质疑，指出违约金兼具压力功能（履约担保）和赔偿功能（损害赔偿），所谓的惩罚功能，仅为结果事实的描述——超额赔偿,〔6〕“惩罚”是违约金可能的结果属性，而非某种类型违约金的特定功能。〔7〕实务界也未采功能二分的立场，最高人民法院的态度是：违约金兼具补偿性和惩罚性双重属性，而《合同法》对违约金的规

〔1〕 韩世远：《合同法总论》，法律出版社2018年版，第825页；王家福主编：《民法债权》，中国社会科学出版社2015年版，第227页；崔建远：《合同法》，北京大学出版社2016年版，第392页。

〔2〕 就本文所说的类型和案型，前者是抽象意义的，后者是具体意义的，均指向“主债权人的保证人违约金请求”。

〔3〕 姚明斌：《违约金司法酌减的规范构成》，载《法学》2014年第1期。

〔4〕 姚明斌：《违约金司法酌减的规范构成》，载《法学》2014年第1期。

〔5〕 韩世远：《合同法总论》，法律出版社2018年版，第825页。

〔6〕 也有学者指出，惩罚性违约金制度指称名不副实，直接改成违约金更恰当。参见王洪亮：《违约金功能定位的反思》，载《法律科学（西北政法大学学报）》2014年第2期。

〔7〕 姚明斌：《违约金双重功能论》，载《清华法学》2016年第5期。

制态度应理解为“补偿为主，惩罚为辅”。〔1〕不论违约金有何种功能，违约金类型如何区分，原则上都要适用司法酌减规则，这几乎也是上述观点的共识。但有观点认为，惩罚性违约金属于“私的制裁”，对其规制应适用合同效力规则，或类推适用对同属“私的制裁”之定金的限制——《担保法》第九十一条，〔2〕然近年有学者亦指出，违约金根本不具备“私的制裁”属性，所谓的惩罚性违约金也无法豁免司法酌减规则的适用。〔3〕综上，基于实质公平和个案正义的要求，违约金真正的问题在于规制问题，规制思路为司法酌减，即要不要减、怎么减，且司法酌减规则是强制性规则；违约金的功能区分不能排除司法酌减规则的适用，而且实务主流观点也不会通过区分功能而区分适用酌减规则。〔4〕功能论唯有能落实到司法酌减效果方有意义，在违约金兼具损害赔偿和履约担保的双重功能论中，其一大意义就体现在司法酌减时不能忽略当事人督促履约的意图，本文即采此种功能论，这也意味着本文所作的“类型”研究并非功能上的类型区分。

保证合同具有补充性，即主债务人不履行债务时保证人方负履行之责。〔5〕但补充性又并非保证合同的必要条件，故以是否具有补充性为标准，保证合同可分为一般保证合同和连带保证合同。在一般保证中，保证人有先诉抗辩权，而在连带保证中则无，此特性决定了在程序法上主债权人主张保证人承担保证责任有多种形式。在一般保证中，基于先诉抗辩权，主债权人对保证人提出承担保证责任的诉讼请求若要成立，至少其已先就主债务人财产诉请

〔1〕姚明斌：《〈合同法〉第一百一十四条（约定违约金）评注》，载《法学家》2017 年第 5 期；姚明斌：《违约金的类型构造》，载《法学研究》2015 年第 4 期。

〔2〕韩世远：《合同法总论》，法律出版社 2018 年版，第 834—835 页。

〔3〕从法理上看，违约金不符合私罚之规格，理由有三。其一，预防虽是惩罚的核心正当性基础，但并非所有具有预防效果的制度都构成惩罚。违约金聚焦于预防债务人违约，属于特别预防的范畴，私罚则具有一般预防效果。其二，惩罚应具备不以被惩罚者同意为前提的强制性，而违约金往往以债务人同意为基础。其三，惩罚更关注行为人在道德伦理意义上的可苛责程度，而违约金规制适用中的过错却不完全是对行为人直接作道德评价的结果。姚明斌：《违约金双重功能论》，载《清华法学》2016 年第 5 期。类似观点可参见王洪亮：《违约金功能定位的反思》，载《法律科学（西北政法大学学报）》2014 年第 2 期。

〔4〕实务中倾向于“损失比较”的思路，只要违约金不高于违约损害，即体现补偿性，若高于违约损害，则高出的部分体现惩罚性。故最高人民法院持续确认的立场是：违约金兼具补偿性和惩罚性之双重属性，而《合同法》对违约金的规制态度应理解为“补偿为主，惩罚为辅”。参见沈德咏主编：《最高人民法院关于合同法司法解释（二）理解与适用》，人民法院出版社 2015 年版，第 256 页。姚明斌：《〈合同法〉第一百一十四条（约定违约金）评注》，载《法学家》2017 年第 5 期。

〔5〕史尚宽：《债法各论》，中国政法大学出版社 2000 年版，第 881 页。

强制执行仍不得完全清偿；在连带保证中，主债权人就主债权的实现，可以只起诉主债务人，也可只起诉保证人，还可以两者都起诉。〔1〕主债权人是否同时向主债务人主张主债权债务内容将会影响到保证人违约金司法酌减中“造成的损失”的认定，此将在下文详述，因此在保证人违约金请求的类型研究上，主债权人诉讼请求这一程序事实也很重要。

（二）类型要件的提取与典型案型的认定

在明确类型研究的内涵后，下面就可进行类型要件提取和典型案型认定的作业。

首先进行类型实体要件的提取和典型案型实体要件的认定。保证人违约金虽是对未按照约定履行保证义务所承担之违约责任的约定，但是保证义务会因保证方式和保证范围的不同而不同，故理论上，保证人违约金会因保证义务内容的多样性而呈现多样性，这也说明，保证人违约金请求类型的多样性在实体事实上，是就违约金所针对的保证义务的多样性而言的，有鉴于此，“保证方式”和“保证范围”可作为类型实体要件。“保证方式”和“保证范围”在理论上虽有多种组合，但交易中当事人却偏爱一类：在保证方式上，当事人常约定为连带保证；在保证范围上，当事人常约定为主债权本息及主债务人逾期利息/罚息、违约金、赔偿金、债权人实现债权的费用，等等。〔2〕故在典型案型实体要件上，“保证方式”可认定为“连带保证”，“保证范围”可认定为“主债权本息及主债务人逾期利息/违约金、违约金”。〔3〕

其次进行类型程序要件的提取和典型案型程序要件的认定。既是保证人

〔1〕《民事诉讼法解释》第六十六条规定：“因保证合同纠纷提起的诉讼，债权人向保证人和被保证人一并主张权利的，人民法院应当将保证人和被保证人列为共同被告；债权人仅起诉保证人的，除保证合同明确约定保证人承担连带责任的外，人民法院应当通知被保证人作为共同被告参加诉讼；债权人仅起诉被保证人的，可只列被保证人为被告。”

〔2〕如“维信医疗器械（苏州）有限公司与南京市再保科技小额贷款股份有限公司等借款合同纠纷上诉案”，(2017) 苏01民终3169号判决；“中国建设银行股份有限公司六盘水市分行与贵州玉舍煤业有限公司等金融借款与保证合同纠纷上诉案”，(2017) 黔民终238号判决；“重庆银行股份有限公司小企业信贷中心诉刘鑫等金融借款合同纠纷案”，(2013) 中区民初字第08886号判决；“中国建设银行股份有限公司顺德分行与佛山市泓信贸易有限公司等金融借款合同纠纷上诉案”，(2016) 粤06民终3614号判决；“尹俊鹏与陈演辉、戴彩连、陈忠干、东莞市骏达建设有限公司民间借贷纠纷案”，(2015) 东二法厚民一初字第33号判决；等等。

〔3〕本文讨论的是金钱债务所附保证人违约金之司法酌减问题，保证范围在司法酌减的意义主要涉及“造成的损失”之认定，与此相关最大的保证对象是“主债权本息及主债务人逾期利息/罚息、违约金”，故在保证范围典型要件的认定上可忽略其他保证对象。

违约金请求，则被起诉方肯定有保证人，故理论上主债权人通过诉讼提出主张的方式有三种：在一般保证中向保证人主张权利（已先就主债务人财产诉请强制执行仍不得完全清偿）、在连带保证中只向保证人主张权利〔1〕和在连带保证中同时向主债务人和保证人主张权利，而现实中主债权人提出主张的方式往往是第三种。〔2〕因此，类型程序要件可提取为“主债权人的诉讼请求”，典型案型程序要件可认定为“主债权人同时向主债务人和保证人主张权利”。

综上，就主债权人请求保证人支付违约金的问题，以实体事实和程序事实为整体，可提取出三个类型要件：保证方式、保证范围和主债权人的诉讼请求，通过各要件内容的变换，可组成不同的保证人违约金请求案型。应予说明的是，在典型案型的认定上，前述虽就实体要件和程序要件之提取作了分别讨论，但所认定之典型实体要件和典型程序要件并非是割裂的，因为分析的“数据库”是相同的。〔3〕典型案型的要件为：保证方式为连带保证，保证范围涵盖主债权本息及逾期利息/罚息、违约金，主债权人同时向主债务人和保证人主张权利，这就是本文讨论保证人违约金司法酌减的基础案型。

二、典型案型同案不同判、同判不同理的症结所在

按演绎三段论推理模式，在要件相同的情况下，得出的效果应当是统一的，且得出效果的理由也应当是较为一致的。然而现实是，典型案型的判决结果相当不统一。就请求保证人支付违约金而言，既有支持的判决，也有不支持的判决；即使同是支持判决或不支持判决，理由也不尽相同。在 2016 年

〔1〕在连带保证主债权人只起诉保证人的情况下，就主债务人的诉讼地位存在争议。若法院依当事人主张追加主债务人为共同被告，那么就落入第三种方式；若法院追加主债务人为无独立请求权之第三人，只要当事人未就与无独立请求权第三人的法律关系提出审理主张，仍为第二种方式，否则，就落入第三种方式。

〔2〕如“维信医疗器械（苏州）有限公司与南京市再保科技小额贷款股份有限公司等借款合同纠纷上诉案”，(2017) 苏 01 民终 3169 号判决；“中国建设银行股份有限公司六盘水市分行与贵州玉舍煤业有限公司等金融借款与保证合同纠纷上诉案”，(2017) 黔民终 238 号判决；“重庆银行股份有限公司小企业信贷中心诉刘鑫等金融借款合同纠纷案”，(2013) 中区民初字第 08886 号判决；“中国建设银行股份有限公司顺德分行与佛山市泓信贸易有限公司等金融借款合同纠纷上诉案”，(2016) 粤 06 民终 3614 号判决；“尹俊鹏与陈演辉、戴彩连、陈忠千、东莞市骏达建设有限公司民间借贷纠纷案”，(2015) 东二法厚民一初字第 33 号判决；等等。

〔3〕笔者在“北大法宝”以“保证人支付违约金”等为关键词检索得案例一百五十多个，精选其中三十个，以组成本文类型分析所需之“数据库”。

第5期（总第235期）的《最高人民法院公报》上曾有案例提到了保证人违约金问题，[1]最高人民法院的态度是承认保证人违约金约定的效力，以违约金约定过高为理由支持二审法院将其酌减为零的判决。但或许是保证人违约金在该案中并不是主要问题，最高人民法院的观点并没有为地方各级法院所重视，同案不同判、同判不同理的情形仍大量存在。在司法实践中，不支持保证人违约金的判决占大多数，笔者整理了近年来不支持保证人违约金判决的理由，发现主要有以下类型（见表1）：

表1　不支持保证人违约金判决理由类型

编号	类型	判决理由	代表性案件
1	以保证合同从属性为论证基础型	①基于保证合同的从属性，保证责任的范围不能超过主债权的范围；②保证人责任是一种代偿责任，债务人才是实际的最终责任人，没有债务人的责任，就没有保证人的责任，而保证人违约金只针对保证人，不在主债务范围之内；③保证人违约金不在主债务范围之内，保证人承担后将无法向主债务人追偿，加重保证人责任，明显违背公平原则	包商银行股份有限公司赤峰分行宝鼎支行诉赤峰阿鲁科尔沁旗北方肉业有限责任公司等金融借款合同纠纷案；维信医疗器械（苏州）有限公司与南京市再保科技小额贷款股份有限公司等借款合同纠纷上诉案；中国建设银行股份有限公司六盘水市分行与贵州玉舍煤业有限公司等金融借款与保证合同纠纷上诉案；朱银凤与王桂喜民间借贷纠纷上诉案；彭静与刘军保证合同纠纷上诉案；四会市朱海实业有限公司诉蔡光辉等民间借贷纠纷案；集友银行有限公司厦门分行诉漳州申荣木制品有限公司等金融借款合同纠纷案
2	以违约金损害赔偿和惩罚功能为论证基础型	①主债权人的实际损失已经因主债务人对逾期利息/复利/迟延违约金的承担、保证人对主债务人逾期利息/复利/迟延违约金承担连带责任而弥补；②保证人的保证范围包含债务人逾期利息/复利/迟延违约金，对保证人的惩罚目的已经实现	中国建设银行股份有限公司顺德分行与佛山市顺德区创兴贸易有限公司、佛山市顺德区敏泽贸易有限公司金融借款合同纠纷案（规制思路为司法酌减思路，酌减为零）；中国建设银行股份有限公司广州荔湾支行与广东蓝粤能源发展有限公司等信用证开证纠纷再审案

〔1〕“中国建设银行股份有限公司广州荔湾支行与广东蓝粤能源发展有限公司等信用证开证纠纷再审案”，（2015）民提字第126号判决，载《最高人民法院公报》2016年第5期。该案同为最高人民法院发布的“第二批涉‘一带一路’建设典型案例”之一。

续 表

编号	类型	判决理由	代表性案件
3	以保证合同从属性、违约金损害赔偿和惩罚功能为论证基础型	编号 1 类型理由 + 编号 2 类型理由	重庆银行股份有限公司小企业信贷中心诉刘鑫等金融借款合同纠纷案；尹俊鹏与陈演辉、戴彩连、陈忠干、东莞市骏达建设有限公司民间借贷纠纷案；山西青创融资担保股份有限公司诉山西金长江木业有限公司等追偿权纠纷案
4	以保证合同从属性、违约金损害赔偿功能为论证基础型	编号 1 类型的理由 + 主债权人的利益已经因保证人对债务全部债务承担责任得到保障，不存在其他损失	伊犁华瑞房地产开发有限责任公司等诉伊犁州国有资产投资经营有限责任公司等担保追偿权纠纷案；冉毅雍与成都山力房地产开发有限公司、唐树借款合同纠纷案；沛县农村信用合作联社诉江苏鑫皇铝业发展有限公司等金融机构借款合同纠纷案；河南均美铝业有限公司诉河南省伟宏铝材有限公司等买卖合同纠纷案
5	以违约金损害赔偿功能为论证基础型	主债权人的实际损失已经因主债务人对逾期利息/复利/迟延违约金的承担、保证人对主债务人逾期利息/复利/迟延违约金承担连带责任得到最大限度保护	徐守鸿、张关军、徐积宝与兰州市榆中县瑞临小额贷款有限责小额借款合同纠纷案
6	以违约金惩罚功能为论证基础型	主债务人承担的罚息、复利责任同时及于保证人，罚息、复利与违约金均是当事人对违反合同约定的一种惩罚方式，具有同一属性。前两者是合同法分则的规定，是特别规定；违约金是合同法总则的规定，是一般规定。按特别法优于普通法的原理，罚息、复利优先于违约金适用	广州银行股份有限公司中山分行与冯柱垣等金融借款合同纠纷上诉案

此外，司法实践中也有支持保证人违约金的判决，但数量较少，笔者限于收集能力，仅收集到以下代表性案件，其判决理由主要有两种类型（见表2）：

表2　支持保证人违约金判决理由类型

编号	类型	判决理由和结果	代表性案件
1	以保证合同的相对独立性、违约金赔偿损失功能和惩罚功能为论证基础型	判决理由：①保证人违约金约定不违反法律规定，应当受到法律的保护；②保证人违约金是保证人因自身违约行为而应承担的合同责任；③主债权人的损失已经在对主债务人的诉讼请求中得到赔偿，保证人违约金应酌减 判决结果：对保证人违约金进行酌减，但未酌减为零	重庆银行股份有限公司小企业信贷中心诉冉启超等金融借款合同纠纷案；重庆市沙坪坝区新世纪小额贷款股份有限公司与重庆第十建设有限公司、重庆东田实业有限公司等借款合同纠纷案（法定罚息）
2	以保证合同的相对独立性为论证基础型	判决理由：①保证人违约金是保证人与主债权人就保证人违约责任另行达成的合意，体现了保证担保的相对独立性，该违约金不属调整的范围，不存在加重保证人负担的情形；②保证人违约金与主债权违约金不同，后者属于保证担保范畴 判决结果：未对保证人违约金进行酌减	浠水县财政局与湖北新棱钢砂有限公司、湖北国鹏中小企业融资担保有限公司等借款合同纠纷案；陈先兵与河南信昌源投资担保有限公司借款合同纠纷上诉案

由表1可知，不支持保证人违约金的判决理由主要考虑了两类因素：“保证合同的从属性”和“违约金的损害赔偿功能及惩罚功能”。对前者的考量又常衍生出对保证人代偿责任、追偿权的讨论，对后者的考量往往表现为在保证合同之下违约金的特定功能能否发挥。由表2可知，支持保证人违约金的判决理由主要也是考虑了两类因素：“保证合同的相对独立性”和“违约金的损害赔偿功能及惩罚功能”。持不支持态度的判决几乎都直接否定了保证

人违约金约定的效力,[1]这种做法似乎已被实务普遍接受;[2]持支持态度的判决，都是先肯定了保证人违约金约定的效力，理由是该违约金约定不违反法律强制性规定——有些判决理由还特别强调了保证人违约金约定是“保证合同相对独立性”的体现、[3]“保证人违约金是保证人因自身违约行为而应承担的合同责任”,[4]然后通过司法酌减的思路——是否适用、如何适用来对保证人违约金进行规制。

（一）同案不同判的症结所在

违约金约定属于当事人私法自治的范畴，如果不存在《合同法》等法律规定的无效事由，就不能否定其效力，司法介入的可能发生在违约金给付效力发生时而非违约金约定时，违约金的真正问题在于司法酌减，保证人违约金也不例外。就能否约定保证人违约金问题而言，理论上已有论述，早有学者指出：“保证债务……于附从主债务之范围内有独立性……又保证人得唯就保证债务约定违约金或预定损害赔偿，或唯就保证债务提供担保”,[5]保证人违约金约定是保证合同相对独立性的体现。不能以保证合同从属性或违约金功能不能发挥为由直接否定保证人违约金的效力，保证人违约金的真正问题在于司法酌减规则的适用，即应否适用、如何适用，而司法实践大多反此思路为之，唯有少数法院判决采取了正确的思路，此为典型案型同案不同判的主要症结。

（二）同判不同理的症结所在

在支持保证人违约金的判决中，其理由也是不尽相同。有判决认为，保

[1] 但“中国建设银行股份有限公司顺德分行与佛山市顺德区创兴贸易有限公司、佛山市顺德区敏泽贸易有限公司金融借款合同纠纷案”,(2016) 粤06民终3614号判决除外，其判决肯定违约金约定效力，采违约金酌减思路，并将违约金酌减为零。因该案采违约金酌减思路，故也可作为下文讨论同判不同理症结所在时的一个参考案件。

[2] 胡建萍、王长军:《保证人承担保证责任的范围应以主债务为限》，载《人民司法》2015年第24期；王长江、郭伏华:《保证合同不宜另行约定保证人的违约责任》，载《人民法院报》2008年5月20日，第6版。

[3] 浠水县财政局与湖北新棱钢砂有限公司、湖北国鹏中小企业融资担保有限公司等借款合同纠纷案，(2015) 鄂黄冈中民二终字第00020号判决。

[4] 重庆银行股份有限公司小企业信贷中心诉冉启超等金融借款合同纠纷案，(2017) 渝0103民初16910号判决。

[5] 史尚宽:《债法各论》，中国政法大学出版社2000年版，第880页。

证人违约金不属于司法调整的范围，所以应予支持。〔1〕《合同法》第一百一十四条第三款规定“当事人就迟延履行约定违约金的，违约方支付违约金后，还应当履行债务”，学界有观点把该款所称的违约金定性为惩罚性违约金，其与继续履行等法定违约责任并存。〔2〕另有观点认为惩罚性违约金属于“私的制裁”，不适用司法酌减规则，司法酌减规则只适用于赔偿性违约金。〔3〕上述判决思路似乎是受到了这些观点的混合影响，因为就典型案型中违约金所加强的履行义务——履行保证义务，是金钱债务，金钱债务没有履行不能问题，金钱债务之不履行，原则上仅指向迟延履行，〔4〕保证人违约金即属于《合同法》第一百一十四条第三款所称的“迟延履行违约金”。

但将“迟延履行违约金”定性为“惩罚性违约金”，并认为惩罚性违约金属于“私的制裁”，因而不需酌减的思路未必是正确的。首先，“惩罚性违约金”的名称有误，惩罚性并非特定类型违约金的特定功能，其仅是对违约金超额赔偿这一可能的结果事实之描述，有学者即指出，“学说上的‘惩罚性’违约金或实务中的‘惩罚为辅’的讨论，都是在超额赔偿的结果意义上使用‘惩罚’”，〔5〕其通过对违约金历史脉络、规范构成和本土实践的考察，认为中国法上的违约金兼具压力功能（履约担保）和赔偿功能，就超额赔偿这一“附加给付负担”，“已可被不可赔损害的填补规则所包含，以之证成的惩罚功能也可以被压力功能和赔偿功能所吸收。易言之，超额赔偿效果亦是双重功能的题中之意，而非独立的惩罚功能的表现”。〔6〕其次，即使承认有“惩罚性违约金”的类型，它也不属于“私的制裁”，因为制裁的本质要求其

〔1〕“国鹏担保公司未按照合同约定履行其担保责任，同样构成违约，故其除了应当履行保证偿还借款本金及资金占用费等损失外，还应按照保证合同违约责任的单独约定，一次性向浠水县财政局（主债权人）支付违约金5万元，该违约金不属调整的范围，不存在加重保证人负担的情形。”参见浠水县财政局与湖北新棱钢砂有限公司、湖北国鹏中小企业融资担保有限公司等借款合同纠纷案，（2015）鄂黄冈中民二终字第00020号判决。该案一审判决理由如是，一审判决在二审中得到了支持。

〔2〕崔建远：《整体、基点、度》，载崔建远主编：《民法九人行》（第2卷），金桥文化出版（香港）有限公司2004年版，第140页。

〔3〕韩世远：《合同法总论》，法律出版社2018年版，第827~835页。

〔4〕史尚宽：《债法总论》，中国政法大学出版社2000年版，第253页。

〔5〕姚明斌：《违约金双重功能论》，载《清华法学》2016年第5期。

〔6〕姚明斌：《违约金双重功能论》，载《清华法学》2016年第5期。

不以被惩罚者同意为前提，而违约金的产生是经过事先协商同意的；[1]所谓的“惩罚性违约金”也是“违约金”的一种，故其不应该免于司法酌减规则的规制，因为违约金本身含有不公平的基因，而司法酌减规则就是为纠正此不公平而产生的强制机制，倘若“惩罚性违约金”不适用司法酌减规则，对违约金的规制目的即落空。[2]另外，或许是受到主流学说关于“违约金类型分赔偿性和惩罚性、约定不明时推定为赔偿性违约金”思想的影响，[3]有的判决将保证人违约金认定为赔偿性违约金，并以主债权损失已通过主债务人逾期利息得到赔偿为由，将违约金调整为零。[4]该做法相当于免除了违约金责任，这使得当事人约定的违约金中所包含的督促履约意思，可能因司法酌减被裁剪为仅具损害填补效果。[5]如此说来，违约金功能实与当事人的意思相连，未正确理解违约金的功能属性其实是未能正确探知当事人的意思，这是典型案型同判不同理的主要症结。

三、保证人违约金的司法酌减

典型案型同案不同判、同判不同理主要有两大症结：一个是违约金规制思路症结；另一个是违约金功能认识症结，两个症结正好反映出保证人违约金在司法酌减时应予特别衡量的因素：保证合同的特性和违约金的功能属性，后者牵涉到对当事人约定保证人违约金的真实意图之认定。由《合同法》第一百一十四条第二款、《合同法解释（二）》第二十九条第一款可知，违约金司法酌减的逻辑思路为：是否酌减→如何酌减。有学者指出，“鉴于《合同法解释（二）》第二十九条以综合衡量思路为先、判断过高的标准为后，应认

〔1〕王洪亮：《违约金功能定位的反思》，载《法律科学（西北政法大学学报）》2014年第2期；姚明斌：《违约金双重功能论》，载《清华法学》2016年第5期。

〔2〕当事人可以通过约定违约金为“惩罚性违约金”的方式来规避司法酌减规则的适用，虽有观点认为可类推适用《担保法》第九十一条规定的“合同标的额20%”之限制，但固定标准的限制缺乏裁量的空间，缺少对相关因素的衡量，难以起到实质公平、个案正义的规制效果，违约金所含有的不公平性可能就此“逍遥法外”。

〔3〕韩世远：《合同法总论》，法律出版社2018年版，第825页；王家福主编：《民法债权》，中国社会科学出版社2015年版，第227页；崔建远：《合同法》，北京大学出版社2016年版，第392页。

〔4〕中国建设银行股份有限公司顺德分行与佛山市顺德区创兴贸易有限公司、佛山市顺德区敏泽贸易有限公司金融借款合同纠纷案，(2016) 粤06民终3614号判决。

〔5〕姚明斌：《违约金的类型构造》，载《法学研究》2015年第4期；姚明斌：《违约金双重功能论》，载《清华法学》2016年第5期。

为其第一款中的‘作出裁决’不仅涉及酌减多少，也包括是否酌减的判断。准此，则判断应否酌减以及决定酌减多少，均须结合第一款诸因素，第二款只是对该过程中应否酌减问题的一个具体化指引”，〔1〕“最高法院的后续表态是以第一款为重”，〔2〕违约金司法酌减思路为：违约金不高于造成损失30%的，原则上不予酌减，除非依综合衡量应予酌减；违约金高于造成损失30%的，原则上应予酌减，除非依综合衡量不予酌减；应予酌减的，幅度控制也应经过综合衡量决定，衡量因素包括实际损失和预期利益、履行情况和过错程度、公平原则和诚信原则。〔3〕笔者赞同此观点。在将此思路运用于保证人违约金酌减时，考虑到保证人违约金的特殊性，在对相关因素进行衡量时，应当注重保证合同的特性和当事人约定保证人违约金的真实意图。

（一）典型案型中的适用思路

1. 造成的损失和实际损失

由上可知，《合同法解释（二）》第一款和第二款均涉及应否酌减问题的判断，而两款规定的判断基础在表述上却不相同——第一款表述的是“造成的损失”，第二款表述的是“实际损失”。就两者的关系，学界有不同观点。有观点将两者作区分理解，认为“实际损失”和“预期利益”共同构成“造成的损失”；〔4〕有观点将两者作同一把握，认为两者均“指涉违约所造成的包括预期利益在内的损失”。〔5〕笔者赞同后者，理由如下。首先，既然两者均是应否酌减的基础衡量标准，那么就不应该作区分理解（为行文方便，以下均称“造成的损失”），否则不利于司法适用的明确性；其次，根据《合同法》第一百一十三条第一款的规定，“造成的损失”的范围相当于因违约所造成的损失，包括合同履行后可获得的利益，这部分利益即“预期利益”，故造成的损失指因违约所造成的包括预期利益在内的损失，且按《合同法》第一百一十三条第一款规定，其也要受可预见性规则的检验。

由于保证合同担保的是金钱债务，除预期利益外，“造成的损失”主要是

〔1〕 姚明斌：《〈合同法〉第一百一十四条（约定违约金）评注》，载《法学家》2017年第5期。

〔2〕 “韶关市汇丰华南创展企业有限公司与广东省环境工程装备总公司广东省环境保护工程研究设计院合同纠纷再审案”，（2011）民再申字第84号裁定。参见姚明斌：《〈合同法〉第一百一十四条（约定违约金）评注》，载《法学家》2017年第5期。

〔3〕 姚明斌：《〈合同法〉第一百一十四条（约定违约金）评注》，载《法学家》2017年第5期。

〔4〕 雷继平：《违约金司法调整的标准和相关因素》，载《法律适用》2009年第11期。

〔5〕 姚明斌：《违约金司法酌减的规范构成》，载《法学》2014年第1期。

指资金占用损失，[1]即主债权的迟延损失，该损失常以逾期利益/罚息计算。保证人违约造成的资金占用损失自保证人违约时起算，保证人违约可能与主债务人违约同时发生，也可能发生在主债务人违约之后，具体何时发生取决于主债权人如何主张权利。资金占用损失可能因主债务人支付约定的逾期利息或法定的迟延罚息而被填补，也可能因保证人就主债务人逾期利息/罚息承担保证责任而被填补，故在比较保证人违约金与造成的损失大小时，就资金占用损失部分的认定，需先解决一个逻辑上的问题。若严格依据逻辑，资金占用损失唯有在主债务人或保证人实际支付逾期利息/罚息后方能被填补，但在诉讼中，该部分金额并没有被实际支付，故而资金损失仍在，那么此时可能出现既支持主债务人逾期利息/罚息，又支持含有资金占用损失数额的保证人违约金的判决，使主债权人双重获利。因此，应认为在法院已作出或即将作出主债务人需支付逾期利息/罚息或保证人对逾期利息/罚息承担保证责任的判决下，资金占用损失已经被填补。[2]典型案型中主债权人同时向主债务人和保证人主张权利，即属于法院"即将"作出主债务人需支付逾期利息/罚息或保证人对逾期利息/罚息承担保证责任判决的情形。

2. 预期利益

《合同法解释（二）》第二十九条第一款规定了"实际损失"（造成的损失）在司法酌减衡量中的基础地位，同时也强调了对"预期利益"的兼顾。强调对预期利益的兼顾，意在强调司法酌减时应重视当事人约定违约金的本来意图，因为债权人对合同履行的预估常含有某些无法客观量化的主观利益，这些利益是通过违约金数额的高低表现出来的，司法酌减不能无视债权人通过违约金数额所表达的利益期待。[3]"造成的损失"中的"资金占用损失"在典型案型中已被填补，在约定保证人违约金时，对资金占用损失的数额及事后被填补的可能，主债权人和保证人难谓不知，因为理性交易人都知道金钱债务的债务人应支付逾期利息/罚息。在明知直接损失可能不存在的情况下

---

〔1〕 主债权人可以举证还存在其他损失。

〔2〕 实务中即有此思路的体现，如中国建设银行股份有限公司广州荔湾支行与广东蓝粤能源发展有限公司等信用证开证纠纷再审案，(2015) 民提字第126号判决；中国建设银行股份有限公司顺德分行与佛山市顺德区创兴贸易有限公司、佛山市顺德区敏泽贸易有限公司金融借款合同纠纷案，(2016) 粤06民终3614号判决；重庆银行股份有限公司小企业信贷中心诉冉启超等金融借款合同纠纷案，(2017) 渝0103民初16910号判决。

〔3〕 姚明斌：《违约金司法酌减的规范构成》，载《法学》2014年第1期。

仍约定较高数额的保证人违约金，说明当事人意图主要在于对保证人施加履约压力，督促其履行保证义务；履约担保意思以较高的违约金数额表现，倘若最后真的违约，就超过造成损失部分的数额，其正当性可通过“预期利益”证成。此处并非认为预期利益不受可预见性规则检验，可赔的预期利益也是可预见的利益，但在法定损害赔偿制度下，可预见的预期利益也可能因损害难以计算、难以民事诉讼证据的形式反映而无法获得完全救济（在法定损害赔偿制度下，因法院的自由裁量，法院支持的可赔范围可能与理论上的可赔范围不同），[1]这也是违约金在损害赔偿范围相比于法定损害赔偿制度的优势。

存有疑问的是，若主债权就主债务人迟延约定的是违约金而非逾期利息，且数额超过资金占用损失，法院最终支持的数额也超过资金占用损失，则在保证人违约金中衡量“预期利益”时面临着是否违背双重评价禁止的问题。若是，即预期利益和资金占用损失一样也已被填补，则保证人违约金原则上应予酌减，酌减作业可能使违约金数额被减为零，导致违约金中履约担保的意思无法体现，虽履约担保的压力功能是发挥于违约前的履约过程中，但基于判决的指引、预测作用，保证人违约金被减为零可能其压力功能在双重违约金约定情形中名存实亡；若否，则可能的解释是就谋取交易利益而言，保证人和主债务人可拟制为利益共同体，保证人之所以会提供保证并允诺可能导致不公平结果的违约金约定，是因为其与主债务人之间存在特殊联系——现实中的保证人即常为关联公司或主债务人控制的公司（保证人也有是专门从事保证业务营利的担保公司），既然两者是利益共同体，那么不妨允许主债权人将“预期利益”的实现分配在主债务人和保证人之间，而不必只放在主债务人或保证人一人身上。

---

[1] 例如，“建设工程的延期交付，业主方的实际损失一般按照当时当地同类建筑物的租金损失来计算，租金损失 = 单位面积月租金 × 总面积 × 迟延交付月数 × 出租比率。总面积和迟延时间都可以精确计算，单位面积月租金的标准也可以勉强参照官方统计的当时当地同类建筑物的标准，但是出租比率如何计算根本无法‘参照’，只能由人民法院自由裁量。在‘武汉建工第三建筑有限公司与武汉天恒置业有限责任公司建设工程施工合同纠纷上诉案’中［（2004）民一终字第 112 号判决］，终审法院在无法说明理由的情况下直接‘酌定’按照 60% 的出租比例计算租金，以违约金未超出实际损失为由，驳回违约方武汉建工第三建筑有限公司要求减少违约金的请求。在最终认定的实际损失略高于违约金的巧合下，很难不让人怀疑该 60% 的出租比例不是根据法院依先定的愿意支持的违约金数额倒推出来的。”参见罗昆：《违约金的性质反思与类型重构——一种功能主义的视角》，载《法商研究》2015 年第 5 期。

3. 履行情况和过错程度

由于保证合同是单务合同，故在保证人违约金请求案件中，履行情况的衡量只存在于保证人一方，即保证义务的履行情况。由于保证债务是金钱债务，所以衡量的内容主要指保证债务是“完全没有履行”还是“部分履行”。此类衡量的意义在于损失范围的认定，当保证债务是部分履行时，主债权人的损失范围相较于完全没有履行而言更小，自不待言。

过错可分主债权人过错和保证人过错。在主债权人过错上，由于保证债务是金钱债务，主债权人对保证人迟延履行保证债务也有过错的，可能涉及与有过失法理的运用。而就保证人过错，其意义源于违约金履约担保功能，过错程度可反映保证人对履约压力的态度，在决定是否酌减和酌减幅度时均有其作用。〔1〕

4. 公平原则和诚信原则

对违约金数额是否过高的质疑往往意指约定如此高数额的违约金是否公平，此涉及当事人双方对自己之履约能力、风险承担能力等事由的预估和判断，如果当事人都有较高的预估判断能力，那么在酌减时可以倾向于节制。有观点指出，“商事主体所负担的违约金应考虑节制酌减”，〔2〕因此，如果主债权人和保证人都是商事主体，可以考虑节制酌减。另外，由于主债权债务和保证债务均是金钱债务，当主债权人不是“经金融监管部门批准设立的从事贷款业务的金融机构及其分支机构”时，应类推适用《民间借贷司法解释》第三十条之规定，即主债务人承担的逾期利息、违约金和保证人承担的保证人违约金之和不能超过以主债权本金为基数、以年利率24%计算的整个借款期间所得之利息额，否则主债权人可能通过同时约定主债务人逾期利息、违约金和保证人违约金的方式，来规避诸如高利贷禁止、复利禁止等在内的强制性规定，该类推适用思路是基于公平原则的要求，实务中也有此思路的体现。〔3〕

有学者指出，司法酌减规则本身就是诚信原则的具体化，属于“权利滥

〔1〕 姚明斌：《〈合同法〉第一百一十四条（约定违约金）评注》，载《法学家》2017年第5期。

〔2〕 姚明斌：《〈合同法〉第一百一十四条（约定违约金）评注》，载《法学家》2017年第5期。也有观点主张商人所负担的违约金原则上不得酌减，参见罗昆：《违约金司法酌减的限制与排除》，载《法律科学（西北政法大学学报）》2016年第2期。

〔3〕 如“重庆市沙坪坝区新世纪小额贷款股份有限公司与重庆第十建设有限公司、重庆东田实业有限公司等借款合同纠纷案”，（2014）渝一中法民初字第01526号判决。

用”型，且诚信原则对于沟通其他具体规范仍有意义，如减损规则。〔1〕保证人未履行保证义务时，主债权人如果未采取必要措施、任由损失范围扩大，则可能有减损规则法理的运用，但基于保证合同的特性，即保证中最终的责任人是主债务人，减损规则法理可能已在主债务人逾期利息、违约金的认定时得到运用，故而其运用之效果在保证人违约金酌减中是间接的，即反映在“造成的损失”的认定上。

（二）其他案型中的司法酌减

保证人违约金请求案型的类型要件有三个——保证方式、保证范围和主债权人诉讼请求。各要件具体内容不同，将出现不同的保证人违约金请求案型，除去典型案型，理论上还存在如下可能：〔2〕①一般保证＋主债权本息＋向保证人主张权利；②一般保证＋主债权本息及主债务人逾期利息/罚息、违约金＋向保证人主张权利；③连带保证＋主债权本息＋只向保证人主张权利；④连带保证＋主债权本息＋同时向主债务人和保证人主张权利；⑤连带保证＋主债权本息及主债务人逾期利息/罚息、违约金＋只向保证人主张权利。不同案型的保证人违约金请求在司法酌减中的区别主要在“造成的损失”的认定上，具体如表3所示：

表3　不同案型中保证人违约金司法酌减时“造成的损失”的认定

编号	案型	“造成的损失”的认定
①	一般保证＋主债权本息＋向保证人主张权利	不包括资金占用损失
②	一般保证＋主债权本息及主债务人逾期利息/罚息、违约金＋向保证人主张权利	不包括资金占用损失
③	连带保证＋主债权本息＋只向保证人主张权利	包括资金占用损失
④	连带保证＋主债权本息＋同时向主债务人和保证人主张权利	不包括资金占用损失
⑤	连带保证＋主债权本息及主债务人逾期利息/罚息、违约金＋只向保证人主张权利〔3〕	不包括资金占用损失

〔1〕姚明斌：《违约金司法酌减的规范构成》，载《法学》2014年第1期。

〔2〕为简化表达，采用“保证方式＋保证范围＋主债权人诉讼请求”的表达模式；另在一般保证中，由于先诉抗辩权的存在，“主债权人诉讼请求”仅有“向保证人主张权利”这一种模式。

〔3〕如“聊城兴业融资担保有限公司诉山东同创生物技术有限公司等追偿权纠纷案”，（2015）聊商初字第14号判决。

对于该表需注意以下几点：(1) 衡量资金占用损失的思路仍为损失自保证人不履行保证义务时起算，其是否被填补看法院是否已作出或即将作出主债务人需支付逾期利息/罚息或保证人对逾期利息/罚息承担保证责任的判决；(2) 保证范围不包括“主债务人逾期利息、违约金”的案型可能是因为主债权人和主债务人对此就没有约定，[1]但基于金钱债务特性，没有约定并不意味着不计算逾期利息，除非债权人明确放弃，根据《买卖合同解释》第二十四条第四款规定，未约定逾期付款损失计算方法的，将适用法定逾期罚息计算标准；(3) 表中编号③的案型中，保证人承担违约金后，就资金占用损失这部分数额，并未超过主债权范围，[2]因为金钱债务的债务人必须支付资金占用损失，所以保证人支付的此部分损失数额可向主债务人追偿；(4) 若保证人违约金不超过“造成的损失”之30%，原则上不予酌减，除非经综合衡量后应予酌减，自不待言。不论是否酌减、酌减多少，最后保证人承担的违约金数额与主债务人承担的逾期利息、违约金之和不能超过以主债权本金为基数、以年利率24%计算的整个借款期间所得的利息额。

结　语

就金钱债务的保证人违约金请求问题，本文采用类型研究的方法，以典型案型为工具，探寻实务中同案不同判、同判不同理的症结所在，并以典型案型为载体，以保证合同特性和司法酌减规则为导向，探讨司法酌减规则的适用思路，且通过案型变换，就此思路进行推广。关于保证合同和违约金制度的理论研究已经达到一定高度，这是本文进行类型研究的基础；反过来也可发现，在理论研究已达一定高度的基础上进行类型研究具有实意，尤其是就复杂的实务中所生之制度结合问题，如何明确和统一规范适用思路而言。

---

[1] 此时“造成的损失”根据《买卖合同解释》第二十四条第四款规定，可以中国人民银行同期同类人民币贷款基准利率为基础，参照逾期罚息利率标准计算损失。

[2] 也可以通过意思表示解释，特别是在保证人违约金是以按日期累计方法计算之时，认为当事人就保证人违约金的约定包含对法定逾期利息提供连带保证之意思。

法定代表人越权担保效力认定的路径分析

——以《民法总则》第六十一条为指引

高小刚 *

摘　要　《民法总则》第六十一条明确法定代表人的定义、行为效果和越权行为效力，确立了法定代表人越权行为的意定限制审查标准。对于审查法定代表人越权担保效力时，不应直接简单适用《合同法》第五十条表见代表规则，或纠结于《公司法》第十六条是效力性规范和管理性规范争论，而应当以《民法总则》第六十一条作为指引，判断越权担保行为违反意定限制还是法定限制进而对效力予以认定。在具体实务案件中，如果法定代表人超越公司章程和权力机构规定的意定限制为非关联方提供担保，只要第三人对法人公章和法定代表人签字尽到审查义务，该第三人即为善意，越权担保行为对法人具有法律效力。如果系为关联方提供担保，则第三人应对内部决议尽到审查义务，否则相应法律后果不能归于法人。

关键词　《民法总则》第六十一条　意定限制　法定限制　体系解释

《中华人民共和国民法总则》（以下简称《民法总则》）第六十一条规定："依照法律或者法人章程的规定，代表法人从事民事活动的负责人，为法人的法定代表人。法定代表人以法人名义从事的民事活动，其法律后果由法人承受。法人章程或者法人权力机构对法定代表人代表权的限制，不得对抗善意相对人。"该条法律规定以三款条文明确法定代表人的定义、行为效果和越权行为效力，相较于《民法通则》的规定，增加了法定代表人越权行为效力判

* 高小刚（1985～），安徽合肥人，华东政法大学2018级博士研究生，研究方向：民商法学。

断规则，丰富了法定代表人制度的内涵。但是如何准确把握该条法律规定的内涵，以及该条法律规定与《中华人民共和国合同法》（以下简称《合同法》）《中华人民共和国公司法》（以下简称《公司法》）相关规定在案件裁判适用上的关系，值得深入的研究和探讨。

一、问题的提出

法定代表人越权担保效力认定问题，司法实务中相关的“同案不同判”现象也一直较为突出。从实务来看，就该问题主要存在两种分析路径：第一种分析路径是依据《合同法》第五十二条和《合同法司法解释（二）》第十四条审查《公司法》第十六条的规范性质，判断《公司法》第十六条是属于管理性强制规范还是效力性强制规范，进而判断法定代表人违反《公司法》第十六条规定越权提供担保合同的效力。由此裁判中出现两种截然相反的结果，一部分裁判认为根据《公司法》第十六条规定，法定代表人未经公司股东会同意对外担保当属无效。〔1〕另一部分裁判认为《公司法》第十六条属于管理性强制性规范，而公司内部决议程序，不能约束第三人，只要第三人善意则公司担保有效。〔2〕第二种分析路径是以《合同法》第五十条表见代表或者《担保法司法解释》第十一条为基础规范，探究公司法定代表人违反法律规定为他人债务提供担保的法律行为是否构成表见代表，根据相对人是否

---

〔1〕在最高人民法院审理的“丁浩与张大清、张世彬等民间借贷纠纷申请再审一案中”，最高院认为，《公司法》第十六条明确规定公司为其股东提供担保，须经股东会或股东大会决议，法律规定具有公示作用，任何第三人均应知悉，丁浩作为债权人仅凭保证合同中已按有关规定和程序取得本合同担保所需要的授权的单方陈述，就签订保证合同，未尽相应审查义务，属于存在过失。遂驳回丁浩主张公司担保有效的再审申请。详见最高人民法院（2015）民申字第3236号民事裁定书。

〔2〕在最高人民法院审理的“招商银行股份有限公司大连东港支行与大连振邦氟涂料股份有限公司、大连振邦集团有限公司借款合同纠纷案”中，最高人民法院认为：《公司法》第十六条第二款规定，公司为公司股东或者实际控制人提供担保的，必须经股东会或者股东大会决议。上述公司法规定已然明确了其立法本意在于限制公司主体行为，防止公司的实际控制人或者高级管理人员损害公司、小股东或其他债权人的利益，故其实质是内部控制程序，不能以此约束交易相对人。故此上述规定宜理解为管理性强制性规范。对违反该规范的，原则上不宜认定合同无效。另外，如作为效力性规范认定将会降低交易效率和损害交易安全。详见最高人民法院（2012）民提字第156号民事判决书。

“明知和应知”进而认定越权担保的效力。[1]在该分析路径下，通常不考虑法定代表人行为是否违反了或者实际违反《公司法》第十六条规定或者公司章程规定，只要相对人在权利外观上善意无过失地相信法定代表人有权为他人或者关联公司提供担保，则该法定代表人行为的后果应当由公司承担，即担保对公司具有法律效力。

就上述两种分析路径来看，笔者认为，就前一种分析路径，将公司法私法上规范放在“效力性规范”和“管理性规范”二分格局下的讨论，本身就存在路径的错置，最终无论是将《公司法》第十六条解释为效力性规范还是管理性规范都无法自圆其说。究其缘由，因为从合同法强制性规定的内涵来看，《合同法》第五十二条第五项中的“法律、行政法规的强制性规定”应是指以维护社会公共利益或者公共秩序为目的的强制性规定，出发点是为了避免当事人通过合同订立损害社会公共利益。而《公司法》第十六条关于公司为他人担保之限定，主要目的在于保护公司及其股东的利益，避免因为公司对外担保陷入债务旋涡而导致公司及股东利益的受损，故而难以将第十六条规定直接归结到以维护社会公共利益为目的。当然如果每一个公司法定代表人都能遵循法律规定，从而实现公司经营管理效益最大化，显然这也是有

[1] 在最高人民法院审理的“河北敬业担保有限公司与永年县圣帝隆房地产有限公司、邯郸市兆亿贸易有限公司、河北圣帝隆化工有限公司、谢利明、郭庆林追偿权纠纷案”中，最高人民法院认为：在判断公司法定代表人违反该规定越权签订担保合同是否对公司有效时，还应考察该行为是否构成《中华人民共和国合同法》第五十条规定的表见代表，相对人是否尽到了合理的审查义务，是否为善意。具体到本案，谢利明在代表圣帝隆房地产公司向敬业担保公司出具《反担保保证书》时未提供《公司法》第十六条第一款规定的圣帝隆房地产公司董事会或者股东会决议等相关文件，而敬业担保公司作为专门从事担保业务的专业机构，本应对谢利明是否越权尽到更为谨慎的审查义务，但其并未进行形式上的审查，因此不构成善意。与此相应，谢利明越权出具《反担保保证书》的行为不构成表见代表，该保证书对圣帝隆房地产公司不发生法律效力。详见最高人民法院（2016）最高法民申 2633 号民事裁定书。

在最高人民法院审理的“李复与海南中度旅游产业开发有限公司、海南中度实业发展有限公司等企业借贷纠纷”中，最高人民法院认为：《公司法》第十六条第二款关于“公司为公司股东或者实际控制人提供担保的，必须经股东会或者股东大会决议”的规定，不属于效力性的强制性规定。根据《担保法司法解释》第十一条关于“法人或者其他组织的法定代表人、负责人超越权限订立的担保合同，除相对人知道或者应当知道其超越权限的以外，该代表行为有效”的规定，徐泽宪作为中度旅游公司的原法定代表人以保证人的身份在《借贷协议》上签字盖章，而中度旅游公司又未能举证证明徐泽宪超越权限订立担保合同且李复作为相对人知道或者应当知道徐泽宪超越权限，因此，徐泽宪以中度旅游公司法定代表人的身份对第五笔借款做出的担保行为，对中度旅游公司发生法律效力，中度旅游公司该项上诉理由不能成立。详见最高人民法院（2016）最高法民终 271 号民事裁定书。

利于整个国家和国民经济的发展，但是从每个个案法律适用的效果来看，却很难直接等同于社会公共利益目的的实现。正如学者所指出，《公司法》第十六条的违反，形成私法上的越权代表，但并不因违反《合同法》第五十二条第五项、《合同法司法解释（二）》第十四条中的“效力性强制性规定”而无效。〔1〕

而就后一种分析路径，在《民法总则》施行之前为大多数所接受，而成为主流观点，〔2〕并且由此判断公司担保相对人是否“知道或应当知道”法定代表人超越代表权限，相对人是否存在审查义务、审查义务的范围和标准如何界定以及未尽审查义务的法律后果等问题成为理论上争论的焦点。〔3〕但是，在《民法总则》施行后，对于《民法总则》第六十一条第三条与《合同法》第五十条的关系，进而其中法定代表人越权代表下善意第三人认定和表见代表效力认定规则的内在联系，却未引起足够的重视。比如说，《民法总则》第六十一条第三款仅涉及代表权的意定限制，未涉及法定限制。〔4〕代表权意定限制“不得对抗善意相对人”意味着其可以对抗恶意相对人。依当然解释，代表权法定限制当然更可以对抗恶意相对人。那么对于法定限制的存在，不可能有善意相对人，因为任何人都知道或者应当知道关于代表权限制的法律规定。〔5〕由此，违反《公司法》第十六条规定不可能再有善意相对人的成立，也就不可能再适用《合同法》第五十条规定。由此，不考虑《民法总则》第六十一条规定的联系，第二种分析路径也会产生法律上的冲突。

笔者认为，对于法定代表人违反了《公司法》第十六条对外实施担保行为，要么违反法律明确规定（关联担保必须经过股东会决议），要么违反公司内部规定对于法定代表人权力的限制，但本质上都属于《民法总则》第六十一条对于法定代表人越权代表行为，对其效力正确的分析路径应当是以《民法总则》第六十一条作为指引进行考察。

---

〔1〕 朱庆育：《合同法第五十二条第五项评注》，载《法学家》2016 年第 3 期。

〔2〕 钱玉林：《公司担保中债权人“善意”的认定》，载《扬州大学学报（人文社会科学版）》2013 年第 5 期。

〔3〕 高圣平：《公司担保中相对人的审查义务——基于最高人民法院裁判分歧的分析和展开》，载《政法论丛》2017 年第 5 期。

〔4〕 有学者认为《民法总则》第六十一条第三条界定为违反“意定限制”与“法定限制”的效力区分，也有的学者认为是“约定限制”和“法定限制”的效力区分，笔者认为意定限制相较于约定限制，更能概括章程和权力机构限制的两个方面，故本文也采用意定限制和法定限制的区分。

〔5〕 杨代雄：《公司为他人担保的效力》，载《吉林大学社会科学学报》2018 年第 1 期。

二、《民法总则》第六十一条的指引价值

(一) 第六十一条的继承与发展

我国立法上采用法人实在说，认为法人有集体机关和个人机关之分，“法人的机关是法人当然代表人”。〔1〕而法定代表人权限的问题，一直伴随着法定代表人制度的产生和发展。法定代表人的概念第一次在立法上出现是在1981年《经济合同法》，其中第三十一条规定：“经济合同订立后，不得因承办人或者法定代表人变更而变更或者解除。”但是该法并未明确规定法定代表人的内涵。之后1982年颁布的民事诉讼法（试行）第四十四条第二款规定：“企业事业单位、机关、团体可以作为民事诉讼当事人，由这些单位的主要负责人作为法定代表人。”1984年《最高人民法院关于贯彻执行〈民事诉讼法〉若干问题的意见》第十四条规定：“集团、团体、企业事业单位的法定代表人，应是该单位的正职行政负责人。没有正职行政负责人时，可以由副职行政负责人作为法定代表人，法定代表人有权按照民诉法的规定委托诉讼代理人。”至《民法通则》第三十八条关于“依照法律或者法人组织章程规定，代表法人行使职权的负责人，是法人的法定代表人”的规定作出后，民法理论开始将法定代表人解释为：一般由公司的董事长等正职担任，为唯一确定的自然人，享有当然的代表公司的权利。〔2〕理论上认为法人的法定代表人包括三个方面内容：首先，法定代表人具有单一性，只有符合法律规定条件的某一个自然人才能成为法定代表人。其次，法定代表人的产生具有法定性，公司不可以通过章程约定非董事长以外的其他人担保人法定代表人。最后，法定代表人可以以法人名义从事各项活动，并直接为法人取得权利或承担义务。〔3〕

至20世纪90年代，因“法定代表人的权限无所不包”观念引发的种种

〔1〕 佟柔、赵中孚主编：《民法概论》，中国人民大学出版社1982年版，第45页。

〔2〕 江平主编：《民法学》，中国政法大学出版社2000年版，第149页。

〔3〕 徐彦冰：《论法定代表人制度的弊端及其完善》，载［日］滨田道代、顾功耘主编：《公司治理：国际借鉴与制度设计》，北京大学出版社2005年版，第165~166页。

弊端引起了社会各界的关注。[1]所以立法上开始注重对于法定代表人权限的限制。1999年颁布的《合同法》第五十条明确规定："法人或者其他组织的法定代表人、负责人超越权限订立的合同，除相对人知道或者应当知道其超越权限的以外，该代表行为有效"，开始对法定代表人越权行为的规范。而至2005年公司法修订，增加的第十六条规定："公司向其他企业投资或者为他人提供担保，按照公司章程的规定由董事会或者股东会、股东大会决议；公司章程对投资或者担保的总额及单项投资或者担保的数额有限额规定的，不得超过规定的限额。公司为公司股东或者实际控制人提供担保的，必须经股东会或者股东大会决议。前款规定的股东或者受前款规定的实际控制人支配的股东，不得参加前款规定事项的表决。该项表决由出席会议的其他股东所持表决权的过半数通过。"实际上进一步剥夺了法定代表人单独对外以公司名义为他人提供担保、对外投资等事项的决定权，是对于法定代表人权力的限制。但是实务中，由于法定代表人的越权担保及相关越权行为引发的纠纷仍然没有得到很好的规制，为此不少学者建议以民法典的编纂为契机构建更完善的法定代表人制度。正如江平教授指出："法定代表人制度的改革，绝不仅仅是经济学问题，也绝不仅仅是公司法的问题，而是民法的问题。……要改进就必须统一地进行法定代表人制度的研究。这个问题很复杂，需要民法和商法共同研究。如果仅仅从经济学角度提出不要法定代表人制度，那绝对不行，需要结合民法典起草进行研究。[2]"在之后的民法典编纂过程中，法定代表人制度设计一直是一项重要的议题。最终，《民法总则》第六十一条通过定义、行为效果和越权行为效力三款的规定方式，完善法定代表人的制度安排，不仅是对之前法定代表人相关规定的承接和发展，更是从基础规范角度对法定代表人民事活动评价规则给予了明确的指引。

（二）第六十一条的指引内涵

此前，由于《民法通则》对于法人可否以其章程或通过其他方式对法定

---

〔1〕从法定代表人的历史演进来看，对于法人主要形式的国有企业领域法定代表人的权限问题，我们经历了20世纪五十年代初期的"一长制"、50年代后期开始的"党委领导下的厂长负责制"、80年代早期开始的"厂长负责制"、90年代中期开设建设的"产权清晰、权责明确、政企分开、管理科学的现代企业制度"的发展过程，其中的主线就是贯彻对代表人"放权——授权——放权——分权制衡"的规范路径。

〔2〕江平：《〈公司法〉中几个重要问题》，载［日］滨田道代、顾功耘主编：《公司治理：国际借鉴与制度设计》，北京大学出版社2005年版，第13～14页。

代表人的权限进行限制未作规定，且在相关立法例上有不同的做法，导致实践中对此问题的理解不一。从比较法上来看，废除传统的法人章程“推定通知理论”目前成为普遍的做法，关于越权行为的讨论，关注的重点在于法人机关是否越权代表及行为的归属层面，有别于之前主要关注是否超越法人的权利能力或者目的意思层面的“越权原则”。

《民法总则》第六十一条在第二款明确了法定代表人的行为与法人关系的基础上，在第三款明确“法人章程或者法人权力机构对法定代表人代表权的限制，不得对抗第三人”。从条文文义的理解来看，该条款明确法人能够通过章程、成员决议方式限制法定代表人的权限，同时为保护交易安全和善意第三人的信赖利益，上述内部限定不具有对抗性。该条的指引意义在于：首先，法人在其内部，通过章程或者权力机构的决议方式对法定代表人的权限进行限制是合法有效的方式。其次，该内部限制能否对抗第三人，取决于第三人是否善意。在相对人善意，即不知道且不应当知道存在此种限制的情况下，则法人对于法定代表人的越权行为不得主张效果不归属于法人；而在相对人实际知道或者因重大过失而不知道存在此种限制的情形下，则该越权行为的效果不能归属于法人，其法律后果应由法定代表人个人承担。而第三人非善意举证责任在于法人，即应当由法人举证证明第三人知道或者应当知道公司章程或者权力机构对于法定代表人的权限存在限制。最后，由于法律上对法定代表人权限的限制，则法人原则上不应承受该行为的效力，除非第三人自己能证明自己存在善意。与约定限制第三人的权限是推定的不同，在法定限制情况下，第三人的善意应当由第三人自己承担举证责任。

对于《民法总则》第六十一条第三款与《合同法》第五十条的关系，应当说，《民法总则》第六十一条第三款兼具有组织法和行为法的意义，侧重于法人治理结构角度规范法定代表人越权行为的效力。也就是说，在依据该条款考查法定代表人行为的效力时，需要先考查法定代表人违反的是法定的权限限制还是意定的权限限制，比如，相关组织法中对于其法定代表人的权限是否具有明确的限制，并根据不同的区分审查合同相对人的善意与否进而判断效力的归属。而《合同法》第五十条则侧重于仅从行为效力的角度评价法定代表人越权行为的效力，并不考查组织法相关的规定。同时，《民法总则》第六十一条第三款的指引作用，就是在涉及相关法定限制时，可以将法定限制的内容作为审查《合同法》第五十条善意相对人是否“明知或者应当知道”的依据。

三、对于法定代表人越权担保效力评价的应然路径

《民法总则》第六十一条第三款已经明确对于违反意定限制的法律后果，因此，在一般涉及法人认为章程和权力机构内部规定法定代表人不得对外担保的情形下，实际上主要审查第三人是否非善意，即法人主张第三人“知道或者应当知道”能否成立。也就是说，意定限制审查的标准本身并不复杂。而真正实务中争议的应当在法定限制的情形。从目前法律对于公司经营尤其是法定代表人限制的规定来看，实务中主要涉及的就是《公司法》第十六条的规定。对于《公司法》第十六条，结合《民法总则》第六十一条的规定内容，从民法体系对于公司治理结构和法定代表人制度的设计来看，实际上就是法律将法定代表人包括对外担保的单独决定权予以排除的规定，并不属于《合同法》第五十二条涉及的效力性和管理性规范，由此应当从这个途径来分析涉及《公司法》第十六条的法定代表人越权代表的效力。

（一）法定代表人越权为他人提供担保

《公司法》第十六条第一款规定：“公司向其他企业投资或者为他人提供担保，依照公司章程的规定，由董事会或者股东会、股东大会决议；公司章程对投资或者担保的总额及单项投资或者担保的数额有限额规定的，不得超过规定的限额。”该条明确，公司向其他企业投资或者为他人提供担保，依照公司章程的规定，由董事会或者股东会、股东大会决议。所以就该法律条款规定来看，就公司对外为非关联企业提供担保，完全是由公司的章程予以规定。而对于公司章程具体规定和限制，回到《民法总则》第六十一条的规定，并不能成为对抗善意第三人的依据。而这次情况下第三人善意的判断，笔者认为，只要第三人能够证明已经对法定代表人签字以及公章的真实性尽到注意义务，已经足以认定其系善意无过失，而并不需要再对公司是否经过内部董事会决议或者股东会决议进行形式审查。该原则不仅适用于一般的交易相对方，也应当适用于一些专业合同相对方，如银行、小贷公司等。

还需要探讨的是，对于超过章程规定的担保限额的，是否构成非善意，笔者认为，同上述理由，凡是法律规定由章程自己限定的，原则上都不能对抗善意第三人，即使该第三人知道法律明确由章程对此进行规定。

（二）法定代表人越权为关联企业提供担保

由于《公司法》第十六条第二款规定："公司为公司股东或者实际控制人提供担保的，必须经股东会或者股东大会决议。"该条款明确，公司为关联企业提供担保，法定程序就是经过股东会或者股东大会决议。该条款用"必须"二字强调了法律对于公司为关联企业担保的刚性程序要求。而作为接受担保的第三人，无论是否具备公司法方面的专业知识，其在接受担保时，就理当知晓该条法律明确的规定，由此，在具体签订担保合同时，应当取得法定代表人出具的经过公司同意的股东会决议和股东大会决议，否则是不能构成善意的，相应的法律后果自然不能归于法人。

值得探讨的是，对于在此情况下第三人的判断标准，是否为形式审查标准还是更高的标准，笔者认为还是应当遵循个案判断的规则。因为形式审查标准如果过低，比如，只要审查对方出具了股东会决议文本即可以成立，则对于一些案件中出现的股东会决议明显伪造或者变造情形的也可以认定尽到审查义务，则有过度保护债权人而侵害公司合法利益之嫌；[1]而如果对形式审查标准过高，甚至达到实质审查的标准，则失之过严，不利于交易安全的保护和担保制度价值的实现。

四、结语

由于《公司法》与《合同法》的体系缝隙，使得法定代表人越权担保行为的效力判断问题，呈现出相当复杂的面貌。《民法总则》第六十一条基于"内外有别"法理的"善意有效"制度设计，将"意定限制"与"法定限制"作为将对法定代表人越权担保行为效力判断标准，使得法定代表人越权担保的效力规则趋于完善。总之，《民法总则》第六十一条是审查法定代表人越权担保效力的基础规范，其对法定代表人越权担保效力认定路径具有指引作用。在审查法定代表人越权担保效力时，不应当纠结于《公司法》第十六条是效力性规范还是管理性规范，或直接简单适用《合同法》第五十条表见代表规则，而应当审查法定代表人的越权是违反意定限制还是法定限制，进而甄别区分。

〔1〕在最高人民法院审理的"招商银行股份有限公司大连东港支行与大连振邦氟涂料股份有限公司、大连振邦集团有限公司借款合同纠纷再审民事判决书"案件中，担保公司法定代表人出具的股东会决议中，股东签章的8个股东经鉴定有7个股东公章不真实，很难想象在接受担保时作为专业的银行是如何尽到股东会决议的审查义务。

债权二重让与中的优先规则

——对《合同法》第八十条第一款的解释

余瑞翔*

摘　要　《合同法》第八十条第一款是债权二重让与的优先规则，其中的债权让与是处分行为中的准物权契约。我国对于债权二重让与问题，采取的是时间在先规则，债权让与合同生效，债权让与的效果即已发生，无须其他诸如让与通知的要件对其施加影响。债权转让通知是债权让与对债务人生效的要件，而非对债务人之外的其他主体生效的要件。最后对《合同法》第八十条第一款的法效果进行了分类梳理。

关键词　债权二重让与　优先顺序规则　合同法

一、《合同法》规定存在的问题

《合同法》第八十条第一款规定："债权人转让权利的，应当通知债务人。未经通知，该转让对债务人不发生效力。"该条款是债权二重让与中的优先规则，明确对于债务人的通知是债权让与对债务人发生效力的关键。这一规定仅针对债务人，不涉及债务人以外的其他第三人，解释上应认为，债权让与对其他第三人发生效力的时间应在债权让与合同订立之时，即受让人于债权让与合同发生效力时即可对其他第三人主张债权让与的效果。第三人不得以债权让与未向其公示或者未向债务人通知而不承认受让人取得债权。[1]

---

* 余瑞翔，女，江西宜春人，华东政法大学2018级民商法学专业硕士研究生，研究方向为民商法。

〔1〕 韩世远：《合同法总论》，法律出版社2018年版，第619页。

如果甲对乙的债权已经有效转让给受让人丙，甲再将债权转让给丁，甲是无权处分，应依《合同法》第五十一条的规定处理，丁不直接因其为善意而取得债权。在两个以上相互为第三人的受让人之间，谁能取得债权，应由一个法律标准来确定。这个标准的确定貌似简单，实际上却关涉民法体系中相关制度的协调一致，非分析其后隐藏的制度价值莫能得出结论。因此，要对其做出回答，首先也须考查不同法律制度对债权让与性质的不同认识。[1]法条规定看似清晰，如何理解适用实则存在诸多问题：1. 目前“债权让与合同”在我国实证法上的定性问题，是法律行为、事实行为或复合行为？2. 转让通知的效力如何？对债务人、债务人以外其他第三人而言是对抗或者生效要件？3.《合同法》第八十条第一款是非完全法条，那从完整的构成要件应该如何解释？这些问题关系到当事人利益和法律的正确适用，因此，如何解决这些问题确有必要。本文从法教义学角度基于《合同法》第八十条第一款集中分析债权二重让与中的优先规则，尝试对这些问题作出回答，下面将分为四个部分依次展开，最后总结全文、得出结论。

二、“债权让与合同”的定性

本文的研究对象主要是未经证券化的普通债权即指名债权的让与，证券化的转让属于民事特别法调整，不作为本文的研究对象。关于“债权让与合同”的定性问题，这就要先考虑，是随着交易的多样化，债权让与才慢慢被大众所接受。曾经在罗马法下，债权是联结债权人和债务人的“法锁”，其中任何一端发生变化，都因债权失去同一性而不被认可。[2]而近代以来，债权以及其他财产权利也逐渐成为交易的客体。“在财产法上，债权欲占据优越地位，其必须实现从主观人身关系到客观经济关系的推移。”[3]如今，各国立法不仅确定了债权让与的法律可能性，而且更进一步扩大了债权让与的自由，

[1] 徐涤宇：《债权让与制度中的利益衡量与逻辑贯彻——以双重让与为主要分析对象》，载《中外法学》2003年第3期。

[2] [日] 我妻荣：《我妻荣民法讲义Ⅳ·新订债权总论》，王燚译，中国法制出版社2008年版，第451～452页。

[3] [日] 我妻荣：《债法在近代法中的优越地位》，王书江、张雷译，中国大百科全书出版社1999年版，第20～22页。

进而努力提高其安全性。至此，债权原则上具有可让与性，[1]我国《合同法》第七十九条对此亦有规定。

债权让与作为债的移转中的一种，属于由法律行为引起的债的移转的情形。债权让与又称“债权转让”，是指在不改变债的内容的前提下，债权人通过协议将债权转让给他人的行为。[2] 债权让与是“不害债权之同一性，而以其转移为内容之准物权契约”。[3] 比如：甲是乙的债权人，甲乙之间有发生债权的合同。接着甲将对乙的债权通过与丙签订买卖合同，意图发生债权债务的效果意思。当双方在买卖合同上签字时，甲丙之间另有准物权合意（债权让与合同）即双方有发生权利变动的效果意思，此处即笔者所定义的债权让与。因为债权让与是诺成的不要式合同，仅依当事人的合意即生效力，故债权让与协议生效，从而甲将对乙的债权转让给了丙，无须有形的履行行为。将债权让与约定和债权让与合同两个法律行为一体把握，这样的“集合体”叫作债权让与协议。债权让与约定是一个负担行为，是债权让与的原因行为，比如，债权买卖或者债权赠予这样的基础行为，产生使人负有债务、发生债权请求权的法律效果。债权让与合同是仅以发生债权移转为内容的合同，是处分行为中的准物权行为。债权让与协议同时具有两个意思表示的构造可以类比我国“合同”这个法律行为，合同的成立由“要约”和“承诺”两个意思表示构成。

虽然依我国通说，我国现行法不承认有物权行为，以物权变动为债权之当然结果，并以交付或者登记为生效要件。[4]同样承认债权买卖或者债权赠予这样的基础行为的债权让与约定是一个负担行为，是债权让与的原因行为。但债权让与是债权买卖或者债权赠予直接引起的结果，因此债权转让是一种事实行为。债权就转移给受让人丙，不需要履行行为。两种学说存在一个共同点，债权让与生效后，乙作为债务人有向丙清偿已移转债权的义务，均不认为债权只有在通知债务人时才转移。笔者更倾向于将债权让与当作准物权行为，更适合于法律人的思维，用于厘清法律关系。

---

〔1〕 黄茂荣：《债之保全、转移及消灭》，厦门大学出版社 2014 年版，第 64 页。
〔2〕 崔吉子：《债权法学》，北京大学出版社 2016 年第 2 版，第 87 页。
〔3〕 史尚宽：《债法总论》，中国政法大学出版社 2000 年版，第 704 页。
〔4〕 梁慧星：《民法学说判例与立法研究》，中国政法大学出版社 1993 年版，第 127 页。

三、债权二重让与中的优先规则

（一）概念及比较法分析

债权二重让与，[1]是指让与人甲和受让人丙签订关于甲对乙的债权A的让与合同（1），然后又和受让人丁签订关于债权A的让与合同（2）的情形。对债权二重让与，比较法上有三大主流规则，即时间在先规则、通知在先规则和登记在先规则。

时间优先规则即债权归先受让人。这种做法在大陆法系以德国为代表，可称为德国模式。德国法认为让与人的第二次让与行为实际上是无权处分，虽然第二次让与合同有效，但第二次让与行为属效力待定，若无第一受让人的同意则归于无效，即使第二让与先为通知，第二受让人也不能取得债权。时间优先规则的优点：1. 特别注意对第一受让人权益的维护，在最大限度内保护了债权静态安全。2. 能够促进债权让与人信用形象的维护，进而促进债权的私密转让。该规则的缺点主要表现为：1. 对除第一受让人外的其他受让人的权益维护力度欠缺，一定程度上阻碍债权的动态权益和债权财富价值的稳定彰显。2. 债务人的有效清偿和谁是真正的受让人不总是一致的，这种情况存在逻辑矛盾。3. 当第一位受让人向其他的受让人请求返还收益时，无疑会增加他实现本来意图的代价。

通知优先规则即债权归先通知的让与受让人。这种做法在大陆法系以法国、意大利为代表，称为法意模式。法国民法典第1690条[2]体现了这一点，认为二重让与中，第一通知的让与受让人取得债权，即使第一通知在后让与，后让与人也将取得债权，得不到债权的第一受让人可向让与人主张违约责任。这种模式中，通知成为准公示方式。通知优先规则的优势主要体现在：1. 更加注重兼顾各受让人的利益 。2. 可以有效地规避“时间优先权利在先”规则下的第二受让人与债权让与人通谋更改债权让与合同成立的时间而损害第一受让人权利的危险。该规则的不足之处主要表现为：1. 该规则公示性效果欠

---

〔1〕 崔建远：《合同法》，法律出版社2016年版，第180页。参见韩世远：《合同法总论》，法律出版社2018年版，第622页。

〔2〕 《法国民法典》第1690条规定：“受让人，仅依其向债务人送达转让通知，始对第三人发生占有权利的效力；但是，受让人亦可依债务人在公证文书中接受转让而占有其受让的权利。”

佳。2. 该规则的运用可能使先做出通知的受让人面对一种债务人与他人勾结起来改动让与在后通知的时间的危险。

登记优先规则即债权归先登记的让与受让人。《联合国国际贸易应收款转让公约》在其附件的第一节规定了这种规则。美国《统一商法典》确定了登记在先权利在先规则，即债权让与通知经过登记才产生效力。“如果对于一个有效的债权让与而言，其是否登记或是否在让与人的账目上做了标记是决定性因素，那么，注册日期本身就可以决定优先权的归属。”〔1〕登记优先规则的优越性表现在：1. 债权让与带有较强公开性色彩。2. 能够在一定程度上有效避免当事人勾结损害真正债权受让人利益的行为出现。它本身带有的局限性体现为：1. 妨碍债权的流转性的实现，交易成本比较大。2. 适用范围小。3. 若想使该制度起到实际运行效果需要国家建立统一的债权登记机关。

通过上述可知，各个国家对债权二重让与难题的处理都有独特之处。虽有不同之处，但大致分为三种处理规则或者立法模式。这三种规则各有长短，分析三大规则的利弊对我国建立债权二重让与制度具有显著的借鉴意义，从而更好地解决我国债权二重让与问题（见下表）。

比较法对债权二重让与中的优先规则适用态度

立法例	时间在先规则	通知在先规则	登记在先规则
债权二重让与中的优先规则的适用	德国、我国台湾、美国、瑞士、奥地利	法国、日本、意大利、英国	《联合国国际贸易应收款转让公约》、美国《统一商法典》、荷兰

有观点认为只有让与人可以作出债权让与的通知，发生债权二重转让时应以通知来确定债权的实际取得人即支持通知在先规则。〔2〕有观点认为相对于时间在先规则与通知在先规则，运用登记在先规则处理债权让与的优先顺序问题更为公平、更有效率。〔3〕还有观点认为，处理债权二重让与应分清一般情况和特殊情况，不能一概而论。该问题的处理应普遍遵循通知在先规则，

〔1〕［德］海因·克茨：《欧洲合同法》（上卷），周忠海、李居迁、宫立云译，法律出版社2001年版，第400页。

〔2〕尹飞：《论债权让与中债权移转的依据》，载《法学家》2015年第4期。

〔3〕李宇：《债权让与的优先顺序与公示制度》，载《法学研究》2012年第6期。

例外依照登记在先规则。[1]笔者以为由债权让与合同定性可知，债权让与对受让人丙以外的其他第三人发生效力的时间应在债权让与合同达成合意之时。此时，丙成为债权人，可以对其他第三人主张债权让与的效果。其他第三人不得以债权让与未向其公示而不承认受让人取得债权。[2]我国对于债权二重让与问题，采取的是时间在先规则：时间先后顺序为标准，以时间在先者优先。

（二）优先规则在司法实务中的适用

虽在成文法国家，不以判例为法源，但检查一项规则是否适用，司法实践的参考作用亦是考查之重要因素。正如王泽鉴教授所言，“法律学者应更积极地从事判决研究之工作，对于有商榷余地之判决，固应详予讨论，提出自己的意见，用供实务参考；对于有创设性之判决，更应阐扬发挥其思想，使其能深入人民之法律意识，成为一项活的法律规定”。[3]所以，在论及我国所应采取的债权二重让与优先顺序规则时，也应参考司法实践中的做法。

事实上，对债权二重让与问题之处理，其实质乃债权让与对债务人以外其他第三人发生效力的时间界定。我国的司法实务中的案例多数支持“债权让与合同生效之时，债权即发生移转的原则”。例如，最高人民法院的法官在对“佛山市顺德区太保投资管理有限公司与广东中鼎集团有限公司债权转让合同纠纷案”的评析中指出债权让与合同一旦生效，债权即移转给受让人，通知只是对抗债务人的要件。[4]另如，法官在“上海锦策建筑材料有限公司与上海妙鼎建筑安装工程有限公司等债权转让合同纠纷上诉案”的二审判决书中指出，“通知并不是债权让与的构成要件，是否进行通知不影响债权的让与”，[5]主旨亦同。

但是，不同的观点在实务中亦有存在，如有法官在评析“南宁荷花味精

---

〔1〕 王凡：《债权重复转让制度探析》，苏州大学硕士2011年学位论文。

〔2〕 韩世远：《合同法总论》，法律出版社2018年版，第619页。

〔3〕 王泽鉴：《“最高法院”判决在法学方法论上之检讨”》，载王泽鉴：《民法学说与判例研究》（修订版·第一册），中国政法大学出版社2005年版，第281页。

〔4〕 最高人民法院（2004）民二终字第212号民事判决书、最高人民法院（2005）民一终字第95号民事裁定书。参见江必新、何东林等：《最高人民法院指导性案例裁判规则理解与适用》（合同卷二），中国法制出版社2012年版，第275～317页。

〔5〕 参见上海锦策建筑材料有限公司与上海妙鼎建筑安装工程有限公司等债权转让合同纠纷上诉案，（2008）沪二中民一（民）终字第2101号判决书，http：//www. shezfy. com/view/jpa/flws view. html? id＝210，最后访问日期：2018年11月20日。

有限公司于中国东方资产管理公司南宁办事处、深圳市国梁实业有限公司债权转让纠纷案”中指出：“债权让与之生效须当事人的意思表示与债权让与通知两个要件。”〔1〕可是，裁定书的最终结果是债务人与债权让与合同没有直接利害关系，不具有诉讼主体资格，而并未出现对债权让与通知要件的强调。债权让与合同只在让受双方间产生法律效力，这实际上就否定了通知对债权让与本身的影响，从反面证明了债权让与合同生效，债权让与的效果即已发生，无须其他诸如让与通知的要件对其施加影响。故法官之间其实达成了较为一致的司法实践的做法。

（三）债权转让通知对债权优先规则的影响

在讨论债权让与通知对第三人的影响时，在解释论上一定要坚持如下原则：债权让与合同生效时，债权即发生转移，债权让与通知只是产生对债务人的对抗效力。另外，债权让与对债务人在何种条件下生效，世界上有三种立法主义：（1）自由主义。以德国、美国为代表，认为债权人转让债权只要债权人与新债权人受让人之间达成协议即可转让，不必征得债务人同意，也不必通知债务人。（2）严格限制主义，即债务人同意主义。以我国《民法通则》为代表，认为债权人转让债权的权利和自由受到严格的限制，即债权人不能自由转让自己的债权，在转让自己债权时，必须经过债务人的同意。（3）折中主义，即通知主义。以法国、日本为代表，认为债权人不经债务人的同意，有权自由转让其债权，但必须将债权转让的事实通知债务人，以便于债务人向新债权人（受让人）履行债务。笔者认为，自由主义虽然有利于保障债权的自由流转，但却不利于保护债务人的利益，严格限制主义虽然很好地保护了债务人的利益，却不利于债权的自由流转，通知主义取两者之长，去两者之短，既维护了债务人的利益，又保障了债权人转让债权的自由，符合市场经济发展的要求，所以我国《合同法》采取了通知主义的观点。

从体系解释的角度入手，可以同时考虑特殊动产、土地承包经营权多重买卖，进而比较债权二重让与中债权通知的效力。特殊动产、土地承包经营权多重买卖二者在法条中的规定，登记都是作为对抗要件，并不影响权利人自由处分其财产。就用特殊动产举例说明。《物权法》第二十三条规定了动产

---

〔1〕 最高人民法院（2007）民二终字第12号民事裁定书。参见最高人民法院民事审判第二庭编：《最高人民法院商事审判指导案例》，中国法制出版社2011年版，第373～381页。

物权变动规则：交付生效主义。随着物权变动会产生两种效力：（1）物权变动的形成力；（2）对抗力，针对不特定第三人。而《物权法》第二十四条规定交通工具（特殊动产）未经登记不得对抗善意第三人，此只限制了交付的对抗力，未涉及形成力。找《物权法》第一百八十八条作为参照物进行比较。《物权法》第一百八十八条和第二十四条有区别，且是根本性的区别。两个法条都涉及物权变动什么时候发生效力。但解读下来能够构成物权法第二十三条的"但书规定"的是物权法第一百八十八条。从而可以推导出《物权法》第二十四条就不涉及物权变动的形成力，在交付时发生物权变动。同理，《买卖合同司法解释》第十条第四项规定出卖人就同一船舶、航空器、机动车等特殊动产订立多重买卖合同，在买卖合同均有效的情况下，买受人均要求实际履行合同的，应当按照以下情形分别处理：出卖人将标的物交付买受人之一，又为其他买受人办理所有权转移登记，已受领交付的买受人请求将标的物所有权登记在自己名下的，人民法院应予支持。《物权法》第一百八十条规定债务人或者第三人有权处分的下列财产可以抵押：（六）交通运输工具；《物权法》第一百八十八条规定以本法第一百八十条第六项规定的财产或者第五项规定的正在建造的船舶、航空器抵押的，抵押权自抵押合同生效时设立；未经登记，不得对抗善意第三人。以上法条都是体现登记不影响物权变动的形成力。

虽然物债两分，但并不影响物权变动的思考路径在债权二重转让中提供方法，结合我国《合同法》第八十条第一款"未经债权让与的通知，该转让对债务人不生效力"，即让与对债务人发生效力的关键是让与通知。甲丙之间的债权转让并非当然对债务人乙具有拘束力，这是对债务人保护的要求。《中华人民共和国合同法释义》中曾指出，该款使债务人能够及时了解让与的事实，避免因债务人对债权人转让毫不知情所遭受的损害及各种损失浪费，注重了对债务人的保护。同时，该款因对债权人自由处分其权利的行为未作出实质性限制，尊重了债权人处分其债权的自由，也有利于鼓励债权转让和促进流通，符合市场经济发展的需要。〔1〕从罗马法时期的债权"法锁"概念到如今的债权自由让与原则的确立，我们牺牲了部分债务人的利益来换取债权的自由流通。但对债务人的保护和对动态交易安全的维护之间的利益衡量，

〔1〕 黄松有主编：《合同法司法解释实例释解》，人民法院出版社2006年版，第173页。

始终是我们需要思考的一个问题。进而对债务人的保护对时间在先规则提出了挑战。由此可见，《合同法》该款立法本意是出于对债务人的特殊保护，使通知成为债权让与对债务人生效之要件，而非对债务人之外的其他主体生效的要件，即债权转让通知不影响债权变动的形成力。

四、《合同法》第八十条第一款的法效果

《合同法》第八十条第一款是一个不完全法条，并没有明确债权二重让与的法效果。而债权让与通知为债权让与对债务人生效之要件，在债权二重让与场合更加复杂，比如，让与人甲和受让人丙签订关于甲对乙的债权 A 的让与合同（1），然后甲又和受让人丁签订关于债权 A 的让与合同（2），甚至甲随后又与第三受让人戊签订关于债权 A 的让与合同（3）等。这时通知哪一次让与，或者通知之时间先后，均有不同。笔者以通知状况为标准进行分类讨论。

（一）仅通知第一次让与情形

在债权多重让与场合，如果仅向债务人乙通知第一次让与，基本上不会发生争议。因为通知为债权让与对债务人乙发生效力的要件，故该通知不仅拘束让与人甲和第一受让人丙，同时也拘束着债务人乙，就是包括在丙之后的受让人丁、戊等在内的其他人也无权否认，债务人乙只能依据通知向第一受让人丙为清偿或其他免责行为（如提存）。而依据时间优先规则，在债权二重让与时，仅第一受让人丙能够取得债权，故债务人乙向真正受让人丙清偿，第一受让人丙有权保有其所受领的给付。至于后位受让人丁、戊等，因让与人甲已无债权，向其为让与行为实为无权处分，故后位受让人丁、戊等不能取得债权，而只能请求让与人甲承担债务不履行的违约责任（《合同法》第一百零七条）。

（二）仅通知在后次让与情形

基于《合同法》第八十条第一款“未经债权让与的通知，该转让对债务人不生效力”之原则，如果甲仅对债务人乙通知在后让与，则只有在后让与的事实对债务人乙生效，此时债务人乙应依通知向在后受让人丁或戊等为清偿或其他免责行为。但是依据时间优先规则，在后受让人丁或戊等并非真正

的债权人，虽有权受领债务人所为的给付，但却无权保有之，故作为真正债权人的第一受让人丙有权依据不当得利之规定向在后受让人丁或戊等请求返还。至于在后受让人丁或戊等，只能请求让与人承担债务不履行的违约责任。

在此情形，有学者认为，“如债务人乙不向在后受让人丁或戊清偿，而向第一受让人丙清偿，亦无不可。盖第一受让人丙受让在先，其受让除对于债务人之关系尚未发生效力外，对于其他人却早已生效也”。〔1〕从效率角度而言，这一主张也可以。

（三）多次让与均未通知情形

债务人乙没有收到任何债权让与通知，故任何一次债权让与行为都未对债务人生效，此时债务人乙依然认为原债权人（让与人）甲为债权人，向其为清偿或为其他免责行为，即可消灭其债务。但是，根据让与人甲与第一受让人丙之间的债权让与合同，让与人之债权人地位已由第一受让人丙取代，即使基于保护债务人之原则，让与人甲能够受领该给付，但并不能保有之，其受有不当得利，故第一受让人丙有权依据不当得利之规定请求让与人甲予以返还。

有学者认为，此情形债务人亦可向第一受让人为清偿或为其他免责行为，盖第一受让人为实际上之真正债权人也。〔2〕但债务人乙若向第二受让人丙为给付，则属于“自陷于危险”的行为，此时不能发生清偿的效力，因为按照时间优先规则，在后受让人丁或戊等不能取得债权，并且由于在后让与未为通知，故债务人不应受到保护。〔3〕至于在后受让人丁或戊等，因其不能获得任何清偿，故只能依据债权让与合同请求让与人甲承担履行不能的违约责任。

（四）多次让与均已通知之情形

如果多次债权让与均通知债务人，通知之先后顺序多有不同，情形更加复杂。详细情况如下：（1）如果第一次债权让与的通知先到达债务人，则按上述之情形 1 之处理。（2）如果在后债权让与通知先到达债务人，则仍可细

〔1〕 郑玉波：《民法债编总论》，陈荣隆修订，中国政法大学出版社 2004 年版，第 446 页。同旨参见史尚宽：《债法总论》，中国政法大学出版社 2000 年版，第 733 页；孙森焱：《民法债编总论》（下册），法律出版社 2006 年版，第 795 页。

〔2〕 史尚宽：《债法总论》，中国政法大学出版社 2000 年版，第 734 页。

〔3〕 徐涤宇：《债权让与制度中的利益衡量与逻辑贯彻——以双重让与为主要分析对象》，载《中外法学》2003 年第 3 期。

分为不同情形：①如果债务人于后到达的第一次让与之通知之前为清偿，则如同上述之情形2，债务人向第二受让人所为之清偿或其他免责行为有效，其债务消灭，第一受让人之不当得利请求权以及在后受让人请求让与人承担违约责任的权利均如上述。②如果债务人于第一次让与的通知也到达后才为清偿，学说认为此时债务人应有选择权，其既可以依据通知向在后受让人清偿，其依据是“表见让与”〔1〕，也可以自己通过辨认无异后，自己负担风险而向第一受让人清偿，依据为第一受让人为真正的债权人。所谓“自己负担风险”，原因在于所谓的第一次让与是否有串通债权人而倒填时间的情形。债务人假如无法辨认，如果第一次让与存在无效之原因，则债务人仍得向在后受让人清偿，债务人很难以对抗第一受让人之事由，对抗在后受让人。〔2〕(3) 如果两个债权让与的通知同时到达债务人，不应采取日本通说的观点，让两个受让人平均受偿，〔3〕因为我国并没有采纳通知对抗主义，而应当按照受让的时间顺序解决；如果债务人无法判断谁是真正的债权人，则可通过提存的方法使自己免责。〔4〕

结　语

综上所述，债权二重让与问题似乎颇为复杂，以简驭繁，可以总结为两个原则：第一，促进债权的自由流转原则，债权让与的效力依让与合同成立时间先后决定，第一受让人有效取得债权，无论是否通知债务人，或通知之孰先孰后，均无影响。第二，基于保护债务人之本旨，不能不合理地加重债务人的负担和风险，债权让与非经通知债务人，对债务人不生效力，故债务人可依通知为有效清偿，以免其责任，唯对于非真正债权人所受领之清偿，依不当得利制度进行事后调整，以恢复其应然状态。

---

〔1〕 当债权人将债权让与第三人的事实通知债务人后，即使让与并未发生或者该让与无效，债务人基于对让与通知的信赖而向该第三人为的履行仍然有效。此类虽无债权让与的事实，而债权让与通知仍然有效的现象，学说称为“表见让与”。即使债务人为恶意，仍有表见让与的适用。参见韩世远：《合同法总论》，法律出版社2018年版，第624页。

〔2〕 孙森焱：《民法债编总论》（下册），法律出版社2006年版，第795页。

〔3〕 ［日］铃木禄弥：《物权的变动与对抗》，渠涛译，社会科学文献出版社1999年版，第146页。日本通说的观点自接导因于日本民法典在债权让与问题上采纳的“通知对抗主义”。

〔4〕 韩世远：《合同法总论》，法律出版社2018年版，第624页。

农村集体土地征收中的土地权利主体界定

——基于《物权法》的解释

贲杨程　吴学敏*

摘　要　由国家主导的土地征收行为是引起土地权利变动的重要法律活动，也是新一轮土地制度改革的重中之重。囿于当前农村集体土地所有权主体辨析困难、土地权利属性阙如以及对抵押权理论认知偏差的复杂困境，土地确权登记制度迟迟无法落实到位，土地征收制度改革进程缓慢，试点改革路径尚未明朗、成效尚不显著。以我国现行土地征收制度的物权解释为视角，合理界定被征收人主体范围、厘清土地权利主体地位、正确认识土地权利属性，已成为深化土地征收制度改革的迫切要求。

关键词　土地征收　被征收人　土地权利主体　土地权利属性

土地征收，系国家基于公共利益的需要，通过强制方式取得土地所有权及其他土地物权，并给予土地权利人相应补偿，以实现土地资源配置的法律活动，其实际上由引发土地权属变动的复合法律事实所构成。聚焦我国现行法律框架，在实行土地公有制的大前提下，国家进行土地征收的对象仅限于农村集体所有的土地 。[1] 而集体土地征收主要涉及征收人、被征收人和需用地人三方当事人。[2] 就集体土地征收补偿法律关系而言，征收人身份限定、

---

* 贲杨程，上海对外经贸大学，2017 级民商法学硕士研究生；吴学敏，上海对外经贸大学，2017 级民商法学硕士研究生。

〔1〕《宪法》规定我国实行土地公有制，与之相适应的土地所有权形式包括国家土地所有权和集体土地所有权两种。而这一特殊的土地所有权结构形式决定了国家进行土地征收的对象只能是农村集体所有的土地 。

〔2〕王克稳：《论我国集体土地征收中的被征收人》，载《苏州大学学报》2013 年第 1 期。

征地环节中需用地人地位不明显和参与度不高，造成土地权利人权利极易受到影响甚至丧失，某种程度上土地权利人应当是最值得关注的土地征收当事人。笔者认为，明确被征收人的范围是征收与补偿的前提，因此界定土地权利主体便是集体土地征收中至关重要的关键性环节，这亦是本文研究宗旨所在。

一、碰撞与创新：集体土地征收的多重困境

集体土地征收发轫于计划经济时代，遵循“扬公抑私”的立法理念，〔1〕在国家垄断土地一级市场、土地流转限制的前提下，逐渐形成了以《宪法》为指导，以《土地管理法》《物权法》等法律为核心，以《土地管理法实施条例》等法规规章为具体操作标准的法律制度体系。〔2〕毋庸置疑，我国土地征收制度在确保国家维持足够而必需的建设用地、促进农村经济发展和推动我国城市化进程等方面发挥了积极作用。但就集体土地征收中的被征收人而言，现有土地权利结构模式仍旧存在着集体土地所有权主体概念内涵模糊、地位缺失、利益虚化以及对土地他项权利属性漠视的积弊。而农地“三权分置”改革中关于农户承包权、土地经营权以及宅基地使用权等权利性质内涵的政策性话语亦有待转化成规范的法律表达。

（一）集体土地所有权主体辨析困难

在国家强制农村集体土地所有权向国家土地所有权单向移转的征地环节中，给予失地的土地所有权人补偿自是必要合法要件之一。但是，集体土地所有权主体的模糊给征地补偿造成首要的阻碍。第一，尽管我国《宪法》《土地管理法》《物权法》以及《农业法》等法律明确规定，中国农村的土地归农民集体所有，〔3〕但“农民集体”在其创制之初便未遵循法律主体构造之制度逻辑，导致无法纳入自然人、法人、非法人组织所构成的民事主体框架之中。第二，集体作为一个“纯粹抽象存在”，无法作为脱离自然人的物权主体而存在，进而缺乏主体的“集体所有权”也仅具有抽象所有制意义上的内

---

〔1〕 陈小君：《农村集体土地征收的法理反思与制度重构》，载《中国法学》2012 年第 1 期。

〔2〕 许英：《论深化征地制度改革的路径选择与优化——基于公平与效率双重价值目标的考量》，载《河北法学》2012 年第 1 期。

〔3〕《宪法》第 10 条第 2 款，《土地管理法》第 8 条，《物权法》第 58 条、第 59 条。

涵，无法成为民法上具有实体权利性质的财产所有权之一。[1]因此，这种法律上“有意的制度模糊”，使集体土地所有权沦为一种缺乏主体承载的悬浮在半空的“空权利”，[2]实践中表现为集体土地所有权主体缺位，最终导致以土地所有权为中心的被征收人权利征收补偿机制无法发挥应有的制度功效。

（二）“三权分置”机制中土地物权属性认知阙如

纵观我国近年来发布的众多“中央一号文件”，“三权分置”思想已然成为新一轮农村土地制度改革的方向指针，即土地承包关系中集体所有权、农户承包权、土地经营权叠加并存，宅基地所有权、资格权、使用权分置并行的土地权利结构。显然，从改革方略方面，“三权分置”办法从承包地和宅基地两个方面展开：（1）农村土地承包政策要求“在落实农村土地集体所有权的基础上，稳定农户承包权、放活土地经营权，允许承包土地的经营权向金融机构抵押融资”，[3]亦即形成集体所有权、农户承包权、土地经营权三权分置，土地经营权流转的格局；（2）深化农村宅基地制度改革，也要求积极“探索宅基地所有权、资格权、使用权‘三权分置’，落实宅基地集体所有权，保障宅基地农户资格权和农民房屋财产权，适度放活宅基地和农民房屋使用权”。[4]

但值得注意的是，揆诸我国现行法律法规，却并无任何与之相对应的完整表达。申言之，目前作为政策话语的农地“三权分置”改革尚缺乏物权角度上的检视，土地权利结构的细分也有待从法律层面上对权利的归属和利用作出阐释。因此，如何规范界定“三权”的内涵、权利边界及相互关系，也就成为土地征收制度中决定土地承包权、经营权以及宅基地使用权能否获得

---

〔1〕尹田：《物权主体论纲》，载《现代法学》2006年第2期。

〔2〕李凤章：《通过“空权利”来“反权利”：集体所有权的本质及其变革》，载《法制与社会发展》2010年第5期。

〔3〕《关于全面深化农村改革加快推进农业现代化的若干意见》指出“在落实农村土地集体所有权的基础上，稳定农户承包权、放活土地经营权，允许承包土地的经营权向金融机构抵押融资”。《关于落实发展新理念加快农业现代化实现全面小康目标的若干意见》规定“稳定农村土地承包关系，落实集体所有权，稳定农户承包权，放活土地经营权，完善‘三权分置’办法，明确农村土地承包关系长久不变的具体规定”。

〔4〕《中共中央国务院关于实施乡村振兴战略的意见》明确要求“完善农民闲置宅基地和闲置农房政策，探索宅基地所有权、资格权、使用权‘三权分置’，落实宅基地集体所有权，保障宅基地农户资格权和农民房屋财产权，适度放活宅基地和农民房屋使用权，不得违规违法买卖宅基地，严格实行土地用途管制，严格禁止下乡利用农村宅基地建设别墅大院和私人会馆。”

独立补偿的关键所在。

（三）征地环节中土地权利抵押权人地位疑问

现行《物权法》第184条规定，耕地、宅基地、自留地、自留山等集体所有的土地使用权不得抵押，但根据《农村土地承包法》第49条的规定，通过招标、拍卖、公开协商等方式承包农村土地，经依法登记取得土地承包经营权证或者林权证等证书的，其土地承包经营权可以依法抵押。而中共十八届三中全会通过的《中共中央关于全面深化改革若干重大问题的决定》（以下简称《决定》）明确规定，“赋予农民对承包地占有、使用、收益、流转及承包经营权抵押、担保权能，允许农民以承包经营权入股发展农业产业化经营”。结合“三权分置”的机制设置，能够实现流转、抵押担保乃至入股的权利客体究竟是土地承包经营权还是农户承包权亦或土地经营权？建基于明确权利客体的前提之上，土地征收环节中，相关抵押权人是否又具有独立的补偿地位？

同样，《物权法》第183条还规定了乡镇、村企业的建设用地使用权不得单独抵押。以乡镇、村企业的厂房等建筑物抵押的，其占用范围内的建设用地使用权一并抵押。那么集体土地建设用地使用权上设定的抵押权人能否成为独立的被征收人？

二、基于物权法的解释：土地权利的权属主体证成

在土地征收环节中，以国家强制力为背书，国家基于法律规定直接取得集体土地所有权，这种物权变动模式隐含着以牺牲土地权利人利益为代价的必然性。因此，在公民合法的私有财产不受侵犯的基本理念下，国家对被征收人给予合理补偿毋庸待言，而首当其冲的便是论证土地权利的权属主体，即确定土地征收中的被征收主体。

（一）集体土地所有权人的代表——集体经济组织

如上所言，在土地征收中，集体土地所有权人为当然的被征收人，但具体应由何主体作为集体土地所有权人和被征收人代表值得探讨。笔者认为，集体经济组织为最具法律正当性和实践可行性的适格主体。

首先，村民小组由于大部分已经消亡或正在消亡而不具有可代表性。其

次，从上述集体土地所有权的历史生成逻辑中可以看出，村委会某种程度上实际受制于乡镇人民政府，难以保持中立和独立的主体地位。最后，在现行集体土地所有制还难以动摇、集体所有权的主体仍模糊不清的情形下，将集体经济组织作为土地所有者与被征收人的代表最为合适：（1）法理上，不同于缺乏组织机构和法律人格的村民小组，《民法总则》明确将集体经济组织界定为特别法人，赋予其独立的法律主体地位。（2）组织性质上，不同于村委会基层群众性自治组织的职能地位，集体经济组织作为改革开放后为解决农村政经分离的问题而建立的区域性经济共同体，本身即具有充当集体土地所有权代表的可行性。（3）由集体经济组织作为土地所有者与被征收人的代表无疑迎合了《土地管理法实施条例》第26条中关于“土地补偿费归农村集体经济组织所有”的规定，也实现了现有法制度的逻辑自洽。

此外，关于现行法所指“本集体成员集体所有”，笔者认为应将其理解为类似总有，是物属于团体共同所有的形态，即成员和集体共同对集体财产享有所有权，而所有权的内容依团体内部的规约加以分割，其管理、处分等支配的权能属于团体，其使用、收益等利用的权能则分属于其成员。成员享有的权利是以其身份为基础的，并且对集体财产所享有的权利是潜在份，不能请求分割。集体财产的管理和处分需要得到农民全体的同意或者通过表决的方式来决定。[1]我国最接近该种成员与团体间密切联系的组织形式的亦莫过于集体经济组织。

（二）集体土地上的他项权利人——基于“三权分置”制度的体系化表达

如前所述，集体土地上的他项权利人具体包括土地承包经营权人、宅基地使用权人、自留山、自留地使用权人、集体建设用地使用权人、地役权人等用益物权人和土地承包经营权的抵押权人、集体建设用地的抵押权人等其他权利人。那么，在土地制度改革尤其是“三权分置”制度创新蓄势待发背景下，土地征收中的土地权属主体又该如何界定？

1. 土地承包经营关系的物权化解释

沿袭“本集体成员集体所有”的内在逻辑，应当在集体所有权下设置农民集体成员权，而土地承包权就属于成员权。成员权是通过身份资格获得的均等权利，因放弃或剥夺成员资格而丧失，不能继承、转让，其通过保证集

---

〔1〕 王利明、周友军：《论我国土地权力制度的完善》，载《中国法学》2012年第1期。

体中每个成员享有同等的权利、减少成员之间的依附性，让每个成员具有充分的独立性，其终极目标是公平。[1]很明显，在集体土地下，只有集体经济组织成员才有资格拥有土地承包权，而土地经营权则是在落实集体所有权、稳定承包权的前提下，推动土地流转，促进规模经营的创造性设权。在土地承包权和土地经营权分离并存的情形下，集体土地所有权、农户承包权、土地经营权三者间的关系便可表述为：农民集体成员因其成员资格获得土地承包权，并允许其将承包地转交他人经营；农民基于集体经济组织的社员身份，享有集体资产产生的利益，即便其暂时不享有土地承包经营权，亦不影响其他财产权利的实现。[2]

在集体土地征收中，国家取得土地所有权后，原先的土地所有权、土地承包权都已被实质性剥夺，建基于承包权之上的土地经营权亦无法存在。显然，原先土地权利人为配合公共利益需求已做出特别牺牲，国家对其进行补偿自然具有正当性。[3]但囿于物权法定主义的要求，就土地承包经营关系而言，为避免体系混乱、节省立法成本，诚宜将现行法中的土地承包经营权与土地经营权作一致理解，同时不失时机地建立集体成员权制度，为承包人设定一个成员权的资格底线，进而将土地征收补偿的主体予以明确。换而言之，土地经营权人也应当享有独立的征收补偿权。

2. 宅基地集体所有权、资格权、使用权“三权分置”

同样，类似于承包地“三权分置”的制度构造，宅地基制度亦应当遵循落实宅基地集体所有基础、保障宅基地农户资格权、适度放活宅基地使用权的进路，将农户的占有使用权分解为资格权和使用权。具言之，集体经济组织成员凭借其成员资格能够对宅基地予以使用和收益，并将宅基地使用权进行转让、抵押。而在土地征收过程中，亦应当在尊重集体成员权前提下，对宅基地使用权人予以适当补偿。

3. 其他用益物权

同宅基地使用权一样，自留山、自留地使用权也具有无期限、社会福利

---

〔1〕 韦鸿、王琦玮：《农村集体土地“三权分置”的内涵、利益分割及其思考》，载《农村经济》2016年第3期。

〔2〕 高飞：《农村土地“三权分置”的法理阐释与制度意蕴》，载《法学研究》2016年第3期。

〔3〕 《中华人民共和国宪法》第10条第3款：国家为了公共利益的需要，可以依照法律规定对土地实行征收或者征用并给予补偿。

和保障性质、更接近于自物权的特征，因而尽管我国法律并未明确自留山、自留地使用权构成独立用益物权的性质，但是透过其内含的潜在社会价值和外化特征，笔者认为自留山、自留地使用权人应当具有被征收人的主体资格。同理，对于客观存在且具有用益物权性质的集体建设用地使用权而言，在土地征收立法中，应当明确将其作为土地征收的权利客体，并赋予集体建设用地使用权人独立的被征收人主体资格。即使是以非市场方式取得集体建设用地使用权的乡镇企业等其他主体，也不应丧失独立被征收主体资格，因为从公平正义角度考虑，以取得用地的非市场性否定其权利的存在实难以服人，殊不知集体建设用地的非市场性源于制度设计缺陷，而非使用权人自身原因，而让权利人承受制度设计不合理的结果自是不公平的。

此外就地役权而言，当被征收地为供役地时，原权利人所负担的容忍义务因征收而消灭；当被征收地为需役地时，由于地役权人为公共利益需要而特别牺牲其财产上之利益，国家自应依法律规定给予相应补偿。其背后蕴含着物权变动基本原理，即征收作为引发物权变动的法律事实之一，国家原始取得集体土地所有权，而原始取得既非继受他人的权利，故标的物上的一切负担均因原始取得而消灭。〔1〕

4. 土地权利抵押权

在“三权分置”的改革热潮下，赋予承包人对承包经营权的物权转让，是推行农村土地抵押担保的前提，设立土地权利抵押权势在必行。但不同于土地使用权，土地权利抵押权不以利用土地权利实体为目的，而是以取得标的物的交换价值为内容，属于价值权。因而当土地承包经营权、集体建设用地使用权在遭遇土地征收而消灭时，抵押权便移存于相应的征收补偿费中，而亦可视之为抵押权的物上代位性。〔2〕易言之，在土地征收中，相关抵押权人所享有的对征收补偿费的优先受偿权，也反过来肯定了抵押权人享有独立的被征收主体资格。

结　语

土地征收必然会导致原有土地权利人利益受损，基于对个体合法财产不

---

〔1〕 王泽鉴：《民法物权》，北京大学出版社 2010 年 11 月版，第 55 页。
〔2〕 王泽鉴：《民法物权》，北京大学出版社 2010 年 11 月版，第 372 页。

受侵犯的维护，国家对此给予补偿固然无可厚非。但诚如一百多年前严复先生“制无美恶，期于适时，变无迟速，要在当可”所言，现行土地制度所设定的集体土地征收及有关集体土地管制制度，已构成了集体土地征收立法无法逾越的制度性障碍，因而清晰界定土地征收中土地权利主体则成了我国集体土地征收立法首先需要解决的基本问题，唯有如此，集体土地上的权利人特别是农民的权利才能得到充分的尊重和保护，土地制度改革才能继续深化实行。

在集体土地征收法律关系中，被征收人的身份在很多场合是模糊不清，甚至重合的。譬如，作为基本权利的集体土地所有权，其相对应的权利主体由于“有意的制度模糊”而未得到明确。但在法律上，明确集体经济组织作为集体土地所有者与被征收人的代表，是深化土地制度改革的必然之举；而对于集体土地上的他项权利人而言，伴随着土地权利“三权分置”潮流，在建立集体成员权制度的前提下，区分土地承包关系中的承包权人与土地经营权人，探索宅基地使用权构造，明确自留山、自留地使用权人、需役地人乃至土地权利抵押权人作为被征收主体的独立地位，已成为在中国土地上思考中国土地问题的应有之义。

法律思想与法律文化

法治中国背景下的法学图景建设及方法论规制

——以《法律史解释》为视角

栾绍兴[*]

摘　要　“法治中国”建设已成为历史的必然，这就要求必须有与“法治中国”建设相配套的法治环境。反观当下的法治建设进程，许多问题需要面对和解决。《法律史解释》中的社会学法理学思想，为我国法治建设提供了一种理论渊源，尤其是其特定时空下的法律秩序建构理论，对我国法治建设具有重要的理论意义。“法治中国”、中国法学图景的建设，需要让法治回归到规则治理的事业之上，同时还需要方法论的规制。

关键词　法治中国　法学图景　法律史解释　法律方法论

“法治中国”是立足于当下时代背景而产生的一种“问题意识”。在当今社会全面推进法治建设的过程中，要求我们必须立足于本国国情，以我国社会改革所面临的现实困境为出发点，通过法治建设来凝聚改革的共识，提升国家治理能力。“法治中国”不仅是全面推动法治建设的一种标志，更是一种解决现实矛盾的方法。它意味着国家由“管理”形式向“治理”形式的转变，意味着由“权力压制”统治方式向“理性说服”法治方式转变。在法治建设过程中，要求社会管理应该不断地削弱社会不同阶层之间的对抗，用法治方式治理社会，同时它要求社会变革必须正确处理“改革”与“稳定”之间的关系，在转型的“阵痛”中用法治方式与法治能力推进改革。“法治国家”要求我们在日常生活中，要将法律作为行动指南，将法律概念、法律规

---

* 栾绍兴，男，山东即墨人，华东政法大学讲师、博士研究生，研究方向为立法学、法律方法论。

则、法律原则等作为思维的关键词，形成一种法治思维习惯。因为“法律是一面镜子，它的主要作用就是维持社会秩序”。〔1〕法律一方面是社会的反映，同时法律通过实施那些在社会交往中产生的规则，以解决纠纷，维系赖以存在的社会秩序。

庞德的《法律史解释》为我们提供了一种社会学法理学的行为方式。社会学法理学预设了社会文明，需通过一种社会控制的方式予以达成，而在社会控制中最主要的手段就是法律。《法律史解释》最重要的就是建构特定时空下的法律秩序。在《法律史解释》中，我们不仅应重视所要建构的法理学的时代背景，也应该重视其所想描绘的法学图景。这种针对特定时空下的设想，对于解决特殊背景下的中国法学发展具有启迪意义。

尽管不能用教条的方式制定一个抽象的普通法律方案，但是为了实现法理学和立法的即时性目的，仍需要有某些维系和增进文明的概念更为明确的东西。因此，庞德指出，法官头脑中必须有一幅更为详尽的蓝图，以便在他们发现法律规制、解释法律规制并将法律规制适用于判案的时候为他们提供指导。立法人员头脑中必须有一幅指导他们制定法律的更为详尽的蓝图。法学家头脑中应该有一幅明确的图景，以便在他们构设创造性活动、条理化活动及系统化活动之方向的时候为他们提供指导；他们也应该意识到，这幅图景只不过是适用于特定时空的图景，而且他们也应当有理由对修改这幅图景或彻底重新绘制这幅图景的可能性持欢迎的态度。〔2〕事实却是，并不能指望描绘一幅可以实际调整人际关系，而得到实现的法律秩序的图景。“如果我们能够就我们试图做的事情以及欲达到的目标描绘出一幅较为清楚的图景，如果我们能够更为明确地认识到法律秩序乃是在不断地努力实现尽可能多的利益的进程中调整彼此重叠的权利主张和协调相互冲突的要求或愿望的一种过程，那么无意识的扭曲现象就越多。换言之，我们越是清楚地认识到我们正在做的事情以及我们为什么做这些事情，我们的社会工程也会越有效。”〔3〕

反观中国当下法治秩序建设，各种妄称用科学的方法衡量各种利益并使它们协调一致，进而以牺牲最小代价保障最多数人利益的功利主义做法用来

---

〔1〕［美］布赖恩·Z. 塔玛纳哈：《一般法理学——以法律和社会的关系为视角》，郑海平译，中国政法大学出版社2012年版，第2页。

〔2〕参见［美］罗斯科·庞德：《法律史解释》，邓正来译，中国法制出版社2002年版，第219页。

〔3〕［美］罗斯科·庞德：《法律史解释》，邓正来译，中国法制出版社2002年版，第233页。

决定审判和立法等过程构建中国的法学图景，都是徒劳无功的。权利诉求、社会压力及利益集团的渗透都在不同程度上扭曲了法律秩序的建设，使得法律对国家的治理、社会秩序的建构的作用难以发挥。也许是，我们不应过多地把希望寄托给了法治建设。《法律史解释》告诉我们要回顾历史，因为历史的传统经验会告诉我们如何从历史中汲取智慧，进而凭借经验和理性来构建法律秩序。但事实告诉我们，我们历史发展中，法律文化建设始终在作为辅助性文化发生着作用，而现代的法律却始终处于变化之中，法律不断地被修改、废止与重新立法。当然这一方面与社会发展需要有关系，各种新情况的出现必须使其涵摄到法律规范之下，使司法裁判过程有法可依，过往以政策代替法律的形式需要以法律的形式加以固定。但是另一方面，过于迅速变化的法律，不利于法律秩序的建设。法律不断变化，使得人们难以用一种稳定的规范来指引行为方向；尤其是社会转型时期，各种变化的法律使得社会难以形成稳定的秩序。在当下，法治建设与法治文化建设之间出现了断裂带，法治建设高歌猛进，而法治文化建设却举步维艰。法外因素渗入及能动性立法、执法及司法过程都在影响着我们的法治建设，法律的稳定性与变化性之间的矛盾，在中国语境下异常凸显。“无论是法律的稳定还是变化，如果不能让其处于一种平衡的状态，那么这样无规则可循的稳定和变动都会给法律形成同样的破坏力。”〔1〕在中国，由于能动司法的存在，法律始终处于变动之中，解决纠纷的主要依据有时依赖的并非是法律。法学发展在很大程度上依然按照政治解释所设定的前提发展，即社会进步乃是一种免受社会制度之约束的个人自由理念的发展过程。我们一直在努力免于制度性压迫，在制度允许的范围内追求自由，并试图扩大这种制度性约束的边界，以获取更多自由。法治中国建设在面临中国这一语境时，处处遭遇荆棘，法治中国下的法治秩序建设更是遭遇各种层出不穷的问题，法学图景建设更是举步维艰。

一、法治中国建设首先需要直面当下中国法治建设的问题

《法律史解释》告诉我们必须认清法治建设环境，要想尝试建构当下中国法学图景，必须直面问题，并尝试解决这些问题。庞德之所以提出社会学法

〔1〕［美］卡多佐：《司法过程的性质及法律的成长》，张维等编译，北京出版社2012年版，第92页。

理学，一个最重要的特征是法学在西方经历了成熟化阶段，法治精神已经深入到公民内心的价值层面。法官要做的是在规则治理下的环境中，寻找被严格适用法律所淹没的法治精神，用于调整社会，推动社会文明的建设，达到社会至善至美的目的。

法律的发展离不开历史，历史经验与智慧对于法治建设具有重要意义。如果一个文明想要延续，那么就不可忽视历史试错的结果。变革一百年，已使我们社会性质发生根本改变，但是人们的思想依然尚未实现转型。我们尚不能评价是转型前的思想还是转型后的思想更有益于社会发展、人类福祉的增加，未来尚不可探知。当代中国处于现代化过程中，现代化最主要的矛盾是人民参与愿望不断提升与制度化水平低下之间的矛盾。现代化转型已是不可扭转的态势，那么就必须要有制度性建设与之相匹配，法治建设也就应时代需要而产生。法治建设必须重视现实环境，从传统中汲取养分。传统更多的是为人们信服与尊重的，忽视传统，会使法治缺少合理性根基。传统更多的是表现为人与人之间的关系结构，忽视传统，就如同在解构这种关系，社会关系乃至社会稳定都会受其影响。“在中国近代化过程中，中国传统的发展被打断并一度导致中国传统延续性的中断，中国发展进入一个资源不断耗散的恶性循环之中，不能有效缔造一种适应中国历史文化传统与时代要求的新传统导致了中国建设的长期波折与失败。”〔1〕庞德指出，社会控制的主要手段是道德、宗教与法律。〔2〕在中国法治建设过程中，不可忽视道德等因素的限制。法治建设并不是只靠法律进行治理，断然与历史隔绝，文明将难以继续。中国国民性格的积淀注定了我们法治建设要向传统靠拢，需要文化信仰的支撑，这些都需要从传统中去汲取智慧。历史传统带给我们诸多道德律令，法治建设需要在这里寻找适合法治建设的律令，而非要断然拒绝，只知移植与创造。中国法律史的发展，法律始终围绕着社会稳定这一因素展开，即便是当下，法律仍然未能脱离这一限制。法理学的研究一方面以迅雷不及掩耳之势贸然前行，另一方面在面对社会问题时，付诸实践解决问题显得解决软弱无力。法治中国的建设，是屈身于这一限制，还是突破这一制约，抑或是选择第三条道路，值得我们去思考。

---

〔1〕 唐皇凤：《大国治理：中国国家治理的现实基础与主要困境》，载《中共浙江省委党校学报》2005年第6期。

〔2〕 参见［美］罗斯科·庞德：《通过法律的社会控制》，沈宗灵译，商务印书馆2008年版，第9页。

庞德之所以提出社会学法理学，让法律回归社会，关注法律所规范的社会问题，一个重要的原因在于对成熟法阶段所“彻底建构的个人权利观念”进行一种限制，让社会发展回归到法治所追寻的目的层面上，强化人们的尊严感，限制财产权，在整体上实现社会的文明。这种转型是具有条件的，是经过几个世纪甚至十几个世纪法治发展的积淀，与各个历史发展阶段的社会、经济等背景密切相关的，是一种法治由产生到壮大再到成熟的发展过程。在法治中国建设成为历史必然选择的前提下，人们的行为方式也将面临诸多限制与改变。而法治建设刚刚起步的中国，最需要的就是公民法治思维的培养，这种思维是依据法律进行思维。当代民粹主义之所以盛行，这与其思想缺少规则约束，行为偏激缺少理性思考，以及与缺少法治思维有重要联系。法治思维主要是培养公民知法、守法及用法的思维，让行为更趋于理性。中国法治建设不好，一方面是由于法治建设脱离传统，大量移植与创造，缺乏生存根基；另一方面则是公民的接受度有限，法治并未真正深入人心，思维方式并未实现转型。短短几十年的法治建设，法律人队伍出现了脱节。中华人民共和国成立后动荡了几十年，苦难了几十年，使中国群众受教育程度、受教育人群范围都受到了较大影响。专业法律人群体较少，大众对法治理解更为浅显。就目前法治中国建设而言，中国法律人与普通群众呈现两极化的发展方向。在法治文化中，法治建设应重视公民法治思维的培养，让法治成为一种行为信仰，否则法律将会成为法律人垄断资源的工具。法治的建设需要公民的推动，法治文化的培养更需要群众法治思维的形成，用法治方式约束权力行使方式。就中国而言，社会转型带来的诸多苦难，原有社会秩序的解体与新秩序尚未形成的过渡阶段，使群众行为更加慌乱，而这一过程中，如果不注重群众法治思维的培养，那么转型后社会秩序依然会是统治与被统治之间的关系。

由成熟法到社会法的发展过程都离不开市场经济，社会学法理学主张限制个人的绝对权力，目的就在于西方市场经济发展过程忽视了法律应达到的最终目的不是对财产权的重视，而是社会文明的建设，是获得尊严的存在。中国改革开放以来，我国经济发展取得巨大成就，而与此相对应的社会制度建设却依然未与之相协调。经济发展与制度之间缺少亲和力表现得越来越明显。经济以迅雷不及掩耳之势席卷了我们的国家，带来经济增长的同时，却在不断地解构着我们社会，我们赖以生存的秩序被打破，我们所依赖的伦理道德体系也在这场运动中被瓦解，传统的积淀在这场运动中被抛弃。市场经济已经深入我们生活的方方面面，但与市场经济相匹配的制度并不完善。在商品经济迅速发展的今天，它带来秩序的混乱，人们行为规范的失范。商品经济在社会转型过程中早已掌握了话语权，它也正引导着社会走向。市场经济在缺乏制度约束的情况下必定会迅速蔓延直至各个角落，它带来了资源分配不公问题也就比比皆是。中国市场经济发展已经背离了改革开放之设想的初衷，在一部分人享有资源的情况下，不愿再与他人分享，忘却了反哺责任。权力与金钱交相辉映，垄断到处滋生的现象比比皆是。与此同时，法治建设更趋向于对这一部分人的保障，权利张扬又难以限制，在这种情况下，群众压抑也时有爆发。社会资源分配不公问题已非常明显，要解决这一问题必须要靠法律规范进行资源再分配。制度性设计不是为垄断服务，而是对自由的环境创造条件；同时帕累托最优的实现不能依靠放任的经济自我调节，也需要制度性约束。市场要想实现资源的有效配置，需要培养其与法治之间的亲和力，在市场良好运转的情况下，又能通过制度来约束市场的解构能力。

现代法治理念是规约政府权力在社会生活中存在的广度和深度，将权力限制在合理的空间之内，对于政府的行为来讲，都应当以正式公布政策或被接受的法律，而不是以临时的命令和口号进行统治。法律具有两种属性，一种是法治的法律，即事前宣告的一般原则，它使个人能够预见政府将如何使用强制工具，或将预见他和他的国人在某一环境下将被允许做什么或不做什么。另一种法律实际上给予当局以权力，使它能做它所认为合适的事。[1]政府权力在于保障社会赖以生存的秩序，而非对于生活的过多干预。在法治建设过程中，政府权力边界在不断扩张，权力在不断下沉。社会管理依靠一个庞大的行政机构，社会管理没有按照法治既定的规则行事而是以一种主动的、自由裁量的方式进行管理、行使权力。这种权力往往以社会利益为借口，无情地干涉群众生存环境，更有甚于彻底改变群众的生存环境。《法律史解释》告诉我们：为了关注自由，我们就必须把握那个在历史中逐渐展现的自由理念，而不应当试图去建构一种以理性为基础的自然法体系。我们不能依赖于统治者的理性去建构人间天国，这种人类理性自负是难以承载起历史试错的检验的。中国法治建设几十年，出现了诸多问题，与决策者的决策自负不无

---

〔1〕 参见［美］哈耶克：《通往奴役之路》，王明毅等译，中国社会科学出版社1997年版，第73页。

关系。社会在一些范围内应该给予适当自由，而非权力无空隙的干涉。权力下沉必将导致政府权力边界得不到限制，从而使其干涉群众自由。而这种限制就需要法治进行调整。社会由权力统治向法律治理的转型并非易事，利益集团并非可以情愿地进行统治权的让位。古今变革，呈现出多种路径，但是中国的变革，即便是法治中国的道路仍然难以摆脱以人为本思想，使得法治道路也具有了特殊性。既然中国法治建设难以摆脱这种命运，那么将要做的工作便是在一定程度内限制权力，防止权力边界扩张，约束权力下沉。

二、法治中国建设要让法治建设回归到规则治理的事业

尽管在理解庞德《法律史解释》时需要把握社会文明—社会控制—法律这一内在逻辑,〔1〕但是在实践中却要以法律—社会控制—社会文明为主线开展。庞德所讲的社会学法理学的重点是法律发现社会所需要保护的利益。法律是一项社会活动，是为了减少浪费与摩擦，是特定时空下一种保障社会权利的手段。但对于中国的法社会学来讲，法社会学强调的是法律适应社会，依据社会来调整法律，法律的主要目标在于强调保障人民的利益。社会学法理学不同，它强调的是法律对社会的改造功能，它不仅是一个传统，更是一种立场，要求法律人在关注法律的过程中应该关注法律所涉及的社会事实。在西方法学成熟法阶段，个人权利在这一阶段得到绝对性的保障，牺牲了社会和公共利益，因此在社会化阶段有必要限制这些权利的张扬，实现社会的善，实现社会文明。西方在严格法治过程中，牺牲了社会利益，因此有必要在特定时空下予以重新寻回人类共同的目标，在构建法学途径的过程中调整不同主体之间的重叠利益及协调利益冲突。〔2〕而在当下法治中国的进程中，既然传统已无法为我国的国家治理提供系统性的理论支撑，那么就应该立足于当下，寻找一种可以支撑起国家治理理论大厦的法治之途。

《法律史解释》给我们带来的最大启示就是特定时空下法律秩序的建设问题。中国社会发展具有特殊性，几乎没有哪个国家的社会发展过程能与中国

〔1〕 庞德认为，在文明的社会中需要各种前提条件，而要想实现这些前提条件，则需要一种支配力，这种支配力便是通过社会控制来保持的。法律，作为特定时空下的法律秩序，则是社会控制的一种主要方式，对社会秩序的维持发挥着不可替代的作用。

〔2〕 参见［美］罗斯科·庞德:《法律史解释》，邓正来译，中国法制出版社2002年版，第234页。

相匹配。法治最主要的特征在于稳定，只有稳定的法律才能给人以行动指引。然而中国法治建设太过于迁就社会，在社会本位的前提下，很难实现法律的稳定。法律不断变化的一个重要原因在于法律稳定与社会情境变化之间的紧张关系，面对这一问题，中国往往会采用重新立法的形式解决，而忘了在现有法律体系之中依据现有法律规则及法律体系依然可以解决问题这一思路。法律是一种历史传统，是历史发展过程中不断地进行微调的过程而非不断进行变革。《法律史解释》希望通过一项社会工程的解释方法来保护社会利益，使法律向人文主义精神转向。中国法律从不缺少人文主义关怀，以人为本的社会一直是评价法律善恶的标准。中国太注重和谐，太在意纠纷的化解，而不重视法治精神的建设，使得法律在适用时存在问题，同案不同判现象比比皆是，法官能动性太过于张扬，自由裁量权得不到限制，使法律成为法官恣意的表达。在法治建设上，法律不仅没有权威，有时法律还会成为垄断性工具。法学家威廉·韦德认为，法治国家的理念包含五点：一是合法性原则，二是限制自由裁量权，三是禁止特权原则，四是平等原则，五是罪刑法定原则。[1]对于中国这样缺少法治根基的国度，要想实现这五条进路，要想解决这些问题，必须要让法治建设回归常义，回归到规则治理事业之上。在中国语境下，我们只能寄希望于通过严格实施法律，来建构一个法治国家，发展自己的法学图景。一方面，权力在程序和规范的约束下行使，法律的稳定性和意义固定性能够正常地发挥；另一方面，法律的弊端以及权力的张扬在法治环境中得以纠正。[2]

要想实现规则治理的事业，就在于用规则指导判决。社会学法理学主要的功能在于发现严格执行法律时淹没的社会利益，尤其是在法律实施过程中，由于过于严格遵守先例使得这一过程忽略了法律创造性过程，忽略了遮蔽于社会之中的正义。西方法律社会化阶段最主要的目标在于用法律调整社会中存在的冲突利益，法律社会化阶段要想向前推进不可能脱离严格法治及成熟法治阶段等所建立的法治根基，这是根植于法治之中的一种传统。“有一个基本原理是法院以下职责中所固有的：在其审理中根据情境型引入理性常识和公平感。如果规则很明智而且也很清楚明白，那么其指导作用将会是十分有

---

〔1〕参见［美］威廉·韦德：《行政法》，楚建译，中国大百科全书出版社 1997 年版，第 25 ~ 28 页。
〔2〕参见陈金钊：《“法治方式”对中国的冲撞及其反思》，载《东方法学》2014 年第 2 期。

力的，以至于实际上几乎等同于控制或者命令。”[1]法治社会建设需要法律，更是取决于法律的实施效果。《法律史解释》告诉我们，在社会利益多元化的时代，单一的解释方法已难以实现这种宏大的社会工程，需要一种统合的方法。对于西方社会来讲，解释法律方法的统合，具有应对复杂问题的能力，更具有改造社会的功能。但对于法治建设刚刚起步的中国，则需要限制这种统合方法的使用。《法律史解释》列举了一系列的解释方法，如伦理解释、宗教解释、政治解释、生物学解释等，这些方法都从不同的角度予以阐述历史演变的过程及其所追求的目的，但对于中国来讲，这些都太过于能动，主观性太强。规则之治最主要的就是解决社会问题时依据法律进行判断，依据规则进行社会治理。尽管在适用法律的过程中，单一的方法已很难解决社会问题，需要方法的统合，但是对于中国法治图景建设过程而言，对于法律规范最好直接适用，在出现事实与规范之间的紧张关系时，再考虑其他方法的应用予以解决问题。过多的解释法律，一方面使法官的能动性得到张扬，另一方面可能出现过度解释的现象，使规则失去了本来的意义。

实现规则之治的一个有效途径在于尊重程序，以规则提供的程序行动。庞德指出，文明的实现在于假定条件的成立，要想实现这些假定条件需要规则予以保障；要想让规则发挥作用，则人类行动需要按照规则所建构的程序进行，按照程序行动是为了减少冲突和摩擦。程序实施在于保障人们有同等的机会获得利益。法律作为最有效的社会控制手段，其所提供的程序使人们在选择上更加理性。首先，程序的结构主要是按照职业主义的原理形成的，专业训练和经验积累使角色担当者的行为更合理化、规范化。其次，程序一般是公开进行的，对于决策过程中出现的错误容易发现与纠正。再次，程序创造了一种根据证据资料进行自由对话的条件和氛围，这样可以使各种观点和方案得到充分考虑，实现优化选择。最后，通过预期结果的不确定性和实际结果的拘束力这两种因素的作用，程序参与者的角色活动的积极性容易被调动起来。[2]中国法治之所以没有公信力，在于社会存在太多潜规则，存在太多的不依据程序行为，在于缺少一种看得见的行为过程。程序的重要特征在于给予不同身份的人同等待遇，程序的重要性在于它能打破特事特办、具

---

〔1〕［美］卡尔·N. 卢埃林：《普通法传统》，陈绪刚等译，中国政法大学出版社2002年版，第211页。

〔2〕季卫东：《法律程序的意义》，中国法制出版社2011年版，第28～29页。

体问题具体分析的行动方式，让人们依据预设的程序进行思考行动。庞德指出，正义就是一种制度，它是一种调整行为安排，它能在减少浪费的情况下实现大多数人的满足。[1]尊重程序，按规则提供的程序行动，人们才能对自己的行为有所预测，才能达到最小冲突的理想状态。在中国语境中，人们总是希望利益的天平向自己靠拢，希望在司法过程中能够获得更多的利益，这就导致人们采用各种方式去打破法律预设的程序，用程序以外的方式来获得最有利于自己的判决。这说明，一方面法律预设的程序没有发挥其应有的作用，在一些情况下失去了其自身的立场，不堪一击，这使得法律更没有权威；另一方面，在法治根基不牢的国度里，迫切需要树立按程序办事的规则，实现形式正义。法律权威建设不是依据最终判决结果的可接受，而是依据判决结果是否依据法律作出，是否实现了同等情况下同等对待，是否判决过程依据规则所提供的程序进行的。西方法治成功的一个重要原因在于判例法制度的实施，判决理由就是一种形式规则，遵循先例就是对这些判决规则的遵守。法律社会化的过程，为了发现更多的利益，创设更多的规则，用于指导判决。在中国法学图景的建设中，主要努力方向就是形成一种依据规则行动的图景，通过严格法治的建设，形成一种尊重规则的文化，养成一种依据程序行动的思维方式。

法学图景建设离不开特定时空，如果说《法律史解释》的特定背景为法律社会化阶段，那么中国则是法治中国的建设这一语境。法治中国建设面临着一大困境，需要厘清改革与稳定之间的关系。改革与稳定的关系就是法制史发展过程中永恒的主题，法律一方面要求稳定，来建构人们生活的社会秩序，一方面又要求不断调整来适用社会的新情境。法学图景要想发挥指引功能，必须解决这两方面的困境。现代法治国家的司法目的分为三类：以尊重现行法为中心的法律适用或法律实施为目的，以重视社会效果为中心的纠纷解决为目的，以两者兼顾的多元目的。[2]中国法治建设，尤其是习惯于调解的背景下，我们更多的倾向以纠纷化解为目的，重视社会效果，满足人们的可接受性。这种追求个案正义的司法过程牺牲了法治精神的普遍性，导致现

---

〔1〕 参见［美］罗斯科·庞德：《法律史解释》，邓正来译，中国法制出版社2002年版，第213~214页。

〔2〕［美］米尔依安·R. 达玛什卡：《司法和国家权力的多种面孔——比较视野中的法律程序》，郑戈译，中国政法大学出版社2004年版，第18~19页。

行司法制度的运行混乱，并导致了司法权威的缺失。司法定位出现了问题，法制建设当然也就出现了问题。在中国法治的建设过程中，权力一方面推动着法治的改革，一方面又干预到个案的判决。权力必须有边界，它可以推动法治建设却不可以干涉司法审判过程。《法律史解释》告诉我们，法律的终极权威来源于其最终保障的利益，利益往往以权利的形式展现。在当下的中国权利主张形成鲜明对比，一部分群体到处主张权利，带来了权利的张扬与绝对化倾向；一部分群体在利益遭到损失的情况下，默默忍受，不懂得通过法律途径来维护权利。就权利绝对化而言，“我们的权利话语促进了不切实际的期盼，加剧了社会冲突，遏制了能够形成合意、和解，或者至少能够发现共同基础的对话，就其对于责任的缄默而言，它似乎容忍人们接受生活在一个民主福利国家所带来的利益而不用承担相应的个人和社会的义务。就其无情的个人主义而言，它营造了一种对待社会失败者的冷漠氛围，以及整体上不利于看护者和依赖者，年幼者和年长者的环境”。〔1〕而对于默默容忍的人来讲，法治建设的红利并没有在他们身上得以显现，他们对于法治建设依然那么陌生，其权利不断地被剥夺与一部分群体形成权利的两极分化，这就不难理解他们的行为为何过度容忍或过激了。如果法治建设继续这样进行，那么就不可能形成法学图景，法律所建构的秩序就会是一种畸形的，将会是一种两级分化的秩序。这种秩序不可能长期实现社会的稳定，在一定程度上可能会带来社会的大变革，变革后的社会则会更显得无序。要想实现法治建设的稳定，必须有一套制度予以指导人们行为，这就需要法律所提供的各种规则。只有有序的行为方式，才能为法学图景建设提供指引。

三、法治中国建设的方法论规制

法治中国建设要想解决上述问题，需要明确法治建设的立场。《法律史解释》只是为我们提供一种法治建设的参考，并且我们必须明确，西方法治已经发展到社会化阶段，其社会对法治信仰已成为习惯。而我国法治建设依然停留在理念建设过程中，处在一种认识论的发展阶段，缺少方法论的规制。

---

〔1〕［美］玛丽·安·格伦顿：《权力话语——穷途末路的政治言辞》，周威译，北京大学出版社 2006 年版，第 18 页。

法治中国建设，要想解决改革与稳定的关系，必须重视方法论适用问题。上文已经提及，《法律史解释》中的解释方法为法学图景建设提供了方法支撑，但是对于法治中国建设，我们必须明确方法的使用顺位问题，不能一味强调社会可接受性问题。因为法治是规则治理的事业，符合规则要求，这是法治要求，是一种法律的可接受性；与此同时，每一种方法都有其使用的限制，且每一种方法都有其适用规则，如果该种方法不能涵摄案件或者在适用该种解释方法时出现荒谬或不正义结果的时候，可以依照其他解释方法进行解释，这是判决的可接受性。我们反对的强调可接受性是指忽略法律规则，适用其他规范进行判决的一种社会可接受性。这种可接受性无疑会消解法治权威，使法治建设缺少方法论意义。法治建设中最主要的冲突是“法治方式”对人们日常所形成的思维方式的冲突。[1]这种社会治理方式，改变了以往的社会管理形式，它更多是依靠法律进行治理。无论是立法、司法还是执法层面上都离不开对法律的正确理解与适用。在立法层面上，应该重视法律稳定性问题，不能因为社会情境的变化就随时改变法律，即便需要变动法律时也应该进行微调，而非大面积地废止与重建，因为法律需要稳定。在司法与执法方面，法律的稳定性需要适用者正确理解与解释，这样才能保证法律发挥作用，实现法律的稳定性，协调好改革与稳定的关系。

要想发挥法律方法在国家治理体系中的免疫功能，首先需要提升国家治理者的法治思维水平。发挥法律方法论的作用需要改变传统的管理模式，把与治理模式相适应的法治思维和法治方式当成解决问题的日常思维。其次要有对待法律的正确态度，有正确的理解解释法律的能力；在尊重法律权威的基础上，充分运用法律，反对单纯消费法律的实用主义观。[2]最后要建设良好的法治环境，离开法治环境，单纯运用法治思维和法律方法，仍难以解决上述问题。无论是法治权威问题、法治公信力问题、社会共同体培养及约束市场经济问题，都可以通过严格适用法律规范来尝试性建构。通过严格解释法律，培养人们法律思维，养成一种依据法律进行裁判的思维方式。特别是针对法治中国建设之语境，我们应该慎重选择法律解释方法。从宏观角度上来讲，法律推理、法律论证及利益衡量等方法都可以视为法律解释的方法。

---

〔1〕 参见陈金钊：《“法治方式”对中国的冲撞及其反思》，载《东方法学》2014年第2期，第3页。

〔2〕 陈金钊：《国家治理体系法治化及其意义——兼论法律方法的功能》，载《法律方法》第15卷，第76~78页。

从微观层面上讲，法律解释包括文义解释、体系解释、目的解释、历史解释及社会学解释等方法。无疑人们在解释法律时会出现不同的解释立场，能动抑或是克制，需要根据法治环境进行选择。克制的司法主义能够在树立法治权威上有所建树，而能动的司法主义将会在法治中国进程中消解法治所树立起来的传统。这也是为什么，我们以《法律史解释》中的社会学法理学作为阐释法治中国建设的一个视角，因为社会学法理学与我国的法社会学有着不同的特征，我们需要的是社会学法理学中的法治精神，而不是强调我国法治建设中，要依靠社会学解释进行建构。社会学解释一个重要特征是吸收法外因素，让道德、政治等因素成为影响判决的关键性因素。在对法律进行解释时，因为选择方法的不同会出现不同的解释结果，一旦出现了不可接受的结果，可以随时转变解释的方法，因为法律最终是为了实现公正，而此解释的过程中，始终是“把法律作为一种修辞”，是一种依据法律进行裁判的过程。法治中国建设之所以需要法律方法论的规则，最主要的原因就在于适用法律方法论，能够形成一种司法克制的环境，从而保证法治建设不会脱离其规则之治的轨道，形成中国的法治图景，为法律人提供一种明确的行动指南。

法律逻辑教学的本土化探索

宋保振*

摘　要　法律逻辑是法律思维方式的重要内容。当下的法律逻辑教学存在内容过于抽象和运用性差两大难题，不仅制约了对法律人思维的培养，而且也成为现代法学教育的薄弱环节。该难题产生的原因主要有两点：一是教学中理论与现实脱节，二是教学中逻辑与法律脱节。解决如上难题的最有效路径是实现法律逻辑教学的本土化，增强学生的接受度和认同感。从具体实现来看，法律逻辑教学的本土化要重视反映中国司法实践的认知逻辑研究，是方法运用的本土化而不是教学案例的本土化，是学科建构的本土化而不是所授知识的本土化。

关键词　法律逻辑教学　本土化教学　法律思维　法律方法

一、法律逻辑的教学难题

法学教育作为各大高校教育体系的重要组成部分，对培养法律人才起到至关重要的作用。体现在当下，诸多法学院所面临的一项重要工作就是进行卓越法律人才培养。通过专业性的法律思维训练，学生能够在具体的法律案件中运用各种抽象的法律规范分析现实问题。而在法学研究和教学中，逻辑就是一个永远绕不开的话题。从二者共同作为讲求推理和因果关系的科学角度来看，法学因逻辑得以完善，法学思维的核心就是逻辑思维。逻辑也因法

---

* 宋保振（1988～），山东聊城人，上海对外经贸大学讲师、硕士生导师，主要研究方向：法治理论、法学方法论。本文系上海对外经贸大学“课程思政教育教学改革课程建设项目”阶段性成果。

学得以实践，否则只是停留在理论上的符号。这主要体现在以下两点：一方面，逻辑学的规则是法学思维和法律工作顺利进行所必须遵守的前提。在立法工作中，法律规范要求有严格的逻辑性。在司法工作中，无论侦查、检察、审判等过程都要运用逻辑知识对事实进行分析、判断和推理，才能准确认定案件与正确适用法律。另一方面，法制建设中对逻辑学的广泛应用，又为逻辑学的研究提供了新的材料，促进了逻辑学的发展。[1]因此，作为二者的结合，法律逻辑就顺势而生，并以一门新生边缘学科的形式活跃在研究者视野中。加之其以逻辑学方式阐释法律思维规律和法学基本问题的学科本质，法律逻辑更被认为是培养和锻炼法律人思维能力和实践能力的重要路径。相关的理论研究也不断深入，更多的国外成果也以不同形式得以译介。

随着法律逻辑理论日渐成熟和学科不断完善，自 1986 年西南政法大学开创法律逻辑教学以来，时至今日几乎所有法学院都把法律逻辑作为学生的基础课或必修课，有关法律逻辑的教材也不断出版。毋庸置疑，这种专业性的知识学习对培养学生的法律思维能力意义重大，这也是法治初始阶段的必修课。但是通过实证考察当下法律逻辑教学的现实效果，我们就会发现，法律逻辑教学实效同开始的预期存在较大差距，甚至可以说是法学教学中“最不理想”的学科。一方面，形式逻辑的抽象性和符号化使得大部分对数理思维“不怎么感兴趣”的法科学生望而生畏，从而一开始就给法律逻辑贴上了“索然无味”的标签；另一方面，由于学生并未在具体裁判中体会逻辑规则的运用价值，自然就想当然地以为这些繁杂的教条式要求“压根没什么用”，因此也就消减了学习的动力。对此问题，理论研究者和教学实践者也从多个方面进行了反思并提出可行性对策，但遗憾的是却未能形成一致对话。前者认为法律逻辑教学的前提是先要在理论上搞清楚“是什么”的问题，之后才能将理论知识系统地传授给学生，否则就是“念歪了经”。而后者认为法律逻辑当下的境遇更多的是学生学习兴趣和老师教学方式的问题。能够体现现实生活的案例和切身的感受才是保证法律逻辑教学效果的重要砝码。其实从实质上讲，这两方面并不冲突，它们只是对法律逻辑教学难题在不同层面上的探索。结合这些研究成果，我们可以将其系统归纳为“理论与现实的脱节”和“逻辑与法律的脱节”两点，解决问题的最有效路径就是如何结合当下法学教

〔1〕 孙国华主编：《中华法学大辞典·法理学卷》，中国检察出版社 1997 年版，第 149 页。

育背景，实现法律逻辑研究和教学的“本土化”。既可以将纯粹的法律逻辑知识与司法实践紧密结合，又能通过学生最易于掌握的思维方式，保证教学效果。这也是本文研究的主要目的。

二、作为对策的法律逻辑本土化教学

自始以来，法律逻辑就是一门应用逻辑，而不是抽象的理论玄学。同时，法律逻辑研究和学习也必须从实际出发，不但要注意从司法实践中总结概括科学的思维形式和思维方法，还要考虑到研究成果能否被司法工作者承认和接受。也即是说，法律逻辑不单单是抽象化的推理符号，它在研究和运用上也具有显著的本土特色。这种实用性的本土研究，也是法律逻辑走下理论神坛步入司法生活的重要路径。

（一）何谓法律逻辑的“本土化”?

从产生来看，本土化最早是一个经济活动上的概念，指跨国公司的海外子公司在东道国从事生产和经营活动过程中，为迅速适应东道国的经济、文化、政治环境，淡化企业的母国色彩，在人员、资金、产品零部件的来源、技术开发等方面都实施当地化策略，使其成为地道的当地公司。受此意义启示，本土化的外延不断扩展，逐渐被运用于其他领域和活动中，如语言的本土化、风俗的本土化及教育的本土化等，并被视为将某一事物转换成符合本地特定要求的过程。体现在法学领域，面对诸多的理论和部门法知识都是从西方移植借鉴而来的现实，法学研究和实践的本土化也一直被呼吁，并作为法社会学者主要研究的议题。法律逻辑的本土化正是在此背景之下所产生的一个典型代表。

所谓法律逻辑的本土化，是指把西方传统的逻辑知识和现代的逻辑学拓展同中国的司法实际和独特思维方式相结合，提炼为我国司法中行之有效的裁判规则，从而为当下的法治建设和法治实践提供思维指引。一直以来，法律逻辑都被视为西方的舶来品，是专属于教义法学的思维规范。甚至在一些实用主义法学和法社会学观点持有研究者来看，由于我国司法更多是建立在经验基础上的，法律逻辑并不适合我国的裁判语境。的确，受制于我国独特的文化传统，实质思维和辩证思维是中国人处理问题的基本思维模式，这种思维同时渗透在司法裁判中，且相对于严格的依法裁判在定分止争时更加有效。但是我们要清楚，法治毕竟是一种规则之治，规范的法律关系和构成要件分析才是支撑法学之所以可作为一门科学的基石。反对者的最有力论据就是霍姆斯1881年的那句名言："法律的生命从来就不是逻辑，而是经验。"其实这只是我们的一种误读，相反，霍姆斯更加强调逻辑作为司法决定的根基，并认为法律人的训练主要就是逻辑训练。〔1〕这种判断只是对众所周知理论的一点特殊补充。这也印证着当前英美国家的现实主义法学并非是对形式法治的瓦解，而是针对形式法治的机械性所做的完善。此时，法律逻辑的本土化就是将法学所具有的规范要素同中国的具体国情相结合，并以我们独特的思维方式予以表述和呈现。

（二）法律逻辑本土化教学的理论和实践价值

由上可知，"理论与现实的脱节"和"逻辑与法律的脱节"是造成当前法学教育中的法律逻辑教学难题的主要原因。从其反映的问题属性来看，前者主要存在于运用层面，而后者主要存在于内容层面，它们都和法律逻辑的本土化不足密切相关。对此可具体阐述如下：

首先，在"理论与实践的脱节"问题上，法律逻辑的本土化不足导致裁判者对逻辑望而却步。从研究方法来看，我国法律逻辑经历了从传统逻辑方法到现代逻辑方法到法理学方法再到非形式逻辑方法四个阶段。每个阶段都是把法律逻辑建立在当时国内最流行的逻辑理论框架之上，但不足是忽视了法律逻辑的现实运用研究。法律逻辑理论对本土司法实践的回应远远落后于学者对最前卫理论的追逐。这就导致一方面法律逻辑理论研究得如火如荼，特别是在和法律推理、法律论证等方法结合之后，各种新型的逻辑推理形式不断涌现；而另一方面实践者仍停留在"法律逻辑就是三段论推理"的认识阶段，而对模态逻辑、非形式逻辑、道义逻辑等符合日常思维并贴近现实生活的逻辑形式缺乏认知。逻辑从来都不是格式化的符号，而是特定思维规律的呈现。在形式逻辑中有许多对思维规律的揭示，这些规律构成了一般的思维模式，并指导裁判者思维。很多时候，法官虽然不能直接依据逻辑规律来衡量法官断案得出的结论是不是正确答案，但我们却可以用逻辑规律作为标准，衡量其裁判的合理与可接受性。逻辑本身就是基于实践的思维规律的总

〔1〕 See Oliver Wendell Holmes, Jr., "The Path of The Law", Harvard Law Review, vol. 10, 1987, pp. 464～468.

结。此时的法律逻辑自然就是一种应用逻辑，它来源于司法生活，也应该反映司法生活。

其次，在“逻辑与法律的脱节”问题上，法律逻辑的本土化不足限制了司法裁判上逻辑功能的实现。自20世纪80年代至今，我国法律逻辑仍然是在探索中前进，并主要采用传统逻辑原理解释法律领域的具体例子，即把法律逻辑看作现代演绎逻辑在法律领域中应用。而与之相对，国外学界对法律逻辑的定位已较为清晰地呈现出两种态势：一是传统逻辑结合法律案例的分析；[1]二是从现代逻辑视角讨论法律推理。之前的法律逻辑教学一直沿用的是“普通逻辑 + 司法案例”的形式，没有切实深入裁判的解释过程中把握逻辑思维规则，割裂了法律与逻辑之间的关系。这种教学就会使学生形成一种不当认识：法律是一回事，而逻辑则是另一回事，二者只是在某些特定情形下产生了交集。这种认识割裂了在法律与逻辑之间所建立的思维规则连接点，使得逻辑判断很难融入裁判者的思维之中。反而，在诸多案件的裁判上，中国传统的辩证逻辑和实质思维却得以运用。如裁决轰动性案例时的后果导向、平衡两造利益以换取平判息讼的结果等。法律逻辑的教学目的正是通过规范性训练，将理解、解释法律的规则转化为法律人思维的基本要素，能够自然地“想得起”“用得上”。与此同时，借助语用学、诠释学、法律论辩、商谈理论、修辞学、认知科学等新兴学科研究，这种法律逻辑的本土化也具有坚实的理论基础。

三、法律逻辑本土化教学的具体要求

从现实结果来看，解决法律逻辑教学和运用难题的关键在于实现法律逻辑的本土化。在实践中，由于逻辑更多的是一种过程而并非一种结果，因此法律逻辑的本土化又离不开特定主体、客体和内容。从此三方面考虑，我们就可以对法律逻辑的本土化进行如下三方面概括：一是我们要告别抽象符号，从现实司法认知角度来把握法律逻辑；二是法律逻辑本土化主要侧重方法运用的本土化而不是所援引案例的本土化；三是要突出所建构之理论的本土化

[1] 参见鲁格罗·亚狄瑟：《法律的逻辑——法官写给法律人的逻辑指引》，唐欣伟译，法律出版社2007年版，第2~5页。

而非所积累之知识的本土化。

（一）做好反映中国现实问题的认知逻辑研究

认知科学作为21世纪最大的新兴交叉学科，主要有两方面使命：一是揭开人类心智的奥秘，如心理学和神经学的相关研究；二是促进某些学科的发展，认知逻辑就是其中之一。认知逻辑（cognitive ligic）是将现代逻辑应用于人的认知活动而形成的一个专门逻辑领域，也可视为现代逻辑和认知科学交叉所形成的新的逻辑领域和学科群体，是借用认知科学的分析框架对逻辑体系的再建构和再认识。从当前研究来看，认知科学的六大支撑学科哲学、心理学、语言学、计算机科学、人类学、神经科学，都可与逻辑学相互交织进行产生新的逻辑学科类型，它们都是认知逻辑的重要内容。如哲学逻辑、心理逻辑、语言逻辑、人工智能逻辑、文化与进化逻辑和神经网络逻辑。这些学科有的早已存在，如哲学逻辑、人工智能逻辑；有的正在发展，如心理逻辑；有的仍处萌芽，如文化与进化逻辑。[1]由于认知科学的经验性质，认知逻辑能够更好地说明人类认知过程中心理过程与逻辑过程的统一，并因此具有经验性和非形式性两个基本特征。

在法学领域，认知逻辑作为对传统法律逻辑的拓展，构成新型法律逻辑的重要内容，并同时借助认知科学对法学研究的两方面影响发挥作用：在理论方面，认知研究解释了公平、正义等基本概念的心理机制和神经基础，展示出认知偏见对涉法思维的影响、冤假错案的产生在认知层面的原因；在工具方面，通过控制实验等研究方法，为理解涉法行为的心理——神经过程、司法判断等带来可能。[2]其内在机理则是法学与逻辑学的密切关系。一直以来，法律与逻辑就不可分离。从法律方法论的角度看，逻辑规则在解释法律、论证法律的时候有固定法律意义的功能。法律人必须认真地对待逻辑尤其是形式逻辑，这对法律思维方式的形成、法治建设、法学教育等有着重要的意义。而且，在此过程中我们也认识到，哲学的、逻辑的、语言的、修辞的和解释的方法都对法律判断有着重要的影响，法律方法理论体系的建构需要这些学科的支持。体现在当前，在国外法律逻辑学的不断刺激下，近年来我国

---

〔1〕 参见蔡曙山：《认知科学框架下心理学、逻辑学的交叉融合与发展》，载《中国社会科学》2009年第2期。

〔2〕 参见秦裕林、葛岩、林喜芬：《认知科学在法学研究中的应用述评》，载《法律与社会科学》2017年第2辑。

迅速形成了借助语用学、言语行为理论、论辩学、商谈理论、修辞学、非形式逻辑、人工智能、对话理论等新兴理论研究法律逻辑的新进路。其中就充斥着大量的认知逻辑内容。此时，在传统的形式逻辑之外，为保证道德、政策、社会效果等“法律外因素”以合理的方式融入裁判，认知逻辑研究就成为一条必要进路。而这也必定会成为智能时代法律逻辑甚至整个法律教学的重要内容。

（二）注重方法运用的本土化而非教学案例的本土化

几乎所有学习法律逻辑的学生都是从这样一个案例开始：“大前提：人都是要死的；小前提：苏格拉底是人；结论：所以苏格拉底会死。”受逻辑主要是在西方产生和运用的渊源背景，法律逻辑教学中的诸多理论和案例都是直接移植，很少有我们熟知的中国元素。理解这些案例时的生疏和模糊就会进一步增加学生对本来就抽象晦涩逻辑问题的抵触。因此针对此问题，就有教学者提出，我们要尽力规避这些具有西方印记的案例，而是用我们日常生活中常发常见的案例为对象阐释基本的逻辑理论。无疑这种改革会一定程度上调动学生的学习兴趣，但却是一种“伪本土化”，其实质仍未脱离法律逻辑教学中“形式逻辑+法律条文、法律案例”的桎梏，法律逻辑中的“法律”特色亦未得到彰显。

所以与案例的本土化相比，法律逻辑的本土化更应该是方法的本土化，也即将作为其支撑的形式逻辑和国人更熟悉的辩证逻辑有机结合，激发学生的批判性思维。而且从法律逻辑的内涵发展来看，它不仅是形式逻辑在法律领域的推理规则，[1]还是一门交叉应用学科，包含建立在经验基础上的辩证逻辑和实质逻辑。而且，在认知科学、人工智能等新兴学科背景下，法律逻辑的外延也不断拓展，从而衍生出非形式逻辑、智能逻辑、认知逻辑等新的表现形式。众所周知，一个严密的推理需要两个基本要件：一是逻辑形式正确，二是前提必须为真。此时如何保证前提的真实性，特别是存在“法律漏洞”或“价值冲突”之时，就成为实质推理运用的主要场域。这种实质推理正是对法律形式推理的必要补充，是辩证逻辑在法律思维中的体现。因此，如若想裁判结果在符合合法合理性的同时又能满足公众的“可接受性”，规范化的“形式逻辑”和本土化的“辩证逻辑”缺一不可。前者追求思维的稳定

〔1〕［德］乌尔里希·克卢格：《法律逻辑》，雷磊译，法律出版社2016年版，序言。

性，而后者实现思维的灵活性。

（三）重视理论建构的本土化而非所授知识的本土化

类似于所选择的案例过于西化，理论知识过于西化也是造成法律逻辑教学难题产生的重要原因。限于大量的生僻概念和抽象命题，法律逻辑一直被认为是专属西方司法裁判的内容，理论建构的本土化是制约其效力实现的重要原因。其实作为法学与逻辑学的交叉学科，法律逻辑以逻辑学的方式解答法律的或法律思维的一些基本问题，同时以法律思维规律、规则与方法为基本内容。法律逻辑研究应当系统地揭示法律领域中的事实推理、法律推理、判决推理的规律、规则与方法，确立评判或检验其广义法律论证是否具有正当性或合理性的准则与方法，并将这种分析与概括的结果应用于事实发现、法律发现以及诉讼主张与司法裁决的证立或说服之中。〔1〕在此之下，法律逻辑教学的主要目的在于通过将逻辑理论知识转化为法律思维的技能和论证的方法，培养法律人思维的专业性。

法律逻辑理论建构本土化的最有效方式就是通过研究法律方法运用的思维规则指引并影响中国当下的司法实践。契合在中国语境下的法律解释的逻辑、法律论证的逻辑、法律发现的逻辑等，虽然已不符合严格形式逻辑的研究范式，但却构成司法实践中最有效的思维标准，它们也是法律方法的基础。当前裁判者亟须简约、明确的逻辑思维标准，但是却很难在纷繁复杂的抽象理论中获取。如果我们不能总结和建构一种行之有效的本土化逻辑思维，所谓“逻辑固法”的功能就不能有效发挥。〔2〕从思维规则角度来审视，形式性规则和实质性规则都应该是本土化法律逻辑的重要内容，在符合规范化要求的同时满足理论的开放性。通过建立可废止性的论证规则，一方面保障在法律解释活动中充分发挥形式的法律逻辑规则的“固法”功能，确保法的安定性和可预见性；另一方面，通过在特殊情形下的非形式性逻辑规则的运用，避免形式的法律逻辑规则的僵化，引入实质性论证以保障法律解释和适用的合理性。这种所建构的本土化逻辑理论，就成为法律逻辑教学的重要依靠。同时使得逻辑教学既能“言之有物”，又能“言之有理”。

---

〔1〕参见王洪：《法律逻辑研究的主要趋向》，载《哲学动态》2009年第3期。

〔2〕参见陈金钊：《逻辑固法：对法律逻辑作用的感悟》，载《重庆工学院学报（社会科学版）》2007年第7期。

法典编纂导致法律滞后的韦伯式解读

——兼论“形式理性”与“实质理性”的新理解

毛皓强[*]

摘　要　法典在制定后随着时间的推移，往往呈现出逐渐落后于社会发展的趋势，这是大陆法系国家面临的通病。而于判例法的普遍适用以及新兴法律概念的创制，可以通过新的判例和挑战传统法律观念对既往规则加以推翻，从而使得法律能够及时的呼应社会的需要。如果用马克斯·韦伯对法律演化总结出的四个阶段对这一现象加以理解，则既可以解决韦伯对于“实质理性”与“形式理性”之间关系的界定问题，又可以将法典编纂导致法律滞后带入韦伯的理论模型之中，可谓一举两得。

关键词　法典编纂　法律滞后　形式理性　实质理性

一、法律滞后性的体现

法律滞后现象古往今来都是一个始终横亘在东西方法律发展与社会发展面前的一道难题。为了解决这一难题，自有史记载以来出现过不同形式的法律来加以回应，自然法、习惯法、神法、普通法、衡平法、制定法等。一方面社会的发展导致了大量社会问题的产生，这些社会问题需要得到规制，对如何规制社会问题的思考则是法律出现的滥觞；另一方面，法律出现后自身也会随着时间的推移衍伸出属于自己的知识体系，因此法律演进与社会发展之间便形成了两个封闭的子系统，而法律这一子系统的内部又由于学界与司

* 作者简介：毛皓强（1993～），男，华东政法大学法律史专业博士研究生。

法实践的隔离很容易的便会产生理论与实践的分离，[1]具体如图 -1 所示。故，无论从法律实务考虑还是从法学理论界考虑法律落后于社会发展的现象都是不容忽视的。

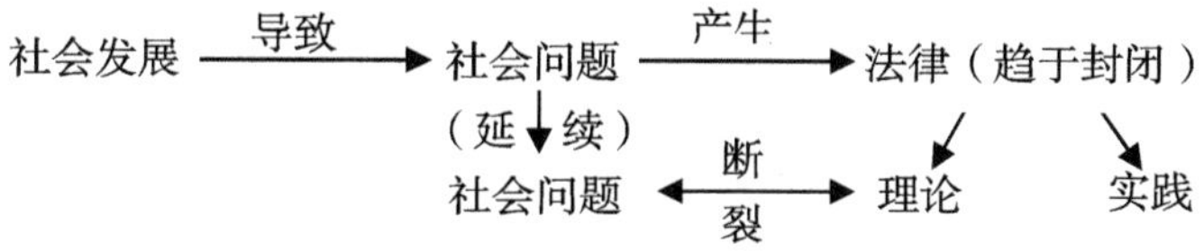

图 -1

（一）法典编纂带来的疑问

如果说法律落后于社会发展是普遍趋势的话，那么大陆法系国家的传统——法典编制可以说是这个趋势内最严重的一环。一般情况下，法典的编纂都是伴随着一种强大的立法机构或者主权者的出现，而这种强大立法主体的出现均伴随着或多或少的局限性。在法国，法典化的趋势始于卡佩王朝并在路易十四时期走向巅峰最终在拿破仑的手中臻于完备；[2]在德国，法典化趋势形成于 1870 年王朝战争之后的特定历史时期并在 1899 年《德国民法典》颁布之后走向顶峰；[3]在日本，法典化始于明治维新并一直延续到二战结束。但问题也随之而来，法国民法学界在《拿破仑法典》的光辉下止步不前，盲目的法典崇拜导致司法领域的法律概念和原则得不到更新，并使得垄断资本主义的利益在工业革命后的法国得不到确认[4]，最终导致其在王朝战争中败于德国；德国虽然在潘德克顿体系之下形成了严密的法律逻辑，但与社会脱节的现实导致了纳粹对于社会舆论及民众心理的有力控制并产生了诸如《消除人民痛苦法》等一系列与法学理论相悖谬的奇葩。

---

〔1〕 See Manlio Bellomo, The Common Legal Past of Europe, 1000 - 1800, pp. 204 ~ 205.

〔2〕 关于法国立法的变迁及法典化的过程可以参考陈颐：《立法主权与近代国家的建构——以近代早期法国法律为中心》，法律出版社 2008 年版。书中着重笔墨描述了立法主权在法国确立的过程以及司法权（也可以说是“巴列门主权”）范围的缩小化，无疑路易十四一人独揽国家主权（君主立法）的模式对于其后拿破仑建立的法国六法体系具有深远的影响和决定性意义。

〔3〕 有关俾斯麦的王朝战争与德意志统一与法典化趋势对于德国的影响可以参见孟钟捷：《德国简史》，北京大学出版社 2012 年版，第 112 ~ 120 页。

〔4〕 最典型的例证莫过于《拿破仑法典》制定于自由资本主义时期，因此未对法人进行规制，这一遗漏在《德国民法典》中得到完善，而罗马法早在近一千年前就有法人的相关记载。相关内容可以参考［法］狄骥：《〈拿破仑法典〉以来私法的普通变迁》，徐砥平译，中国政法大学出版社 2003 年版。

因此，对于法典编纂、法律崇拜与法律滞后性的紧张关系就必须加以阐明。首先，法典编纂伴随着强大立法主体的出现很容易导致一种法律崇拜的倾向，这一点最鲜明的例证便是《拿破仑法典》。其次，法律崇拜的一种必然趋势即法学研究的停滞不前，而法学研究又与法律实务相辅相成，[1]所以法律崇拜就势必会导致法典编纂、法律实务与社会发展之间产生不可弥合的张力。最后，法典编纂虽然很好地解决了法律的可预测性和稳定性方面的问题，但这也造成了已经颁布的法典很难通过各种灵活的手段加以修补这一尴尬的境地，这也是稳定性、可预测性与灵活性之间的紧张关系。[2]

（二）判例法对法律滞后的弥补

针对上述所提及的诸多弊端，在英美法系却得到了很好的解决。首先，英美法系对于案例的运用是建立在经验主义的基础之上的，判例法之所以能够更好的回应社会问题是由于其特有的“更新”机制，即同一种类的案件很有可能由于时代的背景变化而得出相异的结论，这一点在从“普莱西诉弗格森（Plessy v. Ferguson）”案确定的“隔离但平等（Separate but equal）”到“布朗诉托皮卡教育局（Brown v. Board of Education of Topeka）”案废除“吉姆·克劳法”这一过程中可以得到最典型的展现。

对判例法相较于法典编纂更有利于缓解法律滞后性的原因加以分析。从渊源的角度看，不同于运用法典编纂等手段的大陆法系国家的主权集中于立法者，[3]英美法系国家的司法治理惯例源于中世纪甚至更早的盎格鲁-撒克逊时期，这一时期普通法的内涵即适用于整个英格兰地区的普遍适用的法，同时为了防止司法管辖权的过于分散导致王室的权力衰微，国王发明了令状制度并通过各种令状（主要是新近侵占令状、刑事令状等等）与地方司法争权，为了更好地回应地方问题，国王必须颁发符合社会发展趋势的新令状并

---

[1] 关于法学研究、法学教育与法律实践之间的促进作用可以参考［美］哈罗德·J·伯尔曼：《法律与革命——西方法律传统的形成》，贺卫方等译，法律出版社2008年版。

[2] “法律必须稳定，又不能静止不变。因此，所有的法律思想都力图协调稳定性与变化性这两种彼此冲突的法律适用要求。但大陆法系倾情于法律的确定，英美法系则青睐于法律的灵活。而在法律的激变与渐变方面，两大法系的道路也迥然有异。”引自汤唯：“大陆法系法典化之理性”，载《外国法制史研究》，法律出版社2009年版，第19页。

[3] 陈颐：《立法主权与近代国家的建构——以近代早期法国法律为中心》，法律出版社2008年版。

给出比郡法庭更加公允的判决。[1]从法律制定与完善的可操作性角度考虑，成文法一旦被制定，为了保有其稳定性、权威性与可预测性不可能被频繁的加以修改，而社会发展及其突显的矛盾却又具有复杂性、突发性与易变性等特征，显然具备了形式主义和与社会暂时同步的完备体系的法典不能很好地回应社会发展所产生的问题。[2]

那么，问题来了：如何才能在保持法典编纂可预测性的前提下做到更好地回应社会问题呢？是不是存在现有的模型可以解决法典编纂与案例法之间存在的紧张关系呢？韦伯已经给了我们他的设想。

二、对韦伯“形式理性”与“实质理性”的理解

马克斯·韦伯在《法律社会学》中提出人类历史上所有的法律都可以按照如下范畴加以考量与划分：首先是“形式非理性”的法律，这时的法创制与法发现（Rechtsschöpfung und Rechtefindung）使用的是诸如卡里斯玛的神之启示，是超越人类理性可控的范围的，并且这样的特点决定了这类法律必然是以个案的形式在实践中被加以运用的；其次是“实质非理性”的法律，这一阶段的法律较“形式理性”时期的法律呈现出一种存在一种或多种合理的依据，这些依据来自于除了法律本身以外的诸多其他因素，如宗教、情感或伦理等，此时的法律实践仍然停留在个案之中；[3]再次是“实质理性”的法律，这一时期的法律不再是以个案为运用范围而是有规律可循的，不过同“实质非理性”一样，这些可循的规律并不来源于法律原则、法律规则本身，而是来自于世俗权力或神权法或是伦理规范，在此阶段同时也出现了法律的

[1] 有关于英格兰司法治理的发源及演进可以参见于明：《司法治国——1154～1701英国法庭的政治史》，法律出版社2015年版。书中描绘出了一副与法国立法主权完全不同的景象，通过司法自身的进化与英国版本的“送法下乡”，英格兰在中世纪通过相对较少的开支与相对精简的法官与律师队伍“创制”出了较欧洲大陆更为高效的治理模式。

[2] 参见王利明：《我国案例指导制度若干问题问题研究》，载《法学》2012年第1期。

[3] 此处，笔者对韦伯将“实质”与“形式”的区分标准归结为判案依据是否是法律本身的因素这一逻辑存疑，韦伯的哲学世界观是建立在康德的德国古典哲学之上的，而康德又将“实质”这一概念总结为主观的、非理性的相关因素，而主张“形式”等同于理性与客观，这一点与马克思哲学的世界观正好相反，故而在理解上容易出现偏差。关于韦伯的哲学思想与康德的继承关系可以参考赖骏楠：《马克斯·韦伯“法律社会学”之重构：观念论的力量与客观性的界限》，载《中外法学》2014年第1期。

演绎；最后是“形式理性”的法律，这也是韦伯理想的法律发展的最终状态，在这一阶段法律本身形成了一套封闭的体系，由受到形式训练的人进行体系化的法律创制并存在一个专业化的司法队伍，最终权力垄断于立法。〔1〕

（一）对“形式”与“实质”发展顺序的反思

一般意义上可以将韦伯所说的四种法律范畴与社会发展阶段相对应。人类文明之初的图腾崇拜时期、萨满祭司和诸神崇拜（古埃及、两河流域文明以及北欧文明等等）时期的法律阶段为“形式非理性”的，按照韦伯的定义这一时期的法律并不以人类的理性为中心而是一种神谕，且这里的“形式”也必然要与之后讨论的“形式理性”中的“形式”加以区分〔2〕，它指的是一种仪式化的审判过程〔3〕。接着是人类摆脱愚昧地对超自然现象的崇拜的时期，在这一时期对于何为“正义”我们有了自己的定义，诸如对苏格拉底的指控罪名是“煽动性言论”和“大庭广众之下混淆视听”等等，这些对于“正义”的定义并不来源于法律条文的明确界定或是法学理论的精确推理，而是人们运用自己健全的理智以及对公共秩序的理解以及其他的一些非法律因素而得出的结论，这一时期便是法律的“实质非理性”时期。〔4〕接下来，在摆脱了地区民族习惯和宗教法（此处指广义的 Religious Law，即包含教会法 Canon Law 和其他宗教类法规）等对个体行为的单一规制，一种普遍的法律运用和法律实践被推广，韦伯在《法律与社会》的第五章举了大量国家的法律

〔1〕 See Max Weber, Wirtschaft und Gesellschaft: Grundriss der Verstehenden Soziologie, Johannes Winckelmann（Hrsg.）, Erster Halbband, 1964, S. 507；有关韦伯法律演化四个阶段的中文介绍可以参考［德］马克斯·韦伯：《法律社会学；非正当性的支配》，康乐、简惠美译，广西师范大学出版社 2011 年版，第 27 ~ 31 页、第 320 ~ 333 页。

〔2〕 赖骏楠：《马克斯·韦伯“法律社会学”之重构：观念论的力量与客观性的界限》，载《中外法学》2014 年第 1 期。。

〔3〕 古代两河流域、中世纪穆斯林治下地区以及早期西欧日耳曼地区均适用过神明裁判，此时的神明裁判相较于早期部落对部落、血亲对血亲之间的惩罚方式已经算是一种进步了。关于神明裁判的详细介绍可以参见［美］孟罗·斯密：《欧陆法律发达史》，姚梅镇译，中国政法大学出版社 1999 年版，第 36 ~ 51 页。

〔4〕 明确区分“形式非理性”与“实质非理性”的历史阶段似乎又是做不到的，因为并没有一个标志性的历史事件表明人类脱离了神谕及卡里斯马类型的统治而进入了相对理性的“缘社会而治”的法律治理阶段。See Duncan Kennedy, “The Disenchantment of Logically Formal Legal Rationality or Max Weber's Sociology in the Genealogy of the Contemporary Mode of Western Legal Thought”, 55 The Hasting Law Journal 1052 ~ 1055（2004）.

演变实例来对这一阶段加以论述并在这一章的第二节以宗教法〔1〕为例给出了“实质理性”这一阶段存在的证据。最后，当上述的非法律因素在法律体系中找到了各自的对应术语与归责原则时，人们便开始了系统化的法典编纂，这时的法律发展便演进到了本篇文章上一部分讨论的大背景之中，即系统化的法典编纂时期。这一时期同时也是“形式理性”到来的象征之一。

1. “形式”与“实质”在概念界定上的疑问

如上文所说，在韦伯语境下的“形式”与“实质”这一对范畴如何界定将直接影响到对于这四个概念相应历史时期的划分标准，并基于此将在法典编纂与法律滞后的联系与张力的解读方面扮演基础性作用。

首先，在“非理性”的范畴下对“形式”与“实质”的概念作一种合理地解释。如上文所说，在韦伯《法律社会学》的文本中并没有对“形式非理性”与“实质非理性”之间的历史划界作明确说明，事实上这也是做不到的。在书中第三章的第四及第五小节韦伯分别阐述了卡里斯玛型的司法治理模式与通过法律名家进行的法发现与法创制活动，〔2〕我们姑且可以将这两个阶段看作是“形式非理性”与“实质非理性”的划分在社会发展阶段中的具体回应。这里的“非理性”指的是不具有规则性与逻辑性的判案原则与指导依据，故而无法形成一套逻辑严密的体系规则，所有的司法实践均以个案的形式呈现出来。因此，在“非理性”的语境下，“形式”指的应当是一种寓于神谕中的宗教仪式，这一所谓“形式”可以在早期日耳曼法中得到许多印证〔3〕。这里需要再次强调的是不同的语境必然导致不同的结论，“理性”与“非理性”的“形式”在韦伯的观念中其概念自然不能同日而语〔4〕。可以肯

〔1〕 参见［德］马克斯·韦伯：《法律社会学；非正当性的支配》，康乐、简惠美译，广西师范大学出版社2011年版，第228～230页。鉴于本章在其后的几小节中还提到了印度教的祭司等，故这里的“宗教法”更应当被译作“教会法”（Canon Law），笔者在此加以指正。

〔2〕 参见［德］马克斯韦伯：《法律社会学；非正当性的支配》，康乐、简惠美译，广西师范大学出版社2011年版，第156～165页。

〔3〕 诸如原始“部族法庭”的开庭方式以及参与审判的群众对于偷盗、杀人等刑事案件的当事人是否有罪的表决方式等。关于日耳曼早期习惯法可以参考李秀清：《日耳曼法研究》，商务印书馆2005年版，或参考［美］孟罗·斯密：《欧陆法律发达史》，姚梅镇译，中国政法大学出版社1999年版。

〔4〕 如果将韦伯的“形式主义”归纳为一种禁欲的、形而上学的和自我约束与服从的理念的话，则“形式非理性”与“形式理性”之间的区别一目了然。相关内容可以参见李猛：《除魔的世界与禁欲者的守护神：韦伯社会理论中的“英国法”问题》，载氏编：《韦伯：法律与价值》，上海人民出版社2001年版。

定的是“实质非理性”确乎是存在于“形式非理性”之后的。虽然“实质”在韦伯的眼里一直被涂以盲目与主观的色彩，但此处的“实质非理性”也存在于自己的语境化理解之中。至少，从司法实践的考虑范围的角度上讲，法律演变到这一阶段，裁判依据不仅仅局限于神之启示，取而代之或至少有更多的社会因素被加以考量。故这里的“实质非理性”区别于“形式非理性”的卡里斯玛司法模式自然有其合理性。由是观之，此处（即“实质非理性”中）的“实质”与“实质理性”中的“实质”可以作相同的理解。

接着，在“理性”的语境下对“形式”和“实质”作一种可能地解读。在排除了卡里斯玛型司法对于“形式主义”的干扰后，法律发展阶段来到了“合理性”的世界中，这一阶段的到来以各国家与各地区的法典编纂事业为渊源。韦伯在《法律社会学》中以宗教法（Cannon Law）为例主张了“实质理性”法律的到来，[1]但宗教法并不是“实质理性”法的定义而是其表现形式而已。故，韦伯眼里的“实质理性”法律是具备与宗教法相类似的法律类型。在这一小节中，韦伯大量列举了民事方面的案例，诸如婚姻、继承关系等，可见其本人对“实质理性”法律在公法领域的规制也感到棘手，所以他在这一小节也干脆这样开头——“……撇开不谈，而只把焦点集中在一般意涵下的‘民法’领域”。[2]那么，导致韦伯对“实质理性”法律既爱又恨的矛盾心理的原因究竟为何呢？一方面，“实质理性”法律较之原先的两个发展阶段有了长足的优越性，但另一方面，根据宗教法和其后举例的各国实践的例证来看，在韦伯眼里“实质理性”的法律更多的回应了目标理性的诉求而缺少了对价值理性的衡量。[3]这里的目标理性简而言之可以理解为一种法律的应然性问题，即法律应当是什么样的，对应的价值理性则代表着法律的一种稳

---

〔1〕 然而，放眼韦伯的《法律社会学》中除了宗教与伦理很少涉及其他的非法律因素，这也是韦伯文本下潜藏的缺乏更多实证的危机。此外，韦伯在第五章第二节之后列举的诸多国家中也并未阐明它们具体的法律阶段，且印度发与波斯法中却也大量存在着卡迪司法，这有符合了韦伯关于“形式非理性”法律的概念，故什么是“实质理性”的法以及它们在现实社会中的对应仍然没有着落。

〔2〕 参见［德］马克斯·韦伯：《法律社会学；非正当性的支配》，康乐、简惠美译，广西师范大学出版社 2011 年版，第 228 页。

〔3〕 关于目标理性与价值理性在韦伯观念中的考量参见李猛：《除魔的世界与禁欲者的守护神：韦伯社会理论中的“英国法”问题》，载氏编：《韦伯：法律与价值》，上海人民出版社 2001 年版，第 153 页。其中“英国法问题”一章对“形式理性”与“实质理性”的目标理性与价值理性作出了相关阐述。

定性与可预测性诉求。

于是，根据韦伯本人的逻辑，按照归纳推理的方法自然而然可以得到如下结论：(1)“实质理性”法律可以在宗教法中找到例证；宗教法解决范围往往局限于私法领域；故“实质理性”法律往往无法涵盖公法范畴。(2)“实质理性”法律的考虑因素通常包括宗教、伦理和风俗习惯等其他社会因素；这些社会因素往往过于主观而不受限制；故，“实质理性”法律通常没有一个“存在边界的牢笼”对其加以限制而嬗变。

综上所述，一个较为简练的对“理性”背景下的“实质”法律的定义可以总结为：兼顾了法律目标理性但却缺乏稳定性的法律体系；与此相对应的，“形式”法律的概念即为具备稳定性和价值理性的法律体系，其表现形式为法典化。

2. 对“形式理性”与“实质理性”的一种新理解

在韦伯的观念之中“形式主义”所代表的资本主义规范化世界要比混乱的、存在诸神乱象的“实质主义”[1]好千万倍，然而事实真的如此吗?[2]不得不说韦伯本人对于“理性”语境下的“实质”与“形式”的理解存在理解上的偏差。以前的学者（诸如 Donald V. Levine、Julien Freund、Duncan Kenndy、Anthony T. Kronman 等人）都没有跳出韦伯以及他们自身的“资产阶级观念的牢笼”来解释“形式理性”与“实质理性”。然而，我们为什么不能尝试着用法学理论中的社会法学来理解一下韦伯所构想的最完美的“形式理性”法律与缺乏理智的“实质理性”法律呢？至少，法学理论与法律实务之间的交流与互补在法律发展回应社会发展之中也扮演着举足轻重的地位。基于此，下面笔者将进行尝试性地分析。

法学理论中所探讨的法社会学与法教义学之争由来已久，法教义学（或称“教义法学”，Doctrinal analysis of law[3]）是与社科法学（即“法社会学”，Law and social sciences）相对应的概念，在学术框架上前者是一个仅包含法律本身原则以及能够形成一套自证其说的回路的完整体系，其对法律外

〔1〕 韦伯：“学术作为一种事业”，罗久蓉译，载韦伯：《学术与政治》，钱永祥等译，广西师范大学出版社 2004 年版，第 180～190 页。

〔2〕 这种观点与韦伯的出身和家庭氛围存在着直接的联系，关于韦伯生平可以参见［德］玛丽安妮·韦伯：《马克斯·韦伯传》，阎克文等译，商务印书馆 2010 年版。

〔3〕 参见熊秉元：“论社科法学与教义法学之争”，载于《华东政法大学学报》2014 第 6 期。

的影响因素不予承认，认为法律是一套自我封闭的系统。与教义法学与社科法学相类似的概念在国外的一些学者的著作中也被广泛提及，类似理论称为“极端法律系统自治论（Legal Autonomy）”〔1〕，在这一范畴之中法律的运行不受到外界因素的干扰，社会发展所产生的影响仅能对立法活动产生影响而不能波及司法本身（如图－2）。

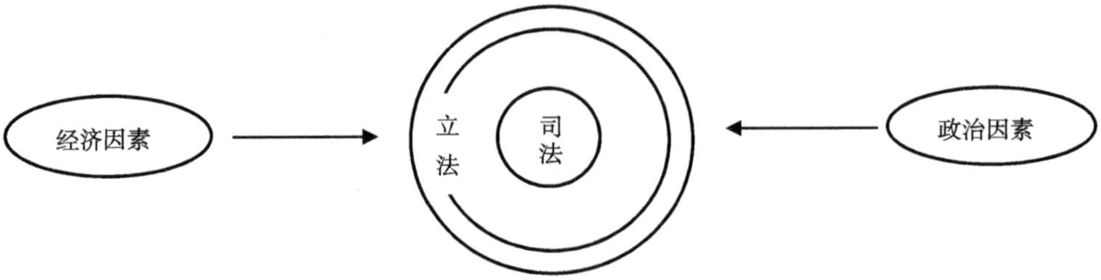

图－2

将法社会学的概念引入韦伯的规范体系之中后，韦伯所强调的“实质理性”法律在当今社会中似乎又有了真正的归属。基于此，我们不妨再次理解一下何为“实质”。韦伯将主观的、缺乏理智的“罪名”加诸“实质”这一概念，是否正确我们不予置评，但法学理论中所谓的法社会学、法经济学正是一种对社会发展所带来的社会问题的反映，只不过这些反映在法律实践之前先呈现在了法学理论界，韦伯如果还活着应当也不会公然反对将法社会学这一概念引入到他的“实质”范畴之中，反之会加以强调法社会学反映的社会问题也是一种主观、不稳定的、随心所欲的反射。与此同时，理论界的教义法学确乎是在韦伯的“形式理性”中得到了印证，这两者都呈现出了一种封闭的、自成体系的、相对稳定的趋势。

以上，笔者尝试性地将理论中的教义法学与韦伯观念中的“形式理性”法律相对应，将社科法学与其“实质理性”法律相对应，在概念上完成了法学理论与韦伯观念中的法律发展阶段的衔接。

3.“形式理性”在先还是“实质理性”在先?

以上一部分的文本为基础，引入法教义学与法社会学后的“形式理性”

---

〔1〕关于“极端法律系统自治论”相关理论见于 Richard Lempert、Joseph Sanders：An Invitation to Law and Social Science，(1986.)；而法社会学与法经济学的有关理论在理查德·波斯纳教授的学术作品中大量被运用。

与“实质理性”在某种意义上可以说是借助新的概念而“还魂”了，原本在《法律社会学》中模棱两可的文字这时却得到了新的界定。因此，原先韦伯仅存在于第五章里的只言片语有了更大的解释空间，之前仅以英国法为例的、含糊不清的“形式理性”类型的法律被注入了新鲜的血液。对于韦伯没能回答的关于“形式理性”与“实质理性”在社会发展中的先后问题，我们也可以借助这一新的理解方式加以揣测。

我们不妨建立一种假说来分析一下这两种形态的先后关系。假设以韦伯的理想类型——“形式理性”为法律发展的终极形态，则“实质理性”的法律就存在于“形式理性”法律之前，这不仅是韦伯理想中的最佳状态同时也是一部制定完备、符合时代要求的法典的最基本的特征。套用前述法社会学与法教义学的联系，可以说此时的法教义学是一个刚刚从社会发展中汲取完法律体系化“单飞”动力的新生儿，放眼历史 1804 年的法国与 1899 年的德国似乎是这一时期的最好写照。然而，问题却在韦伯逝世后凸显出来。韦伯《法律社会学》这一部分是其《经济与社会》的子章节，而该本书在韦伯去世前尚未完稿，故其文本中对于出现的“实质理性”法律的逆向化发展并几乎压倒“形式理性”这一现象（“反形式趋势”）并没有很好的回答。〔1〕因此，许多人放弃《法律社会学》的文本理解而转向韦伯的其他文本。〔2〕如果，我们将社科法学的概念与“实质理性”相对应，这一疑问就逐渐变得清晰了。上述所谓“反形式趋势”不过是法典编纂所带来的法律滞后性所必然将要导致的一种结果，即高度抽象化、形式化的法典本身来源于诸多具象化的、实质性的对社会问题的规制，当“形式理性”的法律中存在不符合社会发展的要求时必然导致社会主体与司法实践、社会问题与立法之间的二重张力，于是此时的“形式理性”必须打开法学理论中法教义学的那扇大门去接受社科法学带来的观念更新，这是的法律便暂时处于一种“实质理性”的状态。当社科法学的诸多符合社会发展法观念被融入传统的教义法学之中，在司法实践中被“形式理性”所接纳，“实质理性”法律的命运再次被终结并回到了它原本稳定的、可预测的状态。

---

〔1〕这一时期工人运动的发展使得资本主义国家不得不再次考虑除法律以外的其他因素以稳定社会并达到帝国主义的扩张目的，这一类型的国家以 20 世纪 20 年代至 30 年代的德国为典型。

〔2〕Friedrich H. Tenbruck, “The Problem of Thematic Unity in the Works of Max Weber”, M. S. Whimster (tran.), in Keith Tribe (ed.), Reading Weber, Routledge, 1989, pp. 42 ~ 84.

通过上述借用社科法学与教义法学的分析，我们可以看到“形式理性”与“实质理性”并不存在必然的逻辑先后关系，好比“鸡生蛋还是蛋生鸡”一样，它们是一对相辅相成、互为基石的循环体。

（二）“形式理性”与法典编纂、“实质理性”与法律进化

韦伯在《法律社会学》中系统阐明了所谓“形式理性”法中“形式”的含义——“无论在实体法上或诉讼上，唯有真确无疑的一般性的事实特征才会被计入考量”。[1]照此逻辑，被加以考量的因素必然经过了法律实践的无数次正成，这也就是法典之所以精密且具有权威性与稳定性的原因所在。

之所以说韦伯话语中的“形式理性”法律的典型代表就是在中世纪之后各国产生的法典化趋势是因为无论是从“形式”还是“理性化”的角度加以考量，法典编纂的过程以及编纂之后对社会发展产生的影响都与“形式理性”的范畴与特征相吻合。将视角拉回19世纪那段历史时期，韦伯就生活在那个时代，从玛丽安妮·韦伯的文本中我们看到韦伯的研究领域与其出身有着莫大的联系，其父亲既是一位法学家又是一位政治家，年轻的韦伯从小就接受了传统的资本主义教育，并得出资本主义植根于宗教理性之中的必然结论。在韦伯的意识里，资本主义摈弃了封建时代的蒙昧主义以及工人阶级所代表的盲目主义，是一种理性与规则的崇高象征，在他的诸多文本中表现出的对形式主义的无限吹捧就证明了其对于资产阶级社会法律法典化的立法追求。我国晚近的学者，如李猛教授与强世功教授对此都做过解读。

然而，社会发展如同时间流逝一般是一刻也不会停止的，20世纪的欧洲不同于19世纪，资产阶级的话语权由于俄国十月革命的影响而受到冲击，韦伯本人也不能对德国受到的观念影响视而不见。这一时期德国的社会矛盾是复杂的，一方面一战刚刚结束，德国从帝国制转而变成了共和制，资本主义的理性与稳定从来没有想当时接受过那样的挑战。我们可以试想当韦伯听到1917年十月革命在俄国的成功时心里是一种怎样的滋味，难道“形式理性”不是最终的阶段吗？由于《经济与社会》一书没有完稿，我们无从得知晚年的韦伯的真实想法，如果他的心里真的有这样的矛盾的话，就说明不仅后来

---

〔1〕引自［德］马克斯·韦伯：《法律社会学；非正当性的支配》，康乐、简惠美译，广西师范大学出版社2011年版，第29页。

研究韦伯的学者[1]没有跳出“资产阶级观念的牢笼”，连韦伯本人都没有走出这样的局限性。

诚然，韦伯并没有错，后来的韦伯研究者也没有错，韦伯语境下的“形式理性”与资本主义国家法典编纂的概念完全可以等价，而困惑他们的“实质理性”与工人运动对“形式理性”的冲击在法学理论界看来也不成问题。关键是如何完成笔者在上一部分表述的将法学理论与韦伯语境下的法律发展、法律实践等价转换的过程。

韦伯臆想中完美的“形式理性”法律在与社会问题相遇时便束手无策了，若其所谓的“实质理性”真如上文所言是一种在“形式理性”到来之前的“诸神割据”状态的话，韦伯对这样的状态加以拒绝是可以理解的。但正如我们现在一直在争论的那样，在法学理论中的法教义学是不是真的已经完美到可以永续循环的状态而无须社会科学的介入了？举一例加以说明，2015 年刚刚颁布的刑法修正案（九）采纳了关于废除原先嫖宿幼女罪的相关建议，回顾97 新刑法实施的过程[2]便不难发现这正是立法回应社会问题的最好例证。这恰恰也证明了“实质理性”之于法律进化的关系就好比“形式理性”之于法典编纂的关系一样。

三、结论

通过上述文本的简单分析，笔者尝试性地将已然分列的法学理论与法律发展阶段结合起来加以考量，并初步得到了如下图 -3 的分析结果。将社科法学与教义法学的概念引入到韦伯的法律阶段论中不仅可以解释法典编纂导致法律产生滞后性的法律现象更有助于解决韦伯法律语境中自身存在的对“实质理性”与“形式理性”的时间线之争。将以社科法学为主张的学者对传统的法教义学中法律观念的更新嫁接到韦伯的体系中，可以发现“实质理性”并不一定存在于“形式理性”之后，而是作为“形式理性”的保真状态

〔1〕 诸如 Trubek、Hunt、Kronman、Kennedy 等人对韦伯在法律发展阶段方面的解读都是模棱两可、莫衷一是的。

〔2〕 “嫖宿幼女”入罪于 1997 年的新刑法并在 2003 年、2013 年通过司法解释等形式经历了数次修订，其与强奸罪各项条文的规定有诸多交叉之处，社会各界反向强烈，在司法实践大有舆论司法、媒体判决的倾向，基于此 2015 刑法修正案（九）将此条废除，回应社会各界的诉求。

的工具或不完全阶段而已，而这样的阶段又会随着社会发展与时间的推移被无数次的搬上法律演进的大幕之上。

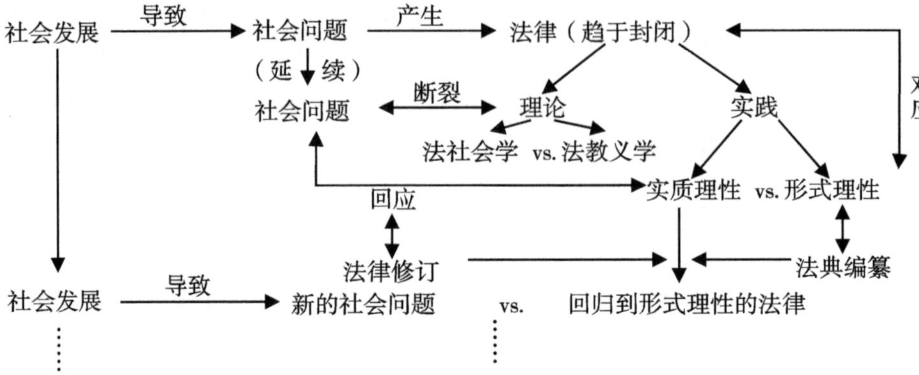

图 -3

最后，用韦伯的观点对法典编纂导致法律滞后这一命题加以总结：“由于世界已遭‘除魅’，任何价值都无法获得理性层面上不正自明的正当性，‘多神教’成为日常生活的现实，于是‘昔日众神从坟墓中再度走出来’，并再度展开他们之间的‘永恒争斗’〔1〕”。而法律进化正是一个将“多神教”的诸多因素加以衡量并最终纳入“形式合理”的法典中的一个过程而已。

〔1〕韦伯：“学术作为一种事业”，罗久蓉译，载韦伯：《学术与政治》，钱永祥等译，广西师范大学出版社2004年版，第180～190页。

论法律滞后的司法补正路径

高争志　王　圣*

摘　要　社会是动态发展的，法律制度却具有滞后性。由于司法裁判是维护公平正义的最后一道防线，即使法律规范存在滞后，法院也不能拒绝裁判。这就要求在一些难办案件裁判中，裁判者必须创造性地对法律规范予以补正，以克服法律滞后、实现实质正义、推动制度完善。本文从具体个案出发，分析了对法律滞后条款予以司法补正的必要性和可行性，对补正法律滞后条款的司法裁判路径做了类型化分析，指出了各类补正路径的优劣之处，并以个案为例探讨了司法机关补正法律条款的具体应用方法。进而认为，司法机关及其法官在面对法律滞后条款时，应形成考量相关补正路径优劣的自觉，主动选择最佳补正方式并做出判决，推动实现最大限度地兼顾实质正义和法律体系稳定的裁判目标，并为法律制度的完善发展提供司法契机。

关键词　法律滞后　难办案件　司法补正路径　实质正义

一、问题的提出

2016 年 1 月 21 日，夏某某驾驶小轿车发生交通事故。民警接报后，认为夏某某有酒驾嫌疑，要求其接受呼气酒精检测，夏某某拒不配合。随后，民警合力将夏某某押上警车，带至医院。因夏某某拒不配合抽取血样，故在民警控制其身体的情况下，由医生抽取了血样。次日，经司法鉴定，夏某某血样中酒精浓度达到 2.28 毫克/毫升，属醉酒驾驶，应追究刑事责任。6 月 20

* 高争志，华东政法大学法律学院博士研究生；王圣，上海市公安局法制总队民警。

日，上海市徐汇区人民检察院向上海市徐汇区人民法院提起公诉。案件审理过程中，双方围绕民警强制抽取夏某某的血液的行为属于何种法律性质（是否为行政强制），证据取证过程是否合法、可否作为该案定案证据进行了辩论。同年12月28日，法院作出一审判决，判决夏某某构成危险驾驶罪。审理法院认为，公安部《道路交通安全违法行为处理程序规定》及《行政强制措施凭证》（格式文本）明确，检测血液属于行政强制措施。本案中公安机关实施该措施时，未开具强制措施凭证，未告知采取行政强制措施的理由、依据及救济途径，存在程序违法，只不过“未产生可能严重影响司法公正的后果”，故该鉴定意见可以作为刑事定案依据。该案后由上海市第一中级人民法院二审维持原判。

在本案审理中，法院需要回答的问题是：对涉嫌酒驾并拒绝配合酒精检测的当事人，公安机关是否有权采取强制检测措施？该检测措施的法律性质是什么？法律依据又是什么？本案审理法院基于公安部的部门规章及法律文书，判断酒精检测属于行政强制措施，并认为公安机关适用该措施时存在程序瑕疵，似乎认同公安机关有权强制酒精检测。但是《行政强制法》第10条明确，限制人身自由的行政强制措施的设定，属于法律保留事项。强制酒精检测作为限制人身自由的具体情形，法院依据部门规章将其定性为行政强制措施，与《行政强制法》产生直接冲突，定行性依据的法律位阶不够。不难看出，这种冲突体现了司法审判过程中在追求个案实质正义与普遍规范之治之间的矛盾。有效解决这种矛盾是司法审判遇到难办案件[1]时必须面对的问题。为此，本文尝试对司法裁判对法律规范的补正路径做类型化分析，以期对司法实践有所助益。

二、司法裁判对法律规范予以补正的含义与必要性

当前，中国社会因高速发展带来的巨变与法律规范滞后性之间的张力日益突出。司法运行过程中，遇到的难办案件越来越多（当然相对于大量常规案件，难办案件仍属于少数）。此时，个案裁判时简单基于法条主义采用技术

〔1〕 苏力教授将难办案件界定为事实清楚却没有明确的法律可以适用，或适用的结果不合情理甚或有悖“天理”的案件。参见，苏力：《法条主义、民意与难办案件》，载《中外法学》2009年第1期。

性司法运行逻辑进行审判，往往造成审判结果与民意的背离，导致司法合法性的缺失。〔1〕为此，司法裁判必须恰当、及时、准确的回应、调整、平衡好社会发展与制度稳定之间的关系，做到既要回应实践需求，又能保持法律体系完整自洽，实现法律效果与社会效果的统一，避免出现形式正义与实质正义的错位。

（一）司法裁判中对法律规范予以补正的含义

难办案件之所以"难办"，主要在于没有可以用来直接作出裁判结论的法律规范，或者虽然有相关的法律规范但适用的结果难以合乎情理；用对应司法裁判思维过程或者论证过程的表述来说，难办案件，"就是法官需要进行实质性论证的案件"。〔2〕个案情况的动态多变性与静态法律条文的固定不变性之间、多元社会的利益复杂性与利益衡量结果的单一性之间，存在必然的紧张关系。由于司法裁判是维护公平正义的最后一道防线，法官必须作出裁判，在处理疑难案件时，必然面对两难的境地：一方面必须依法裁判，另一方面找不到强关联性的法律规范。对此，唯一可行的方法的就是通过在司法裁判中对法律规范中的滞后之处，通过一定的论证方法加以弥补，将法律规范与案件事实高度关联起来。

拉伦茨说过，如果法学维持其法学特殊，它就必须假定现行法律秩序大体看来是合理的。"法律规范必然存在滞后之处"是一种常识性的判断，立法者当然也知道这种情况的存在。基于这样的前提，立法者所作的利益衡量优先于法官的个人评价，对法官也具有拘束力；现代的立法者意识到法律的这种缺陷，因此期待法官不是依循字句，而是合乎利益要求地服从法律，他们不仅要在既有的法律命令下进行逻辑归入，还要对欠缺的命令进行补充，对有瑕疵的命令予以纠正。〔3〕

而为了维护法律体系的稳定，避免法官具有过大的自由裁量权，避免裁判恣意，司法裁判中的这种补正的论证过程，必须遵循一定的规则，必须符合几方面要求：一是不能超出基本的法律框架，即无论如何进行论证，推理的过程或者结果都不能超出法律对社会的总体性安排；二是应发挥维护法律

〔1〕参见王国龙：《从难办案件透视当下中国司法权的运行逻辑》，载《法学》2013年第7期；苏力：《法条主义、民意与难办案件》，载《中外法学》2009年第1期。

〔2〕葛云松：《简单案件与疑难案件》，载《中国法律评论》2019年第2期。

〔3〕〔德〕菲利普·黑克，傅广宇译：《利益法学》，载《比较法研究》2006年第6期。

体系统一的导向性作用，不能对法律制度的运行产生破坏性的作用；三是要实现法律效果与社会效果的统一，即合理平衡各种值得保护的利益和价值。

（二）司法裁判中对法律规范予以补正的必要性

1. 实质正义的必然要求

由于立法只可能基于已经出现的，而且往往是重复出现的社会事实来进行，随着社会的发展总会出现以前没有遇到过的新情况，因而在司法裁判中进行实质权衡也就不可避免。〔1〕实践中的情况纷繁复杂，惯性地运用三段论式的法律适用方法，遇到法律条文适用形式上合法，但结果实质上不合理的个案，只是时间早晚问题。

例如2006年案发，2008年终审的许霆案，一审法院之所以会作出无期徒刑这样“畸重”的量刑，主要基于《刑法》中“盗窃金融机构”规定。在将“盗窃金融机构”列为盗窃罪的加重情形时，立法者不太可能会预料到银行自动柜员机会出现交易金额计算严重出错，进而被人取出巨额现金的情况。一审法院依据既定的盗窃罪规定，所做出的无期徒刑判决符合法律规定，但同时又超出了普通民众的情感常识，合理性遭到舆论质疑也就不足为怪了。

波斯纳提出现实主义法官不应截然区分法律和政策，不应截然区分法律推理和常识。〔2〕特殊个案中脱离了实质正义的考量，不可能实现法治的价值目标，也不可能得到社会的普遍认可。因此，法律适用过程中必须点面结合，针对情况特殊的个案，必须通过一定方式对法律规则予以补正。

2. 社会管理的实际需求

法治国家要求法律制度对行政权力予以限制和规范，强调公权力行使的“法无明文规定即禁止”。毫无疑问，限制行政权力、落实权力清单制度是当前我国建设法治国家、法治政府的大方向。但辩证看待行政执法权的边界也有必要，过于刚性的行政执法制度，也会导致执法中缺乏抓手，不能满足社会管理的实际需要。

以公安道路交通执法为例，实践中，存在部分“违法大户”长期不处理交通违法记录的情况。目前，比较实际的做法是依据公安部《机动车登记规

---

〔1〕 陈坤：《疑难案件、司法判决与实质权衡》，载《法律科学（西北政法大学学报）》2012年第1期。

〔2〕〔美〕理查德·波斯纳著，苏力译：《波斯纳法官司法反思录》，北京大学出版社2014年第1版，第139页。

定》第49条第2款规定的“申请前，机动车所有人应当将涉及该车的道路交通安全违法行为和交通事故处理完毕”，在当事人接受处理前不予验车。虽然，公安部规章的规定具备较强的操作性，但在司法实践中未被普遍认可。有的法院认为《机动车登记规定》第49条第2款的规定是对《道路交通安全法》相关条文的细化；有的法院则认为，《道路交通安全法》第13条已经规定“对提供机动车行驶证和机动车第三者责任强制保险单的，机动车安全技术检验机构应当予以检验，任何单位不得附加其他条件”，要求当事人先接受处理，违反了“法律优先”的原则。〔1〕

对于类似的案件，不同地区法院的判决结论却不尽相同，反映出不同法院、法官在考量行政机关执法需求时的不同态度。社会是动态发展的，因此公权力和私权利之间的制度安排也需要动态调整。实践中需要结合社会的实际情况，不断地确认行政主体在行政活动中的义务边界，避免因责任过重而束缚行政主体积极行政的手脚。〔2〕公安交通管理量大面广，驾驶员发生违法行为、接到违法处理通知后，逾期不接受处理的情况普遍存在，对此公安机关缺少有效抓手。将交通违法处理完毕作为车辆检测前提，有利于督促违法行为人及时处理违法行为，有效提升行政效率，节省行政成本。同时，一定程度上也能够确保违法行为得以及时补正处理，提升违法处罚的补正效果，进而有助于提升违法行为人的安全意识，促进道路交通安全。行政管理的这种客观需要具有合理性和社会正当性，应当成为司法裁判的重要考量因素。

3. 符合法律完善发展的客观规律

法律制度不是凭空产生的，是立法者对社会现实制度需求的固化；但同时，法治国家制定法的安定性又要求法律不能经常性变动，否则法律将丧失确定性。所以，实践中的制度需求和立法修法之间存在一定的紧张关系。

针对法律适用是经常性的，而立法是非经常性的问题，通过法官填补法律漏洞的方式，在个案中解决法律的滞后性，不仅符合“禁止法官拒绝裁判”这一主流司法理念的要求，降低了等待立法的成本，同时也为及时解决纠纷提供了方案，提高了正义实现的效率。〔3〕如果判决是在考虑了特殊情况和当

〔1〕 案例如：周某某诉新乡市公安局交通巡逻警察支队案（2009）红行初字第26号、唐嵩诉长沙市公安局交通警察支队车辆管理所（2018）湘行申44号。

〔2〕 刘平：《行政执法原理与技巧》，上海人民出版社2015年第1版，第94页。

〔3〕 曹磊：《法律漏洞的司法填补》，山东大学2017年博士学位论文，第56页。

事人合理诉求之后作出来的，有可能会对法律是一个补救，对行政机关的举措是一个补救。[1]在个案调整的基础上，考察漏洞弥补的社会效果，再择机将有价值的观点归纳总结，也为立法、修法提供了具体的方向。这一首先以判例弥补了形式法治中的不足，然后再通过立法实现这一弥补性的实质法治内容的法律化，最后形成的被再次形式化的法治的过程，符合法律制度完善的客观规律。[2]

以“隐私权”的立法过程为例，长期以来，我国民事法律制度中并没有明确规定“隐私权”的相关条款。但在长期的司法裁判实践中已经得到比较普遍的认可和应用，以参照适用名誉权、姓名权或肖像权的方式予以保护。2009年公布的《侵权责任法》以及2017年新制定的《民法总则》，充分考虑了司法实践和法学理论研究经验[3]，将隐私权明确列入法律条文，进而为司法实践提供直接的制度依据，实现了司法与立法之间的良性互动。

三、对法律规范予以补正的具体路径及其利弊

通过司法裁判对法律规范予以补正具有正当性，这种补正是以法官的个人智识和生活经验为基础的，因此带有强烈的“自由裁量”色彩。但是“严格适用法律”而非“通过自由裁量”办理案件，仍然是法治社会中司法权运行所必须遵循的一个基本要求。[4]为了调和“严格适用法律”的僵化以及“自由裁量”的恣意，就司法裁判对法律规范予以补正的具体路径予以类型化分析，显得十分必要。而且这种类型化的处理，有助于法官在面对难办案件时形成补正法律规范的自觉，克服法条主义带来的实质正义缺失，进而推动法律在立法层面的完善。在现有法律框架内，对个案裁判中遇到的法律滞后条款进行补正的方法，可以做以下几种类型化的区分：

（一）法律原则的适用

法律原则是法之要旨与目的的凝练，是法律规则的基础或本源，在法律

〔1〕季卫东：《大变局下的中国法治》，北京大学出版社2013年第1版，第41页。

〔2〕刘飞：《信赖保护原则的行政法意义——以授益行为的撤销与废止为基点的考察》，载《法学研究》2010年第6期。

〔3〕张新宝：《隐私权研究》，载《法学研究》1990年第3期。案例如：关某诉天津某房地产开发公司侵犯著作权、隐私权纠纷案（1999）高知终字第33号。

〔4〕王国龙：《从难办案件透视当下中国司法权的运行逻辑》，载《法学》2013年第7期。

结构中有着核心地位，具有重要的司法意义。[1]当具体的法律规则的适用结果存在明显不合理时，运用产生法律规则的本源性的法律原则予以调整，使得裁判结果符合情理，这在民事案件裁判中已经比较常见，其积极的社会效果也很明显。例如，泸州遗赠案件审判中运用了公序良俗原则；而作为“帝王条款”的诚实信用原则适用频率也比较高。[2]在行政裁判案件中，个案适用较多的法律原则主要包括信赖保护原则和比例原则，主要考虑是维护相对人权利，杜绝公权力对个人权利的侵害。例如，在最高人民法院行政指导案例第76号判决中，法院认为“行政协议强调诚实信用、平等自愿，一经签订，各方当事人必须严格遵守，行政机关无正当理由不得在约定之外附加另一方当事人义务或单方变更解除”[3]，即是保护了行政相对人的利益。

法律原则虽然是补充法律规则的“万金油”，但司法实践中也要慎用，否则也将产生法律规则被架空的负面效应。例如，由于“诚实信用”是民法制度的根基，当然可以套用到所有民事案件审判之中，如不限制对其的适用，将产生民事司法裁判“向一般条款的逃避”的问题，必将导致法律权威降低。[4]从整体秩序效果来看，虽然通过适用信赖保护原则实现了个案公正，但由于论证信赖保护必要性的依据主要是主观标准以及基于个案的具体利益权衡，在一定程度上也损害了法律面前人人平等的原则。[5]整体来说，如果普遍化地在个案中适用法律原则，将破坏法律制度的安定性，使得法律制度变得模糊不可预测，违背了法治国家的价值。

（二）创制司法解释

《关于加强法律解释工作的决议》和《立法法》第104条规定了最高人民法院和最高人民检察院有针对具体应用法律问题制定司法解释的权力。由于我国立法采取“宜粗不宜细”“先制定、后修改”的方针，法律滞后于社会发展的情况较为突出，现实针对性较强的司法解释自然就成为弥补法律漏

---

〔1〕 庞凌：《法律原则的识别和适用》，载《法学》2004年10期。

〔2〕 可参考，骆意：《论诚实信用原则在我国民事司法裁判中的适用——基于对〈最高人民法院公报〉中53个案例的实证分析》，载《法律适用》2009年11期。

〔3〕 萍乡市亚鹏房地产开发有限公司诉萍乡市国土资源局不履行行政协议案。

〔4〕 梁慧星：《诚实信用原则与漏洞补充》，载《法学研究》1994年第2期。

〔5〕 刘飞：《信赖保护原则的行政法意义——以授益行为的撤销与废止为基点的考察》，载《法学研究》2010年第6期。

洞的工具。[1]实践中，司法解释内容相比法律更为细化、操作性强、应用广泛。

但是，长期运行的司法解释制度也表现出了的“立法化”“集权化”和“泛滥化”的倾向，实务中对司法解释的过度依赖，一定程度也导致了疑难案件审理的低效化。一是司法解释因其“准立法”定位的重要定性作用，制定、修改一部司法解释所需的时间仍比较漫长，同时又涉及新规定不溯及既往问题，依旧在一定程度上表现出“远水解不了近渴”现象，缺乏解决已发棘手个案的作用。[2]二是司法解释影响了个案处理中法官的思考和论证，不利于司法审查制度目的的实现。司法解释的“集权化”，干扰了下级人民法院审判的独立性，几乎所有的案件（特别是疑难案件），都是按照最高人民法院的“意思”进行判决的，造成实质上的“审”与“判”的分离，使案件结果的公正性必然要打折扣。同时，由于案件的审判依据的是上级法院的意思，即使当事人上诉或者申诉，所得到的结果跟原审的判决结果也不会有什么区别，导致二审和再审制度形同虚设。[3]解释泛滥导致基层法官不去积极思考如何运用法律解释学解决实践中遇到的问题，而是坐等司法解释的颁布，导致法官司法能力无法得到提高，也导致司法公正无法得到实现，损害司法公信力。[4]

（三）适用调整性条款

许霆案再审判决中，法院最终适用了《刑法》第63条第2款规定的“不具有法定减轻处罚情节，但根据案件的特殊情况，经最高人民法院核准，可以在法定刑以下判处刑法”，将刑期改判为有期徒刑5年。该款作为调整性规定，目的在于对特殊案件作出特殊处理：“考虑到具体犯罪情节千差万别，不

〔1〕王冬：《刍论中国司法解释泛立法化现象》，载《社科纵横（新理论版）》2012年第3期。

〔2〕例如刘大蔚走私武器案中，《关于涉以压缩气体为动力的枪支、气枪铅弹刑事案件定罪量刑问题的批复》的司法解释“姗姗来迟”，且能否适用存在争议。相关报道详见：http://news.163.com/16/1018/23/C3MQM61700014SEH.html。检方认为应适用《关于适用刑事司法解释时间效力问题的规定》第4条“对于在司法解释施行前已办结的案件，按照当时的法律和司法解释，认定事实和适用法律没有错误的，不再变动”的规定，本案不适用两高涉气枪案件《批复》。详见：http://news.sina.com.cn/s/2018-08-10/doc-ihhnunsq9941381.shtml，最后访问日期：2018年11月26日。

〔3〕魏胜强：《司法解释的错位与回归——以法律解释权的配置为切入点》，载《法律科学（西北政法大学学报）》，2010年第3期。

〔4〕胡岩：《司法解释的前生后世》，载《政法论坛》2015年第3期。

排除个别案件中即使适用《刑法》最低刑仍然过重，不符合罪行相适应原则的情况”。[1]通过运用法律规定的调整性条款，可以在法律原有的框架内，对刑罚适用结果明显过重的个案予以调整。在行政法上，与该款类似的还有《道路交通安全法》第87条第2款规定的“对于情节轻微，未影响道路通行的，指出违法行为，给予口头警告后放行”等。[2]

但是，法律规定的“紧急出口”也有不宜经常使用的缺点。就《刑法》第63条第2款来说，如果法官一遇到难办案件就援用例外，除势必架空罪刑法定原则外，最高法院也将不堪重负；一定会引发腐败或公众对腐败的疑惑，大大危及司法的权威性。[3]因此紧急出口不可常用，能不用一定不用，后门走惯了大门必定门庭冷落。并且，一个简单的设想是，如果没有这款紧急出口的规定，如何进行判决？[4]

（四）基于法律适用后果寻找法律前提

既然按照一般的法律适用过程得到的后果存在明显问题，那么“从后果出发找法律前提”这种相反的思考路径就应运而生。在刑事审判领域，也即“量刑反制定罪”的主张。这一观点主张，当严格依法的判决有悖天理人情之际，法官应先从总体上判定一下是否应当予以惩戒，大致应予以多重的处罚，然后从刑法条文中寻找刑罚合适的最相关罪名，并展开详尽的教义分析和论证。[5]在实务界，这一主张不仅能够在一定程度上解决个案的失衡问题，而且能够为无限扩张的司法裁量权“背书”，因而更是为众多司法人员所青睐。[6]例如在许霆案中，实质上各种定盗窃罪外其他罪名的观点，多少具有这种反向思维的成分。又如，将盗窃窨井盖的行为，按照“以危险方法危害公共安全罪”追究当事人的刑事责任的做法，也反映出这样的思维倾向。[7]

---

〔1〕《中华人民共和国刑法最新释义》，中国人民公安大学出版社2016年版，第58页。

〔2〕案例如：王某某诉武汉市公安局东湖新技术开发区交通大队行政处罚案，（2015）鄂武东开行初字第00013号、（2016）鄂01行终273号。

〔3〕苏力：《法条主义、民意与难办案件》，载《中外法学》2009年第1期。

〔4〕陈坤：《疑难案件、司法判决与实质权衡》，载《法律科学（西北政法大学学报）》2012年第1期。

〔5〕苏力：《法条主义、民意与难办案件》，载《中外法学》2009年第1期。

〔6〕叶良芳：《量刑反制定罪：实践和理论的双重批判》，载《东南大学学报（哲学社会科学版）》2018年第1期。

〔7〕案例如，王某某盗窃窨井盖构成“以危险方法危害公共安全罪”案中，详见：http://news.163.com/12/0118/01/7O112NE900014AED.html，最后访问：2018年11月26日。

针对此类如果按照直接相关的法条处理，结果会明显偏重或者偏轻的案件，基于法律适用后果寻找法律前提的思维方式在一定程度发挥了积极的意义。当然，这种路径的风险也是明显的，包括可能破坏普遍正义、导致滥施刑罚处罚、造成司法权僭越立法权、放弃刑法法条等缺点〔1〕。就“以危险方法危害公共安全罪”而言，有研究者直言不讳其已成为一个“口袋罪”。〔2〕概言之，这种逆向的思维如果被肆意滥用，容易造成法律适用的随意性和不确定性。

（五）运用解释的方法

上述几种方法主要是从出现滞后的法律规范之外，寻求弥补的途径。除此以外，也可以针对法律条文本身，通过解释的方法拓展或者限缩其内涵。

虽然目前我国的法律制度中，并没有赋予法律实施者在适用法律过程中的法律解释权，但并不能排除实际上大量发生的解释行为。〔3〕通过解释的方法，可以将原本脱节的法律条文和实际情况再度联系起来。判决中的说理部分，或多或少就包含了法律解释的因素。例如，运用对法律条文中的“等”进行类比性的解释，在实践中其实较为常见。在运用到解释方法的案件中，对法律条文含义的解释的部分，其实也往往是支撑判决结论的核心观点。〔4〕

四、司法补正的具体应用：对前述案例的再分析

（一）对醉酒嫌疑人员强制抽血检测符合实质正义

从制度运行看，认可公安机关有权强制采取酒精检测具有现实必要性。通过呼气酒精测试仪测出的数据，只能作为初步的判断标准，容易受到其他因素的影响，检测血液是判断当事人是否酒后、醉酒的主要手段。但是，实践中当事人为逃避法律的惩处，不愿配合检测血液的情况较为突出。《道路交

---

〔1〕 叶良芳：《量刑反制定罪：实践和理论的双重批判》，载《东南大学学报（哲学社会科学版）》2018 年第 1 期。

〔2〕 仝其宪、王永胜：《以危险方法危害公共安全罪如何走出“口袋罪”的窠臼》，载《宜宾学院学报》2014 年第 5 期。

〔3〕 刘平：《行政执法原理与技巧》，上海人民出版社 2015 年第 1 版，第 317 页。

〔4〕 案例如：黄泽富、何伯琼、何熠诉四川省成都市金堂工商行政管理局行政处罚案（最高人民法院行政指导案例第 6 号）、盐城市奥康食品有限公司东台分公司诉盐城市东台工商行政管理局工商行政处罚案（最高人民法院行政指导案例第 60 号）。

通安全法》及其实施条例关于禁止酒驾的规定，需要以公安机关具有强制检测权作为制度实施的保障。否则，酒精检测以当事人主动自愿配合为前提，将架空制度的刚性，引导更多当事人不配合检测，减损公安机关执法权威，禁止酒驾制度必然成为一纸空文。由是观之，审判法院认可公安机关的强制酒精检测权，值得肯定。

本案中，夏某某甚至不愿意配合进行呼气测试。从一般的常识来看，其抗拒执法的行为，直接反映出其具有高度的违法犯罪嫌疑。如果不对其即时采取一定的措施，是放任其对社会的实质性危险。此外，从生理学角度来看，如果不及时对夏某某采取检测血液的措施，随着时间的推移，血液中酒精的浓度必然会有所降低，影响关键性证据的效力。因此，不论从维护社会秩序角度，还是从维护法律秩序角度来看，对醉酒嫌疑人员强制抽血检测符合实质正义。

（二）法律制度未针对强制检测血液及时予以调整

在《行政强制法》出台之前，行政强制措施表现为“散”“乱”“软”。“散”是指有关行政强制的规定非常分散，分布在大量的单行法律、法规和规章之中；“乱”是指行政强制权的设定和实施比较混乱，导致行政强制权被滥用；“软”是指在有些领域中行政机关强制手段不足，效率不高，执法不力。〔1〕概言之，制定《行政强制法》是目的为了解决行政强制措施的不规范问题，意义在于推进依法行政，保障人权。

但同时《行政强制法》的出台，也在无意中将一些有必要继续实施的强制措施排除在了法律框架之外。就本案涉及的强制检测血液措施来看，其设定的法律依据是《道路交通安全法实施条例》第105条，作出具体规定的是《道路交通安全违法行为处理程序规定》第22条，设立时间早于《行政强制法》但法律层级不高，与限制公民人身自由的行政强制措施必须由法律作出的规定产生冲突。因此，将强制检测血液作为行政强制措施的做法，已不符合《行政强制法》设置的总体法律框架。

一方面，按照《行政强制法》第10条的规定，限制公民人身自由的强制措施必须由法律设定，审理法院将酒精检测认定为强制措施，并将公安部规

〔1〕袁曙宏，《我国〈行政强制法〉的法律地位、价值取向和制度逻辑》，载《中国法学》2011年第4期。

章及法律文书作为该措施的法律设定依据，明显位阶不足。另一方面，从历史上考察，2004年作为行政法规的《道路交通安全法实施条例》颁布施行，第105条从当事人义务角度，指引性地明确“机动车驾驶人有饮酒嫌疑的应当接受检验、检测”。虽然对当事人义务性的规定能否当然地解读出政府主管部门的行政强制权力仍存争议，但该条规定客观上成为上述公安部规章相关内容的上位制度依据。但是，2012年《行政强制法》出台实施后，《道路交通安全法实施条例》作为行政法规无权设立限制公民人身自由的强制措施已无疑义。该条例同样不能作为法院将酒精检测认定为强制措施的制度依据。第三，我国法律层面客观上并未明确授予公安机关强制酒精检测的权力。综上三点，审理法院将酒精检测认定为行政强制措施违背了法律体系的逻辑，难以自圆其说。

（三）司法实践中宜将强制检测血液措施定性为刑事侦查措施

既然对醉酒嫌疑人员强制检测血液符合打击酒后驾车违法行为需求的实质正义，法律制度又未针对强制检测血液予以及时调整，那么在具体适用法律的过程中，法院在司法裁判中应通过探寻其他可能的解释路径的方法，对此法律滞后之处予以弥补。

例如，结合本案案情和前文所述的法律原则的适用、司法解释、应用法律中维护个案正义的调整性条款、基于适用后果寻找法律前提、运用解释方法的特点，本文认为可以从“后果寻找法律前提”和“运用解释方法”的角度入手，将强制检测血液认定为刑事初查措施，避免与《行政强制法》产生原则性的冲突。当夏某某不配合呼气检测时，即可视为其具有明显的犯罪嫌疑，此时民警即可将案件作为刑事案件办理，而非本案审理法院所认为的“在刑事立案之前，并非刑事侦查行为”，防止使强制检测血液这一有效举措丧失合法性基础。将强制检查血液视为刑事侦查措施，同时意味着司法审查中，可适用判断刑事案件取证合法性的法律规定，所以并不会减损当事人的合法权益。

故而，司法裁判中，通过将强制检测血液措施的定性为刑事侦查措施，起到了对法律规范滞后之处的补正作用：一是使得办案过程处于刑事办案程序之中，不超出法律对执法程序设定的框架。二是维护了法律体系的统一，不会出现程序违法而结果合法的奇怪结论，避免对一线执法民警产生只要结果合理即可肆意违反执法程序的误导。三是实现了法律效果与社会效果的统一，确保了对酒驾醉驾予以否定性评价的法律规范的落地实施，避免出现违法嫌疑人拒绝配合执法的仿效效应。

五、结语

美国大法官霍姆斯曾言，法律的生命不在于逻辑，而在于经验。社会是动态发展的，但法律本身又具有滞后性，这就要求法官在司法裁判时要发挥主观能动性，正视法律制度存在的缺陷，通过适用比较适当的方法，对法律滞后之处予以补正，以实现个案中的实质正义与形式正义、实体正义与程序正义、法律效果与社会效果的平衡兼顾。在此基础上，个案的处理，也能为以后处理类似案件乃至进一步固化上升到法律条文层面，提供具体的实践经验。对滞后法律规范的司法补正路径作类型化归纳，是形成立法和司法良性互动机制的前提，也是避免法官自由裁量权恣意的保障。归纳当前司法实践，相关补正路径可以区分为“适用法律原则”“创制司法解释”“适用调整性条款”“基于法律适用后果寻找法律前提”“适用解释”等类型。不可否认，各类司法补正路径都不是完美的，都存在对既有法律体系或大或小的冲击。但在具体个案中，法官如果能够形成考量相关路径优劣的自觉，选择最佳补正方式，能最大程度兼顾实质正义和法律体系的稳定。期间的冲击和不完美，正是法律得以完善和进步的必要代价。

域外法苑

法律现实主义和法律原则

布莱恩·莱特* 朱莹 译**

美国法律现实主义者[1]并不排斥原则，因为他们不反对法官在审理案件时依照某类规范标准裁判案件：毕竟，原则只是关于法官应如何作为的规范标准，未必成型并明确于制定法、法庭或者相关著述之中。当法官基于“效率性违约”裁判案件时，他仍旧被视为根据规范标准进行裁判，即便此类的规范标准并不一定载明于法律之中。但是，先前所存在的非法律的规范标准能够在将来成为具有法律约束力的规范。法律现实主义者所揭示的是，在很多情形下，法官审理所援引的原则并不是他们赖以形成决定的真正的规范标准。因此，进行法律改革成为法律现实主义的核心任务，它致力于使法院和学者所引用的实际原则与法官所依据的实际规范标准相一致。法律原则在今天仍然十分重要，其所起的作用正如这场研讨会所作的众多贡献一样，但更准确地说，是因为现实主义者所掀起的法律改革运动在众多领域取得了成功。

我得以充分理解上述观点是大约二十年前，那时我正在得克萨斯大学任教，有幸与其他学者进行长期的交流探讨。已故的著名教授查尔斯·艾伦·莱特（Charles Alan Wright），时任美国法学会（American law Institute，简称

---

* ［美］布莱恩·莱特（Karl N. Llewellyn）法学讲席教授，芝加哥大学法律、哲学及人类价值中心主任。非常感谢爱德华·洛克和希亚姆·巴加内什对我的法律现实主义研究的兴趣，非常感谢本次论坛的真知灼见，十分感谢论坛对我的邀请。最后，再次感谢菲力·斯莫克，芝加哥大学法学院2015届学生，感谢他杰出的研究协助。

** 朱莹，女，山西太原人，华东政法大学法律学院法理学专业硕士研究生，主要研究方向为西方法哲学。

[1] 我之后将简单介绍法律现实主义者。美国法律现实主义者与斯堪的纳维亚法律现实主义者之间的巨大差异，See Brian Leiter, Old amd New, 47VAL. U. L. REV. 949 (2013).

ALI）会长，他所撰写的《联邦惯例和程序》[1]（“Federal Practice and Procedure”）一书，或许是美国法学界半个世纪以来最重要和最具有影响力的著作。在那一代人当中，莱特似乎是最伟大且最具影响力的典型的“原则主义者”，但同时他也是一个十足的法律现实主义者。因此，理解美国法律现实主义的本质，关键就在于如何理解这些明显使人困惑属性的结合。

当然，当回想起20世纪20年代向新成立的美国法学会（ALI）致意并提出关于建议进行法律重述的法律现实主义者，莱特对自己法律现实主义者的描述似乎显得怪异。著名的侵权法学者和改革者利昂·格林（Leon Green）1928年曾声称“重述形成发展于英美法院的（普通法）规则和原则，无疑向侵权法领域施加了一项最无望的任务”。[2]曾在莱特担任过书记员的美国第二巡回上诉法院就职的查尔斯·克拉克（Charles Clark）法官，就谴责对《合同法》进行重述，因为“法典的刚性……导致法典无法提供改革和进步的机会”。[3]除此之外，没有一个持法律现实主义的继承者或法学会会忘记耶鲁大学心理学家爱德华·罗宾森（Edward Robinson）1934年发表在《耶鲁法律评论》上的慷慨激昂的指责：

美国法学会认为，通过人为、武断地给出解决纠纷应遵循的原则性导向，就可以帮助那些头脑简单的律师。

……

但是，诸如美国法学会专家所提出的那些逻辑上一致的原则，显然不能被认为是对理解法律制度本身而作出的努力。当我们考虑这些对普通法的重述以及它们该如何被制定时，我们就会想到专业神学家是如何聚集在尼西亚会议投票决定三位一体的本质。这两种情况的差异性在于，相较于法律制度，教会的神父们拥有更大的权力迫使人们信仰他们的结论。[4]

尽管很多早期的法律现实主义者都曾发表谩骂的言辞，[5]但我们不难理解，为什么莱特作为领导美国法学会的第一任法学教授、公认的现实主义者

[1] CHARLES ALAN WRIGHT ET AL., FEDERAL PRACTICE AND PROCEDURE (4th ed. 2008).

[2] Leon Green, The Duty Problem in Negligence Cases, 28COLUM. L. REV. 1014, 1014 (1928).

[3] Charles E. Clark, The Restatement of the Law of Contracts, 42 YALE L. J. 643, 650 (1933).

[4] Edward S. Robinson, Law—An Unscientific Science, 44 YALE L. J. 235, 260–61 (1934).

[5] 并非所有言辞都是消极的，Walter Wheeler Cook 赞同“美国法学会成立并发起的运动应该得到法律界和全国人民的衷心支持”。Walter Wheeler Cook, The American Law Institute, THE NEW REPUBLIC, Mar. 21, 1923, at 89.

和查尔斯法官的门徒，会自我标榜为原则主义者。

答案的初始在法律现实主义的一份重要文档中体现，时任美国法学院协会主席的赫尔曼·奥利芬特（Herman Oliphant）在1927年进行了赫然名为“回归遵循先例”的演讲。[1]标题之所以显著，正是因为向先例约束力的回归，意味着向一种体制的回归。在这种体制之下，当面对类似事实时，先例法院关于原则的论述实际上会对以后法院如何作出判决形成拘束，而这正是奥利芬特的愿望。奥利芬特担心法院和学者们界定的法律原则过于笼统和抽象，而忽略了最初纠纷产生时的特定事实情境（法律现实主义者称之为“情境类型”）。[2]随之而来的结果便是这些原则对于处理以后案件的法官来说，不再具有任何价值。他们仅仅“对眼前具体案例中的事实刺激作出回应，而不再对先前观点和论文中所提及的过于笼统和陈旧的抽象原则作出回应”。[3]奥利芬特认为通过使法律原则更具事实针对性，并使其适合于能够带来有关公平和正义的司法预感的特定事实场景，才能够恢复有意义的先例原则。因此，举例来说，奥利芬特建议我们关注法院是如何真正决定这些承诺的有效性，而不是假定存在关于“竞业禁止合同允诺”的可执行性的单一的、一般性规则。例如，企业的卖方向买方作出的承诺应强制执行，而一个雇员向他的雇主所作出的承诺不应被强制执行。[4]在前一情境中，奥利芬特认为法院只是在做经济层面上合乎情理的事情（毕竟，如果卖方可以简单地在隔壁开张并与之竞争，那么没有人会愿意进行收购），但在后一场景中，法官考虑了当时调整劳资关系的主导性非正式规范，即基于雇主与雇员处于不平等的经济地位，因而不支持此类被视为不公平的承诺。

现在，我们能够理解美国法学会的批评家所担忧的内容以及为什么莱特，像奥利芬特一样，认为自己是一个彻底的现实主义者。美国法学会的现实主义批评家们担心法律的重述仅仅是将那些过于笼统和陈旧的抽象原则编撰成法官可能会记住但对法官如何裁判却没多大用处的法典。[5]相较之下，莱特

---

〔1〕 Herman Oliphant, A Return to Stare Decisis, 14A. B. A. J. 71 (1928).

〔2〕 See Brian Leiter, Legal Formalism and Legal Realism: What is the Issue?, 16 LEGAL THEORY 112 (2010)（“情景类型”是指反复出现的事实情境，诸如企业的卖方向买方承诺不与其竞争，之后又试图违反此承诺）。

〔3〕 Id. at 75.

〔4〕 Id. at 159.

〔5〕 Id. at 75.

所设想的法律重述正是一种精神，奥利芬特凭之呼吁回归遵循先例：即以更具事实针对性的方式来重述法律原则，从而使相关裁判理由更具描述性。从这点来说，合同法的（第二次）综述是不值一提的，因为它实际上包含了某些近似于奥利芬特对不同类型竞业禁止承诺的区分。[1]

有时，法律现实主义者因这种方法而失去了理智。例如利昂·格林（Leon Green）那本著名的1931年版的侵权法教科书，[2]全书并不是按照传统的原则类型进行编排（例如，过失，故意侵权，严格责任），而是按照事实情境或者伤害发生的情境类型，诸如"外科手术""动物饲养""交通运输"等。这种方法预设的前提是并不存在一部关于侵权行为本身的法律，而是有诸多针对伤害发生的不同情境而制定的具体侵权法律。通过将调整反复发生的特定事实情境的规则加以类型化，就能够更好地俘获关于公平和正义的特定事实直觉，而这些直觉恰恰实际上构成法官的动机。承接格林案例集的学者后来放弃了这种编撰方法，转而采用更传统的原则性章节标题，这表明格林可能在使主导性原则更具事实针对性的方向上已经走得太远。[3]这次重述未走向格林第一版侵权教科书表现出来的那种极端，但是他们已经以他们的方式维持着对由奥利芬特和莱特提出的现实主义传统的忠诚。

随着时间的推移，不可否认的是，现实主义已经和众多其他的原则相联系，而这些原则早被诸如奥利芬特、格林和莱特这样的现实主义者驱逐出现实主义的领域。必须值得强调的是，在与法律现实主义运动相联系的学者中，那是一种支配性的现实主义，从卢埃林（Karl Llewellyn）到穆尔（Underhill Moore）。[4]那些将现实主义视为我们所称的"司法判决的胃肠理论"的代表者——法官早餐所吃的东西足以解释司法决定——事实上，将会对现实主义者认真对待原则感到困惑，更不要说领导美国法学会了。但是，没有一个现实主义者曾提倡过胃肠理论，唯一的例外是杰罗姆·弗兰克（Jerome Frank），他曾试图使法官个人的人性心理特质上升至在法律决策形成过程中具有关键

[1] RESTATEMENT (SECOND) OFCONTRACYS&188 (1981).

[2] LEON GREEN, THE JUDICIAL PROCESS IN TORT CASES (1ST ed. 1931).

[3] LEON GREEN ET AL., CASES ON THE LAW OF TORTS (2d ed. 1977).

[4] See Brian Leiter, Rethinking Legal Realism: Toward A Naturalized Jurisprudence, 76 TEX. L. REV. 267 (1997)（解释并反驳了早期对现实主义的理解）, reprinted in BRIAN LEITER, NATURALIZING JURISPRUDENCE: ESSAYS ON AMERICAN LEGAL REALISM AND NATURALISM IN LEGAL PHILOSOPHY 15 (2007).

因素的高度。[1]然而，菲利克斯·科恩（Felix Cohen）对弗兰克的观点给予了适当的反驳，他于1935年发表在《哥伦比亚大学法律评论》中的评论谈到“法官是人，但他们是一类特殊的人群，被选任并任职于受政府控制的强大系统之下，坚持服务……一个真正现实的司法判决理论必须把每一项判决都看作不仅仅是个人性格的表达，而是社会决定因素的产物”。[2]

尽管大多数法律现实主义者持与科恩相类似的观点，反对弗兰克的极端主义，但是他们却从未提出一套关于司法裁判中“社会决定因素”的系统理论。他们反而致力于观察，像马克思·雷丁（Max Radin）所认为的一样，“由于法官具有作为公民和律师的经验，因此他对于涉及监管事件的标准交易非常熟悉”，在这里，法官的背景和经历解释了他对不同情境类型作出反应的可预测方式。[3]在近十年中，道格拉斯·莱科克教授（Douglas Laycock）对无法弥补的伤害规则提出了具有开创性和现实主义风格的驳斥，在这其中表达了类似的观点。无法弥补的伤害规则规定当被告的金钱损失足以补偿受害人时，法院将不会对不当行为予以禁止。根据教授莱科克所言：

“只要条件允许，法官确实会阻止伤害的发生。司法意见书虽然不间断地援引这一规则，但是法官却并不适用它……当法官拒绝原告主张的法律救济选择时，总会有与无法弥补的伤害规则本身无关的原因……正义感的直觉已经引导法官得出了合乎情理的结果，但是并没有类似的压力促使法官作出合乎情理的解释。”[4]

奥利芬特称正是“眼前具体案例的事实刺激”激发了决策形成者的正义感，而这正是现实主义者关于法官如何裁判案件的理论核心。正如约瑟夫·哈奇森法官（Joseph Hutcheson）1929年发表的论文《直觉判断：预感在司法判决中的作用》所言，“促使一项决定作出的至关重要的因素是法官对于什么是正确或错误的直觉感”。[5]因此，卢埃林向正在培训的年轻律师建议，尽

---

〔1〕 Jerome Frank, Are Judges Human?, 80 U. PA. L. REV. 17, 27（1931）（有压倒性的证据表明，我们目前的司法系统是一个所谓“卡迪司法”的伪装系统。）.

〔2〕 Felix S. Cohen, Transcendental Nonsense and the Functional Approach, 35 COLUM. L. REV. 809, 843（1935）.

〔3〕 Max Radin, The Theory of Judicial Decision: Or How Judges Think, 11 A. B. A. J. 357, 358（1925）.

〔4〕 DOUGLAS LAYCOCK, THE DEATH OF THE IRREPARABLE INJURY RULE AT vii, ix（1991）.

〔5〕 Joseph C. Hutcheson, Jr., The Judgement Intuitive: The Function of the “Hunch” in Judicial Decision, 14 CORNELL L. Q. 274, 285（1929）.

管他们必须向法官提供“技术梯度”的正当性辩护结果，但是律师真正必须要做的是“在事实上…说服法官，使他认为你的理由是合理的”。〔1〕

许多学者误解法律现实主义和法律原则两者间关系的一个原因与20世纪80年代批判法学研究（Critical Legal Studies）的学者对法律现实主义最近的重构有关，他们也掩盖了法律现实主义对美国法律的深刻影响，包括通过美国法学会进行的工作。〔2〕例如，CLS的现实主义版本，以哥伦比亚大学经济学家罗伯特·黑尔（Robert Hale）和哲学家莫里斯·科恩（Morris Cohen）（两位学者实际上属于现实主义运动的边缘人物）的推理为基础，做出了很多反对“公—私”区别的争论。〔3〕其论证过程基本如下：虽然经由政府决定创造并构建了所谓的私人领域（即创设并实施一项关于财产和合同权利的制度），该私人领域（即市场）中并不应该存在“不干涉”的假设，因为干涉对于公众人物而言是必要的。简言之，不存在一条政府可逾越的自然基线，同时政府还能保持不干预者和中立者的身份，因为基线本身就是政府规定的产物。尽管包含着明显的不依前提的推理（它不认可政府规制私人领域获得规范性许可，仅仅从政府通过建立权利结构创造私人领域这一事实出发），但这个论点超出了“批判法律研究”，被证明在法学界很受欢迎。〔4〕然而，这个论点几乎和法律现实主义无关，因为法律现实主义的核心体现在，当理解上诉法院判决背后的推理时为律师提供实践性帮助。

对于法律推理的不确定性，相较于法律现实主义者，批判法律研究的学者们提出了更加激进和难以置信的主张。像卢埃林这样的现实主义者通过诉

〔1〕 KARN N. LLEWELLYN, THE BRAMBLE BUSH 71 (11th prtg. 2008).

〔2〕 布莱恩·塔玛纳哈最近对现实主义的歪曲也无益于此。见 BEYOND THE REALIST/FORMALIST DIVIDE: THE ROLE OF POLITICS IN JUDGING (2009)，对两种现实主义错误陈述的文献以及一些主要来源 Leiter, Legal Formalism, supra note 8. 引用塔玛纳哈书中的任何观点，而不是19世纪那些已经认识到普通法法官造法（他们不都是自然法学家）和审判活动并非机械进程（“庸俗形式主义”）的法学家和学者的主张应该构成学术过失。但在前述现实主义与形式主义之争中，先前的主张并不在讨论之列，而且塔玛纳哈错误地将现实主义与CLS主张“司法裁判带有政治性”的观点等同起来。

〔3〕 这种凭据没有任何意义，因为黑尔不是一名律师，而是一位经济学家，他与主要的现实主义者接触相对较少。科恩实际上是现实主义的批判家。尽管如此，这个有缺陷的论点成为法律现实主义CLS版本的核心内容。

〔4〕 See, e. r., J. M. Balkin, Some Realism about Pluralism: Legal Realist Approaches to the First Amendment, 1990 DUKE L. J. 375 (1990)（将黑尔的批判运用于第一修正案原则）; Cass R. Sunstein, Lochner's Legacy, 87 COLUM. L. REV. 873, 917–19 (1987)（为黑尔批判的关联性而争辩）。

诸熟悉的法律和司法推理方法，展示出这些方法经常冲突的样貌，诸如出现对一个先例的严格和宽松两种不同解释，或者以相反的方式理解同一法律条款〔1〕，进而认为法律具有不确定性。但相比之下，批判法学研究的学者们采取了一种完全不同的、在理论上更为雄心勃勃的策略。他们将法律不确定的原因归结为以下方面来源之一：或者由于语言本身的一般特性（根据维特根斯坦与德里达的语义怀疑论，语言并不总是精确的〔2〕）；或者由于他们所主张的相互矛盾的道德和政治原则的存在，从适当的抽象层次上来进行理解的话，这些原则恰恰构成了实体法。〔3〕可以说，这在理论上是雄心勃勃的，但是从哲学上看却往往是不清晰的，对法律推理的批评解释了其中的原因，正如洛克教授写给本次研讨会的来稿一样，“批判法学研究还未……在任何方面接近（现实主义）对法律教育文化或法律思维产生的影响”。〔4〕

洛克教授的文章还提醒人们关注，对于一名美国普通律师而言，法律现实主义最令其困惑的一面为：法律现实主义没能够在最重要的英联邦管辖区——英格兰，获得任何实质性影响。洛克教授以公司法为例，将这种差异恰当地描述为形式上而非实质上的差异，因为“在诸如公司法领域……市场和制度压力要求为实践难题提供实践性解决方法”。这就证明两者是相似的，尽管“在两种制度中内存在不同的法理”。〔5〕从列维〔6〕到洛克，法律现实主义对主要的美国法学家造成如此显著和有意义的影响，但为什么在英国却没有什么进展呢?

我从一个解释性的故事开始。博克斯（Peter Briks），一位已故的牛津大学民法教授，研究赔偿法的杰出学者。当我在德克萨斯大学任教时，他恰好在这里做访问学者。有一次我和他在教师休息室探讨法律现实主义时，他告诉我法律现实主义的核心难题在于它是“不道德的”——不是错误，而是不道德！当然，博克斯教授认为它也是错误的，但是将之视为不道德，他的意

〔1〕 引注及讨论详见 Leiter, supra note 15.

〔2〕 对 CLS 这一方面的批判性讨论见 Jules L. Coleman& Brian Leiter, Determinacy, Objectivity, and Authority, 142 U. PA. L. REV. 549, 568 – 72 (1993)（对 CLS 关于法律不确定争论的批判）。

〔3〕 CLS 论辩策略的最著名实例是 Duncan Kennedy, Form and Substance in Private Law Adjudication, 89 HARV. L. REV. 1685 (1976).

〔4〕 Edward B. Rock, Corporate Law Doctrine and the Legacy of American Legal Realism, 163 U. PA. L. REV. 2019, 2026 (2015).

〔5〕 Id.

〔6〕 EDWARD H. LEVI, AN INTRODUCTION TO LEGAL REASONING (1949).

思是这会鼓励法律原则不能有效拘束法律决定这一有害的想法，至少在上诉法院中。透过他的陈述，我认为他所担忧的是法律现实主义可能会引导法官依据政策而非法律作出司法判决。但是正如洛克教授对美国和英国公司法实质性趋同的讨论所描绘的那样，在美国法上政策考量是明显的，它也在发挥着作用，尽管在英国法上表现得较为隐晦。因此，为什么要对这种现实主义视角持敌视态度呢？

为什么另一个伟大的普通法体系竟然对现实主义法律原则的传统角色所作的批判持如此怀疑的态度呢？我试图提出三个猜想：首先，英国高等教育系统要求年轻人在十八九岁时致力于法学课程的学习，然而美国学生需要在完成一门其他学科（诸如经济学、历史学或心理学）的学习之后，才能将法律作为其研究生课程。因而一个可能的可预测的结果就是，从表面看，花费很多时间投入法律原则研究的英国青年，相较于那些曾接触过历史、经济和心理学视角来研究人类制度的人来说，更倾向于认真对待法律原则。其次，英国司法制度在很大程度上仍是一个公务员系统，法官晋升以同行的专业能力评估为依据。这一特点对英国司法来说具有明显的约束作用，如设想的一样，就限制其享有如美国法官一样的论辩和解释的自由，而后者往往是出于政治党派的原因而被选举或任命为法官。因此，也许英国法官真的比美国的同行要更忠于法律原则？最后，正如吉尔默（Grant Gilmore）很久之前所主张的那样，[1]美国联邦系统的存在意味着一个国家当中有51个司法辖区——包括联邦法律体系和50个州的法律体系——其结果是，几乎所有的法律论辩都可以在某些法院的裁决中主张自己的正当性。而这也可能使法律原则和推理的不确定性的现实主义诊断在美国比在英国更适用。

但是，正如洛克教授的例子所示，当谈到他所考虑的公司法问题时，美国人和英国人持有基本相似的立场。这个事实表明，英国人对现实主义的轻视是错位的。无论是美国还是英国的争端裁决者，都会共享足够相同的规范性直觉以达到相似的结果——这或许能被现代资本主义的要求所解释，或决策者的社会化，或兼而有之。但是，事实的关键在于法官对争端的处理，而且他们通过援引共同体中有足够主体间性的、具有拘束力的规范性标准来处

---

〔1〕 Grant Gilmore, Legal Realism: Its Cause and Cure, 70 YALE L. J. 1037, 1039 - 40, 1042, 1046 (1961).

理纠纷。至于那些规范标准是官方法律原则还是仅仅是受教育者的常识并不重要：法律命令的合法性和效力在很大程度上取决于其结果是否得到原则的许可。可以确证的是，美国法律现实主义者的雄心是将现有的法律原则落实下去，意味着达到满足那些将争议送呈法庭的当事人的规范性的期待水平。美国的法学教育已经大大偏离了仅仅进行原则教育，而转向跨学科教育的原因，主要是法庭相当敏感地对行为的规范性期待并不能为过去的原则性分类所捕捉。毫无悬念，在资本主义民主国家中，经济效率标准无疑是最重要的，但是对政治规范和社会规范保持敏感度显然已经清晰地突显出其关键性角色。[1]也许有一天法律现实主义会变得平庸，而这本是法律现实主义者所期待的：因为我们可以实现这一点，我们的法律原则追随对案件事实具有重要意义的司法直觉，而且在那时，我们将不再需要现实主义者对现有的原则类别加以批判。在美国，我们可能尚未实现这一理想图景，但是我们正在接近。

〔1〕 See, e. g., LUCAS A. POWE, JR., THE WARREN COURT AND AMERICAN POLITICS (2000).

法律拟制的实用价值

道格拉斯·林德* 朱瑞** 译

> 我们究竟如何称谓这人世间的一切呢？这似乎是相当武断的，因为就像我们把星座刻画出来一样的去刻画着一切，使这一切符合我们人类的目的。
>
> ——威廉·詹姆斯

摘 要 在实用主义法学之下，本文重新评估了法律拟制的概念。传统法律理论认为拟制是有意的虚构性断言。这样显然只强调其逻辑矛盾而忽视了法律拟制的社会价值。它将所有的拟制边缘化为形而上学的怀疑，并损害了法律和司法决策的完整性。本文认为法律拟制应该被理解为命题上的法律真理（教义、规则、原则）。它是我们刻意承认在语义上与法律之外（或法律内部的其他地方）的真理性命题不一致的断言。如果这种不一致在法律之外或内部没有造成损害，没有混乱、不连贯或破坏原有功能，而且还提升了法律体系内部运行效率或者帮助其更好的发挥了作用。那拟制就具有价值和效用。但若法律上的拟制会造成系统性的混乱，破坏法律的功能，或者其本身不能够在法律中发挥作用。此时法律拟制不仅仅是无用的更有可能会造成

* ［美］道格拉斯·林德（Douglas Lind），美国爱荷华大学哲学系教授，主要研究领域为后维特根斯坦哲学、法学和环境伦理学，代表作有《逻辑与法律推理》（Logic and Legal Reasoning）、《实用主义、法律和语言》（Pragmatism, Law, and Language）。

** 朱瑞，华东政法大学硕士研究生，研究方向为法学理论

麻烦。无害、可行的法律拟制具有实用价值和法律价值，但存在问题的、有害的法律拟制应当从法律中删去。

一、简介

法律是一种社会组织和社会控制机制，它创造了制度和程序，以构建社会秩序，以确保生命和自由，以分配利益和负担，以使人们不诉诸私人力量而解决争端。在理想形式中，法律以事实、真理和正义的协调统一来履行这些功能。但法律拟制在这个理想中未能占有一席之地。单纯就法律拟制而言，法律真理似乎是从事实的谬误中产生出来的。

在理论上很难解释法律拟制。因为很难建立一个法理上的标准来支持司法官员对法律有意的虚构。边沁对法律拟制提出了一连串著名的批评，他将其比喻为司法腐败的瘟疫，一种将法律的实施变成“最有害、最卑鄙的谎言”的系统性腐败〔1〕。但批评无法解释它确实充斥在法律之中。因此，如何解释它们的存在或者如何提出一个令人信服地观点驳斥它们作为法律思想和表达工具的价值，是对所有进行系统性法律研究者们提出的迫切要求。

本章试图用一种以实用主义哲学为基础的法理学来对法律拟制进行系统的解释。我使用了一种古典的、分析式的实用主义方法，这种方法受早期美国实用主义者威廉·詹姆斯、约翰·杜威和阿兰·洛克以及他们同时代的席勒和维特根斯坦的影响最大。我对实用主义法理学的理解进一步归功于实用主义传统中的一些分析哲学家，尤其是刘易斯·芒福德，奎因，和普特南，以及在近一个世纪前揭露了普通法判决的实用主义本质的本杰明·卡多佐。在此之下，我初步的尝试着对法律拟制概念的进行重构。一般来说，拟制在法律理论中被视为刻意的错误。这样显然只强调其逻辑矛盾而忽视了法律拟制的社会价值，我认为法律拟制应该被理解为真实的法律命题，有意识地承认它们在语义上与其他某些语言系统（或法律之内的其他地方）所宣称的真实命题不一致。以这种方式理解，拟制就不再是令人一个棘手的法律理论了。因为法律拟制仅仅是一种创造性的立法形式，是一种用法律（主要是司法）手段来解决问题的现象。法律拟制功过是非应该是看拟制是否损害了某些法

〔1〕 Bentham, Jeremy. 1843. Works. Edinburgh: William Tait, p. 235.

律领域内或外的既定的意义或相关理解，或者由于意义上的冲突而损害了法律本身。如果使用得当，法律拟制不但不会造成损害反而会创造出可行的、有益的理论或者规则。如果使用不当，则会掩盖法律推理的潜在过程，颠覆了法律中固有的意义或真理，造成极大的不公正。和其他创造性的法律技术一样，法律拟制必须在一定的语境中逐个案例地加以评价。需强调的是，这种技术本身既不是病态的，也不是邪恶的。我的论点是立足于实用主义视野下的真理。在谈我的理论之前，有必要简要地考察一下法律拟制的现状。首先需要弄清楚的一个问题是，什么是法律拟制，它们在法理学的传统中是如何被描述的。

二、法律拟制的特征

法律拟制的悖论肇始于自身定义。法律拟制的概念是不断变化的。从18世纪的后期到20世纪的早期，法律拟制是法理学和历史学内的共同话题。这个时代的讨论主要集中在概念的拟制在法律中的作用，而不是“法律拟制”这个词的内在含义。边沁在谴责整个法学是一厢情愿的理论幻想或不公正立法的产物之前，相当慷慨地描述了法律拟制。大多数法学家对拟制不带有强烈的批评色彩，常常把拟制描述为较为普通的法律特征。皮埃尔·德·图尔图伦（Pierre de Tourtoulon）对法律拟制进行了颇为正面的定义，他认为法律拟制是法律最重要的进步源泉。对于图尔图伦来说，所有的法律制度都是从虚构的拟制开始和发展的，他曾说，“如果一个人试图剥夺过去和现在所制定的每一部关于拟制的法律，那便无多少法律可言了”。罗斯科·庞德认为法律拟制的构建是创造性判决的一种核心形式。庞德关注程序性拟制，以及他所认为的关于公平、自然法和司法解释的更大胆、更普遍的拟制，他认为法律拟制是一种创造性的技术，可以通过创造新的制度、原则和训令来促进法律的发展。萨维尼同样认为拟制是法律发展的一个关键性因素，是法律思维的一种形式，其允许新的规则和理论与现有的法律机构结合，以保持确定性。耶林和他的追随者约翰·奇普曼·格雷，将拟制归类为历史主义或教条主义的产物。把拟制视为引进新法律或扩大救济的方式是他们所提到的历史范畴之一。教条主义拟制往往以创造性的方式对现存的法律进行整理和分类。对耶林来说，所有拟制的主要功能就是将法律概念进行类比延伸和分类。在达到这一目的的过程中，耶林认为它们具有很高的价值。因为它们减轻了立法者修改形式法律的负担，同时也省去概念调整的麻烦，从而促进了法律自身的发展，增强了法律对社会的适应性。布莱克斯通也认为拟制在促进法律理论的发展和避免一般规则含糊不清的应用方面“非常有益和有用”，但他也不否认拟制所依赖的奇怪逻辑令他感到困惑〔1〕。

梅因将法律拟制定义为任何故意或假装掩盖法治已发生变化、其文字保持不变、其运作正在被修改的假设〔2〕。虽然他称赞拟制是“克服法律僵化的宝贵权杖”，在社会进步的某些形成阶段是必不可少的。但梅因告诫说，随着法律体系的成熟，拟制不利于对法律规则的一致理解，反而成为“对称分类的最大障碍”〔3〕。

在上世纪30年代初，富勒对法律拟制的内涵做出了界定。富勒认为，拟制要么是一种完全或部分意识到其虚伪性而提出的陈述，要么是一种被认为具有效用的虚假陈述”〔4〕。对富勒来说，法律拟制既不是谎言，也不是错误陈述，这是一个故意为之的错误论断，也即作者明知它是假的，却采纳了它。拟制既是是权宜之计，也是有意识地错误假设。作者不能意图欺骗或试图让人“产生其具有真实性的信念”〔5〕，也即拟制必须被别人知道是假的、不可信的。对富勒来说，只有在完全意识到拟制之虚假的情况下，拟制才是安全有益的〔6〕。

富勒之后的几十年里，法律拟制没有受到太多关注。1936年，杰罗姆·弗兰克在他的《法律与现代意识》一书中增加了一些关于拟制的注释。埃德温·帕特森（Edwin Patterson）在他20世纪中叶的著作《法学：人与法律观念》（Jurisprudence：Men and Ideas of the Law）中简要地提出了这个主题。丹麦的阿尔夫·罗斯（Alf Ross）在1969年发表的一篇颇有见地的文章中，对法律拟制是刻意的错误假设的传统处理方式提出了挑战。在20世纪70年代

---

〔1〕 Blackstone, William. [1765 – 1769] 1979. Commentaries on the laws of England. 4 vols. Chicago: University Chicago Press, chapter III p. 43.

〔2〕 Maine, Sir Henry Sumner. [1861] 1986. Ancient law. New York: Dorset Press, p. 22.

〔3〕 Id. pp. 22, 23.

〔4〕 Fuller, Lon L. 1967. Legal fictions. Stanford: Stanford University Press, p. 9.

〔5〕 Id. p. 7.

〔6〕 Id. pp. 9 – 10.

和80年代，一些法律期刊文章讨论了这个主题〔1〕。若非这些人多年来还在讨论，拟制怕只是偶尔被人匆匆一引而已。哈特曾两次评论边沁将权利、义务和道德上责任作为拟制实体来对待的方式〔2〕。德富林勋爵提到过一次拟制，他警告说，法官通常使用的历史的拟制是在没有明显创新的情况下改革法律，这可能是危险的，因为它们有蔓延的趋势〔3〕。而到1990年，路易丝·哈蒙（Louise Harmon）适时地观察到，法律拟制已经成为法律理论中一个几乎被遗忘的话题。

这种情况在新世纪改变了。近年来，法律拟制从休眠状态中崛起。一些法律学者重新点燃了对法律拟制概念和其传统理解的探究热情。另一些则采取了一种新的、批判的策略，对一些“新的法律拟制”进行分类。例如，奴隶制度，税法领域，某些证据和解释性的拟制，以及在美洲印第安人的法律中极为突出的发现主义。这种新的学术路线与传统的研究方法有两个不同之处。首先，它的目的不在于从哲学上理解法律拟制的概念。相反，它是理论性和规范性的，是对某些被认为是拟制的实质性法律制度或学说的批判性审查。其次，它倾向于将“法律拟制”打造成用于责难的术语。在新学术中，法律拟制在很大程度上已经成为一种煽动性的概念，标志着一种法律理论或制度显然是不公正的、复杂性超出必要的或有意欺骗的。不像边沁主义者担心的拟制的过程本身之缺陷，许多新学者未经讨论就假定所有的法律拟制本身都是秘密的、封闭的。

然而，新旧学术与在一个方面是类似的。即谎言。纵观历史，几乎所有的法理学家都认为法律拟制都是有刻意做出的错误假设。边沁抨击法律拟制，因为它们是“刻意的谎言”〔4〕。图尔图伦承认“拟制确实伪造了现实”〔5〕。

---

〔1〕 Campbell, Kenneth. 1983. Fuller on legal fictions. Law & Philosophy 2: 339 – 370. Schane, Sanford A. 1987. The corporation is a person: The language of a legal fiction. Tulane LawReview 61: 563 – 609. Soifer, Aviam. 1986. Reviewing legal fictions. Georgia Law Review 20: 871 – 915.

〔2〕 Hart, H. L. A. 1982a. Bentham and Beccaria. In Essays on bentham: Studies in jurisprudence and political theory. Oxford: Clarendon Press, see Hart 1982a, pp. 42 – 43; Hart, H. L. A. 1982b. Legal Duty and Obligation. In Essays on bentham: Studies in jurisprudence and political theory. Oxford: Clarendon Press, Hart 1982b, pp. 128 – 131.

〔3〕 Devlin, Patrick. 1979. The judge. Oxford: Oxford University Press, p. 162.

〔4〕 Bentham, Jeremy. 1977. A fragment on government. In A comment on the commentaries and a fragment on government, eds. J. H. Burns and H. L. A. Hart. Oxford: Clarendon Press, p. 509.

〔5〕 Tourtoulon, Pierre de. 1922. Philosophy in the development of law (Trans. : Martha McC. Read). New York: Macmillan, p. 385.

在当今的理论家中，弗雷德里克·肖尔（Frederick Schauer）断言："从定义上讲，拟制是一个虚假，因此法律拟制就是法律上的谬误"〔1〕。约翰·普雷布尔（Prebble）认为，税法虚构了一个狡诈的、自相矛盾的税基，它在现实中没有任何补足意义，反而违背了"存在于自然界的真实商业利润……"〔2〕。普雷布尔认为虽然税法的拟制与经典的法律拟制都有一个必要的条件，即"纯粹的法律拟制是一种真正错误的表达"〔3〕，但是他们还是有重要区别的。珍·卡姆登（Jen Camden）和凯瑟琳·福特（Kathryn Fort）在将"发现主义"描述为拟制时，他们把法律拟制定义为"法官知道是错误的陈述，并以此为依据"〔4〕。南希·克诺尔（Nancy Knauer）对普雷布尔（Prebble）、卡姆登（Camden）和福特（Fort）提出了异议。她认为，像他们这样的所谓的新法律拟制被错误地定位成了拟制。对于克诺尔（Knauer）来说，没有一部新拟制是"明显错误的"，她认为这是一个关于拟制的法律命题成为法律拟制的必要标准〔5〕。克诺尔（Knauer）从富勒那里借鉴了这一要求。富勒的经典定义捕捉到了一种在早期和新学者那里很常见观点，即法律拟制包含一种刻意错误的主张："一个断言必须是虚构的，才能成为拟制"。它的虚构性取决于所使用的词语对现实表达的不准确"〔6〕。

这种对虚构的强调是不幸的。允许在辩护中做出另一方不能反驳的抗辩，是古罗马法中有迹可循的做法。但如今，按照富勒的说法，"任何表述在成为拟制之前必须是一个错误"，或者用肖尔的话说，"法律拟制是法律上的谎言"，都会造成逻辑上的混乱。因为，一般说来，法律拟制形式的表达在法律范围内是不假的。公司是法人。这是法律的真实命题。然而，如果像富勒和传统所希望的那样，法律拟制都有意识地做出错误的主张。那么，真正的主张也是错误的。因此，拟制不仅在传统意义上使法律充满了谬误，而且使法律陷入了逻辑矛盾之中。

---

〔1〕 Schauer, Frederick. 2014. Legal fictions revisited. In Legal fictions in theory and practice, ed. Maksymilian Del Mar and William Twining. Dordrecht: Springer.

〔2〕 Prebble, John. 2002. Income taxation: A structure built on sand. Sydney Law Review 24: 301 –318.

〔3〕 Prebble, John. 2011. Fictions of income tax. Victoria University of Wellington Legal Research Paper No. 29/2011. http://papers.ssrn.com/abstract=1604978. Accessed 16 Dec 2013.

〔4〕 Camden, Jen, and Kathryn E. Fort. 2008. 'Channeling Thought'—The legacy of legal fictions from 1823. American Indian Law Review 33: 77 –109.

〔5〕 Knauer, Nancy. 2010. Legal fictions and juristic truth. St. Thomas Law Review 23: 1 –49, a, pp. 40. 49.

〔6〕 Fuller, Lon L. 1967. Legal fictions. Stanford: Stanford University Press, p. 11.

为数不多的研究法律拟制的人理解了这种逻辑困境。杜威在具体语境下阐述法人人格拟制成功的认识了这一点。阿尔夫·罗斯（Alf Ross）将这种认识普遍化为，“把拟制普遍定义为刻意的错误假设是矛盾的，因此没有参考价值”[1]。罗斯试图通过迂回的方式重构了法律拟制的概念，从而试图打破这一困境。他认为，就拟制而言，真与假是无关紧要的。某些拟制确实公然坚持不真实的假设。例如，为适应司法管辖权而对真实发生地进行的拟制。但罗斯否认这种创造性的拟制缺乏逻辑。相反，他把它们看作是一种使用奇怪的说话方式来进行表达的语言工具。在这种方式下，他们的声明是否虚假并不重要。其他拟制，本质上更理论化，罗斯将其表述为“陈述”，而不是断言性的“命题”，从而使其脱离了真假的范畴[2]。最好将理论性的拟制理解为独立于真假之外的神话传说和理想状态。

我赞同罗斯关于法律拟制的概念需要重建的观点。他正确地认识到，拟制的传统处理方式是将其视为刻意的错误假设，这也是拟制长期困扰法学理论的原因。然而，他坚持拟制与真假无关的看法是错误的。真理价值在法律中至关重要。如果法律拟制使真理变得无关紧要，这便又给边沁式的愤怒提供了口实，毕竟边沁曾愤怒的把所有的法律拟制都看作是对法律的背叛。然而，在法律拟制的语境下推演真理的方法与传统上贬低每一个法律拟制是一种刻意的错误假设而推演真理的方法大不相同。这种拟制的标准方法是建立在一套关于现实和真理本质的隐含假设之上的。它假定法律之外还有一个现实，这个现实存在着可知的客观事实也即现实的事实。这种现实的事实可以用来衡量或比较法律拟制。比较总是显示出拟制与现实中某些已知（或假设已知）的事实内容之间是不匹配的、逻辑上是不一致的。此外，法律以外的现实被视为一种特权。也就是说，当法律拟制和“现实事实”之间出现逻辑上的不一致时，拟制必须让步，即事实被评价为真实，而拟制则被贬低为虚假。

我想质疑这些关于法律之外的真理和现实的假设。是否存在一个客观可知的现实领域。如果是，那么为什么它在认识真理方面享有超越法律领域的

---

[1] Ross, Alf. 1969. Legal fictions. In Law, reason, and justice: Essays in legal philosophy, ed. Graham Hughes, 217 –234. New York: New York University Press, p. 224.

[2] Ross, Alf. 1969. Legal fictions. In Law, reason, and justice: Essays in legal philosophy, ed. Graham Hughes, 217 –234. New York: New York University Press, p. 229.

特权，使得它提供了揭露法律拟制为谎言的规则和措施。这些形而上学地巩固了传统法律拟制研究方法的假设，至少需要证明其自身的合理性。因为，正如洛克曾经观察到的那样，“也许情况正是如此，我们所有的认知过程都是充满价值的，以至于纯粹的思想和绝对的真理都是虚构的”〔1〕。甚至我们所认为是“事实”的东西，也许也只是一种为了研究的便利而提出的“虚构”〔2〕。要考虑到这些可能性，也许就有理由对传统的法律拟制概念提出质疑，就需要对真理的实用意义进行探讨。

三、真理的实用主义含义

实用主义否认绝对真理的信仰。事实上，从实用主义的角度来看，真理是信仰的一种属性。它是一种标志着思想和对象之间的关系。我们生活在一个感性经验的现象学世界里。在这里，我们遇到了威廉·詹姆斯所说的具体存在于细节上的“知觉流动（perceptual flux）”〔3〕。这种直接的、未经过滤的现实性的流动是“纯粹的、无条件的现实性，一种简单的、尚未分化为事物和思想的现实性”〔4〕，这种流动被统一性和连续性的知觉所打断，尽管其主要特征是混乱和脱节。通过进一步的思考，我们在经验的混乱中进行筛选，将“真实”的事物（那些会产生后续后果的事物，例如燃烧木棒便会有火焰）从幻想（如无源之水般的构思）中分离出来，并甄别出我们彼此共有的个体经验一致的核心观念。

因此，结果、一致性和共性为区分和命名“事物”提供了基础，为假定它们关系的联系和分离提供了基础，为从原始经验的混乱中构建或多或少有序的世界结构提供了基础。通过希拉里·帕特南（Hilary Putnam）称之为“理性可接受性标准”的认知过程的集合，我们评估结果，标出一致性和共同性的方面，从而“建立一幅‘经验’世界的理论图景”〔5〕。正如我们所设想的那样，这种现实的景象在很大程度上是我们自己创造的产物。用奎因的话

〔1〕 Locke, Alain. 1989. Value. In The philosophy of Alain Locke: Harlem renaissance and beyond, ed. Leonard Harris. Philadelphia: Temple University Press, p115.

〔2〕 Id. p. 119.

〔3〕 James, William. [1911] 1996. Some problems of philosophy. Lincoln: University Nebraska Press, p. 49.

〔4〕 James, William. [1912] 1996. Essays in radical empiricism. Lincoln: University Nebraska Press, p. 74.

〔5〕 Putnam, Hilary. 1981. Reason, truth and history. Cambridge: Cambridge University Press, p. 134.

说，它描绘了一种“人造物”[1]。詹姆斯更强调：我们以“现实”为名包装的形式和秩序是“公然人为的”[2]，这一切都只不过是“我们自己知识发明的积累”[3]。

原始经验的世界不仅没有内在的形式和秩序，而且是没有价值感的。我们在原初的变迁中所觉察到的，既不是善也不是恶，既不是真也不是假。我们所感知到的事实只是现实。只有通过对感性经验进行积极的认知性加工，然后进行理性的、可接受性的论证，以及对一般规则和概念的塑造，直接经验的所知所得才具有任何价值。也即，通过理性的反思和概念化的思考，我们不仅能够梳理杂乱无序的现象世界，而且能够赋予本质上没有区别和无名事物以意义和价值。

在我们赋予那些我们从经验领域中提取出来的对象、关系和一般概念的价值中，最重要的是真理。理性建构一系列连贯一致的“真理”，是一项具有卓越价值的实践活动。我们每天的外部世界之旅，会让我们接触到一些并非由我们自己创造的东西，也就是我们无法回避的所谓的“自然法则”，以及一些复杂得不可思议、不知是否有益的社会情景。拥有一些能够可靠地把有用的和有害的东西区别开来的思想，以及能够产生预见性的思维，是很有实际意义的。建立一个连贯一致的真理库，一个有意义的概念化结构，以包围我们所设想的“现实”，这对于在某种程度上控制有时令人欣慰但往往是危险的环境是至关重要的。毫不夸张地说，“真理”是一种非常有用的东西。正如詹姆斯所说，真正的思想具有“现金价值”；它们“对我们的生活有益”[4]。然而，也正如杜威所强调的那样，“真理的价值并不在于它本身，而在于当它被给予时，它会导致理想的结果”[5]。也就是说，真理只对我们有价值。我们珍视它，因为它帮助我们在实际生活的斗争中获得安全的通道。真正的思想就是那些令人满意的去发挥作用的思想，它们引导我们从麻烦和不确定性中获得有益的结果，从而帮助我们获得一种特定的满足感。与之相比，所有

---

〔1〕 Quine, Willard van Orman. 1953. Two dogmas of empiricism. In From a logical point of view, 20 - 46. Cambridge: Harvard University Press, pp. 20, 42.

〔2〕 James, William. [1907] 1975. Pragmatism. Cambridge: Harvard University Press, p. 119.

〔3〕 James, William. [1909a] 1975. The meaning of truth. Cambridge: Harvard University Press, p. 209.

〔4〕 James, William. [1907] 1975. Pragmatism. Cambridge: Harvard University Press, pp. 30, 41, 42.

〔5〕 Dewey, John. [1916] 1954. Essays in experimental logic. New York: Dover Publications, p. 318.

其他的满足感都是最空洞的谎言〔1〕。

真理是“实践的”。因为我们如何看待外部世界，如何接受外部世界，如何对外部世界进行分类、排序、再排序，都取决于我们心中的问题、兴趣和目的。真理“令人满意”的程度在于它能满足多少这些目的和利益。正如詹姆斯的名言所说：“简单地说，‘真理’只是我们思维方式中的权宜之计”〔2〕。说到真理，我们既不是漠不关心，也不是不感兴趣，甚至不是完全客观的。我们寻求真相，进行理性的、深思熟虑的探究，在很大程度上是为了解决与我们的生活和未来如何行为等切实相关的问题。“如果我们没有欲望，没有目的，”杜威推理道，“那么事物的一种状态就会和其他任何状态一样好”〔3〕。用席勒的话来说，命题的真实性取决于它对那些在某种目的之下而解决实际问题的人的影响〔4〕。詹姆斯同意这一观点：“人类的动机会使我们所有的问题明朗化，人类的满足潜藏在我们所有的答案中，我们所有的公式都带有人类的扭曲”〔5〕。我们从不以旁观者般的冷漠去寻求真理。相反，“我们刻画一切，就像我们刻画出星座一样，以符合我们人类的目的”〔6〕。

尽管追求真理是一种由我们特定的目的和利益驱动的实践活动，但实用主义要求我们忠于在经验中遇到的原始“事实”。正如奎因所说，我们的信仰体系“必须与经验保持一致”〔7〕。我们所形成的信念、对现实的观念和真理必须来源于现实，这是我们所矢志不渝地坚持假定的独立于我们自身的现实。伴随真理而来的“满足”直接来自于对独立现实之假设。因为真理所带来的满足感开始于智识上的舒适感，这种舒适来源于我们一般生活经验中的现象与原有智识的有益、和谐互动。命题只有在它们以连贯、有效和逻辑上一致的结构组合在一起，帮助我们在现实生活的荆棘中选择道路时，才能在满足我们的目标和利益方面发挥作用。因此，真理所提供的满足既取决于我们的

〔1〕 James, William. ［1907］ 1975. Pragmatism. Cambridge: Harvard University Press, p. 120.
James, William. ［1909a］ 1975. The meaning of truth. Cambridge: Harvard University Press, p. 271.

〔2〕 James, William. ［1907］ 1975. Pragmatism. Cambridge: Harvard University Press, p. 125.

〔3〕 Dewey, John. ［1929］ 1984. The quest for certainty. In The later works 1925 – 1953, ed. Jo Ann Boydston. Carbondale: Southern Illinois University Press, p. 39.

〔4〕 Schiller, F. C. S. 1903. Humanism: Philosophical essays. London: Macmillan, p. 59.

〔5〕 James, William. ［1907］ 1975. Pragmatism. Cambridge: Harvard University Press, p. 117.

〔6〕 James, William. ［1907］ 1975. Pragmatism. Cambridge: Harvard University Press, p. 122.

〔7〕 Quine, Willard van Orman. 1953. Two dogmas of empiricism. In From a logical point of view, 20 – 46. Cambridge: Harvard University Press, p. 45.

思想如何连贯地结合在一起，也取决于它们与假定的现实之间的和谐关系。最重要的是，我们信念之间的一致性带来了满足感。詹姆斯表示："最重要的是我们找到了满意一致性，一种现在的想法与整体余下的智识上的一致性，包括整体性秩序的感觉，直觉的相似和差异以及我们先前所接受的真理"〔1〕。

因此，对真理的反思性探究是一项实际而令人满意的事业。然而，这是一个永远处于进行时的过程。我们欺骗自己，以为自己得到了绝对的真理——固定的、静止的、永恒的真理。但是现实是在不断地建构的。"真正存在的，"詹姆斯写道，"不是制造出来的东西，而是正在制造的东西"〔2〕。经验世界实际上是一个流动的、随时变化和波动的客观环境。因为我们所经历的一切都是不稳定的，都在变化的过程中，"任何观点都不可能是最后一个观点。"每个人都是有所不足的，都是失衡的，都要对后来的观点负责，而不是对自己负责"〔3〕。因此，我们对现实所假定的真理，必然是暂时的。它们是有效用的假设，但是需要不断的重新考虑、更改和修正。经验和探究的双重影响确保了真理的成长能跟上现实的发展。经验给我们分配了不断流动的信息，也即具体的事实、新的和更新的、不可预见的社会环境、曾经不可想象的技术，这些信息必须被消化并纳入我们所知的现实生活中普遍存在的真理之中。所以我们在概念领域也遇到了骚动。通过探究，我们理性地面对我们心存怀疑的事物。我们构建新的概念，调整、修正、甚至抛弃旧的概念，以适应我们的感性经验，获得更可行的概念化结构。在整个过程中，我们对以往真理的积累经历了审查和修正，从而达到获得更精练、更可行和更令人满意的与现实相匹配的实际目的。

然而，真理的暂时性并不意味着我们可以轻易地抛弃先前存放在我们信仰宝库中的假设。我们不欢迎改变。对我们固有信念的挑战有几种形式：遇到与之不相容的事实；遇到意见相左的人；通过反思意识到矛盾的产生；或者发现它们不再满足我们的智力需求。这些挑战会引发内在的麻烦。我们试图用唯一可能的方法从这种困境中解脱出来，也即抵抗、重新考虑的方法。如果无甚效用的话，我们便会重新整理我们固有的认识、想法和意见。在这

---

〔1〕 James, William. [1909b] 1996. A pluralistic universe. Lincoln: University Nebraska Pres, pp. 104 – 105.

〔2〕 James, William. [1909b] 1996. A pluralistic universe. Lincoln: University Nebraska Press, p. 236.

〔3〕 James, William. [1909a] 1975. The meaning of truth. Cambridge: Harvard University Press, p. 211.

一概念重构过程中，詹姆斯正确地指出“我们都是极端保守主义者”〔1〕。忠诚于古老的真理是这个过程中的首要原则；大多数情况下它会胜出。我们对我们的现存概念如此执著，以至于迄今为止，对于新颖的现象，最常见的处理方法是“完全无视它们，或鄙夷那些坚持制造创新的人们”〔2〕。当这种处理方法也失效时，就有必要重新安排。然后，我们努力寻找或形成一种新观念，这种观念能以最小的干扰融入我们现有的信仰中。从概念上讲，我们把新观念转变成一种可行的观念，这种观念能令人满意地调和新真理和旧思想。“通过它这种方式的运转，”詹姆斯坚持说，“让这种新观念成为现实，然后把自己嫁接到古老的真理体上，这样真理体就成长起来了”〔3〕。最小干扰和最大连续性是自始至终的操作原则。詹姆斯写道：

新观点被采纳为真理之时，在不触动对旧真理整体的情况下进行了最低限度的修正。它把旧观点与新事实结合起来之时，一如既往地表现出最小的震动和最大的连续性。我们认为一个理论正确与否，与它能否成功地解决这个“极大极小问题”成正比。但这个问题解决地成功与否显然只是一个粗略、无法准备认定的范畴。我们说这个理论整体上比那个理论更令人满意，但这仅是对我们自己而言更令人满意。〔4〕

因此，只要一种新思想能令人满意地将全新的经验或精练的思维吸收到我们以前的一般信念中，它就会被认为是“正确的”。在整个建立真理的过程中，忠于现实和对一般经验的最小破坏仍然是指导原则。由于我们的既得利益，所以我们强烈的坚持已确定的真理。然而，我们并不把它们看作是无序概念空间中孤立的象征，甚至也不是某个宏大“现实”的成员。相反，构成我们所设想的现实的真理、意义和概念的组合，存在于系统性的信仰宝库中。我们所经历的每一件事，我们所遇到的每一个事实，我们所探究、讨论和深思的每一个概念，都在某种或多或少系统化的场域或者不间断的情境状态中呈现在我们面前。正如杜威所言，“场域或（和）情景具有构成存在和事件的时空共现性”〔5〕，我们所创造的真理依赖于与它们不可分割的诞生和应用

〔1〕 James, William. ［1907］ 1975. Pragmatism. Cambridge: Harvard University Press, p35.

〔2〕 Id.

〔3〕 James, William. ［1907］ 1975. Pragmatism. Cambridge: Harvard University Press, p. 36.

〔4〕 Id. p. 38

〔5〕 Dewey, John. 2012. Unmodern philosophy and modern philosophy. Carbondale: Southern Illinois University Press, p. 334 - 335.

的语境、场域或系统。真理不仅反映了思想与对象的关系，而且反映了思想与语境（具体的领域、情景、系统、环境）的关系。我们从经验和反思中形成的真理在某种程度上是有效的，它们已经形成了一种系统，也即一种全面而有序的安排[1]。只有这样一种系统的安排，才能使我们在我们的固有的一般经验和我们先前的概念结构之间自由和有益地移动。只要相信这个系统还"令人满意地发挥着作用"，而且在此情况下任何一个单独的想法或概念都是正确的，那么孤立地考量一个命题在社会中的作用是没有意义的。正如维特根斯坦所说，我们只把命题理解为命题体系中的一个成员[2]。因为任何命题都不能"独坐荣耀之中，拒绝与他人交往"[3]。只有置身于一种语境中，这种语境将语言的统一性与构成一个系统的一整套命题和使用技巧结合在一起，这种情况下的某种信念才能被称为是"可行的"。同样地，要评价一个命题信念是不可行的、不连贯的或无效的，就需要考虑它在命题体系中的功能。即使是一个错误，甚至一个巨大的错误，也只是"特定系统中的一个错误"[4]。因此，将命题或信念说成是"令人满意地运转着"或不是"正确或错误"，就必须参照某些特定的信念体系，把它放到体系的上下文中去观察。

四、法律拟制的实用主义特征

正如刚刚概述的那样，真理的实用主义提供了一种重新构想法律拟制概念的方法，它避免了传统方法所伴随的逻辑矛盾、形而上学的混乱和妥协正义的问题。传统方法将虚假作为法律命题被理解为拟制的必要条件。这种对虚假的强调使法律陷入逻辑矛盾之中。不论其社会价值如何，它都以形而上的怀疑态度排斥一切法律拟制。并且它贬低立法，特别是司法决策，认为这是一种不诚实的做法，认为真理被随意地操纵且常常与正义对立。

---

〔1〕 Dewey, John. [1916] 1954. Essays in experimental logic. New York: Dover Publications, p. 54.

〔2〕 Wittgenstein, Ludwig. 1975. Philosophical remarks, ed. Rush Rhees (Trans.: Raymond Hargreaves and Roger white). Chicago: University Chicago Press, p. 59.

〔3〕 Wittgenstein, Ludwig. 1978. Philosophical grammar, ed. Rush Rhees (Trans.: Anthony Kenny). Berkeley: University of California Press, p. 376.

〔4〕 Wittgenstein, Ludwig. 1966. Lectures on religious belief I. In Lectures and conversations on aesthetics, psychology and religious belief, ed. Cyril Barrett. Berkeley: University of California Press, p. 59.

对法律拟制的实用主义理解避免了由于虚假表征而产生的这些问题。因为从实用主义的角度来看，法律拟制至少从定义上讲，并非刻意做出的错误断言。任何法律拟制都不能被推定为法律上的虚假。可能有一些法律拟制会做出错误的断言，我稍后会考虑这种可能性。但就法律拟制概念的特征或界定而言，虚假是一种无益的考量因素。这是因为，法律拟制在传统上被认为是刻意的错误主张，而这一主张依赖于将法律命题置于其产生和使用的语言法律体系之外。它假定了一个现实领域，将其作为检验每一项法律命题之真理价值的准绳。没有经过真理检验的法律命题，就是后来被称为法律拟制的命题。然而，如果实用主义所主张的是正确的，即任何命题除非在命题体系中发挥作用，否则它便是不可被理解的。那么，一个法律命题的真理性只能将其放到整个命题体系中来看待，并根据围绕在其高度专门化的法律语言体系中使用的实践和技术来评价。因此，从实用主义的角度来看，拟制中的虚假是无关紧要的。

从实用主义的理解来看，法律拟制形式的话语（如“公司就是人”）必须在法律范围内严格考察其意义，严格评价其真实性。通过了严格的评估之后，我们便会承认这是一个真正的命题，比如公司就是法人。几个世纪以来，西方世界接受了这种法人的观念。如果你说公司不是法人，那么大家反而会说你是假话。公司享有法律权利，承担法律责任；公司也会因为它的行为产生法律后果。对于大多数交易而言，将公司称为人不会引起混淆。只有当引用超出法律范围，涉及语言使用的其他上下文时，才可能出现混淆（例如在所谓的日常现实）。因为在日常现实的领域中（这个领域一部分是由感性的物质经验得出的事实组成，另一部分是由社会条件和影响构成的）“人”这个词通常只包括人类。因此，在日常现实的视野下“公司就是人”的说法是错误的。传统上，拟制性陈述作为日常现实的一种表达，提供了独特的证据标准（也即一种例外），使公司人格成为一种法律拟制。从实用主义的角度来看，这种从法外现实中得出的虚假判断是无关紧要的。

法律命题在法律内为真，如果在法律以外的信仰体系或现实领域（如日常现实）以不同的使用技巧判断，则该命题在法律内为假，这一事实与该命题在法律内的真理性无关。它也没有产生逻辑上的矛盾。因为这些主张是不同的。虽然“公司是人”这一简单的语句可以在两种语言系统中使用，但其含义必须根据在每种系统中的使用情况来理解。也就是说，这个简单的表述所呈现的思想是不完整的。在确定它的意义和真相之前，必须把它放在语境中。更完整地说，简单的表达“公司是人”从语境上分为“一个公司在法律上是一个人”和“一个公司在日常生活中是一个人”。这些是完全不同的命题。因此，一个是真的，另一个是假的这一事实不会造成逻辑上的矛盾。虽然这两种说法在逻辑上并不矛盾，但它们对“人”一词的含义却有所不同。在法律中，“人”一词包括其延伸范围内的公司；在日常生活中，这个词的用法并不适用。从这个意义上说，这两种说法是不一致的。那么，对于理解法律拟制来说，这种表意上的不一致又有什么意义呢？

我认为这种外延意义上的不一致是法律拟制概念的核心。事实上，正是这种在词语和概念外延上的冲突，才使某些法律命题成为拟制。也就是说，法律拟制可以被定义为一种外延意义不一致或语义冲突的法律命题，这种法律命题与某些法律之外的语言体系中被认定为正确的命题存在冲突。通常而言，法律拟制被认定为在有意识地承认（或者无视）不一致或冲突的情况下对法律真理的主张。无论是否用于了解系统间不一致的认识，法律拟制的价值在于它们在法律范围内有益地发挥作用，不会对法律以外（或法律范围内）的任何一般信念造成破坏。在外延意义上的不一致是无害的，即使它涉及信念系统之间的冲突，那信念系统不会对法外领域或法律本身的既定真理、意义或理解造成损害。如果一个法律拟制在法律范围内发挥某种功能或效力时，不会产生有害的矛盾，那么它就具有法律真理的价值。也就是说，法律拟制作为法律真理的命题主张，在不损害与之相抵触的任何公认价值或真理的前提下，具有实用价值。

这种认为法律命题作为法律拟制是具有外延意义的，是系统间不一致的，而不是虚假的观点，很可能会遭到反对。首先，在一个命题能否产生令人满意的效果方面，实用主义将我们所有信念的一致性视为最重要决定因素；那么在外延意义上的系统间的不一致，不就会导致法律拟制本身令人不满意吗？不会，因为信念体系之间意义的碰撞，只有其颠覆了已确定的真理、意义或理解方式时，才会引起我们在认知上的不适感。日常生活经常向我们呈现含义上的系统间冲突。我们已经习惯了解释具有多重含义的词语。经验使我们非常善于分析词语的使用意义，以避免含糊其辞。只要我们把每一个词汇的冲突性使用理解为与一种信念系统相关联的技巧，并且至少对每一种系统的使用技巧有一定的了解，冲突通常便不会引起惊慌。几个世纪以来，公司作为法人的这种拟制，可能从未让那些除了法学学生以外的其他人陷入思考困境。即使在法科生那里，其焦虑也不在于对法外现实的概念混乱，而在于法律的理性一致思考。尽管如此，任何有关公司人格理念曾经可能引发的焦虑，早已成为过去。正如波洛克勋爵（Pollock）和梅特兰（Maitland）所指出的，“我们对‘社团法人’这个概念已经如此熟悉，以至于我们不再对它感到奇怪。”〔1〕。熟悉产生常态。法人人格曾经只是一种“法律思想的空白形式”〔2〕，如今已成为一个常识性的法律真理。鉴于它在概念上有效地使企业在西方法律中形式合法化，并为每个企业实体分配其作为“一个权利和义务单位”的法律地位提供了基础〔3〕。就此而言，拟制的运用是让人极为满意的，尽管它在表面上依旧很奇怪。

同样的道理也适用于拟制中较为特别的船舶人格化。19 世纪初，美国联邦法院开始赋予帆船以意志和人格。这是对美国初生的十分薄弱的海商法司法管辖权所做出的一个回应。船东经常逃避触犯禁运法和运输包括奴隶在内的非法货物的责任。这种海盗式行为没有得到回应，因为当船只被扣押和被确定存在非法活动时，船长和船员将把法律责任推到船东身上，船东反过来又会无辜的出示载货单，同时坚称他们对船长和船员进行的违反货单行为一无所知。1818 年，沮丧的约翰·马歇尔（John Marshall）被任命为一宗涉嫌违反联邦禁运法令案件的审判法官，他接管了这片陷入困境的法律之海。他宣称：

这不是针对船东的诉讼，而是针对船只所犯罪行的诉讼，这同样也是一项罪行，丝毫不影响对船只的没收，因为这是在未经授权和违背船主意愿的情况下实施的。〔4〕

随着时间推移，这种船舶人格化的拟制逐渐成为美国最杰出的船舶理论。约瑟夫·斯托里大法官（Justice Joseph Story）在 1844 年美国诉布里格·马利克·阿德黑一案〔5〕中正式将最高法院的认可赋予这类拟制。到 19 世纪末，法院认为不仅在涉及非法海上贸易的事项上，而且在涉及海上船只碰撞的案

〔1〕 Pollock, Sir Frederick, and Frederic William Maitland. 1959. The history of english law. 2nd ed. , 2 vols. Washington, D. C. : Lawyers' Literary Club, p. 486.

〔2〕 Id.

〔3〕 Dewey, John. 1926. Corporate personality. Yale Law Journal 35: 655 – 673.

〔4〕 United States v. The Little Charles 26 F. Cas. 979 (C. C. Va. 1818) (No. 15, 612)

〔5〕 United States v. Brig Malek Adhel 43 U. S. (2 How.) 210 (1844)

件中，都已经很好地解决了“违法的船舶被认为是法律主体，它自己有义务对其所犯的错误进行赔偿”的问题[1]。在塔克诉亚历山德罗夫（Tucker v. Alexandroff）一案中，船舶人格化拟制最生动地体现了最高法院对形而上学的大胆接受。法院是这样描述将纯粹的个人财产转变为法律意义上的人格化船舶：

一艘船在下水时就诞生了，只要它的身份得到保护，它就会继续存在。在它下水之前不过是一个在类似于由木头和铁构成的土地之上的房屋而已(一个普通的个人财产)。在下水的洗礼中，它接受了它的名字。从它的龙骨接触到水的那一刻起，它就改变了，成为作为人而被管辖的对象。她有了自己的个性，成为有能力签订合同、并对其义务承担个人责任的人。在此基础上，她能以其业主的名义起诉，也能以自己的名义被起诉。她所有人的代理人可能不是她的代理人，她的代理人也可能不是她所有人的代理人。她也有能力实施侵权行为，并为此承担损害赔偿责任。她也可能成为准破产者，她可以卖掉自身以偿还她的债务，使得优先性留置权被完全解除。她有开始新生活的自由，可以签订一系列的债务合同，也许还可以进行第二次自身出售[2]。

在我们现有的法律认识之下，这种船舶人格化学说在本体论上是一种疯狂的虚构。约翰·奇普曼·格雷贬低它为一个“野蛮的概念”[3]。在最高法院的整个任期内，霍姆斯大法官曾试图让它搁浅。他声称这助长了“形而上学的混乱”[4]，并使古老的、不再有价值的如同古英国的赎罪奉献物一般的法律概念永存。显然，拟制的船舶人格造成了系统间的冲突。它与日常生活和航海现实正面碰撞。尽管人格化船舶的想法看似可笑，但很难想象船舶拟制会带来形而上学的困惑。它现在不再影响人们对船舶或人格的日常认识。在约翰·马歇尔（John Marshall）之前，海员和诗人曾幻想帆船不仅仅是木头和铁的组合，而是可以相依相靠之人，但这终究只是幻想。而在法律视野下现实的航海领域，虚构的船舶人格并没有影响到任何东西。没有报道称，海

---

〔1〕 The John G. Stevens 170 U. S. 113 (1898), p. 122.

〔2〕 Tucker v. Alexandroff 183 U. S. 424 (1902)

〔3〕 Gray, John Chipman. 1909. The nature and sources of the law. New York: Columbia University Press, p. 47.

〔4〕 Holmes, Oliver Wendell Jr. [1881] 1938. The common law. Boston: Little, Brown & Co, p. 33

员会刻意地根据自己的意愿，让船只漂浮在海上航行，以此作为对这个法律拟制的回应。水手们仍然负责修理索具和固定臂架。海上风暴仍然给船只、船员和货物带来危险。在渡过暴风雨时不管是靠升帆还是卷帆，仍需要人类的深思熟虑。

这种船舶人格化的拟制充满了想象力与现实的活力，它不会产生有害的系统间的冲突。拟制在日常或航海生活中没有破坏任何信仰或实践。约翰·马歇尔并不喜欢这种空想。他在《小查尔斯》（United States v. The Little Charles 1818, p. 982）一书中承认，“无生命的物质确实不能构成犯罪”。在塔克案中，最高法院很清楚，他们为船舶拟制提供的本体论辩护，只适用于一件人造物在成为一艘法律意义上的船的情况[1]。也就是说，法院充分认识到，它认定船只具有人格的重要原则是这一切都处于一个只具有法律相关性和适用性的法律结构之中。这在法律领域产生了深远的影响。正因为如此，海事物权诉讼程序才得以宽松化处理，使得在难以证明船东参与船舶不法行为的情况下，可以对船舶本身采取归责和没收行动。船舶拟制对法律进行了有益的变通，而且对现行的海事实践程序的干扰是最小的。因此，它取得了一种更公正、更连贯和更可行的海事法理学的理想结果，同时在很大程度上保持了法律的连续性和一致性。虽然这个拟制在今天的意义远不及 19 世纪，但它仍然是海商法中的一种有效学说。正如我在其他地方所指出的，它之所以存在，是因为它有效地工作，并且能够与现有法律相适应[2]。近两个世纪以来，它一直作为一种极为便利的思维方式为海商法服务。由于这种权宜之计以及它所产生的系统间冲突的无害性，船舶人格化拟制仍然是一种理性上令人满意的、真实存在的而且极为重要的海商事学说。

对上述观点提出的另一个挑战可能是，实用主义夸大了意义和真理在社会建构和相关语境方面的程度。对法律拟制的传统虚假方法的拥护者可以认为，意义与真理部分是社会建构的。然而，他们仍然坚持这样的立场，即存在一个奇特的现实领域，即超现实，它提供了衡量真理的尺度。因此，当系统间出现不一致时，这个超现实就应该享有特权地位进行裁量。这种观点认为，由于实用主义对真理与意义的系统或真理与语境相对性提出了一种不切

---

〔1〕 Tucker v. Alexandroff 183 U. S. 424 (1902)

〔2〕 Lind, Douglas. 2010. Pragmatism and anthropomorphism: Reconceiving the doctrine of the personality of the ship. University of San Francisco Maritime Law Journal 22: 39 – 121.

实际的观点，因此它未能认识到独特的现实以及法律拟制的潜在虚伪性。

这种关于现实的独特论点至少有两个原因是站不住脚的。首先，我们塑造现实。根据推论，在传统的法律拟制中享有特权的现实领域是某种形式的日常现实，可能是物理、社会和历史“事实”的组合。然而，正如詹姆斯所说，我们所经历的世界在很大程度上是一种未分化的、未命名的现象的流动，直到我们赋予它形状、形式和秩序。我们通过理性可接受性的标准所塑造的不是一个单一的世界结构，而是一个复杂的现实。这并不是说，我们所认为的现实只是一时兴起去幻想的产物。詹姆斯所说的，我们“刻画一切，就像我们刻画星座一样，以符合我们人类的目的”〔1〕，并不是说我们以无限的谨慎雕刻现实。相反，我们对现实的概念只有在它们从我们有限的经验中成长出来的情况下才有目的性和有益性。严格忠于“原初混乱的纯粹经验”是创造现实的首要原则〔2〕。我们不是随意地刻画现象世界，借用柏拉图的话，我们“雕刻大自然的连接处”〔3〕。我们赋予现实的形式和秩序反映的是已经发现的东西，而不是想象出来的东西。因此，正如我们通过现实所呈现的那样，我们的科学系统（例如生物学分类或自然天文学）描述了从现象的变化中煞费苦心地得出的模式和内容。然而，刻画这些系统的终究还是我们自己。在分类学上而言，天体的名称和星座的模型代表了我们如何理性地处理我们的经验事实。生物学和天文学的真理服务于我们的目的，代表我们对秩序的理性和实际需要，而不是自然界的需要。生物学界关于红熊猫是否可以归类为浣熊，灰熊，还是完全属于一个分类学家族的争论，并没有改变熊的行为习惯。在西方被称为猎户座的星座图案抓住了人类文化的想象力。然而，只有在我们最疯狂的以人类为中心的幻想中，我们才会想象撒哈拉沙漠以南大草原上的鬣狗和豹子在夜间猎食时特别警惕，以躲避星光灿烂的夜空中一个系着腰带的人类战士。当我们谈到“现实”时，我们指的不是客观上可知的事实的单一领域，而是纵横交错的现实（自然、科学、经济学、心理学、历史等等），每一种现实都有自己的调查、解释、分类、表述和判断真理的方法。每一种方法都提供了衡量实践者根据实践技巧得出的真理的尺度。没有

〔1〕 James, William. ［1907］ 1975. Pragmatism. Cambridge: Harvard University Press, p. 122.

〔2〕 James, William. ［1912］ 1996. Essays in radical empiricism. Lincoln: University Nebraska Press, p. 35.

〔3〕 Plato. 1995. Phaedrus (Trans.: Alexander Nehamas and Paul Woodruff). Indianapolis: Hackett, at, p. 265e.

人能夸口说有一个通用的标准来衡量真理。因此没有人能够宣称现实的特别地位。

其次，即使存在一个值得赋予特权的特殊现实，它本身也不能提供衡量真理概念的尺度，比如去普及法律。拿起一个西红柿。它是蔬菜还是水果？现象世界告诉我们是西红柿。但它并没有给我们分类“蔬菜”和“水果”。是我们划分了这些类别。在美国最高法院在审理尼克斯诉海顿（Nix v. Hedden）一案时，出于对《1883 年关税法案》（Tariff Act of 1883）理解的目的，被要求裁决西红柿是水果还是蔬菜，但“现实”并没有提供衡量标准。此外，法院在不同的命题体系中发现了不一致的含义。在商业贸易的活动领域，没有给出定义。植物学明确地把西红柿列为水果。被格雷法官称之为“人民的共同语言”的日常社会实践，把西红柿归为一种蔬菜[1]。由于西红柿的主要用途最类似于蔬菜，所以格雷选择了日常社会实践的用法。

在涉及现象世界所不知道的概念术语，而且在社会现实中定义不一致的情况时，法律拟制也经常引起系统间的冲突。人类存在于自然现实中，但是“罗马公民”、“外国人”、“继承人”和“国王的债务人”等许多在早期历史的法律拟制中占据核心地位的分类却并不存在于现象世界之中。甚至最基本的“人”分类也不是来自现象世界，这些是一种社会建构。当然这些都是极具争议的。正如今天关于堕胎和安乐死的争论所显示的那样，给“人”下定义不仅混淆了法律，而且混淆了宗教和政治。这个词语的熟悉性和表面上的清晰性掩盖了一个令人悲哀的、令人困惑的和有争议的社会概念。是否存在一种日常或社会现实的领域，在这个领域里有对“人”这个概念的特权式定义，例如提供了一种衡量现实的标准。与之相对的是，若对法律上“人”概念的进行虚构延伸，将“公司”的概念纳入其中，则变成了毫无疑问的谎言。

对“人”的定义具有尺度价值，但这似乎不存在这样一种奇特的现实。因为正如杜威曾经指出的，“人”的定义在其他社会现实中比在法律中更令人困惑。关于“人”、“人格”和“人格”的日常、宗教和哲学概念长期以来都包含着各种不一致的因素。事实上，对杜威来说，法律上对“人”一词的含义产生混淆的主要原因是人们常常无意识地把“人的通俗和哲学观念与法律

[1] Nix v. Hedden 149 U. S. 304 (1893)

观念结合起来”[1]。从日常的现实和哲学中产生了“这样一种观念，即在任何事物成为法律化的人之前，它必须在本质上具有某些属性，而这些属性的存在是构成任何事物为法律化的人所必需的”[2]。这些属性是完全以人类为中心的，这个人是作为一个活的有机体的物质存在，有意为之的能力，拥有自己的意志，成为道德权利和义务的主体。公司人格的拟制和船舶人格化的出现，使公司人格和船舶人格化这两种属性的融合受到了一定的限制。双方都只做了部分工作，但并没有融会贯通。与法律（以及社会）在其他背景下对人的定义所带来的焦虑和不公正相比，法律将公司和船舶定义为“人”可能带来的任何不安都显得无足轻重。历史上，没有一个社会明确地把所有人都当作完全平等的人来对待。“自然人”这一类别随着时间的推移不断发生变化，而且通常都是为了反映正常的社会观念。在19世纪，当美国的法院开始授予船舶法人资格时，同时又以种族为由拒绝给予某些人以完全的人格地位。今天，堕胎和安乐死这两个引起分歧的社会问题反映了西方社会在界定人类人格的起点和终点时的矛盾心理。在不久的将来，法律、社会和哲学很可能会努力解决有关人工智能的新问题——机器人作为法人的地位或自动驾驶汽车的独立侵权责任。人们很可能会问，奇点爆炸理论所设想的具有人类智能的计算机是否应该被当作具有法律权利和义务的拟制主体。与这些恼人的社会和技术问题相比，公司和船舶人格的概念微不足道，也没有争议。如果倡导单一现实的人士现在站出来澄清“人”的含义，而不是让法庭被拟制化的问题所阻塞，那或许将是大有裨益的。

另一个反对系统间冲突理论的观点立足于一种不切实际的观点，即法律语言是狭隘的、技术性的观点。弗雷德里克·肖尔（Frederick Schauer）对其挑战是，他认为“法律拟制的概念本身就假定，并非所有法律语言都是技术语言。”法律拟制是一种不具有法律意义的法律术语，因此这种意义的非标准应用是错误的[3]。然而，实用主义的观点并非认为法律语言本身就是法律技术。实用主义也某种程度的承认法律拟制的存在是由于法律意义和非法律意义的术语存在。系统间冲突的概念是他们考虑的前提。实用主义的观点是，

[1] Dewey, John. 1926. Corporate personality. Yale Law Journal 35: 655 -673, p. 25.

[2] Id.

[3] Schauer, Frederick. 2014. Legal fictions revisited. In Legal fictions in theory and practice, ed. Maksymilian Del Mar and William Twining. Dordrecht: Springer, Chap. 6, p. 126.

法律的真理性主张不可避免地与立法实践，尤其是司法决策的实践联系在一起，法律意义与法外意义之间的冲突并不会使真正的法律命题为假。法律的表述使用的是高度专业化的语言系统。在这方面，它类似于科学、音乐、工程、艺术和宗教。所有这些都是人类认知的核心活动，在这其中意义、判断和真理都与特定系统的方法、实践和语言使用技术相结合。本文阐述的实用主义法律拟制理论没有涉及法律语言的技术性，除了表述系统特异性之外，还同样适用于我们的其他的主要认知实践活动。正如维特根斯坦在另一篇文章中所指出的，“在宗教话语中，我们使用这样的表达：‘我相信某事将会发生’，并且使用它们的方式与我们在科学中使用它们的方式不同”〔1〕。维特根斯坦所反对的“极大诱惑”是，他认为语言使用甚至是证据调查的方法的相似性使得科学和宗教的真理易于相互比较〔2〕。法律拟制也是如此。重要的不是法律语言是技术性的，而是法律命题的真相和意义只能通过上下文来评估，即在法律语言中观察正在刻画法律真理的实践活动、法律的使用、法律的行为及其表达的过程。法律拟制所主张的法律真理，其外延意义与法外语境中所发现的命题真理是不一致的。但这并不意味着它们是错误的。

五、评估法律拟制的实用价值

对于这里提出的实用主义立场而言，最后一个可能的反对意见是，实用主义是对法律拟制的辩解。这种反对意见是可以理解的，因为实用主义不承认法律拟制会作出错误的断言。此外，可以说实用主义是推崇法律拟制的。因为拟制为法律特别是司法决策提供了一种创造性立法的权宜之计。用庞德的话说，它们是“设计新制度、提供新戒律和发现新原则的创造性活动”的一种正确形式〔3〕。对于实用主义来说，信念和概念无论多么富有创造性和虚构性，它是确实能够帮助解决法律中的问题的，同时以连贯的、全面的、一致的方式构造和描绘世界，其作为“适应现实的心理模式”是非常有价值

〔1〕 Wittgenstein, Ludwig. 1966. Lectures on religious belief I. In Lectures and conversations on aesthetics, psychology and religious belief, ed. Cyril Barrett. Berkeley: University of California Press, p. 57.

〔2〕 Id

〔3〕 Pound, Roscoe. 1932. Interpretations of legal history. Cambridge: Cambridge University Press, p. 130.

的[1]。因此，能够执行这种适应性功能以消除法律环境中的麻烦的法律概念是非常有价值的，无论它是虚构的或非虚构的。

在我看来，这些辩护者的反对恰恰是误解了法律拟制的实用主义论点。因为实用主义并不绝对地推崇法律拟制。它只在能够有效地消解法律上的某些麻烦，而不对外延意义上与之冲突的任何法外领域中已确定的真理、意义或理解造成损害的情况下，才被认为有价值。因此，如马克西米兰·德尔马尔（Maksymilian Del Mar）在他的文章《介绍拟制：例子、功能、定义和评价》中所主张的，评价法律拟制的价值需要从“它们被使用的实际语境”来看待它们[2]。实用主义完全致力于上下文的、系统的理解。它充分认识到，从实际情况来看一些法律拟制是可行的、有益的和无害的，而另一些法律拟制则可能在形而上学上混淆、有害，甚至助长不公正的气焰。实用主义提供了一种评估法律拟制价值的方法，而不是为法律拟制辩护。

这里所采用的实用主义方法的核心是法律拟制为命题性法律真理（学说、规则、原则），其在某些方面与命题的主张或在法律之外（或在其他地方）提出的主张相冲突或不一致。如果冲突在法律之外或法律之内没有造成损害，也即没有混乱、没有不连贯、没有功能障碍；如果拟制在法律体系内能增进效率或提升功能，那么拟制就具有（在某种程度上）价值和效用。但从某种程度上说，它造成了系统性的破坏，也即造成混乱或不连贯，破坏运作能力，或者在法律范围内没有真正的效用。那么它是没有用的，是一个有问题的拟制，应该从法律中被删去。

因此，实用主义比大多数基于传统刻意错误的分析方法更为宽容，不仅倾向于将法律拟制看作一种创造性的立法方法，而且还提供了一种更直观的方法来评价它们。因为刻意错误的进路不可避免地贬低了法律拟制的实践活动。图尔图伦（Tourtoulon）总体上对法律拟制给予了赞许，但是他还是对其保留了怀疑，即“归根结底，法律被简化为一系列层层叠加的拟制”，一些拟制的动机不是为了实现正义，而是要确保“司法判决能够保持一种可敬而有

[1] James, William. [1907] 1975. Pragmatism. Cambridge: Harvard University Press, p. 94.

[2] Del Mar, Maksymilian. 2014. Legal fictions and legal change in the common law tradition. In Legal fictions in theory and practice, ed. Maksymilian Del Mar and William Twining. Dordrecht: Springer, Chap. 11, p. 243.

尊严的态度”，并且法官“基本上只在相对较低的程度上关心真理”[1]。富勒对大多数历史拟制和教条上的拟制都给予好评，但对那些主要建立在纯粹虚假（无事实根据）基础上的拟制进行了贬低。

梅因称赞拟制创作是一种有价值的创造性立法技术，因为在法律制度形成的阶段，法律教条的僵化会阻碍其发展。但他警告说，在成熟的制度中不要依赖拟制，因为它们破坏了法律秩序的和谐与连贯性。他认为，拟制从根本上讲都是秘密的，只不过是“一种假设，它掩盖或假装掩盖法治已经发生变化、其文字没有改变、其运作正在修改”[2]。相类似的，格雷视拟制为脚手架，在建筑过程中是有用的，而且是必要的，但是在建成后，只起到遮蔽建筑物的作用[3]。从标准上讲，法理学家们同意梅因的观点，即进行拟制不过是司法上的欺诈行为：例如，“人们常常借助拟制来掩盖法律在法官手中正在发生变化的事实”[4]；“任何法律拟制的唯一用途和目的……是名义上掩盖一个事实，即法律在法官手中发生了变化”[5]；“法院求助于法律拟制以避免公开承认他们正在把新酒倒进旧瓶中”[6]。

通过反对法律拟制的合法性，在不污蔑法律拟制作为妥协正义的战利品的情况下，刻意错误的传统甚至不能解释最有益的拟制。相反，实用主义并不认为法律上的拟制是一种卑鄙的行为。因此，它可以在不受非法影响的前提下，对个别拟制进行价值评价。从实用主义的角度来看，耶林和格雷认为历史拟制和教条拟制的一般范畴在很大程度上是有价值的。历史拟制，如早期罗马和英国法律中允许虚构司法管辖权的拟制，是一种法律适应模式，有效地纠正了严格规则的不公正适用。曼斯菲尔德勋爵在莫斯塔夫诉法布里加斯案（Mostyn v. Fabrigas）一案中裁定地中海的米诺卡岛是伦敦的一部分。这在地理上是荒唐可笑的，但是法庭并不认为这是荒唐的。法布里加斯（Fabrigas）的案件是没有法院可以审理的。但是曼斯菲尔德转向拟制，允许双方在

[1] Tourtoulon, Pierre de. 1922. Philosophy in the development of law (Trans.: Martha McC. Read). New York: Macmillan, pp. 387, 395, 396.

[2] Maine, Sir Henry Sumner. [1861] 1986. Ancient law. New York: Dorset Press, pp. 21 – 22.

[3] Gray, John Chipman. 1909. The nature and sources of the law. New York: Columbia University Press, p35.

[4] Smith, Jeremiah. 1917. Surviving fictions. Yale Law Journal 27: 147 – 166, p. 150.

[5] Mitchell, Oliver R. 1893. The fictions of the law: Have they proved useful or detrimental to its growth? Harvard Law Review 7: 249 – 265, p262.

[6] Hogue, Arthur R. [1966] 1985. Origins of the common law. Indianapolis: Liberty Press, p11.

伦敦的法庭解决争端。拟制是有其残暴性的，但其影响终究是有限的，这保证了它不会对法律以外的事物或法律内部的一般事实造成损害。拟制对法布里加斯案件的司法公正发挥了有益的作用，具有一定的实用价值。

公司法人人格和船舶法人人格的拟制与具有实用价值的法律拟制有相似之处。这些拟制的优点因其长期的影响而突出。然而，一种拟制要想赢得赞誉，持久性并非必要条件。正如人们经常观察到的，许多拟制在一段时间内令人钦佩地为正义服务，但当法律环境的条件不再需要它们时，拟制的令人赞许便会消失〔1〕。推定被剥夺承租占有权的拟制提供了一个恰当的例子。美国的州法院为了纠正普通法中租赁契约是独立义务原则所导致的众多矛盾的结果而创造了这种拟制。该拟制将违反所有租约中隐含的平静享用权的行为视为“推定被剥夺承租占有权”，从而减轻了租户支付租金的义务，进而缓和了普通法规则的僵化。为了使拟制具有可操作性，承租人须整体性放弃房屋租赁，只有这样才能拒缴房租。随着时间的推移，拟制被修改为允许部分放弃，然后保留一定比例的租金份额。但即便如此，这仍然对独立义务的规则造成了严重的后果。各国考虑了实现比“推定被剥夺承租占有权”拟制更易实现的更实质性公平的方法。一些国家采用了更灵活的可居住性默示保证的概念；另一些人则选择了相互依存的租赁契约原则。随着观念的发展，“推定被剥夺承租占有权”的原则不再具有有益性，并逐渐消亡。法院称其已经衰落：“虽然‘推定被剥夺承租占有权’的拟制在继续使用公认的普通法词汇和概念的同时，也起到了改善独立义务原则严酷性的有益作用，但该学说实现公平的能力也终究是有限的。”〔2〕。

“推定被剥夺承租占有权”的兴起与衰落充分说明了法律拟制的实用性要求。现存的法治产生了严酷、不公平的结果这一残酷现实导致法院寻求一种适应性的补救模式。“推定被剥夺承租占有权”的拟制提供了一个概念，它使用公认的普通法语言和概念，同时与现存的法律真理相协调，对稳定现状和法律预期的干扰最小。鉴于这些概念来自法律本身，任何强加在法律之外的事实和意义上的拟制冲突都是温和无害的。多年来，这种拟制一直致力于在一定程度上缓和独立义务原则。但正如卡多佐大法官所言，法律规则和原则

〔1〕 Maine, Sir Henry Sumner. [1861] 1986. Ancient law. New York: Dorset Press, p. 22 – 23. Pound, Roscoe. 1959. Jurisprudence. St. Paul, Minn.: West Pub. Co, p. 449 – 461.

〔2〕 Richard Barton Enterprises, Inc. v. Tsern. 1996. 928 P. 2d 368 (Utah 1996).

并非源自“终极真理”，它们是法官在“开满鲜花的树上”妙手随摘的〔1〕。普通法裁决的实践主要是经验性的，而且大多是实验性的。新理论在逐案决策的范例式实用主义的过程中有机地作为“可行的假设”出现〔2〕。每一个新的案例都提出了一个新的实验，在这个实验中，假设会根据一系列新的事实和环境得到检验和重新考虑。通过有效地促进社会正义而证明本是权宜之计的规则和原则而得到进一步的确认和加强。那些失灵的甚至造成社会不公的将被重新考虑、修改或抛弃。“推定被剥夺承租占有权”有利于减轻独立义务原则的严酷性。但该原则本身也是有弹性的。为了实现进一步的软化，法院扩大了拟制的范围，允许承租人在只腾出部分租赁物后就可以拒缴租金。即便如此，新案件的出现也进一步暴露了拟制终究只能作为一种部分伸张正义的假设。由此产生了新的可行性拟制，即可居住性的默示保证和相互依存契约原则。事实证明，在新案件的具体实践中，这些新的拟制比“推定被剥夺承租占有权”更有利于社会。因此，旧的被废弃了。然而，它的衰落并不妨害它曾经作为一部有价值和美德的法律拟制。它只是证明了社会背景在不断地变化，法律在不断地发展，包括一些拟制的形式在内的一些法律规则和原则不会永远存在。

六、无效和虚假的拟制

早些时候，我保留了一个问题，也即是否有一些虚构的拟制会故意做出错误的断言。我想这是有的。一些是有益的；其他的则令人担忧。

从定义上讲，法律拟制并非刻意错误的主张。将法律命题作为拟制时，是外延意义上的系统间不一致并非就是谬误。法律拟制发挥法律的某种功能效用的同时，不会产生有害的矛盾，它作为法律真理的命题性主张就具有了价值。然而，一些法律拟制确实是有害的。我将这些拟制简要概括出两大类：无效拟制和证伪拟制。

无效拟制是法律创造的拟制，其目的是对为逃避法律责任而采取的行动或在法律之外形成的事实有所规制并使之无效。船舶人格化拟制在一定程度

〔1〕 Cardozo, Benjamin. 1921. The nature of the judicial process. Yale: Yale University Press, pp. 23, 103.
〔2〕 Id.

上符合这一类型的拟制，但并不完美。另一个更好的例子是海事贸易上的连续航行主义拟制。就像拟制中描述的船舶人格化一样，连续航行的拟制是更早时代的产物。从17世纪到19世纪，帆船在西方世界的贸易和商业中占据着举足轻重的地位。当国家处于战争状态时，海上贸易便会受到影响。交战国双方的企业进行贸易，即使船舶运载完全与战争无关的货物，也会被扣押和定罪。来自交战国的企业家们试图通过与悬挂中立国旗的船舶（战争中有豁免权）签订合同，从而进行原有的贸易。英国法院拒绝支持这种做法。他们把中立的船只视为从事敌人的商业活动，对其进行法律上的谴责。上有政策，下有对策，航运商业利益集团设计了一个中立国港口停靠方案。这些船将停靠在中立国港口，但不卸货或交纳关税。这样便将航行分为两个单独的行程，使得可识别的航程时英国和中立国之间的航程。英国法院再次否定了这种做法，裁定船舶尽管停靠，但航行仍继续。中立国的船只又心生一计，他们采取了在中立国港口卸货、纳税、重新装货，然后继续航行的做法。这种在中立港口的停靠是“真实的”，但显然是为了逃避英国法律的限制。起初，英国法院动摇了。但是从1806年开始，英国法院进行了一个拟制，即“货物从一个充满敌意的港口运往一个中立的港口，然后在很短的时间内完成入关和出关手续。之后作为最初的设计的一部分，依旧将货物运到另一个充满敌意的港口，我们将其认定为船舶是在连续航行”〔1〕。这种法律拟制与航运利益所进行的经济规则拟制是冲突的，有害的。此种法律上之设计是使进口的商业拟制变得毫无价值。

另一个拟无效制的案例来自税法。约翰·普雷布尔（John Prebble）最近呼吁，应将整个税法体系视为虚构。普莱布尔的分析立足于传统谬误理论，认为税法与经济现实脱节，是虚假的。然而，他敏锐地注意到，税法的虚构与大多数法律拟制有着明显不同的特征。普雷布尔认为税收拟制是基于“欺骗”，而不是像富勒和其他人认为的那样是基于大家皆知事实的虚构。他认为税收拟制不仅仅是一种达到公正结果的工具，而且“税收拟制的欺骗性是结果本身的一部分”。也就是说，“个人所得税法的虚构是税法运作方式不可分

〔1〕 Gregory, Charles Noble. 1911. The doctrine of continuous voyage. Harvard Law Review 24: 167 – 181, p. 168.

割的一部分"[1]。这似乎是正确的，税法离不开虚构，因为税法本身与它实际操作是相分离的，并且很大程度上是平行于现实的（尤其是经济活动），而大部分经济活动是使用旨在规避纳税的会计方法和手段进行的。连续航行理论的类比方式是清晰的。只有用拟制的手法将经济"现实"与税法规则统一起来，法律才能使避税所采取的商业措施归于无效。正如普雷布尔所说，"税法只能通过拟制来运转；这些拟制并非基于政策，而是基于使所得税发挥作用的实际需要"[2]。

证伪拟制如同无效拟制一样，会产生有害的真理、意义和理解层面上的系统间冲突。这两类拟制的相似之处就到此为止了。因为无效拟制具有实用价值。它们所造成的法律之外不安感是通过规制逃避法律责任的行为来实现社会正义。相比之下，证伪拟制则牵涉到产生不利社会后果的系统间冲突，这将会造成从逃避担责到对法律的蔑视等多种情况的不公正。

我相信，有许多证伪的拟制。我在这里只简单地提两个拟制。首先，合同法是建立在互有利益和负担基础上的一直协定，这些协定是理性的行为人在理解他们所作的承诺的情况下，独立自愿所订立的。越来越多的人认为，这种理想化的合同是拟制的，在日常生活中是很少见的。消费者合同正在变成一种单项协议，很少有人阅读，更少人理解。一度饱受诟病、充满着各种详细条款的纸质合同已经让位给了点击式的互联网合同，而且这种合同的条款由企业方保留永久修改的权利。一些网站的用户协议长度几乎是莎士比亚最长戏剧《哈姆雷特》的两倍。

患者在接受医疗救助之前必须签署的知情同意书已经成为一种空洞的仪式。患者面对的是他们无法理解的复杂信息，这些对他们的决策影响甚微[3]。强制披露重要合同信息的法令是善意的，但它们却产生了如同知情同意书一样的效果。假装所披露的信息被股东理解和支持，并且促成了自由的知情的决定，实际上这只是公司实际控制人的一个自我保护行为。正如哈特正确指出的那样，现代合同法是一个"在理论和实践上存在严重缺陷"的体系，它依

---

〔1〕 Prebble, John. 2011. Fictions of income tax. Victoria University of Wellington Legal Research Paper No. 29/2011. http://papers.ssrn.com/abstract=1604978. Accessed 16 Dec 2013, p11-12.

〔2〕 Prebble, John. 2011. Fictions of income tax. Victoria University of Wellington Legal Research, p. 311. Paper No. 29/2011. http://papers.ssrn.com/abstract=1604978. Accessed 16 Dec 2013.

〔3〕 Lidz, C. W., P. S. Appelbaum, and A. Meisel. 1988. Two models of implementing informed consent. Archives of Internal Medicine 148: 1385-1389, p. 1385.

赖于“永恒的神话”和“法律拟制”，假装合同是自愿的、知情的，是理性思考的结果，而实际上许多合同并非如此[1]。

合同法的例子说明了证伪合同是如何在法律和法律以外的环境中制造麻烦而不是解决问题的。现代合同法利用拟制所创造的制度冲突对社会现实领域产生了一种偷梁换柱的效果。当合同法以合法且具有法律约束力的形式对几乎没有人阅读或理解的知情同意书或其他合同进行制裁时，人们对法律的普遍尊重就会减少。随着人们习惯性地点击“同意”互联网使用条款协议时，个人承诺和自愿担责的道德力量就会下降。这些有害的后果是法律拟制的产物，这些拟制不是为了使法律适应更实质性的正义，而是为了服务于某一类社会成员的自私目的。

证伪拟制的另一个例子是现在广受谴责的“无主地”学说。今天法律学界讨论的所谓“新法律拟制”之一，是约翰·马歇尔在1823年约翰逊诉麦金托什一案中所依据的发现学说，该学说为后来的欧洲在美国的殖民统治辩护。然而，这一学说并非是无源之水。发现权由自然法哲学家弗朗西斯科·德·维多利亚于1539年提出，它为欧洲国家瓜分美洲提供了哲学上的理由。这一学说提出了先发现原则。但它是通过承认土著人民的存在、承认他们先前的占有和承认他们的土地要求的正义力量来限制欧洲的主权统治。在马歇尔正式提出这个学说之前，它已经在各国法学家中引起了广泛的讨论，并影响了欧洲在美洲的探索与殖民。他并不是通过凭空的创造就将其引入美国早期法律，而是通过接受一种被各国法学界普遍接受的哲学上的自然法学说才引入的。在约翰逊决定引入发现学说时，它的内容与美利坚共和国早期的法外社会政治现实并不矛盾。这种法律拟制的公正是有争议的。

无主地学说是一种法律拟制。无主地（不属于任何人的土地）作为发现权的一种替代，成为欧洲在进行殖民活动支撑性概念。澳大利亚是一个很好的例子。英国人于1788年开始在澳大利亚定居。当时土著人民已经居住在该大陆及其周围岛屿上，英国人无法理解他们的政治组织形式，也无法找到欧洲式的政治领导人。因此，这次的处理和北美是不同的。英国人在没有签订正式条约的情况下就开始定居澳大利亚大陆甚至最后占有它。到19世纪初，

[1] Hart, Danielle Kie. 2011. Contract law now—Reality meets legal fictions. Baltimore Law Review 41: 1-81, pp. 79-80.

英国王室开始主张对当时的殖民地新南威尔士的所有土地享有完全的实际所有权，并禁止土著居民转让任何土地。无主地的拟制此时诞生了。根据该《公约》，自1788年起，新南威尔士领土在法律上被视为无人居住的领土，使国王对完全实际所有权的行使不受土著居民提出的任何要求的影响。这一学说的长期效果是剥夺了这些土著人民的大部分土地。

在1992年马博案（Mabo case）之前，无主地仍然是澳大利亚法律中一个可以被验证的概念。澳大利亚高等法院感到非常羞耻，之后明确废止了这个概念，其高调宣称“通过拟制使土著居民在土地上的权益被视为不存在是政策，没有发生在这个国家的当代法律之中”〔1〕。无主地理论是一个证伪的拟制。它溯及既往地将1788年新南威尔士州殖民地实际上无人居住的法律主张与该殖民地拥有数十万居民这一法外事实并列在一起。这种拟制的虚假之处就在于它的剥夺。因为，正如高等法院所说，1788年，澳洲大陆的土地不是一片无主地，也不是“几乎无人居住”。根据普通法及习惯法，由于土著部落和氏族拥有他们生活或用于传统目的的特定土地的所有权，所以王室对土地的获取应当被减少或限定在一定范围内〔2〕。因此，无主地原则的拟制与其他普通法原则完全不协调，这导致基于拟制的理由与本国普通法原则直接对立。所以该原则最终被废弃。当一个法律拟制被实施到这种程度，以致于推翻一般意义上的法律真理性命题并抵消正义的基本概念时，它就削弱了法律的道德权威，削弱了需要矫正与调和的力量，并且留下一个国家难以言传的耻辱〔3〕。

七、结论

在实用主义的探究中，我曾指出，从刻意错误的角度来描述法律拟制是一种误导。从定义上讲，法律拟制不是有意识的错误主张。相反，它们是真正的法律命题，它们也确实会在外延意义上造成冲突，或在其他方面与在法律内或在法律外的现实领域中发现的其他真理不一致。法律官员利用法律拟制来解决法律中的问题，这需要创造性的立法。如果一次法律拟制在不损害

〔1〕 Mabo v Queensland［1992］HCA 23；（1992）175 CLR 1

〔2〕 Mabo v Queensland［1992］HCA 23；（1992）175 CLR 1

〔3〕 Mabo v Queensland［1992］HCA 23；（1992）175 CLR 1

任何法律内外的一般信念并且在使法律更加有效用的情况下，保持了所有法律信仰之间和谐一致，那么它便是有价值的。

人格等法律概念通过延伸到公司等实体或船舶等人工制造物之上，已被塑造成极具价值的法律拟制。虽然它有时与法律之外的真理相冲突，但法人人格的概念并没有造成严重破坏，也没有损害我们对公司、船舶或人格的日常理解。在法律范围内，它促进了许多有益的法律行为。其他如无主地的拟制，确实造成了损害。通过虚构的手段，无主地原则助长了公然的盗窃行为。这种有害的法律拟制没有实用价值，在法律上也没有正当的地位。

首要的法律拟制：正义须满足其表象

雷蒙德·约翰·麦考斯基[*]　裘飒飒　译[**]

一、引言

历史对戈登·赫华特勋爵的评价并不仁慈。1922年至1940年担任英格兰首席大法官期间[1]，这位勋爵获得了广泛的差评，被描述为“史上最差首席大法官”[2]、“有史来最差英格兰法官”[3]、“令人惊恐的”[4]和“糟糕的”[5]。他所取得的成就取得的恶劣名声少，他“很可能会主持史上最糟糕的一次诽谤审判”。[6]但当下赫华特勋爵因他1924年首次发表的引起轰动的法律拟制观点而被世人铭记，他提出“正义不仅应得到伸张，而且应该明确

---

* ［美］雷蒙德·约翰·麦考斯基（Raymond J. MoKoski），原伊利诺伊州第十九巡回法院法官，芝加哥约翰马歇尔法学院兼职教授，主要研究领域：法律职责、民事诉讼与性犯罪。本文The Overreaching Legal Fiction: Justice Must Satisfy the Appearance of Justice发表于2017年《萨凡纳法律评论》（Savannah Law Review）第4卷。

** 裘飒飒，华东政法大学硕士研究生，研究方向为法律方法论。

〔1〕Robert Stevens, The Independence of the Judiciary: The Case of England, 72 S. CAL. L. REV. 597, 601 (1999)。

〔2〕Patrick Devlin, EASING THE PASSING : THE TRIAL OF DR. JOHN BODKIN ADAMS, 92 (1985)。

〔3〕Richard Meredith Jackson, THE MACHINERY OF JUSTICE IN ENGLAND, 384 (6th ed. 1972)。

〔4〕Marc Coen, Apprehended Bias: The Case of Jurors, 32 DUBLIN U. L. J. 121, 122 n. 6 (2010)。

〔5〕Michael Taggart, From “Parliamentary Powers” to Privatization: The Chequered History of Delegated Legislation in the Twentieth Century, 55 U. TORONTO L. J. 575, 578 (2005)；同时参见Stevens, supra note 1, at 601 “赫瓦特不是一位受人尊敬的首席大法官”（“Hewart was not an admired Chief Justice …. ”）。

〔6〕Hon. J. J. Spigelman, Chief Justice of New South Wales, Oct. 9, 1999在第三十一届澳大利亚法律会议上发表主旨演讲（the Thirty－First Australian Legal Convention），http://www.opentrial.info/images/2/20/seen_ to_ be_ done_ the_ principle_ of_ open_ justice. pdf。

具体地、毫无疑问地得到伸张，这一点至关重要。”〔1〕同年，美国最高法院首席大法官威廉·霍华德·塔夫脱（William Howard Taft）将同样的观点纳入了美国律师协会（American Bar Association）的第一部司法示范规则。美国律师协会（ABA）的司法道德准则着重声明司法裁判的首要原则——法官不仅要实现实体正义，还要实现表象正义。〔2〕借鉴赫华特勋爵观点的三十年后，法官菲利克斯·法兰克福特（Felix Frankfurter）在《奥法特诉美国案》（Offutt v. United States）中自告奋勇地表示“正义必须满足表象正义”。〔3〕

这个观点仍然是一种理想化的陈述，经常被用来支持以可疑法律理由为依据的决定。这三位重要观点的奠基人并非有意要将该主张构成对人们的一种承诺，即以自然法和正当程序来保障表象正义和实体正义。〔4〕从这个层面上说，实体正义必须符合表象正义要求的主张符合朗·富勒对传统法律拟制的定义，即拟制不被拟制者深信，也不意在欺骗，可能就是为了追求在个案中做出公正判决这一实用目的。〔5〕但随着时间的推移，法律界开始坚信自己的拟制，同时认为向公众保证一个不受不良现象影响的司法系统是提升公众对该系统信心的最佳途径。〔6〕因此，到1972年法官被赋予了一个职责，即为保证表象正义，不仅要避免实际的不正当行为，还要防止看似正当实则具有不正当可能性的行为。〔7〕职责和义务贯穿了法官职业和个人生活的方方面面。〔8〕

美国法院，包括联邦最高法院，都非常草率地对待“公众不仅享有法庭公正审判的权利，还享有法庭形式公正的权利”这一观点。一些法院甚至将

〔1〕 Rex v. Sussex Justices，（Ex parte McCarthy），［1924］1 KB 256，259；see also infra Part II. A.

〔2〕 See infra Part II. B.

〔3〕 348 U. S. 11，13（1954）；see infra Part II. B.

〔4〕 See infra Part II. A. – C.

〔5〕 See LON L. FULLER，LEGAL FICTIONS 9，14（1967）.

〔6〕 See United States v. Hutzell，217 F. 3d 966，980（8th Cir. 2000），lamenting legal fictions that “gain ‘truth’ by mere repetition”. “当法律界开始坚信自己的法律拟制时，过去的法律拟制可以说是转化成了一种‘新的法律拟制’” 源于教授 Peter J. Smith。See Peter J. Smith，New Legal Fictions，95 GEO. L. J. 1435，1437（2007）（“当法官依靠错误的或是不准确的事实前提草拟法律规则时会部署新的法律拟制。”）

〔7〕 See CODE OF JUDICIAL CONDUCT Canon 2，Am. BAR Ass'N 1972。

〔8〕 Id.

对不正当行为的禁令纳入法定诉讼条款中。[1]但是靠创造一个法律拟制来承诺不会发生并不能提升公众对司法的信心。表象总是昙花一现且依赖于个人理解，以致不能作为判断司法机关是否充分履行其职能的基础。除此外，公平适用特定的法律规则有时候会使人们留下印象，认为法官或法律体系是片面的。这种情况下，法官有两种选择：（1）依据法律的要求公正审理案件；（2）牺牲实体正义来维持表象正义。对于受命于上级的法官而言，在任何时候都同时实现实体正义和表象正义是极其困难的抉择。

本文的第二部分讲述了赫华特勋爵的原理的诞生、该原理在美国的适用情况，以及法律拟制作为理想化标准的最初功能和其作为对美国民众的一种表象正义的承诺的蜕变。第三部分探讨了法院之于该承诺的无能为力、实体正义与表象正义间的不一致，以及赫瓦特法律拟制原理回归其理想化根源的必要性。

二、首要的法律拟制之诞生与演变

（一）诞生：赫瓦特勋爵

1923年08月21日，由麦卡锡和惠特沃斯驾驶的两辆摩托车相撞。麦卡锡被指控为危险驾驶，并在治安法庭接受审判。[2]举证质证后，法官们退至庭外审议裁判[3]。一如往常，为方便协助，书记员会随同法官们退至庭外，为法官们做判决裁定提供相关必要的证据和法律观点。[4]事实证明，法官们并未听取书记员的意见而且做出了有罪判决。[5]当被告获悉该书记员是惠特沃斯聘请的律师事务所的合伙人之一并在同一事故中受伤，向麦卡锡提起民事诉讼时，麦卡锡提起撤销定罪判决的程序。[6]治安法官们准备了一份誓词，声明他们未听取书记员意见时就已经得出了这一判决，并且拒绝了撤销

[1] See, e. g. , Louk v. Haynes, 223 S. E. 2d 780, 791 (W. Va. 1976)“程序正当要求形式正义的条件都已满足”（“Due process requires that the appearance of justice be satisfied”）。

[2] Rex v. Sussex Justices, Ex parte McCarthy [1924] 1 KB 256 at 256.

[3] Id. at 257.

[4] Id.

[5] Id.

[6] Id.

有罪判决的动议。[1]在雷克斯诉苏塞克斯郡法官案（Rex v. Sussex）中，美国最高法院首席大法官赫瓦特（Hewart）与大法官洛奇（Lush）、斯坦基（Stankey）都听取了麦卡锡向国王法院的上诉。[2]

赫瓦特勋爵接受了治安法官们宣誓陈述的事实，即他们并没有与那名有争议的书记员探讨本案。但是这名勋爵、首席大法官紧接着表示治安法官们是否与该书记员讨论案情无关紧要，因为“一长串案件”表明“正义不仅应该被伸张，还应该明显、明确无疑地来得到伸张，这不仅具有一定重要性，而且有根本重要性。”[3]赫瓦特勋爵没有引用任何“一长串案件”或其他权威来支撑这一观点。这个疏忽很可能是因为赫瓦特勋爵的陈述意在作为一种充满抱负的声明，而不是一种法律规则。[4]苏塞克斯郡法官案的直接裁定似乎是，书记员的公共职责与其对客户忠诚的私人义务是“明显矛盾的”。[5]

大法官洛奇在本案中提出异议，内容没有涉及正义的实现，但集中在了导致书记员无法充分履行其公共职能的利益冲突上。[6]正是书记员的公共职责与个人义务间的内在冲突约束着法院在撤销交通肇事定罪上的论证与思考。[7]另外两个因素也证实了这个推断，即赫瓦特勋爵的法律拟制是激励性的，并不作为自然正义的一部分。

第一个方面，在他的著作《新专制主义》中[8]，赫瓦特勋爵详细探讨了法律制度与正义的概念。正如他在书中定义的一样，“考虑正义的实现至少需要一位独立、公正、在证据和理性基础上进行判断的法官”。[9]很明显地，

---

〔1〕 Id. at 257 – 58.

〔2〕 Id. at 258 – 60.

〔3〕 Id. at 259.

〔4〕 See Richardson Oakes & Haydn Davies, Process Outcomes and the Invention of Tradition: The Growing Importance of the Appearance of Judicial Neutrality, 51 SANTA CLARA L. REV. 573, 581 (2011)（把短语“正义不仅应该被伸张，还应该显示出伸张的表象”作为格言）（“justice must not only be done; it must also be seen to be done”）。

〔5〕 Sussex Justices, 1 KB at 2591 KB at 259.

〔6〕 Id. at 259 – 60.

〔7〕 依据普通法，法官在某一事项上的经济利益使其丧失审判本案的资格（Under the common law, a judge's financial interest in a matter disqualified the judge from presiding in the case.）See John P. Frank, Disqualification of Judges, 56 YALE L. J. 605, 609 (1947); Hall v. Small Bus. Admin., 695 F. 2d 175, 179 (5th Cir. 1983)“我们赞同第六巡回法庭的意见，禁止书记员做法官禁止做的行为”（“We agree with the Sixth Circuit that the clerk is forbidden to do all that is prohibited to the judge.”）。

〔8〕 See GORDON HEWART, THE NEW DESPOTISM (1929)。

〔9〕 Id. at 44 – 45.

该描述中没有涉及任何正义的表象。但相对的这个定义又遵循了自然正义的传统要素。此外，在列举法律制度组成部分时赫瓦特忽略了表象正义。根据赫瓦特的观点，法律制度包括：（1）资格经认证的法官对其裁判结果负责；（2）法庭程序公开；（3）公正适用公认的法律原则；以及（4）公正充分的听证。[1]

第二个方面，1929 年，在苏塞克斯郡法官一案中合议的斯坦基大法官对霍布斯诉廷灵案（Hobbs v. C. T Tinling and Company）中的表象正义发表了评论。[2]在霍布斯案中，斯坦基大法官明确表示他理解这个命题是激励性的，不是强制性的：

"在司法行政中法官和律师一样重要，而且两者间的误解是令人遗憾的，因为它阻碍了大家都渴望实现的目标，即正义不仅应该在实体层面实现，也应该在形式表象上实现。"[3]

而且因为这个命题表现的是一种"渴望"不是一种制度，斯坦基大法官认为没有义务援引苏塞克斯郡法官案或是其他任何权威来证明"正义不仅应该在实体层面实现，也应该在形式表象上实现"这一命题。[4]

（二）首要的法律拟制与司法道德：威廉·霍华德·塔夫脱

虽然很难确切了解赫瓦特勋爵原本希望他的法律拟制在法律发展和法官生活中扮演何种角色，但威廉· 霍华德·塔夫脱大法官明确定义了美国律师协会（ABA）第一部司法示范规范中表象正义所扮演的角色。

1922 年，美国律师协会（ABA）任命大法官威廉·霍华德·塔夫脱主持一个委员会，该委员会由法官和律师组成并负责草拟第一部司法行为示范法。[5]塔夫脱委员会于 1923 年完成了这项任务，并将草拟的司法道德准则（《1924准则》）提交美国律师委员会（ABA）代表大会批准。[6]第二年，代表大会

---

〔1〕 Id. at 36.

〔2〕 Hobbs v. C. T. Tinling & Co. , Ltd [1929] 2 KB 1 at 48.

〔3〕 Id.

〔4〕 Id. 斯坦基大法官可能没有在霍布斯案中引用雷克斯诉苏塞克斯郡法官案（Rex v. Sussex Justices）因为霍布斯案推翻了赫瓦特大法官的一项决定。Id. at 2.

〔5〕 Final Report and Proposed Canons of Judicial Ethics, 9 A. B. A. J. 449, 449 (1923) [hereinafter Final Report]; see also ABA Joint Comm'n to Evaluate the Model Code of Judicial Conduct: Overview of Model Code of Judicial Conduct as Adopted (Feb. 12, 2007) https://www.americanbar.org/content/dam/aba/migrated/2011_ build/professional_ responsibility/overview_ gak_ 030707. authcheckdam. pdf。

〔6〕 Final Report, supra note 34, at 449.

通过了《1924 准则》。[1] 1924 准则特别明确地劝告法官保障表象正义。[2]《1924 准则》第 4 准则为这首部司法示范法奠定了基调，它建议法官“公职行为应该避免不正当行为和不正当行为表象”，而且在他们的日常生活中，不论是否在法庭之上，“应当都无可指责”。[3] 为了让所有法官都铭记这重要的指示，最后一条准则——第 34 准则，提醒法官“他们每一个行为都应该是无可指责的”。[4] 但塔夫脱意识到在实现实体正义的同时保障表象正义并不总是能实现的。所以，当向美国律师协会（ABA）代表大会介绍通过的《1924 准则》时，塔夫脱通过解释提议的司法规范来强调其富有理想性的性质：

“它无意拥有法律效力；它只是一种对引导和提醒司法机关和启示其他人的标准的声明，它涉及律师对担任司法职务的成员的一种期望。”[5]

《1924 准则》的序言呼应了塔夫脱对美国律师协会（ABA）代表大会的陈述内容，称该文件的“灵魂”是“为法官提供恰当的指引和提醒，并表明民众有权利从他们那里期待某些东西。”[6] 然而，赫瓦特勋爵的意图——表象正义作为一个抱负性的目标必须从环境中慢慢积累，《1924 准则》的序言和塔夫脱首席大法官的美国律师协会（ABA）的评论都毫无争议地承认《1924 准则》意味着自愿准则，不是强制性规则。

（三）法律拟制与美国最高法院：费力克斯·弗兰克福特

在奥法特诉美国政府案中[7]，美国最高法院行使了“联邦法院对刑事司法管理的监督权”，并撤销了审判法官对辩护律师做出的藐视法庭定罪。[8] 法院裁定初审法官对辩护律师“发泄私愤”的行为不正当，指控该律师藐视

---

〔1〕 LISA L. MILORD, THE DEVELOPMENT OF THE ABA JUDICIAL CODE 131（1992）（“《司法道德准则》于 1924 年 07 月 09 日由美国律师协会（ABA）代表大会通过”）。

〔2〕 See JOHN P. MCKENZIE, THE APPEARANCE OF JUSTICE 190（1974）（说明 1924 准则“牢牢抓住了一个有效且持久的主题：法官不仅必须伸张实质正义，还必须体现伸张正义的表象”）。

〔3〕 CANONS OF JUDICIAL ETHICS Canon 4（AM. BAR Ass'N 1924）.

〔4〕 Id. at Canon 34.

〔5〕 Final Report, supra note 34, at 449.

〔6〕 CANONS, supra note 38, at pmbl.（“美国律师协会（ABA）注意到法官的性格和行为绝不应该成为冷漠的对象，并且已宣布的道德标准有变成生活习惯的趋势，该协会认为有必要提出观点，尊重那些应当管理司法行政中司法公职人员个人行为的原则。因此该协会采纳了一下准则，准则的精神是向法官提出恰当的引导与提醒，且表明民众有权利从法官那里期待某些东西”）。

〔7〕 348 U. S. 11（1954）.

〔8〕 Id. at 13（internal quotation marks omitted）; id. at 17－18.

法庭“与法官对律师的个人心理反感混杂在一起”。[1] 因为“初审法官竟自我许可亲自卷入上诉人纠纷中”并表现出其个人的敌意，法院撤销了藐视法庭的定罪判决，将该案移送另一位法官审理。[2] 弗兰克福特大法官在为法院撰稿时提到：“实体正义必须满足表象正义的要求。”[3] 但弗兰克福特没有援引任何权威来声明，因为法院明确赞同上诉法院的结论，即初审法官表现出了实在的“偏见和不公正”行为。[4] 实在的偏见，而不是表象的偏见，构成了法院裁决的基础。第二年在雷·默奇森案中法院通过表述奥法特的意见对追求建立一个完善的司法制度有大价值重申这一公理是一个目标，不是程序正当的要求。法院指出，“为了以最好的方式发挥其崇高的功能，‘实体正义须满足表象正义的要求。’”[5]

尽管这朗朗上口的词条经常出现在法院意见书中，[6] 法院没有把这一命题视为宣告一项基本权利。例如，在斯瓦文诉阿拉巴马案中[7]，法院意识到未来的准陪审员的强制性异议“满足以下规则，即为了以最好方式发挥它崇高的作用，实体正义须满足表象正义的要求。”[8] 虽然该强制性挑战不是基本权利，也不为宪法所要求[9]，并且“一笔一挥便可撤销”，最高法院还是从容地做出了声明。[10] 弗兰克福特大法官本人认为，他的声明与当时在州

---

〔1〕 Id. at 13.

〔2〕 Id. at 15.

〔3〕 Id. at 13.

〔4〕 Id. at 14 (internal quotation marks omitted). 法官引用了几位审判法官的话表明他存在偏见。例如，该法官告知陪审团，“你们坐在这里不得不忍受一个可耻的毫无职业价值的律师和他不光彩的表现直到结束；而我，作为法律行业中的一员，为我们队伍里有这样的人而感到羞耻。” Id. at 15 n. 3 (internal quotation marks omitted).

〔5〕 In re Murchison 349 U. S. 133, 136 (1955) (quoting Offutt v. United States, 348 U. S. 11, 13 (1954)).

〔6〕 See, e. g., Levine v. United States, 362 U. S. 610, 616 (1960); Mayberry v. Pennsylvania, 400 U. S. 455, 465 (1971); Aetna Life Ins. Co. v. Lavoie, 475 U. S. 813, 825 (1986); Republican Party of Minn. v. White, 536 U. S. 765, 81 (2002); Williams - Yulee v. Florida Bar, 135 S. Ct. 1656, 1666 (2015).

〔7〕 380 U. S. 202 (1965).

〔8〕 Id. at 219 (In re Murchison, 349 U. S. at 136) (internal quotation omitted).

〔9〕 Ross v. Oklahoma, 487 U. S. 81, 89 (1988) (“强制性挑战是成文法的特征而不为宪法所要求”)。

〔10〕 United States v. Boyd, 86 F. 3d 719, 723 (7th Cir. 1996); see also Batson v. Kentucky, 476 U. S. 79, 102 - 03 (1986) (Marshall, J., concurring) (dvocating for the abolishment of peremptory challenges).

法院被指控谋杀的贫困被告人无权聘请律师这一事实间不存在冲突。[1]下级法院也认为弗兰克福特大法官的命题是具有抱负性的，而不是教条的。例如，伊利诺伊州上诉法院表示同意“实体正义须满足表象正义的要求”的陈述，并将之与传统的古训相比拟，即凯撒的夫人不仅要内在贤惠，还要表现出贤惠。[2]

（四）从理想到强制

作为一种理想化的概念，表象正义造成的危害较小。法律拟制被合理地用来倡导法官努力塑造出中立的完美法官形象。当法官们开始坚信自己的拟制时，困难出现了，他们的拟制从激励式的谑言转变成了公开承诺。这种转换是何时，又为何会发生？

1. 转换何时发生

1972 年，美国律师协会（ABA）通过了新的司法行为准则（《1972 准则》）来代替《1924 准则》。[3]《1972 准则》将旧准则的指导方针转变成了具有约束力的司法行为准则。[4]因此，在新准则约束下，法官有义务避免不正当行为和不正当表象的发生。[5]《1972 准则》也为司法资格丧失创造了一个基于外观的范围。第三条准则 C 款第一项要求法官不仅在遭受经济或其他冲突时，还有在法官的公正性“可能受到合理质疑”时，必须回避。[6]随着《1972 准则》对表象不当行为纪律标准和以表象为基础不当资格审查的建立，如今表象成为司法道德的核心价值。[7]在美国律师协会（ABA）司法行为规

---

〔1〕 See Quicksall v. Michigan, 339 U. S. 660, 661 (1950); see also Henderson v. Bannan, 256 F. 2d 363, 364 –66 (6th Cir. 1958)（尽管被告在没有法律顾问的情况下在同一天被逮捕、定罪和判刑，但他的无期徒刑仍被维持）。

〔2〕 City of Chicago v. Hadesman, 149 N. E. 2d 425, 430 (Ill. App. Ct. 1958)（“正如被告的律师我们也赞同［奥法特诉美国政府］表达的观点……即‘实体正义必须满足表象正义的要求，’即凯撒的夫人不仅要内在贤惠，还要表现出贤惠。”）(citation omitted).

〔3〕 CODE OF JUDICIAL CONDUCT (AM. BAR Ass'N1972).

〔4〕 Id. at Preface（“另有说明者除外，准则与文案建立的是强制性标准”）.

〔5〕 Id. at Canon 2.

〔6〕 Id. at Canon 3C (1).

〔7〕 Raymond J. McKoski, Reestablishing Actual Impartiality as the Fundamental Value of Judicial Ethics: Lessons from "Big Judge Davis", 99 Ky. L. J. 259, 286 (2011).

范的每一部后续版本中，都一致出现了首要的、强制的、外观的规则。[1]

1971 年，大法官约翰·哈兰（John Harlan）通过断言“表象正义……是程序正当的核心”将保护表象正义的观点提升到了另一个高度。[2]虽然哈兰大法官把表象正义提升到宪法层面的似乎一致，但它鼓励法院在随后的意见中反复提及该命题。[3]虽然最高法院从未认为表象正义是正当程序的一部分，但最高院重复该说法使得一些下级法院假定它就是正当程序的一部分。因此，佐治亚州上诉法院认为“实体正义必须满足表象正义的要求，而正当程序的要求也不止于此”，[4]而且第四巡回法庭自信地断定“正当程序不仅保护免受明示不正当司法行为的侵犯，也保护免受威胁表象正义的行为的侵害。”[5]

2. 为何从理想转变为义务

为什么美国律师协会（ABA）、州立法会、法院和国会决定将保护表象公正和表象正义的抱负性的指导原则转变为一种强制性的规则？推动因素似乎是 20 世纪 60 年代末 70 年代初政府急剧衰落后尝试重铸政府的信心公信力。一位评论员用林登·约翰逊总统竞选时的承诺标志他所谓的“愤世嫉俗时代”的到来，“如果当选，绝不会有一名美国军人被派往别国领土作战。”[6]但约翰逊当选后，他增加了征兵的号召，派遣数千军人赴越南作战。[7]由于这场战争的支持者和反对者都认为军事干预是灾难，“越南战争动摇了公民对联邦政府能力的信心。”[8]“水门事件，最严重的……20 世纪政治丑闻”[9]导致

---

〔1〕 MODEL CODE OF JUDICIAL CONDUCT Canons 2 - 3E（1）（Am. BAR Ass' N 1990）；MODEL CODE OF JUDICIAL CONDUCT R. 1.2, 2.11（A）(2007)；同时参见 Leslie W. Abramson, Appearance of Impropriety: Deciding When a Judge's Impartiality "Might Reasonably be Questioned", 14 GEO. J. LEGAL ETHICs 55, 55（2000）（“美国律师协会（ABA）的《司法行为准则》是司法秩序和美国法院资格丧失的基础。”）。

〔2〕 Mayberry v. Pennsylvania, 400 U. S. 455, 469（1971）（Harlan, J., concurring）.

〔3〕 See supra note 49 (citing cases).

〔4〕 Johnson v. State, 231 S. E. 2d 87, 88 (Ga. Ct. App. 1976) (quoting In re Murchison, 349 U. S. 133, 136 (1955)) (internal quotation marks omitted).

〔5〕 Aiken County v. BSF, 866 F. 2d 661, 678 (4th Cir. 1989) (internal quotation marks omitted).

〔6〕 Christopher H. Schroeder, Causes of the Recent Turn in Constitutional Interpretation, 51 DUKE L. J. 307, 338 (2001).

〔7〕 Id.

〔8〕 Id.

〔9〕 Matthew S. Raymer, Fraudulent Political Fundraising in the Age of Super PACS, 66 SYRACUSE L. REV. 239, 243（2016）。

了尼克松总统的辞职，也使得公众对政府机构的信心危机达到顶峰。[1]在当时那个丑闻损伤信心的时期，联邦最高法院也未能幸免于难。

1969 年，大法官阿贝·福塔斯（Abe Fortas）与沃尔夫森家族基金会（the Wolfson Family Foundation）达成协议，同意收取 2 万美元的顾问费，作为他协助策划该基金会慈善活动的回报。[2]更糟糕的是，基金会董事被指控出售未注册股票。[3]《时代》和《生活》期刊都猛烈指责福塔斯的咨询安排违反了《1924 准则》第 4 准则中的表象专有标准。[4]《生活》周刊全文转载了第四准则。[5]虽然福塔斯不构成犯罪且退还了“顾问费”，但美国律师协会职业道德委员会（ABA Committee on Professional Ethics）仍然指责福塔斯卷入了具有不正当表象的准违法行为。[6]福塔斯大法官于 1969 年 05 月从法院辞职。[7]

无巧不成书，尼克松总统提名第五巡回上诉法庭首席大法官克莱门特·海恩斯沃斯来填补福塔斯的空缺。提名后不久，参议院司法委员会认定海恩斯沃斯曾主持过他持有间接或是极少经济利益的案件。[8]尽管美国律师协会（ABA）认同大法官海恩斯沃斯没有违反任何法律、道德准则或是法令失格，[9]但糟糕的表象使得参议院与 1969 年 11 月拒绝了海恩斯沃斯的提名。[10]

为了驱散笼罩在政府官员们正直和诚信上方的乌云，很大部分是因为越

---

[1] Donald C. Smaltz, The Independent Counsel: A View from Inside, 86 GEo. L. J. 2307, 2320 (1998)（“水门事件使得政府三部门事实上两极分化，导致公众对政府的信心降到新的低点。”）。

[2] Jake Garn & Lincoln C. Oliphant, Disqualification of Federal Judges Under 28 U. S. C. § 455 (a): Some Observations on and Objections to an Attempt by the United States Department of Justice to Disqualify a Judge on the Basis of His Religion and Church Position 4 HARV. J. L. & PUB. POL'Y 1, 22 (1981).

[3] No Peace for Fortas, TIME, May 9, 1969, at 28, 28.

[4] Id; William Lambert, Fortas of the Supreme Court: A Question of Ethics: The Justice and the Stock Manipulator, LIFE, May 5, 1969, at 32, 33.

[5] Lambert, supra note 73, at 36.

[6] 4 THE JUSTICES OF THE UNITED STATES SUPREME COURT: THEIR LIVES AND MAJOR OPINIONS 1463-64 (Leon Friedman & Fred L. Israel eds. 1997).

[7] Lambert, supra note 73, at 36.

[8] Garn & Oliphant, supra note 71, at 23-24.

[9] See id. 参见第 24 页（“美国律师协会委员会认为海恩斯沃斯法官的行为‘无不当之处’。”）。美国司法部对海恩斯沃斯法官的金融交易进行的调查显示，其并没有违法行为，也不存在“反对提名的依据”。William Kling, Haynsworth Absolved by Justice Dept., CHI. TRIB., Sept. 10, 1969, at 22（引用参议院司法委员会主席和共和党高级成员的联合声明）。

[10] John Anthony Maltese, The Selling of Clement Haynsworth: Politics and the Confirmation of Supreme Court Justices, 72 JUDICATURE 338, 341 (1989).

南战争、水门事件以及福塔斯和海恩斯沃斯相关事务，还有为了重建司法公信力，美国律师协会（ABA）决定在1972示范法范围内给不正当行为表象一个强制性标准和一个可执行的司法行为规则。〔1〕

国会清楚地意识到政府机构公信力的下降，这点上绝不比美国律师协会差。因此，国会在考虑修改联邦法时将重塑司法公信力置于首位和中心的行为就一点都不奇怪了。最简单的解决途径便是采用美国律师协会（ABA）的“外观偏见测试”并且要求联邦法官在公正性“可能被合理怀疑”时回避。〔2〕由于福塔斯和海恩斯沃斯事件历历在目，国会议员们寻求通过向政府人员输入一种“新的、更有礼貌的意识”〔3〕来“增强我们公共机构的公信力”。〔4〕就司法而言，这意味着“消除公众可能对法官的判决产生偏见导致的任何疑惑”〔5〕同时国会认为，如果法官被要求在继续参与某一案件时，“可能会产生几乎没有的不正当表象”〔6〕便回避，公众将毫无质疑地相信司法公正。参议员贝赫借用1972年《美国律师协会示范法》提出了一项法案并由国会通过，即修改联邦司法失格条例，美国宪法第455条，以此要求法官每当“公正性可能受到合理怀疑”时丧失资格。〔7〕

三、实体正义与表象正义间的不稳定关系

渴望实体正义和表象正义都实现是个值得赞美的目标。但保证实体正义会满足表象正义的条件是个不切实际的期望。正如第三章（一）所示，那些

---

〔1〕 参见Charles Gardner Geyh，《罗斯科·庞德与好政府运动的未来》，48 S. TEX. L. REV. 871，879（2007）（“1972规范因此有效加强了规范出庭的承诺，使其具有可执行力，以此增强法院公信力。”）；Garn & Oliphant，supra note 71，at 23（表明福塔斯丑闻在美国律师协会做出重拟1924司法道德准则决定中起到了作用）。

〔2〕 See Judicial Disqualification：Hearings on S. 1064 Before the Subcomm. on Improvements in Judicial Machinery of the Comm. on the Judiciary，93d Cong. 9（1973）（statement of Sen. Birch Bayh）.

〔3〕 Id. at 14.

〔4〕 Id. at 14.

〔5〕 Id. at 14.

〔6〕 Id. at 11－12；see also id. at 16（声明国会有责任确保在司法系统“完全合理表现，避免出现任何不合理表象”）。

〔7〕 28 U. S. C. 455（a）.

看起来公平公正的事物往往只出现在虔诚旁观者眼中。〔1〕此外，即使合理的旁观者就看起来公正和公平的事达成一致，法律的公正适用并不总是保证允许正义的出现。第三章（一）、（二）、（三）呈现了3个显著的例子。

（一）表象取决于观察者

一位法官是否公正很大程度上依赖于个人观点。观察者的看法通常由党派利益支配。〔2〕在《病人保护和平价医疗法案》（简称《平价医疗法案》）案中，卡根大法官和托马斯大法官的决斗请求说明了基于表象的司法正义令人不安的一面。〔3〕

两党保守活动人士提交了一份非当事人意见陈述，要求卡根大法官就《平价医疗法案》进行回避，因为其在担任奥巴马总统的副检察长期间参与了医疗保障立法。〔4〕保守党人士看来，卡根大法官向奥巴马总统提出的立法建议使得她的公正性受到了合理怀疑。〔5〕自由党派人士认为卡根大法官在审理此案时不存在任何不合理问题，但他们也确实下了结论，为了守护表象正义，托马斯大法官应当辞去自己的职务。74名众议院民主党派人士致函托马斯大法官，建议其辞去参与该医疗立法诉讼的资格，因为其妻子在游说反对该项立法方面起到了“表象利益冲突”的作用。〔6〕法官没有发现任何表象问题，所有请求都被驳回。〔7〕

同样地，在不那么引人注目的日常案件中，原告与被告、陪审员、证人、被害人、新闻媒体、律师协会、初审法官和上诉法官，以及法学教授对什么

〔1〕 See People v. Diaz, 498 N. Y. S. 2d 698, 701 -02 (Suffolk County Ct. 1986)（“偏爱，或其外表……如美一般，情人眼中出西施”）。

〔2〕 See Richard L. Hasen, Celebrity Justice: Supreme Court Edition, 19 GREEN BAG 2d 157, 170 (2016)（“公众对表象的看法似乎也带有党派色彩”）。

〔3〕 See Raymond J. McKoski, Disqualiying Judges When Their Impartiality Might Reasonably be Questioned: Moving Beyond a Failed Standard, 56 ARIZ. L. REv. 411, 453 -54 (2014).

〔4〕 Brief of Freedom Watch as Amicus Curiae in Support of Neither Party and on Issue of Recusal or Disqualification of Justice Elena Kagan 7, Nat'l Fed'n of Indep. Bus. v. Sebelius, 132 S. Ct. 2566 (2012),（根据美国宪法第28条第455款（a）项要求取消卡根法官的资格，因为客观的旁观者可能会对其的公正性提出合理怀疑）。

〔5〕 Id.

〔6〕 Felicia Sonmmez, House Democrats Say Justice Thomas Should Recuse Himself in Health - Care Case, WASH. POST (Feb. 9, 2011, 12: 21 PM): http: //voices. washingtonpost. com/44/2011/02/house - democrats - say - justice - th. html.

〔7〕 9名大法官都参与了此案。See Sebelius, 132 S. Ct. at 2575.

符合表象正义标准的命题往往会得出不同的结论。但比很难在某些稍纵即逝的事物上达成共识更重要的是，坚信法律、实现实体正义往往需要牺牲表象正义。法庭内外每天都能发现没有充分履行表象正义承诺的例证。以下三例。

（二）依据种族、民族或性别为准陪审员豁免

历史上，民事和刑事案件的当事人享有免除有限数量的准陪审员而不说明理由的权利。〔1〕在巴特森诉肯塔基州之前，强制性挑战作为一种实际问题可以基于陪审员的种族。〔2〕在巴特森案中，法院裁定《平等保护条例》禁止检察官仅仅因为准陪审员的种族便将其从陪审员召集令中除名。〔3〕巴特森案不仅保护了诉讼当事人和准陪审员，而且也保护了普通公众，因为基于种族原因除名合格的陪审员“削弱了我们司法系统公正性的公信力。”〔4〕巴特森规则已经延伸到民事和刑事案件中基于种族和性别的强制性挑战上。〔5〕

当当事人声称对方当事人违反了巴特森规则而行使了强制抗辩权时，初审法院将进行三部分质询。首先，法官确定是否有足够的证据推断歧视已经发生。〔6〕若答案是肯定的，调查将进入第二部分，法官允许非动议人陈述种族中立的理由以此来进行强制性质询。〔7〕第二部分的目的是为律师提供一个机会，让其“消除调查第一部分中确立的歧视意图表象”。〔8〕第三部分，法官判定种族中立的理由是否是歧视的托辞。〔9〕如果一名律师给出了一个种族中立的理由除名一位陪审员且法院也接受了该理由，那巴特森会满意，该陪审员也将被除名。〔10〕

巴特森测试的第二步“不需要具有说服力的解释，甚至不需要似是而非

---

〔1〕 See Swain v. Alabama, 380 U. S. 202, 211 -20 (1965)（对强制性挑战追根溯源）.

〔2〕 Id. at 221（“我们不认为在特定案件中黑人的罢工是最法律平等保护的否定”）。

〔3〕 Batson v. Kentucky, 476 U. S. 79, 89 (1986).

〔4〕 Id. at 79.

〔5〕 See J. E. B. v. Alabama, ex rel. T. B., 511 U. S. 127, 146 (1994)（巴特森规则在基于性别的强制性挑战中的运用）; Hernandez v. New York, 500 U. S. 352, 358 -59 (1991)（巴特森规则对种族本位的挑战）。

〔6〕 Batson, 476 U. S. at 96 -97.

〔7〕 Id. at 97 -98.

〔8〕 See Jeffrey Bellin & Junichi P. Semitsu, Widening Batson's Net to Ensnare More than the Unapologetically Bigoted or Painfully Unimaginative Attorney, 96 CORNELL L. REV. 1075, 1121 -22 (2011).

〔9〕 Batson, 476 U. S. at 98.

〔10〕 Id.

的解释”[1]“任何中立的理由，无论多么‘难以置信或不可思议’，即使是‘愚蠢或迷信的’，也足够反驳一个表面上证据确凿的歧视案件”。[2]律师们提出的荒谬理由以及法院接受的足以克服表面上证据确凿的歧视的理由，使得伊利诺伊州上诉法院在“人民诉兰德尔案”（People v. Randall）中把巴特森程序描述为一场“哑谜”。[3]兰德尔法院承认那些经考验是好的被法庭接受的“种族中立”原因包括：“太年老、太年轻，离婚，留着‘长而蓬乱的头发’，自由撰稿人，宗教，社会工作者，缺乏家庭接触的，试图与被告进行眼神交流，‘与被告一起住在一复式公寓楼为主的地区’，单身的，受过度教育的，不成熟的，举止不当的，失业的，着装不当的，单独居住的陪审员，工作地点拼写错误的，与女友一起居住的，配偶失业的，配偶为学校教师的，兼职理发师的，与市议会议员为朋友的，未能脱帽致敬的，缺少社区联系的，与被告同‘年龄组’的儿童，父亲已故的，以及作为准陪审员的姑婶正在接受精神治疗的”。[4]

最显而易见的是，尽管嘲笑了这一系列所谓的种族中立的理由，兰德尔法院还是坚持对一位非裔美国女陪审员提起强制性挑战，因为她年纪太大了以至于不能胜任陪审团任务，即使检察官没有对比这位非裔美国陪审员更年长的白人男性陪审员提起挑战。[5]

问题不在于应该改革巴特森测试法[6]，或是完全消除强制性挑战。[7]问题的关键是那些难以置信甚至愚蠢的为准陪审员失格的理由符合最高法院就巴特森案中对正义的定义。但是利用这种牵强附会的理由将适格的人员排除在司法部门之外是不符合表象正义要求的。受理巴特森案的法院建立的程

[1] Purkett v. Elem, 514 U. S. 765, 767 -68 (1995); see also State v. Saintcalle, 309 P. 3d 326, 359 (Wash. 2013) (en banc) (“在任何特定情况下，貌似合理的种族中立的理由都很容易让人联想到……”)。

[2] United States v. Evans, 192 F. 3d 698, 701 (7th Cir. 1999) (quoting Purkett v. Elem, 514 U. S. 765, 767 -68 (1995)).

[3] People v. Randall, 671 N. E. 2d 60, 65 (Ill. App. Ct. 1996).

[4] Id. at 65 -66 (footnotes omitted).

[5] Id. at 67.

[6] See Bellin & Semitsu, supra note 101, at 1120 -29 (suggesting modifications to the Batson test).

[7] See Batson, 476 U. S. at 102 -03 (Marshall, J., concurring) (suggesting the elimination of peremptory challenges).

序符合宪法要求，但对审判参与者与公众远远没有表现出公正。〔1〕

（三）对司法候选人的贡献

联邦宪法允许个人和实体出资以推进或反对候选人竞选包括司法职务在内的公职。〔2〕尽管对司法候选人的资助是否真的会影响司法裁决还存在争议，〔3〕但有证据证明律师和诉讼当事人对法官的竞选资助造成了正义得不到伸张的表象。〔4〕

即使巨额资金没有腐蚀候选人，但就司法机构而言，这种情况尤其令人不安。律师是司法竞争中最大的促成者。这些律师经常出现在他们资助选出的法官面前。即使这些资助不会影响候选人对资助律师的支持，但它们会给公众造成偏见的表象。〔5〕

当党派团体向法官竞选委员会，或支持或反对某法官的政治行动委员会资助大笔资金时，偏袒的表象就会更加明显。正如教授欧文·切梅林斯基所观察到的那样：

无法证明资助和未决实际上对司法决策的影响程度。若保险业向某位司法候选人资助了大量资金，此后其作为法官一贯坚持有利于保险公司的规则，其中的因果关系就不得而知了。也许保险公司代表候选人支出，因为他的赞同观点，不管花多少钱他或她都会以同样的方式投票。或者，也许这些支出

---

〔1〕 See Deana Kim El – Mallawany, Comment, Johnson v. California and the Initial Assessment of Batson Claims, 74 FORDHAM L. REV. 3333, 3363 (2006)（“只有强制罢工得到更有效的监管，陪审团遴选过程才能在公众眼中呈现公平公正”）。

〔2〕 See Nixon v. Shrink Missouri Government PAC, 528 U. S. 377, 400 (2000)（“一方面，为竞选活动捐款的决定是第一修正案所关注的问题——不是因为金钱是言论（事实并非如此），但因为它使语言成为可能”）。

〔3〕 See Ronald D. Rotunda, Constitutionalizing Judicial Ethics: Judicial Elections After Republican Party of Minnesota v. White, Caperton, and Citizens United, 64 ARK. L. REV. 1, 18 –28 (2011)（得出的结论是几乎没有证据表明竞选资助与司法判决有关）。

〔4〕 See Paul D. Carrington, Judicial Independence and Democratic Accountability in Highest State Courts, 61 LAW & CONTEMP. PROBS. , 79, 18 (1998)（“在政治运动上花费大笔资金，这与腐败的出现密不可分……”）；Yetta Samford, Professionalism: Keynote Address to the Incoming Students at the University of Alabama School of Law, 19 J. LEGAL PROF. 5, 14 (1994)（“不论法官如何努力公平对待资助者与非资助者，竞选集资的必要性和实用性只能引起公众对法官不公正的推想。”）；AM. BAR Ass'N, JUSTICE IN JEOPARDY: REPORT OF THE AMERICAN BAR ASSOCIATION COMMISSION ON THE 21ST CENTURY JUDICIARY 81 (2003)（“在继续允许个人为选举资助的州，法官受出资人影响的看法进一步加深，因为允许资助的数额高到足以主张该看法。”）。

〔5〕 PATRICK M. MCFADDEN, ELECTING JUSTICE: THE LAW AND ETHICS OF JUDICIAL ELECTION CAMPAIGNS, at xiii (1990) .

在加强个人支持保险业的观点或推动他们朝这个方向前进方面具有微妙的作用。当然也有可能法官在裁判案件时自觉地意识到竞选活动的花费，并正在考虑下一场需要资助的竞选。我们无从知晓，但不管怎样，从表象上看法官的裁决不可避免地是花钱买来的。〔1〕

我们难以确切理解，法院于法律界是如何做到一边看着法官竞选委员会清点政治资助，一边一本正经地维持司法系统法律拟制的表象公正。

（四）无代表民事诉讼当事人

对大多数人而言，典型的美国民事诉讼包含两名律师出色而有效地为一起备受瞩目的案件当事人辩护。当然，事实远非如此。美国国家法院中心（National Center for State Courts）对 90 多万起民事案件的研究发现，近三分之二案件是合同诉讼，其中 37% 是债务追缴案件，29% 是搬迁案件，16% 是小额索赔案件。〔2〕在这项研究中，四分之三的判决花费在 5200 美元之内。〔3〕“集中的数据中最引人注目的发现之一是，很大比例（76%）的案件中，至少有一方是自我辩护的，通常是被告方。”〔4〕在分析了美国国家法院中心（National Center for State Courts）收集的数据后，理查德·佐尔扎得出结论：在 70% 的案件中，有一方由律师代理而另一方没有。〔5〕在某些司法管辖区，这些数据甚至更失衡。2009 年，纽约市消费者案件中约 1% 的被告由律师代

---

〔1〕 See Erwin Chemerinsky, Preserving an Independent Judiciary: The Need for Contribution and Expenditure Limits in Judicial Elections, 74 CHI. - KENT L. REV. 133, 138 (1998) .

〔2〕 See NAT'L CTR, CIVIL JUSTICE INITIATIVE: THE LANDSCAPE OF CIVIL LITIGATION IN STATE COURTS, at iii - iv (2015) .

〔3〕 Id. at iv.

〔4〕 Id. see also Civil Justice Improvements Committee, Executive Summary: Call to Action: Achieving Civil Justice for All 2 (2016) (“至少有一方，通常是被告，在超过四分之三的案件中无诉讼代表人”)：http: //www. ncsc. org/ - /media/Microsites/Files/Civil - Justice/NCSC - CJI - ExecutiveSummary - Web. ashx。

〔5〕 See Richard Zorza, We Now Have the Data That shows That The One - Side - Self - Represented Case is the Dominant Case Situation in US Civil State Courts and That We Need a Fundamental Rethink of The State Civil Justice System, RICHARD ZORZA's ACCESS TO JUSTICE BLOG (Aug. 26, 2016) : https: //accesstojustice. net/2016/08/26/we - now - have - the - data - that - shows - that - the - one - side - self - represented - case - is - the - dominant - case - situation - in - us - civil - state - courts - and - that - we - need - a - fundamental - rethink - of - the - state - civil - justice - system。

理，而案件中100%的原告没有诉讼代表。[1]同样的，大多数纽约租户在搬迁问题上缺少诉讼代表。在纽约市外，98%的租户没有诉讼代表，而99%的城市居民尚无诉讼代表。[2]

把没有律师的当事人称为“自我代表”是不恰当的，原因有二。首先，该标签意味着自愿放弃律师的协助。但对于绝大多数未出席庭审的当事人而言，他们的裁判是由其花费的代表费用做出的，往往超出了案件本身的价值。[3]其次，“自我代表”一词使用不恰当，因为它暗示无代表诉讼的当事人具有相关知识和技能，能够在法庭上充分陈述自己的立场和保障自己的权益。与此相反，在与律师对抗时，无论律师的经验如何，也无论被代表一方当事人的智力和教育程度如何，无诉讼代表的一方当事人都会被轻易击败。法律系统全方位的复杂性都禁止拥有法律资格证的与无资格证的对手之间的公平竞争。[4]

任何对这一主张持怀疑态度的人，只需拿起一份《联邦民事诉讼规则》或《联邦证据规则》的复印件便可顺利阅读。一旦掌握了这些规则，就应该对管辖该事项的实体法进行审查。毫无疑问，诉讼当事人在法律索引和案情陈述方面通常表现不佳。依据2010年对法官的调查，有幸参与审判的自我代表当事人的主要缺点包括：（1）未能出示必要证据；（2）程序错误；（3）证人审查无效；（4）未能对证据提出合理异议；（5）论证无效。[5]即使有足够

---

〔1〕 Justice Fern Fisher, Deputy Chief Administrative Judge for New York City Courts and Director, New York State Courts Access To Justice Program, Closing Statement, New York State Public Hearing on Access to Civil Legal Services (2010), http: //www. nycourts. gov/ip/nya2j/pdfs/FisherTestimony2OlO. pdf。

〔2〕 Id. at 2 n. 6.

〔3〕 See Cynthia Gray, Reaching Out or Overreaching: Judicial Ethics and Self – Represented Litigants, 27 J. NAT'L Ass'N ADMIN. L. JUDICIARY 97, 108 (2007)（“无法承担诉讼代表费用是许多当事人无律师出庭的主要原因之一”）。

〔4〕 许多诉讼当事人很快意识到他们缺乏必要的专业知识来驾驭法律体系。See Nancy E. Rice, Sherlocks Provide Valuable Support for Self – Represented Litigants, 44 COLo. LAW 85, 85 (2015)（声明科罗拉多州自我代理项目记载了10万多名寻求法律程序事务协助的联系人）。

〔5〕 ABA Coalition for Justice, Preliminary Report on the Survey of Judges on the Impact of the Economic Downturn on Representation in the Court 3 – 4 (2010) [hereinafter Preliminary Report], http: //www. abajournal. com/files/Coalition_ for_ Justice_ Report_ on_ Survey. pdf; see also Rochelle Klempner, The Case for Court – Based Document Assembly Programs: A Review of the New York State Court System's “DIY” Forms, 41 FORDHAM URB. L. J. 1189, 1197 (2014)（确定下列因素对自我代表的当事人有效适用法庭模式的能力有不利影响：（1）“法律系统的复杂性”；（2）诉讼当事人的“知识缺乏”与理解困难；（3）“法庭间缺乏一致性”；以及（4）“过程中的极度威胁”）。

的智慧在审判中胜诉，无诉讼代表的当事人一方往往无法准备可执行的命令和判决。[1]正如理查德·佩因特（Richard Painter）教授所研究的，“虚假的诉讼代表很可能会歪曲案件结果，是不公平的。”这个严重的问题损害了我们对抗制的可靠性。[2]

当然，在有利条件下，若法官通过他或她的法律训练来协助无诉讼代表的当事人，从而在公平竞争中发挥积极作用，那么得出公正结果的概率就会增加。一些评论员督促法官在必要时为无诉讼代表的当事人方提供“广泛的”和“强有力的”协助，因为“不论案件的是非，一种系统持续地偏爱于有诉讼代表的一方而不是自我代表的一方，这不能被视为公正的。”[3]积极参与司法的支持者认为，法官必须“在程序遵循、证据呈现和法律问题方面协助无诉讼代表的当事人。”[4]此外，法院应当“传唤证人、进行直接或交叉询问”[5]并且协助无诉讼代表的当事人建立一个“完整的事实记录。”[6]认识到法院激进或片面的审判可能不符合表象中立，积极参与司法的支持者建议法院不应允许有诉讼代表方的律师以增强不正当表象或是缺乏公正为由对法官的问题提出异议。[7]其他的评论员，没有急迫鼓励法官介入，他们担心当法官既定或是可能帮助诉讼当事人他或她一方案情陈述时会损害表象公正。[8]换言之，“对诉讼当事人任何的特殊待遇都可被视为对法官中立形象的违反。”[9]一个

---

[1] Preliminary Report, supra note 125, at 4.

[2] Richard W. Painter, Pro Se Litigation in Times of Financial Hardship – A Legal Crisis and Its Solutions, 45 FAM. L. Q. 45, 62 (2011).

[3] Russell Engler, And Justice For All – Including the Unrepresented Poor. Revisiting the Roles of the Judges, ediators, and Clerks, 67 FORDHAM L. REV. 1987, 2023, 2028 (1999).

[4] Id. at 2028.

[5] Id.

[6] Id. at 2029.

[7] Jona Goldschmidt, The Pro Se Litigant's Struggle for Access to Justice: Meeting the Challenge of Bench and Bar Resistance, 40 FAM. CT. REV. 36, 49 (2002).

[8] See Drew A. Swank, In Defense of Rules and Roles: The Need to Curb Extreme Forms of Pro Se Assistance and Accommodation in Litigation, 54 AM. U. L. REV. 1537, 1583 – 84 (2005); Roger J. Miner, Judicial Ethics in the Twenty – First Century: Tracing the Trends, 32 HOFSTRA L. REV. 1107, 1122 (2004)（“法官协助诉讼当事人参与审判会给表象正义带来巨大风险。”）。

See Sande L Buhai, Access to Justice for Unrepresented Litigants: A Comparative Perspective, 42 Lov. A. L. REV. 979, 997 (2009).

简单的事实是“实体正义与表象正义似乎向不同方向指引”。[1]杰克·温斯坦大法官在弗洛伊德诉科西案（Floyd v. Cosi, Inc.）中面临的两难处境，明确地表明了实体正义与表象正义间的斗争。[2]

弗洛伊德案（Floyd v. Cosi, Inc.）中的原告依据1964年《民权法案》（Civil Rights Act）第七条起诉其前雇主种族歧视。[3]被告提出撤诉的动议，认为已过时效。[4]根据申诉的指控，被指控的歧视行为至原告向均等就业机会委员会（EEOC）提起申诉时已有300多天，这一诉讼看来确实是受时效限制。[5]当然，原告没有认识到“持续违反原则”，即“允许原告质疑……所有属于同一歧视对待过程的行为……即使一些行为发生在向均等就业机会委员会提起申诉前300多天。”[6]由于他们的法律训练与经验，辩护律师和法官都明白300天的时效期间也存在例外情况。

温斯坦大法官进退两难，他应像温斯坦大法官所说的那样，代表原告用“诱导性提问”的方式进行干预使得实体正义得到伸张，还是应维持一种不干预的裁判态度来维护表象中立？[7]温斯坦大法官认为他“被要求”进行干预，且原告对法官提问的答复使法官确信该索赔为过时效。[8]基于听证会上获得的信息，法官驳回了被告的即决审判动议。[9]毫无疑问，温斯坦大法官对原告的“诱导性提问”维护了实体正义。但这远远不够，因为法官还有责任维护表象司法正义的法律拟制。

认识到即使有伸张正义的必要，代表一方当事人进行干预和宣传也会造成不公正的表象，因此温斯坦大法官拒绝进一步参与此案。[10]该案之后被移送至另一位法官，其极有可能将面临与温斯坦大法官同样的实现实体正义与

---

〔1〕 See Richard Zorza, The Disconnect Between the Requirements of Judicial Neutrality and Those of the Appearance of Neutrality When Parties Appear Pro Se: Causes, Solutions, Recommendations, and Implications, 17 GEO. J. LEGAL ETHICS 423, 434 – 35 (2004).

〔2〕 78 F. Supp. 3d 558 (E. D. N. Y. 2015).

〔3〕 Id. at 559.

〔4〕 Id. By agreement, the motion to dismiss was converted to a motion for summary judgement. Id.

〔5〕 See Id. at 560 – 61.

〔6〕 Id. at 560. (omissions in original) (quoting Hussain v. Long Island R. Co., No. 00 – CV – 4207, 2002 WL 31108195, at *4 (S. D. N. Y. Sept. 20, 2002)).

〔7〕 Id. at 561.

〔8〕 Id. at 560.

〔9〕 Id. at 561.

〔10〕 Id. at 562. (“为避免署名法官今后对本案的裁判造成不公正的表象，现在回避是可取的”)。

维护表象正义间的职责冲突。实际上，该继任法官的工作将更加困难，因为其将处理从发现至审判整个过程中出现的所有问题。

四、结论

三千年前，最聪明的法官所罗门国王主持了一场审判，[1]其中两位女子都声称自己是一婴儿的母亲。[2]由于缺乏DNA证据也没有其他任何方式证明双方诉讼当事人的证词，所罗门国王拿出宝剑并宣布他欲将该婴儿一分为二，每位“母亲”分得一半孩子来解决纠纷。[3]那位假的“母亲”同意这种解决方案，而真实的母亲则乞求法官将孩子判与“假母亲”而不要杀死孩子。所罗门国王自然明白了这位真实母亲的身份。“当所有以色列人听说了国王的审判后，都十分敬畏他，因为他们认为他具有神所赐的智慧来秉公行义。”[4]然而神虽然知道向所罗门国王灌输“秉公行义”的智慧是必要的，但神显然不认为有必要向所罗门国王灌输行使表象正义的智慧。（一般来说，将剑指向婴儿的腹部看起来并不友好。）也许是因为表象转瞬即逝，或有时实体正义与表象正义并不完全重合。温斯坦大法官在发现有必要偏袒与获得足够事实来伸张正义时明白了这点。

努力实现不可能的事是一个有价值的目标。但承诺不可能的事情不能建立在政府司法部门的公信力之上。最高法院需要尽早澄清，由赫瓦特勋爵创立的法律拟制命题是一个理想化的目标，而不是正当程序的一部分。而已经将表象正义视为强制性法律规则的法院，需要认识到履行这一承诺的不可能性，并应将表象正义恢复到其原先的规劝地位。

---

〔1〕 See Ex parte Harkins, 124 P. 931, 940 (Okla. Crim. App. 1912)（将所罗门国王描述为“有史以来最聪明的人”）; see also Meldrum v. Novotny, 640 N. W. 2d 460, 466 (S. D. 2002)（称所罗门国王为“最聪明的古人之一”）。

1 Kings 3: 16 – 28 (New Int'l Version).

Kings 3: 24.

3: 28.

图书在版编目（CIP）数据

法律修辞研究．第五卷／陈金钊主编．—北京：中国法制出版社，2019.5

ISBN 978-7-5216-0216-6

Ⅰ.①法… Ⅱ.①陈… Ⅲ.①法律语言学-修辞学-文集 Ⅳ.①D90-055

中国版本图书馆CIP数据核字（2019）第082642号

策划/责任编辑　陈　兴　　封面设计：杨泽江

法律修辞研究．第五卷

FALÜ XIUCI YANJIU. DI-WU JUAN

主编/陈金钊

经销/新华书店

印刷/北京京华虎彩印刷有限公司

开本/730毫米×1030毫米　16开　　印张/22.75　字数/329千

版次/2019年5月第1版　　2019年5月第1次印刷

中国法制出版社出版

书号 ISBN 978-7-5216-0216-6　　定价：69.00元

北京西单横二条2号

邮政编码 100031　　传真：010-66031119

网址：http：//www.zgfzs.com　　**编辑部电话：010-66010405**

市场营销部电话：010-66033393　　**邮购部电话：010-66033288**

（如有印装质量问题，请与本社印务部联系调换。电话：010-66032926）